国家出版基金项目
NATIONAL PUBLICATION FOUNDATION

李顿调查团档案文献集

主编 张 生

《申报》报道与评论（中）

编者 宋书强 史鑫鑫 菅先锋

南京大学出版社

本书由

国家社会科学基金"抗日战争研究"专项工程
"国外有关中国抗日战争史料整理与研究之一：李顿调查团档案翻译与研究"（16KZD017）

教育部人文社会科学重点研究基地"南京大学中华民国史研究中心"
重大项目"战时中国社会"（19JJD770006）

南京大学人文基金

江苏省优势学科基金第三期

资助

编译委员会

主　编　张　生
副主编　郭昭昭　陈海懿　宋书强　屈胜飞　陈志刚

编译者　张　生　南京大学中华民国史研究中心教授
　　　　　王希亮　黑龙江省社会科学院历史研究所研究员
　　　　　郭昭昭　江苏科技大学马克思主义学院副教授
　　　　　陈志刚　西南大学历史文化学院副教授
　　　　　宋书强　中国药科大学马克思主义学院讲师
　　　　　屈胜飞　浙江工业大学马克思主义学院讲师
　　　　　陈海懿　南京大学历史学院助理研究员
　　　　　万秋阳　南京晓庄学院外国语学院日语系讲师
　　　　　殷昭鲁　鲁东大学马克思主义学院副教授
　　　　　孙洪军　江苏科技大学马克思主义学院副教授
　　　　　李英姿　江苏科技大学马克思主义学院副教授
　　　　　颜桂珍　浙江工业大学马克思主义学院副教授
　　　　　黄文凯　广西大学文学院副教授
　　　　　翟意安　南京大学历史学院讲师
　　　　　杨　骏　南京大学历史学院讲师
　　　　　向　明　江苏科技大学马克思主义学院讲师
　　　　　王小强　江苏科技大学马克思主义学院讲师
　　　　　郭　欣　中国药科大学马克思主义学院讲师
　　　　　赵飞飞　鲁东大学马克思主义学院讲师
　　　　　孙绪芹　南京体育学院休闲体育系讲师
　　　　　刘　齐　南京大学历史学院博士后
　　　　　徐一鸣　南京大学历史学院博士研究生

常国栋　南京大学历史学院博士研究生
苏　凯　南京大学历史学院博士研究生
马　瑞　南京大学历史学院博士研究生
菅先锋　南京大学历史学院博士研究生
吴佳佳　南京大学历史学院博士研究生
张圣东　日本明治大学文学研究科博士研究生
张一闻　日本明治大学文学研究科博士研究生
叶　磊　中山大学历史学系博士研究生
史鑫鑫　南京大学历史学院硕士研究生
李剑星　南京大学历史学院硕士研究生
马海天　南京大学历史学院硕士研究生
张雅婷　南京大学历史学院硕士研究生
杨师琪　南京大学历史学院硕士研究生
潘　健　南京大学历史学院硕士研究生
唐　杨　南京师范大学马克思主义学院硕士研究生
郝宝平　江苏科技大学马克思主义学院硕士研究生
陈梦玲　江苏科技大学马克思主义学院硕士研究生
张　任　江南大学马克思主义学院硕士研究生
黎纹丹　西南大学外国语学院硕士研究生
朱心怡　西南大学外国语学院硕士研究生
杨　溢　西南大学外国语学院硕士研究生
孙学良　西南大学外国语学院硕士研究生
孙　莹　西南大学外国语学院硕士研究生
费　凡　浙江师范大学人文学院硕士研究生
竺丽妮　浙江师范大学外国语学院硕士研究生
戴瑶瑶　浙江师范大学外国语学院硕士研究生
杨　越　西安电子科技大学
曹文博　浙江工业大学外国语学院
余松琦　西南大学含宏学院

序　言

中国历史的奥秘,深藏于大兴安岭两侧的广袤原野。

明治维新以来,日本企图步老牌帝国主义后尘,争夺所谓"生存空间";俄国自彼得大帝新政,不断东进,寻找阳光地带和不冻港。日俄竞争于中国东北,流血漂杵;日本逐步占得上风,九一八事变发生,中国面临亡国灭种的新危机。

日本侵华之际,世界已进入全球化的新时代,民族国家成为国际社会的主体,以国际条约体系规范各国的行为,以政治和外交手段解决彼此的分歧,是国际社会付出重大代价以后得出的共识。而法西斯、军国主义国家如德、意、日,昧于世界大势,穷兵黩武,以求一逞。以故意制造的借口,发动侵华战争,霸占中国东北百余万平方公里土地、数千万人民,是日本昭显于世的侵略事实。

国际联盟(League of Nations)应中国方面之吁请,派出国联调查团处理此事。1932年1月21日,国联调查团正式成立。调查团团长由英国人李顿爵士(The Rt. Hon. The Earl of Lytton)担任,故亦称李顿调查团(Lytton Commission)。除李顿外,美国代表为麦考益将军(Gen. McCoy),法国代表为亨利·克劳德将军(Gen. Claudel),德国代表为希尼博士(Dr. Schnee),意大利代表为马柯迪伯爵(H. E. Count Aldrovandi)。为显示在中日间不做左右袒,国联理事会还决定顾维钧作为顾问代表中国参加工作,吉田伊三郎代表日方。代表团秘书长为国联秘书处哈斯(Mr. Robert Haas)。代表团另有翻译、辅助人员。1932年9月4日,代表团完成报告书,签署于中国北平。报告书确认:第一,九一八事变之责任,完全在于日本,而不在中国;第二,伪满洲国政权非由真正及自然之独立运动所产生;第三,申明东三省为中国领土。日本为此恼羞成怒,退出国联,自绝于国际社会。

《李顿调查团档案文献集》就是反映李顿调查团组建、调查过程、调查结论、各方反应和影响的中、日等国相关资料的汇编,对于研究九一八事变和李顿调查团,具有重要的参考价值。

如何看待李顿调查团来东亚调查的来龙去脉?笔者认为应有三个维度的观照:

其一,在中国发现历史。

美国历史学家柯文提出的这一范式,相比"冲击—反应"模式,即从外部冲击观察中国历史的旧范式,自有其意义。近代以来,由条约体系加持的列强,对中国社会产生了巨大的影响。中国沿海通商口岸是中国最早接触西方世界的部分,在资本主义全球化的过程中得风气之先,所谓"西风东渐",对中国旧有典章制度的影响无远弗届。近代中国在西方裹挟下步履跟跄,蹒跚竭蹶,自为事实。但如果把中国近代历史仅仅看成西方列强冲击之结果,在理论、方法和事实上,均为重大缺陷。

主要从中国内部,探寻历史演进的机制和规律,是柯文提出的范式的意义所在。

事实上,九一八事变发生、国联调查团来华前后,中国社会内部对此作出了剧烈的反应。在瑞士日内瓦所藏国联巨量档案文献中,中国各界通过电报、快邮代电、信函等形式具名或匿名送达代表团的呈文引人注目,集中表达了国难当头之时中华民族谴责日本侵略、要求国际社会主持公道、收回东北主权、确保永久和平的诉求,对代表团、国联和整个国际社会形成了巨大影响,显示了近代中国社会演进的内在动力。

东北各界身受亡国之痛,电函尤多。基层民众虽文化程度不高,所怀民族国家大义却毫不含糊。东北某兵工厂机器匠张光明致信代表团称:"我是中华民国的公民,我不是'满洲国'人,我不拥护这国的伪组织。"高超尘说:"不少日子以前,'满洲国家'即已成立了,但那完全是日本人的主使,强迫我辽地居民承认。街上的行人,日人随便问'您是哪国人',你如说是'满洲人'便罢,如说是中国人,便行暴打以至死。"辽宁城西北大橡村国民小学校致函称:"逐出日本军,打到[倒]'满洲国',宁做战死鬼,不做亡国民。"陈子耕揭露说:"自事变以后,日本恶势力已伸张入全东北,如每县的政事皆由日人权势下所掌握,复又收买警察、军人、政客等,以假托民意来欺骗世界人的耳目,硬说建设'满洲国'是中华人民的意思,强迫人民全出去游行,打着欢迎建设'新国家'的旗号……我誓死不忘我的中华祖国,敢说华人莫非至心不跳时、血停时,不然一定于[与]他们周旋。"小学生何子明来信说:"我小学生告诉您们'满洲国'成立我不赞成……有一天我在学校,日本人去了,教我们大家一齐说'大日本万岁',我们要不说他就杀我们,把我迫不得已的就说了。其中有一位七岁的小孩,他说'大中华万岁!打倒小日本!'日本人听了就立刻把那个小同学杀了,真叫我想起来就愁啊。"

经济地位和文化水平较高者,则向代表团分析日本侵占中国东北的深远危害。哈尔滨商民代表函称:"虽然,满洲吞并,恐不惟中国之不利。即各国之经济,亦将受其影响。世界二次大战,迫于眉睫矣。"中国国民党青年团哈尔滨市支部分析说:"查日本军阀向有一贯之对外积极侵略政策,吾人细玩以前田中义一之满蒙大陆政策,及最近本庄繁等上日本天皇之奏折,可以看出其对外一贯之积极侵略政策,即第一步占领满蒙,第二步并吞中国,第三步征服世界是也。……以今日之日本蕞尔岛国,世界各国尚且畏之如虎,而况并有三省之后版图增大数倍,恐不数年后,即将向世界各国进攻,有孰敢撄其锋镝乎?……勿徒视为亚洲人之事,无关痛痒,失国联之威信,而贻噬脐之后悔也。"

不惟东北民众,民族危亡激起了全中国人的爱国心。清华大学自治会1932年4月12日用英文致函代表团指出:中国面临巨大的困难,好似1806年的德国和1871年的法国,但就像"青年意大利"党人一样,青年人对国家的重建充满信心。日本的侵略,不仅危害了中国,也对世界和平形成严重威胁,青年人愿意为国家流尽"最后一滴血"。而国联也面临着建立以来最大的危机,对九一八事变的处理,将考验它处理全球问题的能力。公平和正义能否实现,将影响到人类的命运。他们向代表团严正提出"五点要求":1. 日本从中国撤军;2. 上海问题与东北问题一起解决;3. 不承认日本侵略和用武力改变的现状;4. 任何解决不得损害中国的领土和主权完整;5. 日本必须对此事件的后果负责。南京海外华侨协会1932年3月16日致电代表团:日本进兵东三省和淞沪地区,"违反了国联盟约和《凯洛格—白里安公约》,扰乱了远东地区和世界的和平。

同时,日本一直在做虚假的宣传,竭力蒙蔽整个世界。我们诚挚地请求你们到现场来,亲眼看看日军对中国人民的生命财产进行怎样的恣意破坏。希望你们按照国际法及司法原则,对其进行制裁。如果你们不能完成这一使命,那么世界上将无任何公平正义可言。在这种情况下,为了民族的生存,我们将采取一切手段自卫,决不会向武力屈服。"

除了档案,中国当时的杂志、报纸,大量地报道了九一八事变和国联调查团相关情况,其关切的细致程度,说明了各界的高度投入。那些浸透着时人忧虑、带着鲜明时代特色的文字表明:九一八事变的发生,对当时的中国社会是一场精神洗礼,每个人都从东北沦陷中感受到切肤之痛。这种舆论和思想的汇合,极大地改变了此后中国社会各界的主要诉求,抗日图存成为压倒性的任务,每一种政治力量都必须对此作出回应。

其二,在世界发现中国历史。

以中国为本位,探讨中国历史的内生力量,是题中应有之义。但全球化以来,中国历史已经成为世界历史的一部分。仅仅依靠中国方面的资料,不利于我们以更加广阔的视野看待中国历史和"九一八"的历史。

事实上,奔赴世界各地"动手动脚找东西",已经成为中国学者深化中国近现代史,特别是抗战史研究的不二法门。比如,在中日历史问题中占据核心地位的南京大屠杀问题。除中国各地档案馆、图书馆外,中国学者深入美、德、英、日、俄、法、西、意、丹等国相关机构,系统全面地整理了加害者日方、受害者中方和第三方档案文献,发现了大量珍贵文献、图像资料,出版《南京大屠杀史料集》72卷。不仅证明了日军进行大屠杀的残酷性、蓄意性和计划性,也证明南京大屠杀早在发生之时,就引起了各国政府和社会舆论的关注;南京和东京两场审判,进行了繁复的质证,确保了程序和判决的正义;日方细致的粉饰,在中国人民和全世界正义人士的揭露下真相毕露。全球性的资料,不仅深化了历史研究,也为文学、社会学、心理学、新闻传播学、艺术学等跨学科方法进入相关研究提供基础;不仅摧毁了右翼的各种谬论,也迫使日本政府不敢公然否认南京大屠杀的发生和战争犯罪性质。

国际抗战资料,展现了中国抗战史的丰富侧面。如美国驻中国各地使领馆的报告,具体生动地记录了战时中国各区域的社会、政治、军事等各方面情形,对战时国共关系亦有颇有见地的分析;俄、美、日等国档案馆的细菌战资料,揭示了战时日本违反国际法研制细菌武器的规模和使用情况,记录了中国各地民众遭遇的重大伤亡和中国军民在当时条件下的应对,以及暗示了战后美国掩饰"死亡工厂"实情的目的;英美等国档案所反映的重庆大轰炸和日军对中国大中小城市的普遍的无差别轰炸,不仅记录了日本战争犯罪的普遍性,也彰显了战时中国全国军民同仇敌忾、不畏强暴的英勇气概。哈佛大学所藏费吴生档案、得克萨斯州州立大学奥斯汀分校所藏辛德贝格档案、曼彻斯特档案馆所藏田伯烈档案等则从个人角度凸显了中国抗战在"第三方"眼中的图景。

对于李顿调查团的研究,自莫能外。比如,除了前述中国各界给国联的呈文,最近在日内瓦"国联和联合国档案馆"中发现:调查团在日本与日本政要的谈话记录,在中国各地特别是在北平和九一八事变直接相关人士如张学良、王以哲、荣臻等人的谈话记录,调查团在东北实地调查、询问日军高层的记录,中共在"九一八"前后的活动,中国各界的陈情书,日本官方和东北伪组织人员、汉奸的表态,世界各国、各界的反应等。特别是张学良等人反复向代表团说明的九一八事变前夕东北军高层力避冲突的态度,王以哲、荣臻在"九一八"当晚与张学良的联系,北大营遭受日军进攻以后东北军的反应等情况,对于厘清九一八事变真相,有着不可取代的意义。

我们通过初步努力发现,李顿调查团成立前后,中方向国联提交了论证东北主权属于中国的篇幅巨大的系统性说帖,顾维钧、孟治、徐道邻等还用英文、德文进行著述。日方相应地提交了由日本旅美"学者"起草的说帖,其主攻点是中国的抗日运动、东北在张氏父子治下的惨淡、东北的"匪患",避而不谈柳条沟事件的蓄意性。日方资料表明,即使在九一八事变发生数月后,其关于"九一八"当晚情形的说辞仍然漏洞百出、逻辑混乱,在李顿询问时不能自圆其说。而欧美学者则向国联提供了第三方意见,如 *The Verdict of the League: China and Japan in Manchuria*(《国联的裁决:中日在满洲》),哈佛大学法学院教授曼利·哈德森(Manley O. Hudson)著;*Manchuria: Cradle of Conflict*(《满洲:冲突的策源地》),欧文·拉铁摩尔(Owen Lattimore)著;*The Manchuria Arena: An Australian View of the Far Eastern Conflict*(《满洲竞技场:远东冲突的澳洲视角》),卡特拉克(F.M. Cutlack)著;*The Tinder Box of Asia*(《亚洲的火药桶》),乔治·索科尔斯基(George E. Sokolsky,中文名索克斯)著;*The World's Danger Zone*(《世界的危险地带》),舍伍德·艾迪(Sherwood Eddy)著;等等,为国联理解中国东北问题提供了有益的视角。另外,收藏在美国斯坦福大学胡佛研究所的蒋介石日记等也反映了当时国民政府高层的态度和举措。

这次出版的资料中,收集了中国台湾地区的"国史馆"藏档,日本外务省藏档,国联和联合国档案馆S系列藏档等多卷档案。丰沛的资料说明,即使是李顿调查团这样过去在大学教材中只是以一两段话提出的问题,其实仍有海量的各种海外文献可资研究。

可以说,世界各地抗日档案和各种资料,不仅补充了中国方面的抗日资料,也弥补了"在中国发现历史"范式的不足,体现了历史唯物主义对历史研究全面性、客观性的要求,自然地延伸推导出"在世界发现中国历史"的新命题。把"中国的"和"世界的"结合起来,才能更深广、入微地揭示抗日战争史的内涵。

其三,在中国发现世界历史。

中国历史,是世界历史的重要组成部分;中国抗战,构成了第二次世界大战的东亚主战场。离开中国历史谈世界历史注定是不周全的。只有充分发掘中国历史的世界意义,世界史才能获得真正的全球史意义。

过往的抗战史国际化,说明了中国抗战的世界意义。研究发现,东北抗联资料不仅呈现了十四年抗战的艰苦过程,也说明了战时东北亚复杂的国际关系。日方资料中的"华北治安战""清乡作战"资料,从反面反映了八路军、新四军的顽强,其牵制大量日军的事实,从另一面说明中共敌后游击战所发挥的中流砥柱作用。1937年12月12日在南京江面制造"巴纳号事件"的日军航空兵官兵,后来是制造"珍珠港事件"的主力之一,说明了中国抗战与太平洋战争的联系。参与制造九一八事变、华北事变和南京大屠杀的许多日军部队,后来在太平洋战场上被美澳等盟国军队消灭,说明了太平洋战场和中国战场的相互支持。中国军队在滇缅战场的作战和在越南等地的受降,中国对朝鲜、马来亚、越南等地游击战和抗日斗争的介入和帮助,说明了中国抗战对东亚、东南亚解放的意义和价值。对大后方英美军人、"工合"人士、新闻界和其他各界人士的研究,彰显了抗日统一战线的多重维度,等等。这对我们的研究富有启发性意义。

李顿调查团的相关资料表明,九一八事变及其后续发展,具有深刻的世界史含义。

麦金德1902年在英国皇家地理学会发表文章,提出"世界岛"的概念。麦金德认为,地球由两部分构成:由欧洲、亚洲、非洲组成的世界岛,是世界上面积最大、人口最多、最富饶的陆地组合。在"世界岛"的中央,是自伏尔加河到长江,自喜马拉雅山脉到北极的心脏地带,在世界史的发展中具有重要意义。其实,就世界近现代史而言,中国东北具有极其重要的地缘战略意义,堪称"世界之砥"——美国、俄罗斯、日本等这些当今世界的顶级力量,无不在中国东北及其周边地区倾注心力,影响世界大局。

今天看来,李顿调查团的组建,是国际社会运用国际规约积极调解大国冲突、维护当时既存的凡尔赛—华盛顿体系的一次尝试。参与各国均为当时世界强国,即为明证。

英国作为列强中在华条约利益最丰的国家,积极投入国联调查团的建立。张伯伦、麦克米伦等知名政治家均极愿加入代表团,甚至跟外交部官员暗通款曲,询问排名情况。李顿在中日间多地奔波,主导调查和报告书的起草,正是这一背景的反映。

美国作为国联非成员国,积极介入调查团,说明了美国对远东局势的关切,其态度和不承认日本用武力改变当时中国领土主权现状的"史汀生主义"是一致的。日美之间的紧张关系,一直延续到珍珠港事变发生。在日美最终谈判中,中国的领土和主权,仍然是美方的先决条件。可以说,九一八事变,从大历史的角度看,是改变日本和美国国运的大事。

苏联在国联未能采取强力措施制止日本侵略后,默认了伪满洲国的存在,后甚至通过对日条约加以承认,其对日本的忍让和妥协,延续到它对日宣战。但日本关东军主力在苏联牵制下不敢贸然南下,影响了中国抗日战争的形态。

日本侵占中国东北,却始终得不到中国和国际主流社会的承认,乃不断扩大侵略,不仅影响了对苏备战,也使得其在"重庆政权之所以不投降,是因为有英美支持"的判断下，不断南进，最终自取灭亡。2015年8月14日，日本首相安倍晋三在战后70年讲话中承认："日本迷失了世界大局。满洲事变以及退出国际联盟——日本逐渐变成国际社会经过巨大灾难而建立起来的新的国际秩序的挑战者，前进的方向有错误，而走上了战争的道路。其结果，70年前，日本战败了。"从这个意义上说，九一八事变—李顿调查—退出国联，成为日本近代史的转折点。

亚马孙雨林的蝴蝶振动翅膀，可能在西太平洋引发一场风暴。发生在沈阳一个小地方的九一八事变，成为今天国际秩序的肇因。其故焉在？马克思和恩格斯在《德意志意识形态》中指出：在历史演进的过程中，人的"普遍交往"逐步发展起来，"狭隘地域性的个人为世界历史性的、真正普遍的个人所代替"。近代以来中国人民的历史，与世界历史共构而存续。

回望李顿调查团的历史，我仿佛感受到了太平洋洋底的咆哮呼啸前来，如同雷鸣。

是为序。

张　生

2019年10月

出版凡例

一、本文献集所选资料,原文中的人名、地名、别字、错字及不规范用字等,为尊重历史和文献原貌,均原文照录。因此而影响读者判断、引用之处,除个别需说明情况以脚注"译者按"或"编者按"形式标出外,别字、错字在其后以"〔 〕"注明正字;增补的字,以"【 】"标明之;因原文献漫漶不清而缺字处,用"□"标识。

二、凡采用民国纪年或日本天皇年号纪年者等,为尊重历史和文献原貌,均原文照录。台湾地区的文献中涉及政治人物头衔和机构名称者,按有关规定处理,在页下一并说明。

三、所选资料均在起始处说明来源,或在文后标注其详细来源信息。

四、外文文献译文中,日本人名从西文文献译出者,保留其西文拼法,以便核对;其余外国人名,均在某专题或文件中第一次出现时标其西文拼法。不同时期形成的中文文献中涉及的外国人名、地名翻译差异较大,为尊重历史和文献原貌,一般不作改动。

五、所选文献经过前人编辑而加脚注注释者,以"原编辑者注"保留在页下。

六、所选资料中原有污蔑中国人民、美化日本侵略之词,或基于立场表达其看法之处,为尊重历史和文献原貌,不改动原文,或在页下特别说明,请读者加以鉴别。

本册说明

本册文献收录编纂的资料主要是《申报》对李顿调查团的报道和评论,起止时间为1932年5月到1932年11月。

九一八事变发生后,南京国民政府将中日争端诉诸国联。经过数月的争论,国联决议派遣调查团前往远东,调查"满洲问题"和中国的一般形势。国联调查团由英、美、法、德、意五国代表组成,团长是英国人李顿爵士,故又称李顿调查团。作为民国时期具有影响力的重要报刊之一,《申报》密切关注九一八事变后中日冲突的情势,对李顿调查团进行了大量的追踪报道和评论,披露了许多关于调查团的重要信息。本册文献收录资料的主要内容包括:一、调查团在日本和伪满干扰下,赴沈阳、长春、吉林、哈尔滨、大连等地,对九一八事变和中日争端进行实地调查的情形,特别是与日本和伪满政府军政人员的往来与晤谈情况;二、调查团第二次赴日交换调查意见以及返华后编制报告书的经过;三、李顿报告书的发表以及中日两国和国际社会的评价和反应;四、《申报》相关的社论和时事评议类文章;等等。

《申报》对李顿调查团的报道内容非常详尽。为免芜杂以及和其他九一八事变主题的文献集重复,本册文献的部分内容以节选的方式收录,节选之处加以长省略号。文献标题原则上采用《申报》原文标题(个别节选文章采用该篇章节标题为题名),其中,评论类文章题名中加以原版块栏目名("时评""谈言"等),以与报道类文章相区别,便于读者查考。原文大多只有简单句读,标点、断句亦有不准确之处,收录时参考现代汉语规范和习惯对其加以重新标点。文中不少异形词(如豫料/预料、部份/部分、答覆/答复、计画/计划、澈底/彻底等)和通假字等使用不合今日规范、前后字词写法不统一者,为尊重史料原貌,按照原文录入;有碍于读者理解和引用之处,加以按语说明。另外,原文中的译名与今译多有不同,甚至同篇中原译也有前后不一者,也照此方式处理。书末索引归并了若干不一致的译名,可供读者查考检索。

目 录

序　言 ·· 1
出版凡例 ··· 1
本册说明 ··· 1

1. 国联调查团调查沈变详情 ··· 1
2. 马占山劝溥仪善自处：欲从绝处求生惟请援调查团，即因而牺牲亦优于因循坐误 ·· 2
3. 国联调查团昨抵长春，顾维钧及五随员同行，首次报告书不日发表 ······ 3
4. 罗文干谈外交 ·· 5
5. 日内瓦发表李顿初步报告：完全根据日人情报，对伪国地位作保留，咎责谁属未下断语 ··· 6
6. 国联调查团昨与溥仪会晤，顾维钧留旅馆未见客 ···················· 8
7. 哈尔滨各国领事提出公正报告供献国联调查团，日人以某国为虑 ······· 9
8. 国联调查团初步报告全文：日方所供给之东省军事情报，恢复和平安全办法尚待考量 ··· 9
9. 调查团在长春全听日方摆布，昨日访问郑孝胥，并与日领事会谈 ······ 12
10. 颜惠庆报告国联日本两种暴行：侵犯顾维钧个人自由，干涉张华浜海关行政 ··· 13
11. 各国代表不满调查委员，因该团以伪国为对手折冲 ················ 13
12. 颜惠庆将提出备忌［忘］录：对李顿报告之解释，日本既不遵国联决议，且阻止中国履行义务 ·· 14
13. 溥仪宴调查团，李顿等正式访问溥仪，定今日赴万宝山调查 ······ 14
14. 调查团请苏联供给东省情报，李维诺夫覆函谢绝 ···················· 15

15. 《孟却斯特指导报》讽刺李顿报告 16
16. 国联调查团在沈之言动：与日本要员会晤时提出疑问，因避监视每在自国领馆会客，顾代表与日记者谈话之一斑 16
17. 国联调查团今日自长赴吉，与熙洽等谈各项问题，伪国派定哈市招待员 19
18. 罗文干谈调查团报告 20
19. 左懋第 21
20. 国联调查团昨到吉林调查，与日师团长多门会谈 21
21. 国联调查团我国随员返平，因在沈时备受监视，长春之行又被限制，不得已分两批而归 23
22. 调查团昨赴哈，麦考益等赴万宝山 24
23. 国联接到我代表团公文，解释调查团初步报告 24
24. 调查团昨抵哈，专车上特别戒备 25
25. 张祥麟自平返京 26
26. 国联行政会审查李顿报告 26
27. 国联调查团到哈后，军警严重戒备 27
28. 国联行政院接受初步报告，留待国联大会讨论 27
29. 调查团北来中，救国义师蜂起，宫长海旅规复方正、宾县，冯占海阻日兵于南天门，哈绥线日军被截成数段 28
30. 谈言：调查团的成绩 29
31. 国联调查团昨与俄人会见，访驻哈日军司令部，并接见鲜人代表团 29
32. 李顿面讽土肥原为倭寇之头目，谓为辛辣可怕之人 30
33. 苏联官员谢绝与调查团会见，李顿晤见日领长冈 30
34. 顾维钧声明：在东北无谈话发表 31
35. 调查团准备第二次报告书，李顿会见李绍庚 31
36. 国联特委会报告中日现局：未接调查团报告前，毋庸研究东省情势 32
37. 马占山续电调查团，揭破日人阴谋 33
38. 谈言：调查所得 33
39. 国联调查团在英领馆开会，顾维钧亦参加会议 33
40. 国联对首次报告恐将发生纠纷，理事会新议长马德司之意见，倘日有异议咨海牙司法裁判 34

41. 调查团欲会见马占山,不获会见则不离哈尔滨,伪满洲国政府正在作梗 ………………………………………………………………… 34
42. 伪满洲国拒调查团晤马,谢介石发表声明 ………………… 35
43. 马占山再电调查团揭发日本阴谋,公布日人迫签未成之伪约,防止"赤化"无劳日人之越俎 ……………………………………… 35
44. 国联调查团宣布访马之行作罢,英领馆内开秘密会 ……… 37
45. 国联调查团中止入黑,李顿等一行定今晨由哈赴沈,专员十人乘飞机赴黑垣考察 …………………………………………… 37
46. 苏联不允调查团假道,李顿欲转俄境赴黑河晤马占山,苏联严守不干涉政策表示不允,团员多于昨晨由哈乘专车赴沈 …… 38
47. 调查团抵沈阳,决在北戴河作报告,专委乘飞机到黑垣 … 40
48. 国联调查团在吉、哈行动:日人对该团严密监视,顾代表漫游松花江畔 …………………………………………………………… 40
49. 国联调查团拟由榆关返平,李顿向日方交涉,我方备妥乘舰及专车 … 44
50. 日内瓦盛传调查团主张共管东省,据称五委认为解决僵局唯一办法,拟设行政委员会,以张学良为领袖 ……………………… 44
51. 李顿等整理调查文件,共管说外部无所闻 ………………… 45
52. 郭泰祺昨午晋京,代理外长说将实现 ……………………… 45
53. 国联调查团由沈赴连,李顿等与蓝溥森会见,海圻舰奉派赴连迎候 … 46
54. 调查团赴旅顺与关东厅长官会见,李顿质问满铁总裁 …… 47
55. 国联调查团视察日俄战迹,某团员摄影被日人干涉 ……… 48
56. 北宁专车即开榆关,迎接调查团员 ………………………… 49
57. 调查团由大连抵沈,预定乘火车入关,五日可到北平,专门委员及秘书等乘日轮到津 ……………………………………… 49
58. 调查团定今晨离沈,过锦州时拟停留两小时,汪、蒋派王广圻赴榆慰劳 …………………………………………………………… 51
59. 国联十九委员会中旬可望再开,考虑沪案及东案 ………… 53
60. 罗文干谈外交:对外部事继续负责 ………………………… 53
61. 调查团昨宿北戴河,过锦州时视察交通大学,顾维钧将偕调查团赴日 …………………………………………………………… 54
62. 国联十九国委员会定十二日重开,斋藤演词引起注意 …… 57

3

63. 调查团昨晚到北平,张学良等到站欢迎,李顿爵士发表谈话 …………… 57
64. 国联调查团离哈之经过:日人监视极严,华人无由得见;哈记者王研石被捕详情 …………… 60
65. 调查团在平整理材料,各委昨晨一度会议 …………… 62
66. 李顿今日赴青,顾维钧将同行 …………… 64
67. 东北之谜 …………… 65
68. 调查团离平,赴青岛视察 …………… 68
69. 平榆道中:调查团过榆关游北戴河,顾代表谈在东北之感想,五日下午九时回抵北平 …………… 70
70. 国联调查团抵青岛,定今日游崂山,当晚返济 …………… 74
71. 顾维钧谈东行之印象:东北同胞全处极痛苦地位,抗日军因无后援终必消灭,希望朝野速醒悟共同团结 …………… 76
72. 外部电令莫德惠赴俄交换复交意见,先作非正式协商再用书面谈判,并电在俄代表团指示进行方针 …………… 78
73. 李顿一行离青西上,在青曾游崂山并相度编制报告书地点,今晨到济后即转赴泰安,游览泰山名胜 …………… 79
74. 国联调查团编制报告地点:李顿等赴青岛视察后始决定,日方反对在北戴河别存用意 …………… 82
75. 李顿等已北返,游览泰安后专车昨晚过济北上,顾维钧在济下车今晨乘机飞京,调查团报告有决定在青编制说 …………… 83
76. 东北政权全被日人操纵:伪奉天省署由金井包办,对东北教育尤特别注意 …………… 84
77. 国联调查团过济赴青详情 …………… 85
78. 李顿等返抵平,编报告书地点未定,德代表对青岛不满 …………… 87
79. 顾维钧昨到京:自济乘福特机南下,汪精卫为设宴洗尘,顾拟邀新闻界谈话 …………… 87
80. 何柱国苦守榆关谈:军人以杀外敌为无上愉快,上海战是外症榆关是痨症 …………… 88
81. 国联调查团莅青一日记 …………… 89
82. 国联调查团过济游泰山,编制报告地点将定青岛,李顿似默允日方之主张 …………… 90

4

83. 国联调查团抵青后详情：顾代表有恳切谈话，各团体致总备忘录，编报告地点似未定 …… 91

84. 国联调查团游览泰山情形：李顿等意兴甚豪，直登玉皇顶而止 …… 93

85. 调查团盼望顾维钧同赴日 …… 95

86. 李顿谈调查团之工作：在东京、北平两地编制最后报告书 …… 96

87. 刘崇杰暂不就外次 …… 98

88. 吴佩孚定期祭关 …… 98

89. 罗、顾自浔返京，顾即换乘飞机来沪，汪精卫等尚在庐山 …… 98

90. 庐山讨论外交问题，汪说明在京商定之经过 …… 99

91. 顾不陪调查团赴日，另派何人现尚未定 …… 99

92. 顾维钧昨来沪：庐山会议结果圆满，积极进行收回东北，今日各界集会慰劳，顾氏明晨原机北返 …… 100

93. 调查团讨论赴日途径：由津过连赴沈转韩，二十二日前可成行 …… 103

94. 顾维钧改明日飞平，昨午与报界晤谈，今日为商界宴会 …… 104

95. 时评：东北问题究将如何 …… 107

96. 调查团赴日路线未决，报告书定八月十五日完成 …… 109

97. 荒木答复众院质问：满洲果非中华民国领土乎？国联调查团果有此报告乎？ …… 110

98. 顾维钧今晨飞京北上，昨午银行界设宴慰劳，晚圣约翰校同学洗尘 …… 110

99. 调查团计议赴日行程，拟不复取道朝鲜，报告书展长期限，九月中旬可送达 …… 112

100. 汪精卫等一行昨自京乘飞机赴平，访问调查团并与张学良协议一切，张、万等在机场欢迎，沿途警戒森严，顾夫人即晚在私邸举行盛大宴会 …… 113

101. 国联大会将展期召集讨论东省问题，日本表示无理反对 …… 115

102. 顾、宋等昨晨飞京转平，八时卅五分虹桥飞出，刘崇杰、何士、端纳同行，过京时汪、罗亦须登机 …… 116

103. 外交大楼中汪、罗等会晤调查团，汪先致慰劳意，旋即交换意见，谈无具体结果，定今日再晤商 …… 117

104. 调查团接见满族代表，代表谓独立非民意，纯系日方胁迫所致 …… 119

105. 日军部拟向调查团声明对满态度 …… 119
106. 日报评调查委员态度:惟法国对日尚表同情 …… 120
107. 汪等再会晤调查团,二次交换意见,调查团注意东北义军及抵货问题 …… 120
108. 日本坚拒顾往,对顾安全不负责,李顿表示无办法,顾已决定不东渡 …… 121
109. 国联十九国委员会明日召集特会,讨论展缓提出调查报告问题 …… 122
110. 东北叛逆侮辱外报记者,《纽约时报》驻沪代表分电抗议 …… 123
111. 德、美记者在监视中 …… 124
112. 被侮辱之美、瑞记者谈话:马占山誓必抗日诛奸到底 …… 124
113. 国联十九委会决定明日召集 …… 124
114. 李顿整理文件 …… 125
115. 哈伪警捕押德记者:美、德记者间关访马,归哈后被日方怀疑,林德被捕史迭尔逃 …… 125
116. 调查团不再调查榆关,秘书长哈斯返平 …… 127
117. 汪精卫等一行返京,汪过济时与韩晤谈并留书致冯 …… 127
118. 我国代表团致国联备忘录,十九国特委会今日开会 …… 129
119. 汪、罗、宋等在平协商情形,与国联调查团接洽多次,吉田声明不保护顾赴日,汪等南下时将顺道访冯 …… 130
120. 日报记美、德两记者事,并谓美牧师为马占山传信 …… 131
121. 日军摧残哈埠教育惨状:文化机关全部占据,物件运去,调查团到哈讯传来强令开学,改用日本课本,师生莫名其妙 …… 132
122. 调查团整理调查材料,预定月底整理竣事 …… 133
123. 国联十九国委员会举行秘密会议,辽案调查团报告书送达日期准予展延 …… 134
124. 汪等离平南旋,过泰安时留函与冯 …… 134
125. 李顿声明顾维钧并无违反行动 …… 136
126. 国联十九国委员会密议中日事件,展长报告书提出期限 …… 136
127. 顾维钧暂留京 …… 137
128. 日恐吓国联将否认大会,反对国联引用十五条,训令全权向列强疏通 …… 137

129. 日国民同盟主张承认伪满洲国,拟乘调查团抵东京时联合各派开国民大会 …………………………………………………………………… 138
130. 驻英使馆秘书鲁潼平来沪谈话:英国民众颇表同情于我 ………… 138
131. 国联特别大会定二十九日召集,日本不派代表出席 ……………… 139
132. 李顿等在平之行踪 …………………………………………………… 139
133. 国联调查团报告书提出期限展长,中日代表均已承允 …………… 140
134. 国联调查团今日自平出发,颜德庆等陪送至榆关 ………………… 140
135. 国联小国代表积极策动抗日,捷、西等代表奔走尤力 …………… 141
136. 日方监视德、美记者,伪管理处传讯两记者,法领事要求日方道歉,李顿已来电声明关系 …………………………………………………… 142
137. 国联调查团昨离平,经沈阳、汉城等处赴日搜集材料,总报告书七月下旬可编制完竣 ………………………………………………………… 143
138. 调查团昨出关,在榆关换乘伪国专车 ……………………………… 144
139. 国联特委会今日重行开会,考虑报告书限期事 …………………… 145
140. 调查团离沈阳,由安奉线南下 ……………………………………… 146
141. 外部驳覆日方抗议 …………………………………………………… 147
142. 实部备具经济说帖 …………………………………………………… 147
143. 蒋作宾谈话:解决辽案最低限度,中俄复交由莫接洽 …………… 147
144. 国际联盟昨开两种会议:关于调查团报告展限事,中日代表团函稿已发表 …………………………………………………………………… 148
145. 李顿会见韩督,内田今日由大连返国 ……………………………… 148
146. 国联调查团由汉城赴釜山 …………………………………………… 149
147. 顾维钧将赴北戴河 …………………………………………………… 149
148. 刘崇杰自平到京 ……………………………………………………… 149
149. 国联特别会议通过展长李顿报告期,提案声明延期属不得已后不为例,日政府竟无理反对国联干预辽案,西代表动议邀土加入联盟,英人布特勒继任国劳局长 ……………………………………………………… 150
150. 内田就外长后即将承认伪国,傀儡交长尽量献媚 ………………… 151
151. 国联调查团离平过榆赴日 …………………………………………… 151
152. 国联调查团派员来沪,征询东北关权问题 ………………………… 153
153. 日方将派大批学生,充任伪国官吏 ………………………………… 153

7

154. 顾维钧昨赴北戴河 ………………………………………… 154
155. 调查团抵日本 …………………………………………… 154
156. 国联调查团经济委员陶德曼氏昨日东渡,携有宋财长致李顿要函
 ……………………………………………………………… 155
157. 国联调查团抵东京,到站时日青年散发传单表示反对,李顿发表声明书说明此行之任务 ……………………………………… 156
158. 调查团将对日表示劝勿承认伪国,侵犯领土权之行为于国际地位为不利 ………………………………………………………… 158
159. 调查团会见日首相,李顿抱恙仍在静养,由意委员暂代主席 ……… 159
160. 调查团访日新外相,秩父宫设宴款待 ………………………… 159
161. 调查团展期与日折冲 …………………………………………… 160
162. 调查团会见日陆相,荒木表示决意承认伪国,绝对不容第三者之干预
 ……………………………………………………………… 160
163. 真崎视察东北归国,认"承认伪国"时机未熟,喻为甫出壳之雏鸡羽毛未丰,力诫国人忍耐不宜任意发言 …………………………… 161
164. 调查团会见日外相,谈话内容未经宣露,日本大学生上书调查团请愿 …
 ……………………………………………………………… 161
165. 调查团举行重要会议在英使署举行 ………………………… 162
166. 韩爱国团谋炸日要人:仍是金九所派遣,以本庄等为目标,柳、崔等四人被逮,炸弹亦为水壶形 ……………………………………… 163
167. 国联调查团李顿等将到沪,十九日可到 …………………… 164
168. 国联调查团今日由日启程,顾维钧电告病愈 ……………… 164
169. 调查团再晤日外相,内田恳勿牵引欧洲类似事件解决满案,声明不欲即承认傀儡,启将来谈判之门,日本在东北行政将暂维现制 … 165
170. 国联调查团拟在青岛略停 …………………………………… 166
171. 调查团完毕赴日任务,李顿爵士先行,径赴青岛转平 …… 166
172. 调查团抵神户,定今日乘轮来华,十九日可抵青岛 ……… 167
173. 大连日警检举韩决死队,谓有暗杀调查团阴谋 …………… 168
174. 日本亟谋实现东方门罗主义,蔑视国联条约义务,冀遂扩张版图野心——英报之社评 ……………………………………………… 169
175. 顾维钧赴青迎国联调查团,调查团昨自神户赴青 ………… 169

176. 顾维钧等抵青,迎候国联调查团 …………………………………… 170
177. 国联调查团抵青岛:昨晚赴市政府宴会后即乘车西上,李顿抱恙张学良派飞机赴济迎候 ……………………………………………… 170
178. 英政府对伪国态度 ……………………………………………… 171
179. 李顿等昨乘飞机抵平,李顿抵平后即入德国医院,义、德、美三代表乘专车抵平 ……………………………………………………… 172
180. 调查团力避对外发表意见,李顿将赴北戴河休息 ………………… 174
181. 东北民众痛苦情形:阅关内报纸辄遭捕去 ………………………… 175
182. 国联调查团过青济北上,顾代表偕行 ……………………………… 176
183. 金问泗明日赴平,协助顾维钧完成调查团报告,谓热河事件为日人预定计划 …………………………………………………………… 177
184. 调查团详查热河事变,李顿病体大有起色,调查团昨晨开例会 …… 178
185. 调查团昨晨举行例会,讨论整理报告书材料问题 ………………… 179
186. 调查团中国代表处之工作——金问泗北行前之谈话 …………… 179
187. 李顿病体未复 …………………………………………………… 180
188. 国联调查团到平后:整理材料后便编制报告书,该团对热河问题极为注意 ……………………………………………………………… 181
189. 调查团报告书或将展期完成,李顿病愈不久可出院 ……………… 181
190. 李顿病势轻减,二三日内可出院 ………………………………… 182
191. 调查团报告书美记者预料内容似将使日本难堪 ………………… 182
192. 调查团报告书八月底可完成,德、义两委赴北戴河 ……………… 183
193. 日本派遣驻满大使,我国决提抗议 ……………………………… 183
194. 时评:驹井德三辞职 …………………………………………… 184
195. 李顿体气渐复,着手编制报告书 ………………………………… 185
196. 李顿能在医院工作 …………………………………………… 185
197. 调查团报告书本月底可完成 …………………………………… 186
198. 英蒲罗斯少将论极东危机益迫,希望日本能早日觉悟,并望国联调查团郑重 ………………………………………………………… 186
199. 调查团报告书定期着手起草,顾维钧昨抵北平 ………………… 187
200. 李顿昨晨暂离医院 …………………………………………… 187
201. 伊藤将来平晤李顿 …………………………………………… 188

9

202. 郭公使抵伦敦 … 188
203. 调查团昨晨续开例会,报告书昨日开始起草 … 189
204. 国联调查团昨举行临时会,定九月二日离平赴欧 … 189
205. 国联调查团起草最后报告,每日开委员会一次,取道西比利亚未定 … 190
206. 调查团编制总报告书 … 190
207. 美国务卿重申远东外交政策,陈述订立非战约经过 … 191
208. 调查团报告书结论着手编制,李顿仍住医院中,顾维钧昨返北平 … 192
209. 美国务卿宣言全文:表示竭诚拥护非战公约成为美国一大永久政策,绝对不承认武力所造成的局面,旨在鼓励国联对日采有力行动;日人愤懑拟取对美严重外交步骤 … 193
210. 国联我代表团加派技术专家 … 194
211. 李顿又患感冒,暂时不能办公 … 194
212. 调查团每日开会两次,李顿仍在医院工作 … 194
213. 日安达派促承认伪组织,派使与承认伪国无关,军阀愤内田外长失言 … 195
214. 韩人爱国团宣言,大连事件有所辩白 … 195
215. 调查团昨在医院开会,报告书将付印 … 196
216. 调查团报告拟在瑞京发表 … 197
217. 国联报告书月内可告完成 … 197
218. 顾维钧拟与调查团同放洋 … 197
219. 国联调查团返欧期:编制报告可照预期完成,大约下月初间离平返欧 … 198
220. 调查团报告书之结论颇为英当局所注意 … 199
221. 李顿等赶制总报告书,日使馆邀宴全体委员 … 199
222. 调查团将返欧,顾维钧拟与同行 … 200
223. 各业公会电请调查团据实报告国联 … 200
224. 李顿仍在医院,报告书月底可完成 … 201
225. 日对满洲问题分主战主和两派,两派主张皆甚坚决,究竟谁胜现尚未定,我国对此亟应注意 … 201
226. 国联调查团报告书赶制中,中代表处送递说帖 … 202

227. 日方所传国联大会议程,日又放出退出国联空气,意在恫吓英法为其后盾 …… 203
228. 调查团昨仍开例会 …… 204
229. 顾维钧将入京一行 …… 204
230. 对内田外交演说美英态度暂守沉默,自卫权利竟轶出本国领土以外,日本纵逞狡辩终违犯九国公约,在调查报告未公开前美国不愿再有所行动 …… 204
231. 日代办矢野昨日到京,接洽上海商务问题,有野称系拜访性质 …… 206
232. 国联调查团决分三批离平,报告书工作月底结束,中政府说帖起草完成 …… 207
233. 调查团报告书内容严守秘密,顾维钧欢宴调查团 …… 208
234. 颜德庆来沪赴欧,参赞国联中国代表团 …… 208
235. 国联调查团举行末次会议,报告书一日可完成,李顿即偕两委南下,与顾维钧同道赴欧 …… 209
236. 时评:东北问题与美日关系 …… 210
237. 调查团报告书日内即可完成,由德、法两委带送国联 …… 212
238. 英报讽刺日本 …… 212
239. 国联调查团离平返欧行程,决分水陆两组就道,顾维钧与李顿同行,我国备忘录已运欧 …… 213
240. 调查团报告书今日正式签字,李顿等定四日来沪 …… 213
241. 国联调查团总报告书完成,昨日讨论修正各点 …… 214
242. 李顿、顾维钧等后日来沪赴欧,顾氏就任驻法公使 …… 216
243. 顾维钧昨乘飞机到京,意使齐亚诺与同来,拟今日飞汉晤蒋、罗,决与李顿等同放洋 …… 216
244. 调查团报告书今日编制完竣,张学良昨分访各委员 …… 218
245. 日本唯恐美国政策成功,东报罗列美国困难七点,暗示法英俄三国将袒日 …… 218
246. 国联调查团总报告书昨日签字,全部三百页由德、法两委携往日内瓦,密封二份留交中日政府俟日后拆阅,李顿偕美、义两委定今晨乘飞机南下 …… 219
247. 顾维钧昨日往返京汉,与蒋商定外交方针,即晚自京乘机飞沪 …… 221

11

248. 国联常年会本月廿六日召集,仅处理例行事务,辽案调查报告书十一月提出讨论 …… 221
249. 顾维钧昨飞沪,候李顿到后同轮赴欧,罗文干今日来沪欢送,顾氏先赴法呈递国书 …… 222
250. 时评:国联调查之结果如何 …… 224
251. 调查团昨分批离平,报告书已迅寄日内瓦,李顿及美、义代表乘机南下,德、法代表乘北宁车赴塘沽 …… 225
252. 罗文干昨到京,即来沪 …… 228
253. 李顿昨乘飞机抵沪,汪、宋代表国府慰劳,美、意两委及秘书等同机偕来,今晨离沪返欧,顾维钧等同行,汪、宋、罗、顾昨晚有极重要集议 …… 229
254. 调查团报告书结论尚未起草,德、法两委昨由塘沽赴连 …… 232
255. 李顿一行昨晨返欧,驻法顾使偕行赴任,国府代表竭诚欢送 …… 233
256. 罗外长昨返京,徐谟、沈觐鼎偕行 …… 234
257. 国联调查团陆行组抵大连 …… 235
258. 某要人谈调查团报告书:措辞极为公正 …… 235
259. 调查团秘书长哈斯乘车南下 …… 235
260. 李顿等一行昨过香港赴欧,李顿发表谈话 …… 236
261. 日对国联态度之观测 …… 236
262. 调查团中代表处结束,法、德委员过沈北上 …… 237
263. 哈斯由平抵京 …… 238
264. 调查报告未公开前,美国暂守缄默 …… 238
265. 金问泗已由平来沪,定二十日赴欧 …… 238
266. 日方所传李顿报告书内容:日本拟提出对案式意见书,企图推翻国联调查报告 …… 240
267. 哈斯昨晨抵沪,访宋子文、吴铁城 …… 241
268. 承认叛逆未实现前,日本努力制造空气,唯恐美俄干涉,先声恫吓,承认案枢府作初步审查 …… 242
269. 日本一意孤行徒增远东危局,报告书与伪约显相枘凿,国联处置势将益感棘手——伦敦人士之观测 …… 242
270. 哈斯到京访罗,贝尔特由平启程赴欧,报告书节录在草拟中 …… 243

12

271. 辽案调查报告内容似于日本有利,东省主权我拥虚名——英观察报之观察 ………………………………………………………………………… 243
272. 时人行踪录 …………………………………………………………… 244
273. 九三老人马相伯语录:准备招待国联调查团的一席话 ………… 244
274. 时评:日本进行两手续 ……………………………………………… 245
275. 哈斯昨日过济赴申[津] ……………………………………………… 246
276. 李顿抵新加坡 ………………………………………………………… 246
277. 中欧途中:水道归去之调查团 ……………………………………… 246
278. 宋子文、陈公博谈:中央决讨伐伪组织,国民政府早经决定具体方案,国联报告书公布后再下明令,现先向日抗议并照会华约国 ………… 248
279. 美国态度冷淡,李顿报告未公开前,不愿再作任何行动 ………… 249
280. 日本希图推翻李顿报告,要求展缓公布,准备提出对案 ………… 249
281. 我税收激减仍拟履行债务,国联已发生良好印象 ………………… 250
282. 日人承认伪组织后各界表示种种:亟于承认原因,违背公约尊严,电请撤回驻使,呈请明令讨伐 ……………………………………………… 250
283. 日本与伪组织订约之次日,我国提出严重抗议:抗议书指出日本应负责任七大端,照会十二国请采取有效应付方法 ……………………… 252
284. 九一八国难周年纪念日马占山痛告国人书(再续) ……………… 254
285. 哈斯今日离沪,国联调查团报告书哈斯携副本往美国 …………… 257
286. 对日抗议牒文送达国联,颜惠庆请迅速考虑,日代表亦交一牒文 … 257
287. 我有三千万民众,日本武力控制东省困难,李顿爵士在孟买之谈话,调查团德、法委返抵柏林 ……………………………………………… 258
288. 哈斯等星期日离沪,报告书发表当在下月上旬 …………………… 259
289. 怡和公司接国联调查团谢函,感谢隆和轮船之招待 ……………… 259
290. 中国偏重家族思想,妨碍民族发展——希尼游华后所得印象 …… 260
291. 国联调查团报告书将公布 …………………………………………… 260
292. 法国改变远东政策,将抛弃袒日态度,拥护国联会章,美允助法拒德军备要求,作为助美对日压迫交换,调查报告倾于日本不利,日人宣称决定退出国联 ……………………………………………………………………… 260
293. 国联行政会议昨日开幕,自由邦执政凡勒拉主席,通过我国教育调查报告,中日争案未必提出讨论,明日起每逢星期请聆无线电播音 …… 261

13

294. 本市各团体纷电韩、刘息争:无论如何藉口,国民决不相谅 …… 262
295. 端讷定期离沪返平 …… 263
296. 国联行政院徇日请求延期讨论调查报告,颜惠庆根据法律上理由反对无效,报告书决定十月一日发表,六星期后再开会提出研究 …… 263
297. 调查团秘书长哈斯等准今晚离沪,转道纽约返欧复命 …… 265
298. 时评:论国联与日本 …… 265
299. 处理中日案国联命运所系,国联不恤迁就日本,力避与日正面冲突,日表示决照既定方针迈进 …… 266
300. 哈斯夫妇昨晚离沪,宋子文、端纳等均亲往送行,报告书下月一日同时发表 …… 267
301. 中欧途中:新加坡之小住 …… 268
302. 日外务省讨论调查报告对案,并东省名义上主权亦不容我存在 …… 270
303. 郭泰祺昨在国联演说,请大会注意中日问题重要性,赫理欧定今日演说国际情势,秘书长将由法人爱文诺继任 …… 271
304. 调查团报告书指明日本过失,对九一八日军事行动万难认为自卫之举动,报告书全文星期日发表 …… 272
305. 时评:国联之钟 …… 273
306. 调查团报告书定二日晚发表,原文系节略,约七千余字 …… 274
307. 日使昨晨谒陵,罗文干昨晚宴日使 …… 274
308. 调查团报告书副本送达外部,外部漏夜翻译,明晚可以公表 …… 275
309. 国联大会无期延会,休会期间各国代表交换意见,赫礼欧与利瓦伊诺夫会谈甚久,十九特委会今日由希孟召集 …… 276
310. 调查团留沪代表台勒尔昨晚晋京,接洽发表报告书事 …… 277
311. 国联调查团报告书内容之要点,末章建议——大致主权归还中国,日本得经济开发权;外部人员从事翻译工作紧张,国联十九特会举行公开会议 …… 277
312. 李顿报告书日本赶译完竣,外务省彻夜电炬未息,日军部表示顽强态度 …… 278
313. 国联报告书今晚在沪发表,明晨可见诸报端 …… 279
314. 时评:国联调查团报告书之价值(上) …… 279

315. 国联调查团报告书昨外交部在京沪平汉同时公表；报告书结晶在第九、十两章：一方保留中国政府有政治主权，一方承认日本有实在经济利益，一方不主张恢复九一八前旧状，一方亦不主张维持伪满洲组织，建议中日召集一顾问会议，由中国政府发表一种宣言，订立中日和解条约商约等，准许东三省建设自治政府，以特殊宪兵维持地方治安，并用外国顾问以共同治理 ………………………………………………………… 281
316. 调查团报告公布后，中央暂不发表意见 ……………………………… 306
317. 日本提早发表李顿报告书，外务省赶草意见书定四周内完成，对首五章少争点对第六章颇非难，超越自卫权一点日军部反对尤烈 ………… 306
318. 日外相与调查团各委两次谈话节略：中"满"间任何连锁决不使之存在，日承认伪组织为日后吞并先声 ……………………………………… 309
319. 外部昨派科长亲送调查团报告书到沪，午后二时四十分到达，八时外部办事处发表 ……………………………………………………………… 311
320. 时评：国联调查团报告书之价值（下） …………………………………… 311
321. 李顿报告书公布后罗文干发表宣言：报告书中有显明呈现之两点，许多重要问题现正在考虑中 ……………………………………………… 313
322. 全世界对报告书态度 ……………………………………………………… 315
323. 调查团报告书发表后中外意见一斑 ……………………………………… 322
324. 中央慎重研究调查团报告书，宋子文宴各部会长，汇集意见拟具对策，今日提中政会讨论 …………………………………………………… 324
325. 史汀生澈底研究报告书，国联未有行动前美不欲遽表意见，我国外交家在华盛顿活动，日野村中将赴美之行作罢 ………………………… 325
326. 日本全力应付国联：松冈洋右赶赴日内瓦，日工商界勉政府迈进 … 326
327. 报告书发表后日币公债暴跌 ……………………………………………… 327
328. 英政府对报告书暂不发表意见 …………………………………………… 327
329. 调查团工作志愿为和平立基础，日本拒绝接受建议早露端倪——李顿到伦敦之谈话 ………………………………………………………… 328
330. 日本一意孤行将自陷于不利——怀德爵士评报告书别有见地 …… 329
331. 日内瓦报评报告书，指出两重要点 ……………………………………… 329
332. 德报借题发挥：认报告书无甚价值，抨击国联不遗余力 ……………… 330
333. 法报拥护国联，意对报告书守缄默 ……………………………………… 331

15

334. 孙科发表谈话,对于调查团报告书意见:有比较满意之处及绝对失望者,仍须政府与民众努力收复失地 …… 331

335. 各团体对国联报告书之表示 …… 333

336. 对于国联调查团报告书公布后应有之觉悟:提倡筑路运动,救济世界失业,准备长期抵抗,保全人类幸福 …… 334

337. 时评:李登报告书发表后 …… 335

338. 中政会讨论李顿报告:决交外委会详加研究,俟全文译竣并提政会,推定外委会常务委员 …… 336

339. 颜代表评报告书之缺点:偏重中国国家主义发展,忽于日本开拓政策野心,颇以未能贯澈三大公约为憾 …… 337

340. 英报评报告书,谓日本态度不变,终将未见其有利 …… 338

341. 日陆相荒木驳斥李顿报告,竟谓不能以公理解决中日案,干涉满洲将造成巴尔干第二 …… 338

342. 谈言:我对于"国联调查团报告书"的见解 …… 340

343. 中央对李顿报告尚待继续研究,外交委会开会并无具体决定 …… 341

344. 张学良招待平新闻界谈三事:李顿报告大致堪称公平,故宫问题外间谣传无据,义勇军活动为国争生存 …… 342

345. 国联我代表团发表宣言,对李顿报告书表示遗憾,日本蔑视决议案积极进行侵略,今后事态再扩大应由日本负责 …… 342

346. 松冈洋右展缓赴日内瓦 …… 343

347. 德报痛斥日本,谓中国民族已非昔比,决不致对日稍示屈服 …… 344

348. 日前任国联事务次长新渡在美游说,缓和日美感情,颇收相当效果 …… 344

349. 意报评报告书为国联求摆脱,认为无大力量 …… 345

350. 英国工党主张维护国联 …… 345

351. 外委会各委拟报告书意见,切望汪、蒋有所表示 …… 345

352. 唐绍仪谈李顿报告书 …… 346

353. 我外交人员在美国之活动 …… 346

354. 日本外陆海三省召开联席会议,讨论意见书内容 …… 347

355. 英国联协会赞助李顿报告 …… 347

356. 宋子文昨飞沪,征询汪对报告书意见,定今日返京继续讨论 …… 348

16

357. 美国慕尔夫人抵沪,代表德国人士慰劳十九路军 ⋯⋯⋯⋯⋯⋯⋯⋯ 349
358. 外委会研究报告书各问题 ⋯⋯⋯⋯⋯⋯⋯⋯⋯⋯⋯⋯⋯⋯⋯⋯⋯ 349
359. 唐绍仪电请胡佛召集九国会议 ⋯⋯⋯⋯⋯⋯⋯⋯⋯⋯⋯⋯⋯⋯⋯ 350
360. 冯玉祥稍缓拟赴大同,昨到南口凭吊战迹 ⋯⋯⋯⋯⋯⋯⋯⋯⋯⋯⋯ 350
361. 对李顿报告书美国尚无表示,调查团发出地图十二张供参证,英《旁观报》主张对日施经济压力 ⋯⋯⋯⋯⋯⋯⋯⋯⋯⋯⋯⋯⋯⋯⋯⋯⋯⋯⋯⋯⋯⋯⋯⋯⋯⋯⋯ 350
362. 日三省联席会决定国联对策:贯澈既定方计,不采姑息手段 ⋯⋯ 351
363. 宋、汪昨日会晤,结果暂不宣布 ⋯⋯⋯⋯⋯⋯⋯⋯⋯⋯⋯⋯⋯⋯⋯ 352
364. 华侨郑螺生等不满李顿报告,反对声明六点 ⋯⋯⋯⋯⋯⋯⋯⋯⋯ 353
365. 一九一八年出兵北满系协约国主动,美对报告书所载表警异 ⋯⋯⋯ 354
366. 顾维钧访法陆长,谈报告书意见 ⋯⋯⋯⋯⋯⋯⋯⋯⋯⋯⋯⋯⋯⋯ 354
367. 冯玉祥等通电指摘报告书谬误 ⋯⋯⋯⋯⋯⋯⋯⋯⋯⋯⋯⋯⋯⋯⋯ 355
368. 宋子文今日入京,昨晨赴杭即晚返沪 ⋯⋯⋯⋯⋯⋯⋯⋯⋯⋯⋯⋯ 356
369. 李顿报告书全文明日发表,汪意见已由宋携京,罗拟赴汉征蒋意见 ⋯⋯⋯⋯⋯⋯⋯⋯⋯⋯⋯⋯⋯⋯⋯⋯⋯⋯⋯⋯⋯⋯⋯⋯⋯⋯⋯⋯⋯⋯⋯ 356
370. 顾维钧赴巴黎,明日呈递国书 ⋯⋯⋯⋯⋯⋯⋯⋯⋯⋯⋯⋯⋯⋯⋯ 357
371. 粤执部、政委指驳李顿报告 ⋯⋯⋯⋯⋯⋯⋯⋯⋯⋯⋯⋯⋯⋯⋯⋯ 358
372. 日本对国联策:意在展缓审议辽案,联俄、退盟均为外交策略 ⋯⋯ 358
373. 顾公使在法发表谈话 ⋯⋯⋯⋯⋯⋯⋯⋯⋯⋯⋯⋯⋯⋯⋯⋯⋯⋯⋯ 359
374. 日本态度不变,则中国抵货益将不懈——杨博士答伦敦人士之问 ⋯⋯⋯⋯⋯⋯⋯⋯⋯⋯⋯⋯⋯⋯⋯⋯⋯⋯⋯⋯⋯⋯⋯⋯⋯⋯⋯⋯⋯⋯⋯ 359
375. 西南当局通电驳斥调查团报告书,谓调查团抛弃其所根据之公约及所认定之事实,东北问题只有凭民族力量乃可自决 ⋯⋯⋯⋯⋯⋯⋯⋯ 360
376. 外委会对报告书征求各方意见,罗文干今日赴汉谒蒋 ⋯⋯⋯⋯⋯ 362
377. 外部公布李顿报告全文,中、英文本印就出售 ⋯⋯⋯⋯⋯⋯⋯⋯ 362
378. 日永田少将挟军部重要训令赴沈:对付义军以收买与武力并用,北满方面避免与俄正面冲突 ⋯⋯⋯⋯⋯⋯⋯⋯⋯⋯⋯⋯⋯⋯⋯⋯⋯⋯⋯⋯ 363
379. 俄报评报告书 ⋯⋯⋯⋯⋯⋯⋯⋯⋯⋯⋯⋯⋯⋯⋯⋯⋯⋯⋯⋯⋯⋯ 364
380. 西南政委会之现状:政务委员多数散离,粤军将领返省会议 ⋯⋯ 364
381. 宋子文昨来沪,因财政上事务须与各界接洽 ⋯⋯⋯⋯⋯⋯⋯⋯⋯ 365
382. 国联调查团报告书全文昨日发表,附件尚付阙如 ⋯⋯⋯⋯⋯⋯⋯ 366

383. 罗文干飞汉谒蒋,征询对调查团报告书意见 …………………… 366
384. 驳斥李顿报告日意见书要点,外陆海三省已一致同意,特别注重中国抵货问题 ……………………………………………………… 367
385. 俄报评报告书,谓李顿既使日抗俄,又欲使俄与日冲突,列强可坐收渔利,中国终一无所得 …………………………………… 368
386. 李杜、丁超佳电 …………………………………………………… 368
387. 宋子文此次来沪任务,此行系与财部在沪干员商榷内部种种改革计划 ………………………………………………………………… 369
388. 褚民谊昨来沪谈话 ………………………………………………… 370
389. 谈言:某要人之言 ………………………………………………… 370
390. 土耳其加入国联特委会,调查报告下月提出讨论,五委员均将出席备咨询 …………………………………………………………… 371
391. 伪组织美顾问甘心为日奔走,在日内瓦作反宣传,谓满洲独立系人民自决 ……………………………………………………………… 372
392. 日政友会大会铃本[木]总裁抨击报告书,主张实行亚门罗主义 …… 372
393. 各方注意之国联报告书:国难严重声中应有之现象,申社所编报告书明日出版 ………………………………………………………… 373
394. 国联行政院代表由顾维钧继任,颜惠庆专任国联大会首席代表 …… 374
395. 罗文干昨由汉飞还京,翁照垣、萧吉珊同来,蒋对报告书有具体表示 ……………………………………………………………… 374
396. 日本倾注全力于国联,对调查团员列席不无惶恐,美国总统选举结果堪注目 …………………………………………………………… 375
397. 外委会昨开会讨论对报告书之意见,伍朝枢被邀参加讨论,罗外长明晨到沪谒汪 ……………………………………………………… 376
398. 李宗仁对报告书意见,反对建议部份 …………………………… 378
399. 时评:对日外交之转换期 ……………………………………… 378
400. 行政院决派顾、郭出席国联特会,国联赞许李顿报告 ………… 380
401. 政府对报告书意见外委续加讨论,郑螺生等质问胡适 ………… 381
402. 宋子文等到京,汪精卫出国期尚未定,报告书意见在研究中 …… 381
403. 外交委会讨论对报告书意见,大致趋向四点,尚待最后决定 …… 382
404. 伍朝枢昨抵津 …………………………………………………… 383

405. 日意见书展缓送日内瓦,在乡军人召开大会反对报告书,铃木赴欧缓和社会党反日空气 ·················· 383
406. 时评:苏、日、伪之"互不侵犯条约" ·················· 384
407. 某中委对报告书意见 ·················· 386
408. 伍朝枢昨抵平 ·················· 387
409. 美记者协会宴席上李顿之演说 ·················· 387
410. 汪精卫昨晚发表告别会,并述对报告书之意见 ·················· 387
411. 松冈洋右启程赴日内瓦,挟有内田训令:中日悬案坚持由两国直接交涉,国联如施压迫纵退出亦所不辞 ·················· 391
412. 各部会长集沪,昨晨谒汪话别 ·················· 392
413. 松冈洋右赴日内瓦 ·················· 392
414. 松冈赴日内瓦,英报颇为重视 ·················· 393
415. 对报告书建议,英国暂守缄默 ·················· 393
416. 日方宣传李顿改变态度,抱持于日有利主张 ·················· 394
417. 李杜、丁超通电对调查团报告书之意见 ·················· 394
418. 英政府对日态度内部意见扞格:保守党员倾向对日亲善,工党、自由党主维持正义 ·················· 396
419. 日政府训令松冈内容,吉田携报告书赴日内瓦 ·················· 396
420. 时评:现阶段中之日本外交 ·················· 397
421. 反驳李顿报告日意见书内容用英文缮成,共分五章,强辩侵略行为之正当,尤特别注重排货问题 ·················· 399
422. 国联特委会决邀美俄参加 ·················· 400
423. 律师协会召集临时会议 ·················· 400
424. 日意见书运华,连附属书装成三大箱,将由有吉公使转国府 ·················· 401
425. 国联迁就日本,日电传议长通知长冈,行政会展期一周开会 ·················· 402
426. 日反对美俄参议报告书 ·················· 402
427. 某要人驳日方意见书 ·················· 403
428. 日本拟出全力应付国联论战 ·················· 404
429. 报告书发表后的日本舆论 ·················· 404
430. 国联展缓召集,不恤迁就日本,东京表示满意 ·················· 407
431. 日参赞有野谈话,否认意见书运沪,日使旬日内回国 ·················· 407

432. 我方不反对国联展期开会,应付方针外委会已决定 …………… 408
433. 上院热烈辩论后英政府对中日案宣示态度:英在国联不欲以领袖地位自居,愿与他国联合觅取共同的政策 ……………………………… 408
434. 国联行政院定廿一日召集,特委会及大会均将展至明春 ………… 411
435. 处理中日案美与国联合作,特派台维斯出席行政会,郭使表示愿受合理解决 …………………………………………………………… 412
436. 李顿将向国会议员演说中国政况 ………………………………… 412
437. 公电 ………………………………………………………………… 412
438. 我国对国联提案原则可分两点——罗文干之谈片:注重沈案及沪案责任问题,对报告书第十章提出对案 …………………………… 413
439. 首都人士注意美国选举 …………………………………………… 413
440. 获解大暗杀案要犯,曾在汪、宋寓邸投弹,唐腴庐[胪]实遭其毒手,受人收买谋害李顿,不惜造成国际纠纷 ………………………… 414
441. 邹鲁等决定出席三中全会,提案由陈融起草中 ………………… 416
442. 王正廷过京时谈话 ………………………………………………… 416
443. 英国会讨论远东问题,工党动议赞助李顿报告书结论,西门表示愿与国联及美国合作,工党议案经保守党修正后通过 ………………… 417
444. 国际委会事件外委将加讨论,谢冠生征得蒋意见 ……………… 418
445. 日本狡猾政策,所谓妥协案如是如是 …………………………… 418
446. 伦敦报纸对远东问题乐观:李顿报告书能使难题解决 ………… 419
447. 松冈一片胡言 ……………………………………………………… 420
448. 日方规避讨论过去事实,某要人谓显见胆怯,我代表团势必力争 … 420
449. 美国外交政策讨论会推测美国态度,发表研究李顿报告结果 … 421
450. 外委会讨论国际委会事件,日内即有具体决定 ………………… 422
451. 朱兆莘谈李顿报告书 ……………………………………………… 423
452. 日本之意见书最后修正完竣,十八日交国联 …………………… 423
453. 李顿建议我国决予婉拒,外部已训令代表团 …………………… 424
454. 国联开会议程首先讨论李顿报告书 ……………………………… 424
455. 顾维钧抵日内瓦,揭破松冈宣传作用 …………………………… 425
456. 日本半泽玉城氏《再告中国国民》原文译载 …………………… 425

457. 外委会讨论国际委会事件,国联决邀美俄参加,会期将在明年三月 ………………………………………………………………… 429
458. 国联准备讨论中日纠纷,李顿调查团出席备询,行政院先议争执起源,开会前夜李顿广播意见 ……………………………… 431
459. 国联将明白表示否认"满洲国"之存在,各会员国认报告书系忠实记载 ……………………………………………………………… 432
460. 日政府对国联意见书发表:极尽訾毁中国之能事,所言无非日人之老调 ……………………………………………………………… 433
461. 全上海学生明日开会,援助东北义军,反对李顿报告 ………… 435
462. 日提意见书并无法律根据,我外交当局研究其内容,即将讨论对策 ………………………………………………………………… 436
463. 苏俄通信:世界最大水力之特聂泊大电厂开幕;莫斯科对李顿报告书之论调及视察;苏俄与罗马尼亚缔不侵犯条约问题 ……… 437
464. 万木无声待雨来之日内瓦——李顿报告书之微妙所在 ………… 438
465. 某友邦外交家评日本意见书,罗外长亦将草宣言驳斥 ………… 440

索　引 ………………………………………………………………… 442

21

1. 国联调查团调查沈变详情

昨又与本庄会见

〔沈阳〕 国联调查团本日上午又与本庄会见,以在北平所得之材料为基础,质问沈阳市政、东北要人之个人财产及银行公司之处理问题。(三十日电通社电)

顾维钧慰问吉田

〔沈阳〕 国联调查团对上海之炸弹事件,露非常惊慌之色。此事件对上海事件之解决,若发生障害,实甚困难,深堪忧虑。中国陪员顾维钧,昨日下午四时对吉田大使述慰问之意。因受此事件之刺戟①,调查团身边之警戒将更为严密。(三十日电通社电)

严恩槱停止工作

〔北平〕 中代表处严恩槱在沈与团员发生误会,顾维钧令其停止工作,日内来平。(三十日专电)

团员受严重监视

〔南京〕 据沈阳来客谈,日方对于参与国联调查团之中国代表团在沈之动作,百计阻碍,使之不得自由。代表团所在地侦探密布,状极离奇。顾代表住房外常有六七人轮值,虽至饭厅或至他室,亦必尾随,出门散步,更不必说。职员诸人亦受严重监视。卧房时被侵入,彼此谈话,有时且被干涉,来访之人多被阻止,且有因此被逮者。某晚该代表团速记员某君,食时遄返住室。时有一日人已在房内,立奔门外,乃门外亦有数人站立。该速记员大声呼唤,某委员到场,该日人等始皆逸去。推其用意,或系意图劫取重要文件。现调查团各员亦未能避免监视,此与国联决议案所云"双方政府应予各种便利"之语,完全相反。(三十日中央社电)

(《申报》,1932年5月1日,第九版)

---

① 编者按:原文"刺戟",今作"刺激"。后同。

2. 马占山劝溥仪善自处：欲从绝处求生惟请援调查团，即因而牺牲亦优于因循坐误

北平通信。马占山自龙沙到黑河后，即宣告继续抗日。二十五日，马复有电致溥仪、郑孝胥，劝其速善自处。原电文云："长春溥浩然公鉴：自民国成立后，占山待罪戎行，无缘相见。兹者日人构祸，我公以退闲之身，复被日人居为奇货。当复辟前晋谒时，辱蒙假以温谕，示以腹心，私衷感愤，不知所报。回江后，忆在长春所见所闻，确悉日人利用我公为傀儡，遂其宰割东北之野心，俾为朝鲜之续。虽屡经声言无领土主权之侵略，即张燕卿、谢介石等，亦屡言日人决心信义，而会议席上，以日人入籍问题，驹井严斥熙洽，更以调查团行将东来，深恐'满国'成立为国际窥破，乃假东北人民自决为题，欺朦世界。若长此因循，则调查团去后，是非已被颠倒，东北永无恢复之望。一旦国府出师讨伐，我公不仅为民国罪人，抑且重负民元以天下为公之心。即不然，国府纵弃东北，而我公以俎上肉、釜中鱼，不出数年，日人必至出其并吞朝鲜之故技。深恐清室三百年来深仁厚泽，不断送于国民革命之手，而断送于日人铁蹄之下。是则占山心所谓危，不敢不剀谏于我公之前。为今之计，欲绝处求生，惟俟调查团到达长春，于接见之时，将日人压迫我公，及组织'政府'之非出己意各种情形，据实详述，一方面请求该团保护我公出国。如是则日人于国际监视下，断不敢加害我公。将来中华复兴，我公必能受国民推戴，重为民国元首。即使虎口不易幸脱，而因此牺牲，我公英名亦千秋万古，永为后世钦佩。较之身处樊笼、因循坐误者，其得失不可以道里计。兹占山已乘调查团将到之际，借查防为名，亲到黑河，整军经武，为收复失地之计；一面通告世界，表明日人真相，使鬼蜮伎俩无所遁形，竭我驽骀，挞彼横暴，誓死与之周旋。即不幸失利，虽一兵一卒，决不放手，以报我公，以报全族。想我公天亶聪明，必当有以善处之也。临电神驰，不胜惶恐待命之至。马占山叩。有。"（马致郑孝胥电，文意与致溥电略同。）

（《申报》，1932年5月1日，第十二版）

3. 国联调查团昨抵长春，顾维钧及五随员同行，首次报告书不日发表

〔哈尔滨〕 国联调查团定一日晚离辽，到长考察，留二日。三日赴吉，亦留二日。五日晚可抵哈。（一日专电）

〔哈尔滨〕 国联调查团一日抵长春，决六日晨抵哈。（二日专电）

〔长春〕 李顿调查团偕中国陪员顾维钧博士，今晚七时三十分由沈阳抵此。（二日路透社电）

〔沈阳〕 国联调查团决今晨赴长春，中国陪员顾维钧博士同行。除顾外，尚有华人五人同行。闻调查团将在长春留两日，吉林一日，哈尔滨七日，齐齐哈尔两日。顾曾提议调查团应赴大黑河，惟尚未决。调查团在北满之时期，将有两旬。由北满回沈后，复将停留三日。后赴大连，亦拟留三日。嗣后返平，研究在东省收集之材料。该团将由平赴日一行，然后再返北平，起草致国联之报告。今日日本陪员吉田宴中国代表，中国代表数人因日当道之拒绝，未得随顾由沈北行。（一日路透电）

〔长春〕 调查团今日下午八时半抵此。满伪政府于上午九时开会，讨论对付之策。调查团经由日本方面非正式通知希望，谓调查团之使命，系如何方可确保远东之和平。（二日电通社电）

中代表处六人同行

〔沈阳〕 吉田今午宴中代表全体。交涉至再，仅顾维钧、刘崇杰及外国顾问等共六人北上，陈立廷等三人留沈。昨夜杨景斌、严恩棫等五人，今夜陈女士、顾善昌，明午戈公振等五人，经连赴津。（一日专电）

〔沈阳〕 顾维钧今晨同调查团赴长春。顾语人，此行较李鸿章赴马关尤难，因彼系被邀，日有权利可得，今反是。（二日专电）

〔沈阳〕 国联调查团今晨由此赴长春。中国陪员顾维钧博士及顾之随员五人经准偕行，由调查团担保彼等"行为良好"。（二日路透社电）

报告书述东省军事

〔沈阳〕 调查团之报告书,将于二三日中在日内瓦发表,其内容分二十余项目。调查团将于[与]本庄会见四次所闻之事变勃发原因,及日军行动之事实,皆予列举,不附委员方面之意见。报告书开始,系根据九月三十日国联理事会之决议而报告。(一日电通社电)

〔日内瓦〕 国联秘书处已接到李顿调查团由沈阳发来之初步报告书,其中多述满洲军事情形。不日将在沈阳与日内瓦同时发表。(二日路透社电)

李顿对日记者谈话

〔沈阳〕 国联调查团抵此以来,本日首次会见记者团体。李顿对记者谓:"吾人使命在于建设和平。照余个人意见,日本退出国联,决无利益。余等工作对于日本有无用处,请待工作完毕加以判断。顾维钧问题,将到长春后再考虑。"(一日日联社电)

伪国派鲍观澄招待

〔哈尔滨〕 伪国派哈"市长"鲍观澄为招待所长,限制各机关到站欢迎调查团。须领有该所银章者,许到站。(一日专电)

与本庄繁末次会见

〔沈阳〕 调查团因满洲事变之军事的调查已告一段落,一日上午十时与本庄为最后之会见。今日下午休息,明日出发。又关于满洲之条约上之铁路问题,预定视察哈尔滨、齐齐哈尔后,经各总领事馆供给材料,再着手调查。(一日电通社电)

中国代表在沈情形

〔天津〕 国联调查团中国代表处随员赴辽者共二十余人。抵辽十余日,受日人之监视,言行皆失自由。各国委员除赴各该团领馆外,殆无工作可言。调查团拟视察兵工厂、北大营,均被日人拒绝,亦无与当地民众接触之机会。(二日专电)

杨景斌等昨午抵津

〔天津〕 调查团一日离沈赴长春，顾维钧偕两顾问、三随员出发，余人被拒。杨景斌、严恩槱、刘广佩[沛]、谢恩增等，则于三十日赴大连，二日午抵津。杨等在大连上船时，被日警严密检查。戈公振等定二日或四日离沈来津。据杨君谈：留沈十日，竟不获与东北知识界一晤，东北同胞纯处隔离状态中，其痛苦不堪尽述；调查团已赴长春，由长再往哈尔滨、齐齐哈尔等地，均在日军势力下；彼辈喜怒无常，调查团中之华人有无危险，殊属可虑。（二日专电）

〔北平〕 调查团中代表处鲍静安、严恩槱及哈斯夫人等，明午可抵平。（二日专电）

张祥麟过济时谈片

〔济南〕 张祥麟今由津过济赴沪。张谈，顾抱大决心，京沪各界亦电勖顾努力完全使命。但到东北后，行动、拍电，均不得自由。北大营未得视察，顾决赴长春。现伪国又许顾有条件的前往，条件即监视行动。外交官行动不得自由，实外交史上空前恶例。调查团编造报告地点，日人反对在北戴河，将来大概在青岛。我代表团平、沪各设一办事处，我方重要文件均未敢带往。东北代表一出日人许可通行地界，即有危险。（二日专电）

（《申报》，1932年5月3日，第七版）

4. 罗文干谈外交

〔南京〕 罗文干谈："近来外界对停战协定颇多非议，殊为误解。盖此次协定，完全根据三月四日、三月十一日国联特委会两次通过之议案而成。即英使所提之折衷办法，亦丝毫不背国联决案精神，绝无屈服可言。俟签字后，日军即将络续履行其撤兵之义务。如至相当时期日本尚未撤兵，混合委员会可申请国联大会促日军履行。至日军初步撤退地点，仍根据军事小组会议拟定之四区。总之，停战会议仅系讨论停止双方敌对行为，对于一切政治问题绝未涉及。此点希望国人应有充分之明了。余接沪电，日方代表炸伤后，其继任出席代表,至今尚未决定。故二日停战会议恐不及开,三日或可举行。一般人以为将受炸弹案影响而展延,实则日方表示愿早结沪案。重光病中已坚决表示,决不因受伤而挨延签字。故本星期内当可签字。彼方将由何人代表签字,尚未决定。国联调查团二日可抵长春,顾代表亦随往。该团所草之中日问题第一次调查报告书,经已送达国联特委会。"又云,"迩来恢复中俄邦交声浪日高。政府对此问题,正熟筹中。设苏联果有诚意,依据平等互惠原则与我国复交,则我亦不妨善意考虑,以促实现。倘有人以中俄复交后,共产隐患更将滋蔓,余意中俄复交,并非接收[受]或同意于共产主义。我国外交政策,原本总理遗教'联合世界上以平等待我之民族'为主旨。不过兹事体大,亦不能轻率从事"云。(二日专电)

(《申报》,1932年5月3日,第八版)

5. 日内瓦发表李顿初步报告:完全根据日人情报,对伪国地位作保留,咎责谁属未下断语

〔日内瓦〕 国联辽案调查团李顿勋爵初步报告,今日已在此间发表。报告内述及伪政府时,均在"满洲国政府"字样之前后,加以引用成语符号,表示此乃彼中人所称之"政府",对其是否有真正政府之地位,尚作充分之保留。此外又叙明日军官若干人,已与"满洲国政府"订约受聘一年,代其训练军队。现料李顿报告不日将送达理事会。而理事会接到之后,或将专送国联大会主席希孟。今日国联要人声称:渠辈认此报告尚无充分重要,致有召集十九国委员会特别会议之必要;因此次初步报告,其性质大部份属于形式方面,仅为调查团真正工作之基础;其工作详报,将俟后续送云。(二日国民社电)

〔日内瓦〕 国联秘书厅今日发表之辽案调查团初步报告,大部份叙述东北军事情形,郑重声称调查团现尚不能有何切实结论,故觉此时只宜限于陈述军事情形。至于军事情形,则报告书内曾下简要断语,称为"完全混乱"。报告内估计满洲此时作战之军队,称中国义勇军、民团,共约十万人。此项非正规军队,有驻满日兵二十二万人与日人训练及供给军装之"满洲国"军队八万九千人,与其为敌。现因此类军队通年战争之结果,东三省已无一片安全土。但

造成此种可悲憾事态之咎责谁属,则目下犹不能断定。调查团处此环境,故须保留结论及建议,俟后续报。现闻此项初步报告,将提出五月九日之国联理事会议。(二日国民社电)

〔日内瓦〕 国联秘书处已接到李顿调查团四月三十日从沈阳发出之初步报告,将于星期三晨公布之。此报告根据日当道所供给之情报,详述东三省现有之军事状况。据称,在四月下半月,日兵之驻于南满铁路区域内者,共六千六百人,其驻于区域外者,一万五千人。"满洲国"军队半系九月十八日以前驻扎东三省之中国常备兵,后由日人襄助改编,共八万五千人。聘日军官为军事顾问,其员数逐渐加增,皆订有一年合同,并有一日军官被任为长春"满洲国政府国防部"之顾问。三月底"满洲国"军队大都在沈阳、长春、洮南、齐齐哈尔、敦化及沿中东路线作战,以抵御反"满洲国"之军队。双方军队之战争及匪众之袭击,时有所闻,一般人心皆不安静。日人以为在此时期,欲撤退日军而不危及铁路区域外日侨生命财产之安全,为不可能。撤兵早迟,系于"满洲国"陆军改组之进步云。该报告末称,中政府在东三省任何部份,不复有何权力云。(二日路透社电)

〔日内瓦〕 此间发表之国联辽案调查团初步报告,内容中所称在满日兵二十二万一节,已于今晨撤回。据称,系误将"满洲国"军队亦并入统计之故。现其修正之文,声称日军及"满洲国政府"可以调遣之军队,总数共二十二万六千人,计日本正规军二万二千四百人,日本宪兵十一万九千人,"满洲国"军队八万五千人。与其敌对之军队,则有吉林省内中国正规军三万人,义勇军民团二万人。又谓去年九月十八日以前,满洲境内中国军队,共十四万人。现六万人改从"满洲国",余则或撤回关内,或加入义勇军云。(三日国民社电)

〔日内瓦〕 李顿调查团之初步报告称:中国政府对于满洲任何部分,不复有何权力;"满洲国"军队现居日本保护下,业经改编,刻正与不承认"新政府"之军队作战;日人坚谓此时撤退日军,而欲不危及南满铁路区域外之日侨,实不可能云。(三日路透社电)

(《申报》,1932年5月4日,第七版)

6. 国联调查团昨与溥仪会晤，顾维钧留旅馆未见客

〔北平〕 调查团昨晚到长。李顿等下车时，默不发言。汉奸谢介石趋前握手，表示欢迎。顾与谢相视默然。日人谓该团今日会见溥仪。（三日专电）

〔长春〕 顾维钧在长春下车后，即赴大和旅社，谢不见客。至关于顾氏行动之自由，将于本日午后由李顿爵士与谢介石会见之际，协议一切。（三日电通社电）

〔长春〕 从奉天北上之联盟调查团一行，昨午后七时半，乘特别列车抵"满洲国首都"。下车之李顿爵士等，与出迎之谢"外交总长"、田代领事等握手后，即入大和旅社。当日，日、"满"两方之警戒，非常严重。从车站到旅社，满布正装及便服警察。又李顿爵士以下调查团五委员，定今晨九时与日本陪员吉田访问溥仪，为礼节的访问。（三日电通社电）

日人利用沈阳庙会

〔北平〕 沈讯。日利用沈阳五月二日天齐庙会，表演建设伪国各种新剧。剧情反张为主体，演员由大连聘请。（三日专电）

〔北平〕 调查团抵沈后，日嗾使汉奸，每日举行庆贺，伪国宣传贴传单标语。（三日专电）

谢恩增昨午抵北平

〔北平〕 调查团中代表谢恩增今午抵平。谢谈，赴长春中国代表，仅顾及杨承基，於肇夔，刘俊杰，陈立廷，顾问河赛、竞纳[①]等七人，余三十、二日，分二批南返。调查团在沈，日人监视甚严，侦探寸步不离。由连赴沈时，车中房间，中代表最后，中隔日代表，防我方与调查团接触。抵沈后，日方在大和饭店备妥房间，中代表二十余人只拨四间，遂自觅东方饭店居住，一切费用均自备。我代表每人均有四日探监视。在沈亲友往旅馆探访者，被日宪捕十余，严行拷问对调查团有无报告，强迫签字画押。戈公振饭后赴商埠地，被日拘捕，晚七

---

① 编者按：原文"於肇夔"误，应为"施肇夔"；"刘俊杰"误，应为"刘崇杰"；"竞纳"误，应为"端纳"。

时后始释放。调查团与本庄晤五次,欲往兵工厂、北大营、南满路肇事地点视察,竟遭本庄拒绝,并拒与中国官吏接见。李顿极欲见臧,未果。一日李顿拟往北陵打球,日雇大批流氓,每人给日钞五毛,持请愿旗,先往等候。嗣李因事未往。(三日专电)

(《申报》,1932年5月4日,第七版)

7. 哈尔滨各国领事提出公正报告供献国联调查团,日人以某国为虑

《长崎日日新闻》云,国际联盟调查团行将莅哈,驻哈各国领事已草成吉黑二省状况书,报告国联调查团。我商工会议所(日本),亦将提出妨害通商事项各点,汇报该团。微闻某某国人以单独的立场,将提出极不利于"满洲国"之参考资料云。

(《申报》,1932年5月4日,第九版)

8. 国联调查团初步报告全文:日方所供给之东省军事情报,恢复和平安全办法尚待考量

〔南京〕 国联调查团初步报告四日披露,全文如次。

第一篇

本调查委员会自经依照行政院十二月十日决议案第五节指派成立,已于四月二十一日抵沈阳,现正从事于就地调查。自抵远东以来,本委员会已将蔓衍于中日两国之一般情形,就其与本身工作有关者,加以调查。本委员会曾赴东京、大阪、上海、南京、汉口、天津及北平等处,与两国政府人员晤商,并接见两国中多数有关系各界代表,在北平会晤九月十九日以前东北各省主管当局之代表。自抵沈阳后,会晤日本代理总领事、关东军司令官本庄将军及其他人

员。查行政院主席宣言关于十二月十日决议案,令委员会于到达当地后,将现有情势,就其与中日两国政府是否履行九月三十日决议案所包含、十二月十日决议案所重述之某数项保证有关者,尽速具一初步报告,提交行政院。该数项保证,为:(一)日本政府当"以日本人民生命财产之安全得有切实之保证为比例,继续将其军队从速撤退至铁路区域以内";(二)中国政府"对于该区域以外之日侨生命财产之安全,在日军继续撤退、中国地方官吏及警察再行恢复时当负责任";(三)双方政府"当采取一切必要步骤,以防止事变范围之扩大或情势之愈加严重"。关于此三点,本委会尚未能提出充分报告。关于"此事变范围扩大或情势愈加严重"双方所负保证之考虑,必须留待以后报告。但行政院对于关系上述(一)(二)两节中日两国所负保证之现有情势,等候早日报告。是以兹将下列报告第二篇送请查照。

第二篇

东省之实际情形。关于东北三省军事情形之消息,已由日本军事当局供给。计分五章,前三章叙述日本军队以及其他与日军合作之军队,后二章述及反对日军之军队。关于第四章消息,亦系得自华人方面。兹应注意者,于所陈之分款中,发现一种新特点。此为去年九月本案进展中行政院所未经计及而为此次调查之目标者,即当地之行政组织,业经变更。治安维持委员会由日方协助,初成立于公历一九三一年末数月中。该委员会嗣由一九三二年三月九日所成立之"政权"、号称"满洲国政府"者替代之。为说明日本军事当局用"满洲国军队"等字样,此项解释系属必要也。

第一章 日本正式军队

据九月十八日满洲铁路区域内日军之数,一万零五百九十人。十二月上半月,南

下转第六版

满铁路区域内四千人,南满铁路区域外八千九百人,计共一万二千九百人。四月下半月,南满铁路区域内六千六百人,南满铁路区域外齐齐哈尔—洮南—辽阳铁路、沈阳—山海关铁路、中东铁路、哈尔滨以东及吉林—敦化铁路北段各地方计有一万七千八百人,总共二万二千四百人。

第二章 "满洲国"军队

（一）经日本军事当局所指为"满洲国"军队者，其中一部分，闻系九月十九日以前驻满之中国正式军队，嗣经改编者，为一部分及新募之兵士。此项军队乃由日军事当局协助创设，多数退伍之日军官或现仍在日军服务之日军官，已被聘为军事顾问，其数目日见增加，且有订定全年合同者。日本参谋本部某军官被任为长春"满洲国政府国防部"之顾问。

（二）此项军队大多在沈阳、长春、洮南、齐齐哈尔、敦化及沿中东铁路区域驻防或作战。此项军队以前在铁路东段与不承认"满洲国政府"政权之军队作战。据云，截至三月底止，总数为八万五千人。现因关于此项军队报告不甚翔实，尚未确知其实数。

（三）地方警察。此项警察之数目，约十一万九千人，其中六万人系地方警备队。据称，此项警察队大部份系九月十八日以前已有者，继续存在，经日官员协助改编。

（四）又[反]对日军及反"满洲国"军之军队。本调查委员会在北平时，由张学良将军告知，九月十九日事变之时，其军队在关外者，包括非战斗员，计驻辽宁者六万人，驻吉林者八万人，驻黑龙江者五万人，共计十九万人。其中驻辽宁之军队，嗣有五万人左右撤入关内，故剩留关外者有十四万人。据日本军事当局所述，现在关外军队之数为十一万人，其中八万人已加入"满洲国"军队，三万人则在吉林之东北抗御日军及"满洲国"军队，约有二万人或已加入所谓义勇军。据彼等所述情形如下。

甲、旧中国军队之一部，不承认"满洲政府"之政权

在哈尔滨东北之一军，当有三万人。"据中国正式宣称，系由李杜将军指挥之吉林自卫军及丁超将军指挥之中东铁路护路军组织之。"

乙、义勇军

一、在辽宁省之西部，所谓东北反日义勇军。大部分在锦州之南，约有在一万五千人至二万人之间。二、所谓东北国民义勇军。大部分系吴庆所指挥，大部分在沈阳四周活动。此项部队曾与日军冲突数次，现在兵力未详。三、热河义勇军。此项军队纪律较佳，由汤玉麟指挥，约有三千人，包括有张学良将军之第一、第二两师之骑兵残部在内。据报，在热河、辽宁边境活动。四、势力较小之义勇军数队。一部分在山海关一带，一部分在敦化及天宝山间作战。

彼等在该处与敌对"满洲国政府"之正式军队连成一气。本节第一段之第四段所述之非正式军,据称约有四万人。

(五)土匪　土匪固非为政治目的而组织,因纷乱情形其数已见增加。据日方报告,彼等散处全满各地,在中东铁路之南部尤多,日方估计其总数为四万人。此外在吉林城之北部及东部,另有土匪一万二千人,据云与上文(四)甲·一所述驻在哈尔滨东北之中国军队合作。

此等各方势力常有武力冲突,如土匪劫掠及日军及"满洲国"军队剿匪之企图,并各方军队谋维持"新政权"与反对"新政权"之战事。其结果则为生命之损失、财产之破坏,并咸感不安焉。

第三章

本调查委员会在此时期,对于上列之事实及数目,不欲加以批评。日方当局主张,目下不能撤兵,以免在铁路区域以外日侨之生命财产发生危险。彼等似以为撤兵并须视其所称为"满洲国"军队改组之进步如何以为定准。中国政府在满洲任何部分现不施行政权,并以近日事件之发展,故履行其责任之实际问题尚未发生。

本委员会在最后之报告中,对于足以恢复和平与安全之可能及公正办法,与造成全部好感之合理办法,当予以考量。本委员会当于下星期前往长春,然后至满洲其他各地继续调查。(四日中央社电)

(《申报》,1932年5月5日,第五版转第六版)

9. 调查团在长春全听日方摆布,昨日访问郑孝胥,并与日领事会谈

〔北平〕　调查团今晨访田代日领,下午访郑孝胥。昨午与谢介石谈二小时,后赴日领署,与田代、土肥原及桥木[本]参谋长等,谈万宝山、中村各事件,约一小时。(四日)

〔长春〕　今日下午二时,调查团正式访问满伪政府总理郑孝胥。(四日电通社)

〔长春〕 调查团与谢介石之会见,昨日正午在"国务院"之会议室举行。会见约二时间,谈话颇久。(四日电通社)

〔长春〕 联盟调查团会见谢介石后,即赴日本领事馆访田代领事,并与土肥原少将、桥本参谋长会见,听取万宝山事件、中村事件等日本方面之补足说明。会见约五十分间而毕。(四日专电)

〔北平〕 沈讯。调查团在沈,有荷兰浛港公司职员张光坼访该团。顾问英人端纳,近被日探捕去,三次严讯,迄未释。有齐大夫访该团医生谢大夫,为日探拘留数小时,拟加以反对伪国罪。日人严禁局外人与调查团接近。调查团未参加正式宴会,所接各项伪组织说帖,千篇一律,如出一人。(四日专电)

〔北平〕 调查团秘书长哈斯夫人今午返平,寓北京饭店,拒见访者。因不欲赴长春,回平守候。(四日专电)

(《申报》,1932年5月5日,第六版)

10. 颜惠庆报告国联日本两种暴行:侵犯顾维钧个人自由,干涉张华浜海关行政

〔日内瓦〕 中国总代表颜惠庆今日以中政府电送达国联大会,请转达各会员国。内述日本违反国联大会十二月决议案第五款,阻挠中国代表顾维钧与国联调查团各员之合作。谓顾氏寓所侦探密布,且竟有侵入室内情事,并阻挠顾氏与人谈话及发电。此外又声明日军阻挠上海张华浜京沪铁路码头之海关行政,谓海关当道向日总领事抗议后,日总领事答称,日军不能勉徇中国海关之意志云。(三日国民电)

(《申报》,1932年5月5日,第六版)

11. 各国代表不满调查委员,因该团以伪国为对手折冲

《长崎日日新闻》载称,日内瓦各国代表渐由上海问题进而审议满洲问题,目下对于李顿一行调查团之行动,颇表不满。盖国联并未承认"满洲国",而调

查委员竟以"满洲国"为对手,频与折冲,实视国联之意旨,完全轶出范围之自由行动。原来调查团之行动与一般的活动有别,今彼辈对于派遣之目的未采积极的行动,大失调查之真意。如那威、西班牙、捷克斯拉夫等七八国代表,攻击甚烈云。

(《申报》,1932年5月5日,第八版)

12. 颜惠庆将提出备忌[忘]录:对李顿报告之解释,日本既不遵国联决议,且阻止中国履行义务

〔日内瓦〕 中国总代表颜博士将于一二日内,以批评李顿调查团初步报告之备忘录送交国联秘书处。颜博士今日对路透访员谈话,略示其备忘录之内容,谓调查团初步报告,表明日本不独未履行十二月十日行政院所通过规定日军撤入南满铁路区域之议案,且亦阻止中国履行此议案下之义务。所谓中国义务者,即日军撤回时,铁路区域外日侨生命财产之安全,由中国负责是。颜博士继言日军之活动,谓日人始终宣布其在东三省之军事行动在剿治盗匪,但李顿报告书则表明日人军事行动,现施于反抗"满洲国"军队之有组织的中国军队。颜博士甚重视此时局,深恐发生纠纷,但谓渠仍以忍耐处之,希望获有最后之美满解决云。(四日路透社电)

(《申报》,1932年5月6日,第五版)

13. 溥仪宴调查团,李顿等正式访问溥仪,定今日赴万宝山调查

〔长春〕 今日李顿勋爵诸人往晤溥仪,溥仪旋设宴款待诸员。李等并与熙洽等谈话。现定明日赴万宝山调查。(五日路透社电)

〔北平〕 外讯。调查团今午访溥仪,定六日见伪财、交两长。(五日专电)

〔长春〕 李顿以下之调查团一行,今日上午十一时访问溥仪。溥仪详细

说明满洲"建国"之来由,及就任"执政"之事情,且对调查团希望对远东之和平,更为努力;并举香槟之杯,祝为"国际"之亲善。(五日电通社电)

德记者受伪府侮辱

〔东京〕 随同调查团来满、有谤毁"满洲国"之嫌之上海某西报记者德人排推开斯氏,经"满政府"逮捕调查中,经对"满政府"致谢罪书后即释放,命其退出"满洲国"境。故于今日下午一时半由沈阳出发,经大连返沪。(五日电通社电)

哈警发现暗杀阴谋

〔哈尔滨〕 闻警察已发现拟于李顿调查团到此时暗杀团员之阴谋,并已拘获华人、韩人、俄人若干。(五日路透社电)

预定七日午后到哈

〔哈尔滨〕 国联调查团决于七日午后七时专车到哈。华随员顾维钧六人偕行,至长春为止,余由大连转沪。顾维钧是否得随调查团来北满,无确息。(三日专电)

戈公振等昨日离沈

〔天津〕 国联调查团中国代表处专员被阻于沈阳者,第一批已旋津,第二批戈公振等五日离沈,定七日午抵津。(五日电)

(《申报》,1932 年 5 月 6 日,第五版)

14. 调查团请苏联供给东省情报,李维诺夫覆函谢绝

〔莫斯科〕 今日此间报纸发表国联总秘书德鲁蒙致函苏联外长李维诺夫,请求在满洲之苏联官员,供给国联调查团以当地情形之见证,及李氏覆函表示苏联政府辞却此项请求之全稿。德鲁蒙于致李氏函中,转述李顿勋爵之意,谓在满之苏联官员如能供给关于当地情形之现[见]证报告,则调查团之工

作必能便利不少,故特征求苏联政府意见,是否反对其官员作此项见证报告。李氏于答覆德鲁蒙之函中云:"苏联政府对于任何具有揭露满洲实在情形及停止中国战事之诚意之调查团,均愿竭力相助。惟苏联政府非国联之一会员,且未参加国联会对于中国事变之讨论及李顿调查团之组成,该调查团又无苏联之代表。是则苏联政府对于其官员所供给之报告,颇难确定一适当之态度;对于调查团内此种报告所得之结论,更难负任何责任。准此情形,苏联政府对于调查团之请求,不得不表示拒绝。"(四日塔斯社电)

(《申报》,1932年5月6日,第六版)

15.《孟却斯特指导报》讽刺李顿报告

〔伦敦〕《孟却斯特指导报》今日载一社论,谓李顿调查团迄今所办唯一职务,乃为满洲日军事当局作承递机关。调查团之初步报告,其中所载满洲日军人数与布防情形,全由日方供给情报。此项情报,大可由本庄司令直送国联,调查团何必代任此劳云。(五日路透社电)

(《申报》,1932年5月6日,第六版)

16. 国联调查团在沈之言动:与日本要员会晤时提出疑问,因避监视每在自国领馆会客,顾代表与日记者谈话之一斑

沈阳特约通信。国联调查团抵沈后,休息一日,二十三日正式访问日本驻沈代理总领事森岛守人氏,对于九一八事变发生前后之经过,及中日关系与铁道平行线问题,有所询问。森岛对于前任东北官吏,指为昏庸不法,大放厥词。二十四日,该团又正式访问关东军司令本庄繁氏。本庄氏设宴款待,以后双方每日会谈二三小时,亦为九一八事变发生之研究。李顿爵士、克劳待将军、麦考益少将,曾提出种种疑问,如以一铁道之细微何须有如此范围广大之战争,

又，在北平所闻自前任东北长官张学良者显与日方所述不同为言。日方则强行辩护，且提出所谓证据也者。

调查团之滞留于此，似有下列三原因：

（一）国联行政院定五月一日开会，期前必须作成第一报告；

（二）关于长春、吉林、齐齐哈尔及锦州等地之战事，尚须与关东军司令官会谈；

（三）哈尔滨以北交通非常困难，为安全计，行程尚待研究。

各委员为便利及自由起见，每在自国领事馆会客。开会及作报告，则在英领事馆。连日有所谓农民代表、鲜民代表，及日、"满"报界代表者，纷纷晋谒。该团均派员接见，收受其声明书而已。

中国代表处人员，分寓大和、东方二旅馆。出入有探员偕行，名为保卫。顾代表日与调查团接洽，并与外交部通声息，工作亦至忙，仅薄暮时，或至千代田公园及春日町散步而已。二十三夜，驻沈各国领事在大和旅馆开盛大之交谊会，以欢迎调查团。顾代表虽在被邀之列，但以在国难期中，从未与人跳舞。至代表处其他人员，每日必至大和旅馆二二一号室集议，互相报告见闻。

调查团之报告，今明可发至日内瓦。北上之期，已预定为星期一（五月二日）。行程拟长春留一日，吉林当日来回，哈尔滨留七日，齐齐哈尔二日，以后则临时决定。顾代表力争黑河不可不往。此去除哈尔滨外，均无大旅馆，交通不便之处且须乘飞机，故随行人员，非大减特减不可。中国方面，大约至多六七人。至熟悉吉省情形之张伟斌氏，同至长春即归。熟悉黑省情形之杨承基氏，同至哈尔滨即归。以后续有减少，亦未可知。其余人员，除留一二人在沈阳照管行李外，一律同时经大连回北平。至报界同行者，此次本有三人，兹已用拈阄之法，由鲍静安氏一人代表前往。

调查团须三星期方能回沈。留三日赴大连，再留三日回北平。将以二月为期，整理所得材料，加以考量。然后东渡与日本政府接洽，再回华与中国政府接洽，乃开始制作报告书。

顾代表抱大无畏之精神，毅然来此，故其一言一行，皆成报纸上资料。四月二十二日下午四时半，在沈阳大和旅馆，应日本新闻记者之请，正式接见。其问答颇饶趣味，录之以博一粲。

问："行程决定否？"

答："就予所知，尚未决定。"

问："与其他委员一致行动否？"

答:"参与员之任务,为辅助调查团,使充分完成其使命。予与日本参与员同其地位,当然与其他委员取一致行动。"

问:"关于'满洲国'拒绝阁下问题,尊意如何?"

答:"此次调查,系根据去年十二月十日国联之决议。此项决议,系中日两国所承认。参与员为调查团一份子,予不能不参与调查。"

问:"'满洲国'不已声明须逮捕乎?"

答:"调查之可能与否,此调查团之事,予不必答复。但调查团为东亚和平而来,期在得一事之真相。'满洲国'之拒予,诚不解其命意。"

问:"关于俄国要求更换驻黑河领事,尊意如何?"

答:"此事本日阅报始悉。政府是否接到通知,无从回答。"

问:"国民政府对于'满洲国'之观察如何?"

答:"予因参加调查团,离京已久,不能回答。"

问:"但阁下个人之意见如何?"答:"此事甚重要,予不能随便答复。"

问:"国民政府曾贴出日本吞并满洲等标语,对此尊意如何?"

答:"不曾记忆。"

问:"对于中日关系之个人意见如何?"

答:"最近数月间之中日关系,未必为可喜之现象。中日为天然邻邦,唇齿相依,夙饫闻'共存共荣'之说。而现状竟至如此,使非永远敌视,定无言归于好之日。苟愿共存共荣,则非另辟途径不可。引起今日之纠纷,非全由于中国。予敢明言中日关系之恶化,不能谓日本为是,而中国为非;亦不能谓中国为是,而日本为非。此互相是非之程序,今当未能断定。然两国间之有误解,必为原因之一。解除此项误会,非有远大之眼光与努力不可。然由现状观之,不但不能解除误会,且有使之日益严重之势。故予对于此项事实之酿成,不禁非常惋惜。"

问:"中国教育,注意排外,尤重在排日。尊意如何?"

答:"容易引起误解之事,亦容易觅得解决之法。"

(四月二十九日)

(《申报》,1932年5月6日,第七版)

17. 国联调查团今日自长赴吉，与熙洽等谈各项问题，伪国派定哈市招待员

〔长春〕 本日决定国联调查团日程如下：七日上午六时由长春出发，九时到吉林，下午三时半离吉，七时到长春，八日赴哈尔滨。（六日日联社电）

〔长春〕 李顿爵士等昨午后二时，赴"国务院"访问熙洽。关于事变后吉林省先他省而发独立宣言之事情，及熙洽就任"财长"之经过，有相当严密之质问。会见后，熙洽语人曰："调查员外貌及措词，均尚温和。惟心中对于'新国家'，相当怀疑。在我等要人所谓民意推举之解释，西洋人似难了解，充分说明之结果，似已稍稍会悟"云云。（六日电通社电）

〔长春〕 调查团今日上午九时半，赴"交通部"访丁鉴修"交通总长"，提出二十五项有关铁道之质问。丁"总长"答谓：（一）暂由委员经营，俟整理后归"国有"，铁道之收入充"新国家"之财源；（二）因需专门智识，需聘多数外人，并不限于日人；（三）密切与满铁联络，与中国之联络因尚未协议，当然有"新政府"承继之义务，将待协定履行。（六日电通社电）

〔长春〕 调查团今日上午十一时十分，赴"实业部"访张幼卿，质问诸外国之既得权问题与关税问题等。经张答谓：（一）条约上之特殊权益，限于"满洲国"者承认之；（二）合办事业平等待之，个人事业则门户开放；（三）关税问题脱离民国，统制管理，外债担保之盐税等拟与民国照派，履行义务；（四）产业政策尚未确立，欢迎外人投资。（六日电通社电）

〔哈尔滨〕 伪国电委东铁督办李绍庚、东铁理事长沈瑞麟、"市长"鲍观澄为哈市招待委员，招待调查团。已定马迭尔旅馆宿李顿及随员，格兰德旅馆宿顾维钧等华员，【巴】拉斯旅馆宿吉田等日员。调查团来哈，日以汽车三十五部到站迎接。调查团来哈乘用专车，今拖长春。（五日专电）

（《申报》，1932 年 5 月 7 日，第六版）

18. 罗文干谈调查团报告

〔南京〕 罗文干六日晚发表关于国联调查团初步报告之谈话,谓国联调查团将现在东三省之状况制就初步报告,呈送国联。于此有宜注意之点,即该项报告之电达国联,系在该团留沈未满十日,且系在该团尚未出发至东三省其他各地调查之前是也。该团所得关于东三省军事上之各消息,均系由日本陆军当局供给。然即按照被供给之消息,已足证明自去岁九一八以来,东省方面日本军队之激增、土匪之蔓延,以及因此而生之生命损失、财产破坏及一般的不安之感。又按该报告所载且为日方所认者,则傀儡政府之叛逆军队,现正由日本之陆军军官及顾问为之训练指挥。调查团更指明中国若干万之正式军队及义勇军,现正与日本军队及其他由日本管辖之兵队,从事于剧烈之战斗。是故国联调查团之初步报告,已将下列关于东三省之各事实确切证明,即:(一)日本军队不惟未照去岁九月三十及十二月十日国联行政院之决议案,撤退至铁路区域,而且于各该决议案通过以后,占领东三省全境,增加兵队数目,积极种种为[为种种]活动,而使事态愈趋于严重;(二)叛逆之军队全为日方一手创立,且受其扶助与指挥;(三)多数人民对日本之窃取政权,现正积极反抗,东北方面在日军撤退之前,殆将无治安可言;(四)中国政府虽充分准备履行上述各决议案之责任,但现在在东省之任何部分均属无法行使职权,即对于生命财产之保护,亦属无从行使。现所最切望者,即国联调查团以中国代表之协助,在东省各地调查工作完毕之后,将必发现更多之事实,足以使国联各决议案之所规定者得以从速实行,且使彼原属中国领土一部之东三省得以完全恢复治安,并使中国在该地克以完全恢复其统治之权。(六日专电)

(《申报》,1932年5月7日,第六版)

19. 左懋第

国联调查团之至东三省也,我国以顾维钧氏为代表伴往,名正言顺。孰意日本唆使伪国,一再坚拒。此其反对中国、蔑视国联之心,灼然可见。章太炎遗书顾氏,以洪皓、左懋第相勖,顾氏答词亦蕴藉。按左懋第为明福王所遣往清廷之使臣,淹留在北。闻江南陷,七日不食。清摄政王召见之,懋第麻衣、孝巾、草履,向上长揖,南面而坐。摄政王数以伪立福王、勾引土寇、不投国书、擅杀总兵、当廷抗礼五大罪。懋第抗词,惟请一死。命薙松,坚不肯,于闰六月十九日遇害。曾题绝命诗云:"峡坼巢封归路迥,行云南下意如何。寸丹冷魄消难尽,荡作烟云总不磨。"从者陈用极、王一斌等五人均死节焉。左懋第虽为文人,而能从容就义,不屈辱于胡奴。所谓士可杀,不可辱。其气节之高,可以钦敬。不知今之顾氏亦能以此自勉否乎?

(《申报》,1932年5月7日,第十二版)

20. 国联调查团昨到吉林调查,与日师团长多门会谈

〔北平〕 调查团今晨九时半抵吉林,定当晚返长。(七日专电)

〔长春〕 国际联盟调查团今日上午六时由长春出发往吉林。预定今夜九时返长春,再于九日上午九时赴哈尔滨。(七日电通社电)

〔吉林〕 国联调查团抵此后,即赴日总领事馆会见多门师【团】长,询问满案发生当时吉林状况、韩农被害情形及吉林省"独立"前后之形势等。调查既毕,一行即于下午三时四十分,复搭原车折回长春。(七日日联社电)

李顿等向驹井质询

〔长春〕 联盟调查团昨午后三时赴"满洲国国务院",访问驹井总务长官。此系调查团在长春最后之会见。调查团方面,关于自驹井氏起"新政府"之高官日本人独多之点,质问甚详。驹井对李顿爵士所质问就任总务长官之理由,

对麦考益将军及西勒博士所质问"建国"之由来及行政组织,均与以答辨[辩]。调查团于午后五时四十分辞去。驹井长官之答辨[辩]内容如下:"予二十余年以来,即关心满洲之事。至此已有三次参与满洲大事:第一次为大正五年之宗社党事件,第二次为大正十三年郭松龄背叛事件,此次为第三次,则已到达满洲'立国'之理想矣。'满洲国'关于内政,虽排斥任何国家干涉,然以门户开放、机会均等之对外方针为'国是'。能理解此种'建国'之精神,则可察知满洲之独立,实有不得已之事情"云云。(七日电通社电)

伪国政府允顾入境

〔长春〕 "满洲国政府"现已正式依允国联调查团中国陪员顾博士可入"满洲国"土地,而附以尊重"满洲国"主权之条件。前发之对顾逮捕状,现已撤销。调查团现已抵此,"满洲国政府"已派陪员三员随同调查。内有一人,系前任哈尔滨日总领事、现充"满洲国外部"人员之大桥氏。(七日路透社电)

日警冒称商民代表

〔北平〕 调查团赴长途中,过公主岭时,日警官冒称商民代表请见,状颇畏缩。李顿询问,言语支离,悉不由衷,显被人强迫。委员均笑置之。(六日专电)

李顿亦受日探监视

〔北平〕 沈阳来人谈:李顿在沈时,一日在大和旅馆门前空场散步,突见四日探监视,李甚不怪。中代表至书肆购书,日探随行。欲购关于东北事件书,均被迫勿卖[买]。中代表赴长人数悉由日方决定,有第一日准备临行被阻者。正式报告,已定在平起草。(七日专电)

日警干涉代表见客

〔北平〕 昨有外报记者自长春来平。据谈,国联调查团自抵长春后,日方监视较在沈时益严。对于中国代表尤甚,行动均失自由。华人之往访者,多遭逮捕。即外国顾问外出,亦有便衣日警强同随行,形同押解。三日下午,顾维钧在户中接见美国教士二人。忽[忽]有长春日警五六人,推门闯入,坚询来客所谈何事,态度强横,顾拒不以告。适李顿之秘书哈斯来访,睹状甚愤,严词斥责。该警竟询代表团见客,已否得有警厅许可,凡满洲人民来访事先须请示警厅。哈氏乃告以代表见客,业经李顿委员长许可,警厅无权干涉,彼等始去。事后顾氏乃备文致调查团,请转向日方抗议,请保障代表见客自由。(七日专电)

(《申报》,1932年5月8日,第五版)

21. 国联调查团我国随员返平,因在沈时备受监视,长春之行又被限制,不得已分两批而归

北平通讯。国联调查团一行已于前日(二日)由沈阳专车赴长春。中国代表因被日方限制,同行者仅顾维钧及秘书杨承基、施肇夔,专门委员刘崇杰、陈立廷,顾问何裴①、端纳等七人。此外则分二批,于上月三十日及本月二日先后南返。第一批之招待主任严恩樾,秘书杨景斌,委员刘广沛、顾执中、谢恩增等,于一日晚抵大连。刘广沛因事暂留大连,严恩樾则由大连登轮直返上海,顾执中、杨景斌、谢恩增等于二日抵津。顾、杨则于三日搭津浦车返沪,谢于三日上午十二时十分返抵北平。此外如戈公振、鲍静庵、陈宜春等,途中如无耽搁,今明日即可到平。据闻调查团到东北后,受日人之监视甚严,而对中国代表,尤无礼貌。当由大连专车赴沈时,车中所备房间,将李顿与各委员分配于最前之车辆中,中国各代表则居于最后,日代表居中,为之隔绝,以免我代表与调查团之接触。抵沈后,日方即声称已在大和旅馆备妥房间,而中国代表二十余人,彼仅代订房四间。我代表不得已,遂大部自觅东方饭店居住。但所有一切房饭费用,即彼代订之房间,亦均由我代表自行付款。抵沈之次日,即有大批日探,分别监视一行人员。有以侦探二人监视一人者,稍重要者,则由侦探四人监视。我代表之行动,尤感困难。每出入均有侦探紧随左右,如与当地朋友在途中交谈或稍有往来,其朋友必当时即行被捕。调查团之离沈赴长春,我方代表原拟同去,但以日方之再三拒绝,始限定除顾维钧外,只有六人同行。其不克同行者,本拟在沈等候,俟一行返沈时,再同行返平。而日方复以我方代表如有一部在沈,犹须加以监视之麻烦,极力反对。该一行不得已,遂先后

---

① 编者按:原文"何裴",应为"何赛"或"何塞"(Harry Hussey)之误。

转道大连南返。调查团在沈之调查工作,除与本庄作五次之谈话外,对中国官吏,均未能接见。故所得之材料,除与各国领事及外国商人中之接见外,其他所得之比较真确者甚少。李顿本极欲与臧式毅一谈,但日方不欲使臧一人与调查团单独晤面,遂未果。此外尚有冒充商农代表之汉奸份子,谒调查团,亦均一种媚日之陈词。一日李顿拟赴北陵打球,日方闻讯,即雇大批流氓,每人给日钞五角,手持请愿小旗,在北陵等候。结果李顿因事未能前往,日方之滑稽手腕,亦未克成功。(四日)

(《申报》,1932 年 5 月 8 日,第七版)

22. 调查团昨赴哈,麦考益等赴万宝山

〔沈阳〕 联盟调查团昨日上午十一时,在军司令部会见多门中将。旋赴吉林俱乐部,出席"满洲国"方面之午餐会。午后三时,由吉林出发,午后七时抵长春。定今晨会见赵欣伯后,九时赴哈尔滨。英〔美〕国委员麦考益将军等三名于今晨赴万宝山,实地调查。又顾维钧等中国方面陪员一行,到吉林后,与调查团分离,于"满洲国"方面监视之下,采单独行动,故对公私会见,一概谢绝。(八日电通社电)

(《申报》,1932 年 5 月 9 日,第五版)

23. 国联接到我代表团公文,解释调查团初步报告

〔日内瓦〕 今日中国代表团表示,现尚无意声请召集国联大会或十九国委员会特别会议,考虑辽案调查团李顿勋爵初步报告,宁待调查团送出最后报告后,再由九月间国联大会加以考虑。今日中代表团曾以一千二百字之长文送达国联,解释调查团初步报告,阐发其义蕴。谓该报告自全体言之,足以表白中国对于中日东三省争执之地位;委员团已有明确之意见,以为日本未尝践行在九月三十日与十二月十日理事会两决议案内所予之保证;日本今欲在东三省造成一武装国家,受日人之指挥与管理,作为实现其树立东三省霸权计划之初步,业

已毫无疑义；此种情形，国联与世界不当加以宽容云云。（七日国民社电）

（《申报》，1932年5月9日，第五版）

24. 调查团昨抵哈，专车上特别戒备

〔哈尔滨〕 国联调查团九日下午四时抵此。（九日专电）

〔哈尔滨〕 李顿调查团今晚由长春抵此。闻调查团所乘之火车，曾作特别戒备，以防攻击。（九日路透社电）

〔哈尔滨〕 国联调查团一行，预定今日下午五时半抵此。该专车乘有百七十四名之警备队，天空并由日飞机警戒。下午四时，车站附近即断绝交通，警戒甚严。（九日电通社电）

访晤丁鉴修、赵欣伯

〔长春〕 联盟调查团偕专门委员哈亚姆，昨晨十时赴"满洲交通部"，访问"交通总长"丁鉴修，听取收回铁道、邮政之说明。旋于十一时赴"立法院"访问赵欣伯，由赵说明自己参加建设"新国家"之动机及"立法院"组织之内容。约二时之久，调查团始辞去。已定今日午后五时半，乘中东路特别列车，由长春出发，赴哈尔滨。哈尔滨站由"满洲国"警察约二千名严密戒备，除日本军将校及各国总领事外，一概不准入站。（九日电通社电）

李顿对日记者谈话

〔长春〕 李顿爵士昨日午后六时，在大和旅社接见记者团，发表谈话如下："调查团至今日止，已从日本之立场及中国之立场，视察满洲。其所以到此会员[见]与事变有关系之当局者，系欲知悉至今日止视察所得及新闻所载以外之真相而已，即欲发见满洲本身究竟有何要求及错综满洲以内之一切矛盾，究将如何整理而已。现正收到各方面所供给之材料，看看进行使命。因调查尚未完成，故不能发表确实之意见。但若国际联盟质问余满洲问题究能解决否，余敢毅然答以自信可得解决点。惟联盟并非以解决策强制中日两国，不过得加盟国之赞同，希望两国而已"云云。（九日电通社电）

哈埠拘获韩人四名

〔哈尔滨〕 哈尔滨华人丛居处拘获韩人四名,因被疑为此间恐怖机关之领袖也。日方称彼等拟于国联调查团由长春抵此时,对于团员施行恐吓手段云。(九日路透社电)

(《申报》,1932年5月10日,第五版)

25. 张祥麟自平返京

〔南京〕 国联调查团我国代表团总务处长张祥麟,九日由平返京。据谈,调查团在东三省工作完毕后,先回平,次赴日,再到南京,搜集各方意见,最后往青岛,起草报告书。外部已在青筹备行馆。关于我国全部提案,正由金问泗、钱泰整理,备届时汇送该团。(九日专电)

(《申报》,1932年5月10日,第六版)

26. 国联行政会审查李顿报告

【日联社九日日内瓦电】 国联理事会本日开会,审议国联调查团之初步报告。

【国民社九日日内瓦电】 国际联盟第六十七届理事会常会今晨十一时十分开幕,循例先举行秘密会议,商榷议程及若干会务问题,十二时四十分休会,由瓜地玛拉代表玛多斯主席。行政会将于星期三休会,俾各代表得以赴法恭送法总统杜美尔殡葬,然后再于下星期一重行集会。

【国民社九日日内瓦电】 顷据国联理事会主席玛多斯宣称,理事会将休会至下星期三重开。今日之会,处理议程中小问题五项,皆关于铨选及会务。明晨再开会一次,将接受辽变调查团初步报告,转致十九国委员会。闻日来[本]对此将在法律点提出若干保留。

(《申报》,1932年5月10日,第六版)

27. 国联调查团到哈后,军警严重戒备

〔哈尔滨〕 联盟调查团一行昨午后五时半抵哈尔滨,日军首脑部代理总领事及其他各国总领事等(惟苏俄理事除外),均到车站欢迎。李顿爵士与山松原①特务机关长及各国领事交换握手后,即与各委员等午后六时,分乘汽车入近世旅社。满洲官厅命二千五百名之军警总动员,与日本总领事馆警察协力严重戒备。(十日电通社电)

〔北平〕 戈公振今日由大连抵平。(十日专电)

(《申报》,1932 年 5 月 11 日,第六版)

28. 国联行政院接受初步报告,留待国联大会讨论

〔日内瓦〕 今日国联理事会议已接受辽案调查团初步报告。按理事会于上午十时四十分开会,爪地玛拉②代表玛多斯主席,议程中共到十一案。迨议决琐案数起后,仍由玛多斯提出调查团初步报告,宣称,渠信各理事当已准备接受报告,无甚讨论。于是日代表起称,日本谨从主席提议,但并不放弃前所声明之保留各点。继中国代表胡世泽亦声称,中国政府接受报告,无甚评论。此案遂行通过。但闭会后据玛多斯语美联社记者,理事会之接受报告,未有讨论,并不能视作国联大会亦接受报告,不再有所辨[辩]论,因理事会接受后,此项报告即自动移交国联大会。今日理事会议中,又有关于但泽自由城议案五件,均于短时期内议毕。旋于十二时二十分休会。(十日国民社电)

〔日内瓦〕 国联行政院今日开会,由玛多斯主席。玛氏述及已收到李顿调查团之初步报告书,并称,调查团今仅报告事实,故行政院不欲加以讨论,盖已决议将此事提交九月间国联大会会议也。日总代表长冈接受玛氏之言,惟仍保持

---

① 编者按:原文误,应为"小松原"。
② 编者按:原文误,应为"瓜地玛拉"(Guatemala),今译"危地马拉"。

日本关于满洲之立场。中代表胡君亦加接受,未附任何保留。(十日路透社电)

日政府对联盟决定根本对策

〔东京〕 国联调查团之中间报告,本日将提出于联盟理事会。万一理事会移牒联盟总会,将满洲问题交由联盟总会决议,则日本政府对联盟之正面冲突势难避免,故日政府极重视此事。闻日政府之方针决定如下:(一)国际调查团系根据理事会之决议而成立,故其报告亦应由理事会审议;(一)[①]日本政府对联盟总会适用联盟规约第十五条,而审议满洲问题无论如何场合皆绝对反对。此系已决定之根本方针,已训令日内瓦之日本代表,虽有理事会仅将此报告书为参考资料提交联盟总会,审议之际回避积极态度之妥协案。总之视理事会之态度如何决定,问题有重大化之势。(十日电通社电)

(《申报》,1932年5月11日,第六版)

29. 调查团北来中,救国义师蜂起,宫长海旅规复方正、宾县,冯占海阻日兵于南天门,哈绥线日军被截成数段

哈尔滨通信。自马占山部才鸿猷旅进至呼海路线以来,北满义勇军救国军,四面八方,群集矢于哈埠。盖国联调查团之来北满既有期,各义军遂联络一致,以图规复哈埠。马占山更拟在哈长线相当地点,俟调查团专车通过时,登车会晤李顿等。此均为我军民表达爱国真意于国际也。日方恐揭露其鬼蜮技俩[②],因以重兵分布各要隘,防遏唯恐不密。爰汇纪日来各义军活动情形如次。

…………

(《申报》,1932年5月11日,第八版)

---

① 编者按:原文如此。连续用"一"分条列项,为当时的一种行文方式。

② 编者按:原文"技俩",今作"伎俩"。后同。

30. 谈言：调查团的成绩

国联遣派调查员赴东北调查，我本来认为毫无意义：

（一）东北并未有战事重大痕迹，即有亦已湮没；

（二）伪满洲之组织规划已久，原为日人金蝉脱壳之计；

（三）日本侵略东北之野心不但为人共知，即田中奏折中亦早自认。

故国联调查团之遣派，本认为国联一种延宕而敷衍的一种办法。现在调查团已到东北了，其最后之报告如何，我不敢知；即据近日报纸所载，其得到之教训，有如下之三种：

（一）伦敦《孟【却】斯特指导报》社论，谓李顿调查团迄今所办唯一职务，乃为满洲日军事当局作承递机关，调查团之初步报告，全由日方供给情报，大可由本庄司令直送国联，调查团何必代任此劳。

（二）报载七日北平电，李顿在沈时，一日在大和旅馆门前空场散步，突见四探监视，李甚不怪。中代表至书肆，欲购关于东北事件书，均被迫勿买。

（三）电通社长春七日电：闻顾维钧氏鉴于周围情事于己不利，允取销"伪国"等字样；两三日中，以自发之形式，声明取销。

观以上三种事实，则国联派遣调查团之利益未见，而其弊害已不胜枚举。现在所已知者如此，再看后来，成绩如何。

（《申报本埠增刊》，1932年5月11日，第一版）

31. 国联调查团昨与俄人会见，访驻哈日军司令部，并接见鲜人代表团

〔哈尔滨〕 国联调查团一行今日上午十时，在某团司令部，与广濑○①团长会见，详听广濑○团长之说明。上午九时四十分，白俄人往旅馆客厅会见调

---

① 编者按：原文如此，略去其名。

查团,声明愿与"新国家"联合。(十一日电通社电)

〔哈尔滨〕 朝鲜人代表四十名,昨午后三时访问调查团。又调查团对于军用列车被炸事件之频发非常重视,近将与苏俄方面官厅会见。(十一日电通社电)

〔北平〕 调查团今晨赴日军司令部,询北满自卫军与日军战况。(十一日专电)

〔北平〕 王广圻谈,此次随顾维钧赴沈人员归后谈话均系个人意见,顾俟归后报告政府,由政府酌量宣布。(十一日专电)

〔日内瓦〕 颜惠庆博士以五月九日中政府来电送交国联秘书处,内称:自国联调查团抵长春后,日人监视顾博士愈形严密;当顾接见美教士数人时,若干日人倏然入室,坚欲知来客姓氏及所谈事件;时李顿勋爵秘书阿斯特在场目睹日人干涉情形,当即加以斥责,并声明警察无权干涉,日人遂退云。(十日电通社电)

(《申报》,1932年5月12日,第六版)

32. 李顿面讽土肥原为倭寇之头目,谓为辛辣可怕之人

《大阪每日新闻》载长春特电云,李顿氏与谢介石会晤后,即赴长春日本领事馆,与事变发生时之奉天特务机关长土肥原少将会见。土肥原将事变后曾充奉天市长之职,以及事变之前因后果,详细答复李顿之质问。最后李顿面讥土肥原曰:"余曩在北平,闻阁下为现今倭寇之头目,故未与阁下面会以前,定以为可怕辛辣之人。"土肥原闻语,反屹屹大笑,日人则斥李氏为失言云。

(《申报》,1932年5月12日,第八版)

33. 苏联官员谢绝与调查团会见,李顿晤见日领长冈

〔哈尔滨〕 国联调查团拟于适当时期,非公式与苏联方面要人会见。惟莫斯科政府之外交委员长李维诺夫,昨训令哈尔滨苏联官吏,对与调查团之会见或提供参考资料,一概谢绝。(十二日电通社电)

〔哈尔滨〕 调查团之李顿卿与长冈代理总领事会见后,盐崎书记官谓,今日之会见,系谈论满洲事变前东北之排日运动,及九月十八日后以迄今日哈埠日军行动以外之状态云云。(十二日电通社电)

〔哈尔滨〕 日方陪员在李顿卿会见后,以长冈代理总领事为中心,开重要之秘密会议,协议一切。(十二日电通社电)

(《申报》,1932年5月13日,第六版)

34. 顾维钧声明:在东北无谈话发表

随同国联调查团北上之中国代表处总务主任张祥麟,昨乘公和轮由京返沪。据谈,调查团在东北再有半月即可竣事,吾国代表团在东北情形散见各报者不少,惟所有随同赴沈先返各员发表谈话及文字等等,无论何种方式,皆系各人个人之意见或感想,完全由彼等自行负责,与顾代表及代表处无涉。据张氏昨接顾代表由北平办事处转来之电文,顾代表自出关以来,绝无谈话或文字发表,顾代表之报告当于归后正式呈报政府,由政府届时酌量宣布云云。至张氏奉派驻沪办事,且在实业部国际贸易局尚有职务,故一时暂不离沪。

(《申报》,1932年5月14日,第四版)

35. 调查团准备第二次报告书,李顿会见李绍庚

〔北平〕 调查团昨访李绍庚,询东路详情,并向国联另作一报告书,该团留哈延长两日。(十三日专电)

〔哈尔滨〕 调查团昨日会见长冈总领事,关于(一)在北满之朝鲜人口、(二)事变前之北满事情、(三)日本军队入哈尔滨城市之状况、(四)在北满朝鲜人之生命财产危险状态等,要求说明。调查团即以此为根据,著[着]手草拟第二次报告书,报告国联。(十三日电通社电)

〔哈尔滨〕 李顿爵士昨午后三时会见中东路督办李绍庚,关于中东路问题有所质问。李当详述中东路建设之历史及现状。据闻铁道专门委员哈亚

密,关于苏联方面扣车事件、人事问题有相当质问。又调查团一行将滞在哈尔滨期间延期二日。(十三日电通社电)

〔哈尔滨〕 今日上午十时,调查团往总领事馆访问小松原特务机关长,对北满之现状及日军之行动,说明历三小时。(十三日电通社电)

〔哈尔滨〕 李顿调查团今日在此参加法国故总统杜美尔之追悼会。(十二日路透社电)

〔汉城〕 国联调查团决定于调查工作完毕后,由北平赴日东京(途中搭车,经过朝鲜)。(十三日日联社电)

(《申报》,1932年5月14日,第八版)

36. 国联特委会报告中日现局:未接调查团报告前,毋庸研究东省情势

〔日内瓦〕 国联大会之十九国特委会发表报告,略称,该会谋上海切实停战及日军撤退之决议案,已在履行之中,似可保证日军于短期内完全撤退。至于东三省,该特委员称,在未接国联调查团报告以前,无庸研究东省情势云。(十二日路透社电)

〔日内瓦〕 国联秘书长从十九委员会主席之请,将三月十一决议案第七款第三项所规定之报告,交于国联大会之各会员。该报告仅论述满洲问题,实际上国际秘书长亦不过将李顿调查团之初步报告于五月初公布者,略加关于形式上之考语,转交大会各会员而已。该报告节述现在情形如下:"关于上海情形,十九委员会以为关于停止敌对行为及撤退日本军队之决议案,已在实行中。而根据大会劝告,就地谈判所成立之协定,似足以保证日军于短时期内完全撤退。至关于满洲问题,十九委员会以为在行政院未将调查团所造之报告,附具行政院意见,送交委员会以前,不能着手研究。"(十二日哈瓦斯社电)

(《申报》,1932年5月14日,第八版)

37. 马占山续电调查团，揭破日人阴谋

〔北平〕 马占山上月十七续电调查团，揭破日人阴谋，并宣布日人强迫签字之《呼海路黑省官银号复业借款合同》《中日合办航空运输合同》二件，极关重要。原文甚长。（十三日专电）

（《申报》，1932年5月14日，第八版）

38. 谈言：调查所得

顾维钧为什么？① 定要跟着国联调查团去关外调查？

虽说是遵照国联的议决案，但伪满洲国的组织，谁也不知是日人的傀儡，何所用其调查？今则已至东北，试问调查的结果，将有何物？

第一得到的是伪国的通缉令，第二得到的是取消"伪国"字样。

顾维钧此行，原来不是去调查伪国，是去取消"伪国"字样。

（《申报本埠增刊》，1932年5月14日，第一版）

39. 国联调查团在英领馆开会，顾维钧亦参加会议

〔哈尔滨〕 在英总领事馆所开之国联调查团会议，自来满后行动被阻之中国陪员顾维钧氏，亦参加其间。会议内容，系对北满日军之兵力、白俄与日人等之关系，互相交换意见。（十四日电通社电）

〔哈尔滨〕 日本工商会议所之加藤会长，今晨十时与李顿卿会见，详细说明在北满日人之情形。调查团一行于正午在英总领事馆开会，吉田三井支店长说明北满之经济状况。（十四日电通社电）

〔沈阳〕 调查团将铁路问题及其他亘十余项目之质问书，以十二日之日

---

① 编者按：原文如此。

期，提交日总领事。该领馆正忙于制作复书。（十四日电通社电）

（《申报》，1932年5月15日，第六版）

40. 国联对首次报告恐将发生纠纷，理事会新议长马德司之意见，倘日有异议咨海牙司法裁判

《名古屋新闻》云，国联理事会对于调查委员长李顿之中间报告，日本与国联方面之解释，意见不同，恐会议前途，难免纠纷。即日本关于满洲问题绝对不许国联干涉，并反对国联引用盟约第十五条，而理事会方面则将李顿之中间报告书，移交总会解决。然总会与理事会之权限关系，国联内部意见隔阂。德拉蒙事务长已将自己之解释意见，用觉书形式通告各方，其内容颇不利于日本。因此日本长冈代表力求国联之慎重考虑，须贯澈日本之主张云。

《东京国民新闻》云，国联理事会新议长马德司，对于国联调查团之第一次报告书，移交总会讨论。倘日本发生异议时，理事会即将此案咨问海牙国际司法裁判所，求其判决。今国联方面，以海牙法庭内部之空气，已认此种手续为合法。惟一般人观测，调查团之报告书在实质上尚无何等重要意味，日本必不致多起纠纷之举动。

（《申报》，1932年5月17日，第七版）

41. 调查团欲会见马占山，不获会见则不离哈尔滨，伪满洲国政府正在作梗

〔北平〕　外讯，调查团拟与马占山一晤，伪国严词拒绝。（十七日专电）

〔长春〕　国联调查团命书记长哈斯会见马占山，否则不离哈尔滨。"满洲国"拒绝两人会见。因此调查团与"满洲国"正面冲突，前途颇堪忧虑。（十七日日联社电）

〔长春〕　"满洲国政府"发表谓调查团在哈尔滨要求与马占山会见，"满洲

国"严峻拒绝。(十七日日联社电)

〔东京〕 据哈尔滨访电称,"满洲国"当局与李顿调查团已因马占山问题发生冲突。调查团拟往晤马,询其意见并采取渠所能供给之任何证据,而"满洲国"当局则反对调查团前往晤马。访电又称,"满洲国"当局指顾维钧博士作政治活动,扬言拟加逮捕。(十七日路透社电)

〔北平〕 王广圻谈:顾维钧代表自哈来电称,黑河去否未定。顾维钧此次赴东北,一切听命调查团,个人不参加任何意见。调查团预定到卜奎后即返平。(十七日专电)

(《申报》,1932 年 5 月 18 日,第七版)

42. 伪满洲国拒调查团晤马,谢介石发表声明

〔长春〕 滞留哈尔滨之联盟调查团,请"满洲国"斡旋与马占山会见。但"满洲国"于十七日以"外交总长"谢介石之名,发表声明,对调查团最近在宿泊中之旅社,曾有与可视为某方面使者之怪人物密谈之事,"满洲国"对此非常重视。(十八日电通社电)

唐聚五致函调查团

〔北平〕 辽宁自卫军唐聚五致函调查团,揭破日人阴谋,并述该军主张。(十八日专电)

(《申报》,1932 年 5 月 19 日,第六版)

43. 马占山再电调查团揭发日本阴谋,公布日人迫签未成之伪约,防止"赤化"无劳日人之越俎

北平通信。马占山上月到黑河后,曾有文电致国联调查团,揭破日人在东北之阴谋。兹悉马氏于四月十七日,尚有续电致该团,详述一切,并附日人强迫签字之《呼海路黑省官银号复业借款合同》及《中日合办航空运输合同》,极

关重要。昨经官方公布,兹录如次。

马占山电全文

"张绥靖主任钧鉴,请转国联调查团李顿委员长及各委员勋鉴:

文电计邀澄察。电文简略,词意未详,兹再为贵团陈之。

查日人侵占东北,自知强暴侵凌,不容于二十世纪之文明国际,强词夺理,以朦世人。观其一再宣言,不曰出兵保护侨民,则曰中国无遏制苏俄'赤化'之能,不得不出为防止,以遏世界之乱萌。而按之实际,日侨之在我中国者,各地方官对于保护侨民,不遗余力。纵民众心理以日人种种横暴无理,仇视至深,时有抵货运动,实以官厅随时遏止,防其稍逾范围,因之未闻杀一日侨。即去年九一八辽宁事变开始,我国对于非战斗日人,亦仍保护如常,可见中国向以正义人道为重,不怀报复主义,能忍人所不能忍。此种事实,国联远在日内瓦,或未能详悉,而英美各国派遣使馆参赞及驻哈领团实际调查,使节所至,西至满洲里等处,当有秉公之报告。反观日人对我华民,如济南惨案及万宝山、朝鲜等案,杀戮我无辜华民,动辄以数千计。去年辽宁之屠杀,与夫本年上海江湾、闸北等处之杀及平民,种种惨无人道之举,当为国际间所共见共闻。

至对于'赤化',我中国政府向取积极防止之宗旨。东北地邻苏联,尤以黑龙江省边界,在在接壤。以防范之密,对于'赤化'书籍、印刷品等检查綦严,不任流入。通商一节,亦复考虑,至今仍取封锁政策。占山治军沿边多年,对于'赤化',既严厉禁止,即沿边人民,亦以'赤化'为可畏,莫不避之若蛇蝎。即如嫩江桥战役,日方宣传我军得苏联之协助,其实全军中不但无苏联军官参加,即白俄人亦无加入者。苏联方面,亦觉自顾不暇,极力避免与我方携手之嫌疑。可见日人所宣传纯系欺骗世人之谈。而防止'赤化',我国具有真实之把握,不劳日人越俎代谋。

此次占山窥破日人阴谋,为救国计,统率军队,急来黑河,作正义之抵抗。日人又复宣传谓与某国有关,藐视我民族直无力抵抗者,有出而抵抗则谓必有外力。以堂堂大国,竟出此无赖宣传,以朦蔽世人,侵扰和平,不知中国近年以来,民众之世界观念、国家思想,迥非三十年前拳匪扰乱时可比。凡列国人士,苟稍明中国情势者,当能详悉日人饰词狡辩,无非藉以为侵略之工具,不攻自破。

国联为维持世界和平唯一之仲裁机关,贵团负重大之使命,来华调查,无非欲详悉内容真相。尚望以最真确之观察，为最公正之报告，使野心国家，不得逞其狡展。则不仅中日问题可得解决，世界永久和平亦实利赖之。除将日人强迫而未予以签字之各项契约合同分列如左【外】，并请察鉴。黑龙江省政府主席马占山。"

....

(《申报》，1932 年 5 月 19 日，第七版)

44. 国联调查团宣布访马之行作罢，英领馆内开秘密会

〔哈尔滨〕 国联调查委员团宣布已将往访马占山之行作罢。按数日前调查团拟往晤马，"满洲国"当局曾力加反对。（十九日路透社电）

〔哈尔滨〕 国际调查团上午十时在英总领事馆内开秘密会议，协商与马占山会见问题。据闻前在北平已与马占山代表会见，此次则决定断念，容俟他日在"满洲国"之版图外，与马占山会见。惟苏联方面决照既定方针，拒绝调查团入国，前途恐有相当困难。（十九日电通社电）

〔北平〕 调查团因日人反对，中止晤马占山。该团某随员十七视察傅家店时，被人殴伤面部。（十九日专电）

(《申报》，1932 年 5 月 20 日，第七版)

45. 国联调查团中止入黑，李顿等一行定今晨由哈赴沈，专员十人乘飞机赴黑垣考察

〔哈尔滨〕 李顿调查团因中东路西段反满军密布，恐有危险，兹已将豫定明晨赴齐齐哈尔之行作罢。惟该团仍可由该区域觅得情报，因团中有专家十人将由哈尔滨乘飞机前往齐齐哈尔调查该处情形也。调查团已定星期六日由此遄返沈阳。（二十日路透社电）

〔哈尔滨〕 调查团之李顿卿秘书等与藤井少佐一行八人①,预定于明早十时,乘飞机往齐齐哈尔。李顿卿以下之调查团员,则于明早八时由此往沈阳。(二十日电通社电)

(《申报》,1932年5月21日,第七版)

46. 苏联不允调查团假道,李顿欲转俄境赴黑河晤马占山,苏联严守不干涉政策表示不允,团员多于昨晨由哈乘专车赴沈

〔莫斯科〕 现留哈埠之国联调查团,与当地苏联领事商请苏政府,准其取道萨哈连,过海兰泡,俾与马占山将军相见。苏联政府因对满洲内部事态严守不干涉之政策,已训令哈埠领事,表示不允。(二十日塔斯社电)

〔莫斯科〕 苏俄政府藉口于遵守不干涉东三省内政原则之理由,不允刻在哈尔滨之李顿调查团,假道俄境,而往萨哈林(译音)与马占山相会。(二十日路透社电)

〔莫斯科〕 今夜此间发表国联辽案调查团李顿勋爵,曾请苏俄签证护照,准团员由中东路取道西伯利亚铁路至赤塔及海兰泡,再渡江至满境黑河。俄外交委员署遵守俄政府声明不预问[闻]调查之政策,覆电拒绝。苏俄此举,已使调查团不能取道俄境至黑河与马占山将军会晤。顷哈尔滨电,调查团已定于二十二日自哈尔滨启程返沈阳。(二十日国民社电)

在哈事务业已完毕

〔哈尔滨〕 李顿调查团在哈尔滨应办之事务,业已完毕,各员多于今晨乘专车赴沈阳。尚有随员数人,拟至星期一夜离哈。另有数员定星期日晨间乘飞机赴齐齐哈尔,调查该地状况。调查团抵沈阳后,将留居五日,再赴大连。(廿一日国民社电)

〔哈尔滨〕 李顿调查团今日或将离哈尔滨。如属可能,团员数人将往齐

---

① 编者按:前文作"十人",原文如此。

齐哈尔,其余则返长春。(二十一日路透社电)

李顿致谢介石覆电

〔长春〕 谢介石向李顿调查团提出关于顾维钧博士在满作政治活动之抗议,李顿勋爵已于昨夜电覆谢氏,深以误会为憾,并谓渠正在草拟公开宣言书,以释明调查团与顾博士关系之地位。谢介石曾指北满"叛众"之日见活动,系由调查团欲晤马占山及抵哈尔滨所致。嗣经调查团发表一文,解释愿见马占山之理由。(二十一日路透社电)

〔南京〕 调查团已致"满洲国"当局一文,解释愿会晤马占山将军事。略谓调查团晤马占山将军之志愿,起于报纸等之评论,今宜释明彼等之志愿与行动。满洲之时局,对争之两造所见不同,故目下不能接受任何一造之意见,则广征博闻,实属必要。"满洲国"官员既经接晤矣,故愿予马占山将军以供给情报之机会。北满现有战争状态存在,而调查团受任之条件,不容其干预军事,故调查团乃以愿晤马占山将军之意,告知陪员与"满洲国"当局所派随团之代表大桥。又末谓调查团固料往晤马占山将军之途中,有种种实在困难,但决不料调查团之意志将被误会也云云。(二十一日路透社电)

顾维钧电告不赴黑

〔南京〕 顾维钧电外部,报告调查团不能赴黑晤马经过,日内返沈,再定行程。(二十一日中央社电)

张景惠与团员晤谈

〔哈尔滨〕 张景惠至摩登旅馆与团员晤谈东三省司法与理财等改良计画。张答团员之问,谓所捕之"政治犯",候检察终毕后,即须审讯,凡查明无辜者,悉将释放云。团员似未有与马占山晤会之可能。(二十一日路透社电)

(《申报》,1932年5月22日,第八版)

47. 调查团抵沈阳，决在北戴河作报告，专委乘飞机到黑垣

〔沈阳〕 国际调查团李顿爵士等五委员，昨夜十时到沈阳，入大和旅社。（二十二日电通社电）

〔齐齐哈尔〕 调查团专门委员四名、日本随员二名，昨日午后一时十分乘飞机到齐齐哈尔，寓龙虹饭店。（二十二日电通社电）

〔沈阳〕 国联调查团各委员自今日早晨起，行动自由，以慰连日之疲劳。各随员亦于今日参观当地之"满洲国建国纪念联合运动会"，但只顾维钧一人居于旅馆。（二十二日电通社电）

〔北平〕 调查团有电到平，称将不顾日人反对，决在北戴河作报告书。（二十二日专电）

（《申报》，1932年5月23日，第八版）

48. 国联调查团在吉、哈行动：日人对该团严密监视，顾代表漫游松花江畔

莅吉一瞥

吉林通信。国联调查团于七日早六时许，由长春乘专车取道吉长路来吉，沿路由铁道守备队路警及吉、长两县保卫团警察防护。七时许，伪国各县、各界代表以及招待人员，并日、鲜侨民代表，先后齐集车站。是时站之内外，严重戒备。九时三十分稍过，专车抵车站。熙洽代表秘书长李某、伪教育厅长荣孟枚、伪实业厅长孙其昌、日本驻吉总领事石射，及日军师团部代表参谋长上野良亟等，均进至月台迎迓。美、英、德、法、意五委员下车后，集立月台上，伪国及日方欢迎人员，向前致礼欢迎。日方参与员吉田、华方参与员顾维钧、伪国"外交部总务司长"大桥，亦带随员三人随行。五委员旋即分乘汽车出站，并偕一部分随员暨日参与员吉田大使等，访晤日总领事，稍事休息。华参与员与随

员并调查员随员等,直入省公署休息。五委员于九时五十分,赴满铁公所内日军第二师团司令部,访问多门师团长,询问吉林军事行动经过。顾维钧与中外随员于十一时许,赴北山登澄江阁眺望风景;十二时半下山,直赴俱乐部。十二时四十分,委员团在第二师团司令部访问毕,亦到俱乐部。下午一时,伪省府设西餐于大食堂,宴各委员及随员。午餐后,因时间短促,不再赴伪省府访问,即在俱乐部客厅,会见伪省府秘书长李某及荣、孙两伪厅长。会见时,李顿发问,李致答,其词如左。

问:"吉林局面,在'满洲国'成立后,有无改组情形,仆颇愿知之。"

答:"吉林已于'新国家'成立后,逐渐改组,一切政治,均有进步。"

问:"吉林钱法,闻甚毛荒,是何缘故?"

答:"吉林钱法,为地方单行制度,有官帖、永大洋两种,为不兑现纸币。信用大减,是以毛荒。"

问:"钱法毛荒,老百姓是否吃亏?"

答:"老百姓当然吃亏。从前以二吊五百文换银大洋一元,现在银大洋一元,可换五百八十余吊,与从前大异。"

问:"余已明白了。吉林官帖之毛荒,与奉大洋之毛荒,同一原因。但有无改善方法,以补救之?"

答:"现在'新国家'拟改建银行,收回地方纸币,正在筹备中。"

问:"吉林税捐种类若干?并事变后有无增加税捐事实?"

答:"吉林税捐种类,大致为土地捐、买卖捐、消费捐三种。事变后,并无增加,且将军阀所加之二成军费豁免。"

问:"老百姓从前所受军阀之苦痛有几种?"

答:"因多练兵,多买枪,以致钱法毛荒,盗匪滋多,引用匪人,贪赃枉法,实不能枚举。"

问:"老百姓曾受国民党之苦痛否?"

答:"幸因国民党人在吉林之日子不久,未得实行其政策。否则,当然老百姓要受苦痛。"

问:"吉林省最近之匪状如何?不知有治之之法否?"

答:"吉林之匪,现正在剿办中。"

李顿至此,遂起而握手作别。三时三十分,至吉林车站,遂登原车离吉。

(八日)

抵哈情形

哈尔滨通信。国际联盟调查团预定于八日到达哈埠,嗣因种种关系,于九日午后始到。时车站施行严重警戒,各界人士因震于调查团使命之重大,争赴站瞻观。下午四时许,车站南端及车站大街两旁,伫立敬候者已达六七百人。但事前日人命该管警所用绳将各通行便路封锁,务使民众与该团隔绝。至到站欢迎者,有伪国所设之招待委员会委员长鲍观澄,及该会委员李绍庚、沈瑞麟、宋文林、王瑞华、施履本、赵伯俊、夏绍康等。该团所乘之小汽车,由日人所备,交插旗帜三面,正中为一粉色长方小旗,上书"欢迎国际联盟调查团"等字样,左为"满洲国"伪旗,右配六角小旗,计有英、美、法、德、意、日等,而无中国国旗。至五时十五分,调查团之压道车①入站。三十五分专车继至,李顿含笑下车,由日本参与员吉田介绍鲍观澄等与李顿等互相握手。伪国"外长"谢介石及其所派之伪国参与员日人大桥忠一亦同来。出站后,由车站站长领导,鲍观澄陪李顿前行。李绍庚陪意代表马列斯葛列提②,沈瑞麟陪法代代[表]克罗达尔,夏绍庚[康]陪美代表麦睃,宋文林陪德表[代]表萧尼,施履本陪日参与员吉田、华参与员顾维钧等,继续登汽车驶往道里。各随员则乘车后行。下榻于马迭尔旅馆二楼大小房间五十四间,巴拉斯旅馆二楼房间十一间。旅馆门前及附近地点,均有值岗之保安队警,严行监视。

访问广濑

十一日,为国联调查团在哈开始正式工作之第一日。上午十时许,由李顿率领各委员及随员三十余人,乘汽车往访日军广濑师团长。每汽车中,除司机一人外,尚有便衣警士一人,随同监视。每二汽车间,则有一三轮小汽车,上乘武装队警。各汽车之前后,又各置保安队之汽车各一辆,满载武装保安队警,在前者为手枪队,后者为持大枪之队警。此等队警,均由日方指挥。其监视之严密,可想而知。抵南岗日军司令部后,广濑迎至大客厅,相互寒暄后,由李顿首先质询,依次美代表麦睃将军,及法代表克罗达尔将军,均有质询。其主要中心问题为北满一般状况,并吉军与旧吉军之现状及布置情形。后又询及马

---

① 编者按:"压道车",今作"轧道车"。后同。
② 编者按:原文如此,疑应作"马列斯葛提"(Marescotti之译)。

占山最近态度,作极长时间之质问式的会谈,其主要者,为马之行动、军队数目及各指挥官之姓名。最后关于共产党策动问题,亦略有质询。至十一时四十分许,始出日军司令部。李顿当赴英领馆,德代表亦赴德领馆,其余各代表及随员等,则各归旅馆进午餐。下午三时许,李顿由英领馆归来,未降车,即约各委员及随员等,同赴南岗大哈尔滨市筹备所,访问伪市长鲍观澄。至四时五十分,始行辞去。

又昨(十一)晨九时,有白俄籍文人(大多为前满洲研究会会员)托尔马切夫等多人,赴马迭尔谒见调查团俄秘书巴斯都合夫,互谈颇久,并作某种详细报告。嗣又有数白俄居民代表,与调查团中人谈话,述旧当局时代与目下新政府之情形。以上报告,由该团尽行记录。

调查团在哈,各委员如未得委员长李顿之许可,均不与新闻记者谈话,且或始终不能对任何人有所表示。至委员长李顿,则将二三日后,方接见各记者。据调查团总秘书长哈斯氏谈,自昨(十一)日起,该团将设发行部,每日供给调查团工作经过之消息。该部主任,由调查团随员贝尔德氏担任。

顾氏态度

至极惹各方注目之我国参与员顾维钧,抵哈后,即定购哈埠中外报纸及欧西报纸,不下二十余份。早餐后,即行披阅,披阅时间极长。当五国代表及随员等往日本军司令部及往大哈尔滨市筹备所时,顾均未参加。前(十日)日下午五时,顾曾偕随员杜纳里特走出马迭尔。当时各国记者,甚为惊奇。顾出馆后,仅与杜纳里特一人,向松花江畔步行而去;沿中央大街漫步后,又折入市立公园,一小时后,返回旅馆。昨(十一日)下午四时四十分,顾又会同英代表之随员某,出马迭尔旅馆,慢步①赴松花江远眺。顾氏态度颇为沉着,与该英人且行且谈。又调查团在哈日程,定十二日午前十时会见日本长冈代表总领事,午后一时会见东铁督办李绍庚,十三日午前十时访问日本总领事馆,与小松原特务机关长会见,午后三时与东铁监事长张恕会见。(十二日)

(《申报》,1932年5月23日,第十版)

---

① 编者按:同段前文有"沿中央大街漫步",均为原文用词。

49. 国联调查团拟由榆关返平，李顿向日方交涉，我方备妥乘舰及专车

〔北平〕 顾维钧电平，谓彼及随员已同调查团抵沈。又调查团以日阻拦不能赴黑晤马，决返平。李顿正与日交涉，拟由北宁路榆关返平，藉查关外情势。日本仍阻止，恐难实现。该团日内到平，我方已饬北宁路局及沈鸿烈，准备军舰及专车，候令迎接。（二十三日专电）

（《申报》，1932年5月24日，第六版）

50. 日内瓦盛传调查团主张共管东省，据称五委认为解决僵局唯一办法，拟设行政委员会，以张学良为领袖

〔日内瓦〕 今日此间忽起一惊人谣言。据称，辽案调查团拟将满洲置于国际联盟管理之下。五调员[查]委员将一切辽案因果加以相当考虑后，认为解决目前僵局，唯有将其置于国联管辖。该调查团九月间送出之最后报告内，将详论此事。至其计划内容，据称，拟设一行政委员会，以张学良为领袖，由英、法、中、日或再加二三国代表为委员，此委员会将对于国际联盟负责云云。惟此次谣言，在日内瓦方面尚未能征实，询问国联秘书厅要人，均称完全不知此事。（二十三日国民社电）

李顿等向森岛质问

〔北平〕 调查团昨在日领馆质问日代总领森岛，关于日对满铁及商租权问题。（二十四日专电）

〔沈阳〕 李顿爵士等调查团一行，昨日上午九时半赴日本总领事馆，访问森岛代理总领事，关于满洲铁道及商租权问题，质问不与中央政府交涉而与张作霖及张学良交涉之理由。森岛答以中国从无巩固之中央政府，中央政权及于东三省乃为三四年前南京政府成立以来之事，且国民政府之势力，即现在亦未完全及于东三省，阁下此次实地调查，当能了然。旋复根据事实，说明东三

省之现状、张学良与中央政府之关系,关于铁道问题及其他,并根据中日、日俄两战役后之条约,详细说明。(二十三日电通社电)

〔沈阳〕 国联调查团李顿卿等五名,于今日上午十时半访问森岛代理总领事,质问朝鲜人等问题。(二十四日电通社电)

调查团将赴威海卫

〔南京〕 外息。调查团过沈返平,与张学良接谈,并报告国联后将赴威海卫一行。(二十四日中央社电)

....

(《申报》,1932年5月25日,第八版)

51. 李顿等整理调查文件,共管说外部无所闻

〔北平〕 沈电。调查团今晨在英领署整理各地调查材料,俾向国联报告。(二十五日专电)

〔南京〕 外传李顿调查团建议由国联管理满洲之说,外交部尚未接日内瓦征实电文,暂不加以评论。(二十五日路透社)

〔南京〕 外长罗文干答记者,报载日内瓦盛传调查团主张共管东省事,外部无所闻。(二十五日专电)

〔沈阳〕 调查团专家五名视察齐齐哈尔完毕后,经由四洮路,今日零时零五分归抵沈阳。(二十五日电通社电)

(《申报》,1932年5月26日,第七版)

52. 郭泰祺昨午晋京,代理外长说将实现

外交次长郭泰祺病愈,奉召于昨日下午三时四十五分,乘京沪快车,偕外部顾问夏奇峰晋京,谒见行政院长汪精卫。闻郭氏代理外交部长事,即将实现。郭在沪时,尚无表示。至国联东北调查团主张东北由国联共管,现外部尚

未接到顾代表等报告。惟外部闻讯后,已电日内瓦我国代表团询问真相云。

(《申报》,1932年5月26日,第十版)

53. 国联调查团由沈赴连,李顿等与蓝溥森会见,海圻舰奉派赴连迎候

〔大连〕 国联调查团一行,昨夜十时十分由沈阳出发来连。在大连时,将与内田满铁总裁及英国蓝公使会见。又蓝公使于今晨九时半乘天津丸抵此。(二十六日电通社电)

〔大连〕 调查满洲各地之李顿卿一行今晨抵此,与适由北平抵此之英蓝公使会见。故李顿卿将参酌蓝公使之意见,着手制作报告书。(二十六日电通社电)

〔大连〕 内田满铁总裁今日下午零时半,招请来连之英蓝公使、国联调查团委员长李顿卿及本地之英领事,在满洲馆开午餐会,至下午二时方散。(二十六日电通社电)

哈斯等访满铁总社

〔大连〕 调查团之哈斯书记长等六专门委员,于今日上午十时往访满铁总公司,听取有关地方设施及铁路问题之说明。(二十六日电通社电)

海圻舰赴连迎团员

〔青岛〕 沈鸿烈派海圻军舰赴大连,迎国联调查团来青。(二十六日专电)

调查团预定之程序

〔北平〕 顾维钧电平称,调查团定六月四日离沈,乘北宁车返平,在平留两周,赴北戴河避暑并作报告。传该团离北戴河后仍将赴日,再来南京。(廿六日电)

(《申报》,1932年5月27日,第七版)

54. 调查团赴旅顺与关东厅长官会见，李顿质问满铁总裁

〔大连〕 调查团一行于今晨九时四十分，乘汽车往旅顺。十时四十分在关东厅官邸与山冈长官会见，详细质问关东州内外之形状、治安与经济等之状况。闻拟于下午十时半返连。（二十七日电通社电）

李顿与内田作密谈

〔大连〕 内田满铁总裁昨日对李顿爵士等设宴洗尘后，复在别室与李顿爵士为重要之密谈，约五十分钟。据闻其内容，李顿爵士系以书面提出质问要旨，内田总裁对之为详细之说明，并定二十八日继续会见。内田总裁将详细说明满蒙历史的事实及铁道问题。又电，内田满铁总裁与李顿爵士之会谈，将为调查团报告书中之重要部分，极可注目，内田总裁与李顿爵士约对重要质问之处，决以书面答复。故内田总裁于会见后，即紧闭满铁本社社长之门，独居室内，草回答书，以备二十八日晨交李顿爵士。（二十七日电通社电）

蓝溥森过长春北上

〔沈阳〕 在大连与调查团李顿卿等为重要会见之英国蓝公使，今晨经过此地，北上视察长春及北满之状况。（二十七日电通社电）

〔长春〕 英蓝使今日下午一时抵此，下午二时二十九分即北上。（二十七日电通社电）

调查团定四日离沈

〔北平〕 调查团定下月四日离沈。过榆关时，拟稍留视察五日。由榆动身，六日可抵平。北宁路原备该团乘坐之专车，定一日开至榆关候用。平招待委员会定二十日在市府开会，讨论招待事宜。（二十七日专电）

（《申报》，1932年5月28日，第三版）

55. 国联调查团视察日俄战迹，某团员摄影被日人干涉

〔北平〕 调查团昨在旅顺巡视日俄战迹。（二十八日专电）

〔山海关〕 据沈阳外息，国联调查团往旅顺视察，与山冈关东厅长官会见后，即赴鞍山视察制钢所。定月杪返沈。定下月三日循伪奉山路入关赴平。（廿八日专电）

〔大连〕 调查团一行昨日视察旅顺一带之日俄战迹。其时在二〇三高地之某国人，以十六耗摄影照相，摄取该军事秘密地带。日宪兵发见系属调查员中人。虽经日本方面加以制止，某人竟不服。故日方甚重视此事之结果。（二十八日电通社电）

〔旅顺〕 国际调查团昨日午后三时由旅社出发，游览二百三高地、鸡冠山炮台及其他日俄战迹。六时半返旅顺，七时半出席山冈长官之夜宴，九时半乘汽车赴大连。（二十八日电通社电）

顾维钧访满铁总裁

〔大连〕 顾少川本日上午九时，往南满洲铁道公司访内田康哉，会谈要事，内容不详。（二十八日华联社电）

〔大连〕 国联调查团委员李顿卿等五人，今日上午十时赴满铁总公司，访问内田总裁。内田详细说明日俄战后之中日条约当时之经纬及满蒙铁道问题。（二十八日电通社电）

专委调查法律问题

〔大连〕 调查团法律专门委员，今早九时在大和旅馆与满洲律师公会代表会见，详细听取有关关东州之法的状况以及土地问题。（二十八日专电）

蓝溥森已抵哈尔滨

〔哈尔滨〕 驻华英使蓝溥森爵士昨晚抵此，明日续发，取道西比利亚回国。（二十八日路透社电）

（《申报》，1932年5月29日，第六版）

56. 北宁专车即开榆关，迎接调查团员

〔北平〕 北宁专车定三十日开平，二日由医生谢恩增押运赴榆关，迎接调查团。（二十九日专电）

顾维钧与内田密谈

〔大连〕 中国方面陪员与调查团同到大连之顾维钧，昨日访问内田总裁，为秘密之会见，谈话甚久。在会见以前，顾氏曾与张学良之使者二名密谈二时间之久。此二使者，系昨晨由天津乘长平丸到大连者。故顾与内田之会见，或系关于张学良之某种要务。（二十九日电通社电）

团员昨日分组游览

〔大连〕 在连调查团中之甲组，于上午十一时半乘汽车游旅园路。乙组则由内田总裁介绍，往满铁之海上游园会。又李顿卿则往教会。因系星期，故各尽兴游玩。（二十九日电通社电）

蓝溥森在哈留二日

〔哈尔滨〕 英公使蓝博〔溥〕森二十七日抵哈留二日，二十九日回国。过连时，对日记者谈，沪圆桌会议以稍待召开为宜。又该使曾晤调查团长李顿卿，李托其带致联盟文件。（二十九日专电）

（《申报》，1932年5月30日，第三版）

57. 调查团由大连抵沈，预定乘火车入关，五日可到北平，专门委员及秘书等乘日轮到津

〔北平〕 调查团昨晚抵沈，寓大和饭店。（三十一日专电）

〔大连〕 来连中之调查团一行，今晨九时二十分，由大连复往沈阳。一行

于中途鞍山下车,拟视察鞍山制铁所。(三十日电通社电)

四日晚可到山海关

〔天津〕 国联调查团预定四日晚抵山海关,五日午抵平。北宁路定四日派车往迎。该团专门委员安尼禄柏秀厚华克尔克、秘书蒲克洛玛利尔德、打字员那班斯女士,取道大连搭长平丸,三十一午抵塘沽,换乘专车,下午一时时抵津,三时赴平,由外部典礼科长刘洒藩[蕃]、外部驻平辽案处长王承传,沿途照料。王语记者,调查团五日抵平,耽搁半月即赴日,耽搁半月再来华,拟在北戴河作报告书,但将来有无变更,尚不能定。(三十一日专电)

哈斯过榆关赴北平

〔山海关〕 调查团秘书长哈斯三十一晚八时随奉山车到榆,当乘北宁所挂包车赴平。李顿等改由沈西来。(三十一日专电)

〔天津〕 该团秘书长哈斯三十一晚抵榆关,定一日晨过津赴平。(三十一日专电)

留平期间预定两周

〔北平〕 哈斯电平称,调查团到平拟与当局会晤一二次,此外任何团体代表均不接见,专整理调查材料,留平期约两周。随员游弥坚、端纳等九人今晨抵塘沽,晚可到平。(三十一日专电)

〔北平〕 外交办事处王承传、刘洒藩[蕃],今晚同游弥坚等六人,同车来平。(三十一日专电)

〔北平〕 李顿调查团电:本星期秒,大约为六月三日,由沈阳首途来平,途中或在榆关留驻一日,调查该处情形;故抵平之期,殆在下星期一日。张学良已电令何柱国,于调查团驻榆时予以种种便利。调查团中之华员,将取海道回平,惟顾维钧博士独随调查团乘火车至平。(三十一日路透社电)

李顿等拟视察锦州

〔沈阳〕 调查团李顿卿于明日视察抚顺煤矿后,于六月二日与本庄司令官为最后之会见。三日视察北大营及中日间之冲突地方,四日上午由沈阳往锦州视察后,再赴北平。其行程闻已决定。(三十一日电通社电)

过鞍山时视察铁厂

〔沈阳〕 由大连归奉之国际调查团一行,昨午后三时半,抵鞍山站,视察鞍山制铁所。午后七时十分抵沈阳站,仍宿大和旅社。又一行中杨格伯①等委员四名,昨下午二时由大连乘长平丸直赴天津,在北候李顿爵士等一行到后,再定行止。(三平[三]十一日电通社电)

李顿否认共管之说

〔沈阳〕 李顿勋爵否认国联调查团拟请国联共管满洲,而以张学良为共管主席之说。(三十一日路透社电)

调查团三日可到榆

〔北平〕 何柱国今与各界商洽欢迎调【查】团事,该团随员决宿专车上。(三十日专电)

〔北平〕 调查团三日到榆关,留一日,视察九门口、石门寨等处。张电何柱国,妥为招待。(三十日专电)

拟取道北宁路入关

〔北平〕 李顿与日方数度交涉,始允该团乘伪奉山路车,但过锦州大凌河,不准下车视察。(三十日专电)

…………

(《申报》,1932年6月1日,第四版)

58. 调查团定今晨离沈,过锦州时拟停留两小时,汪、蒋派王广圻赴榆慰劳

〔山海关〕 国联调查团四日上午八时由沈首途过锦州,约留两小时,以便

---

① 编者按:原文如此,即美国顾问杨格。

与该地日军师团长西义一会晤后,即西来。晚八时可到榆关,与何柱国晤见后,即换乘北宁路特备专车,赴北戴河休息。该专车与中山号铁甲车,三日午到关,试道后复回秦皇岛停候。张派朱光沐届时欢迎。(三日专电)

〔天津〕 国联调查团定四日晚抵山海关,五日晚五时抵津,停半小时,即赴平。张学良派朱光沐三日晚率卫队四十名赴榆关,以备随车警戒。又派铁甲车第五中队长沈礼瑞,三日晨乘铁甲车赴榆关担任压道。(三日专电)

〔南京〕 北平电称,国联调查团星期六午后可由榆关抵沈阳,小作勾留,与何柱国会谈后即拟赴北戴河度夜,星期日晚可抵北平。(三日路透社电)

专车由平开往榆关

〔北平〕 迎调查团专车今开榆关。顾夫人明晨赴榆。(二日专电)

北平方面筹备欢迎

〔北平〕 平方接调查团电称,定五日午由北戴河登车,过津不停,当晚抵平。平方已筹备欢迎。欢迎人员颜德庆、刘崇杰、王广圻、顾夫人、蔡元、宁向南等,今晚专车赴榆,戈公振同车前往。谢寿康今抵平迎候调查团。孙传芳、朱有济、何玉芳等,今来平。(三日专电)

刘迺蕃等赴榆迎候

〔北平〕 刘迺蕃同戈公振等今晚赴榆迎调查团,顾夫人、朱光沐同车赴北戴河。车站已悬慰劳调查团及慰劳顾代表大标语。(三日专电)

辽西日军大部调开

〔山海关〕 自绥中至前所一带,日驻军大部开往葫芦岛、锦朝两支线,藉免调查团注意。仅有少数部队与伪国警及奉山路白俄警,在绥中一带严密戒备。(二日专电)

汪、蒋促王广圻赴榆

〔北平〕 汪、蒋电王广圻云:"顾代表偕调查团出关,为国宣劳,艰苦备尝,至堪佩慰。返平在即,请迅赴榆关,代表欢迎为荷。"(三日专电)

(《申报》,1932年6月4日,第四版)

59. 国联十九委员会中旬可望再开,考虑沪案及东案

〔日内瓦〕 国联大会十九国委员会可望于本月中旬开会,考虑上海及满洲时局之最近发展,并闻同时将讨论中国所请各国当地外交代表及国联调查团随时报告北满军事情形一节。按中国总代表颜惠庆昨日致国联秘书厅报告日军在北满大举进攻华军之备忘录,内曾建议由各会员国当地外交代表及国联辽案调查团,随时报告军事情形,俾国联可确知真相。(二日国民社电)

(《申报》,1932年6月4日,第四版)

60. 罗文干谈外交:对外部事继续负责

〔南京〕 记者三日访罗外长,叩询最近外交问题,承接见,答复如次:"上海方面日陆战队未能依照协定撤退至一·二八前原防,已由共同委员会我方委员进行交涉。此次日陆军撤退之迅速,实超过停战协定预定之程期,则海军陆战队当然亦可按照协定精神,从事撤退。此事共委会当可解决,不成问题。中日纠纷之症结,在东北问题,盖东北问题为中日纠纷之因,而上海问题则为其果也。现调查团亲往东北调查,业已竣事。四日将由沈启程返平,从事编制报告书,大约六、七、八三个月将为编制报告书时期。至九月间,国联当可根据此项报告,召集会议讨论,以求解决。但国联已往对中日问题所能表现之能力,与夫日本所能服从国联决议之程度,国人当已深悉。故国联此次能否使中日纠纷得一圆满解决,系一极大问题。求人不如求己,吾人之出路,仍在精诚团结,充分表现民族之精神与力量。此次调查团赴东北所得之印象,颇为良好,对我颇能表示同情。盖日本为强者、为侵略者,我乃弱者、被侵略者,事实俱在,公理昭彰,该团虽欲对我不表同情,亦不可得也。但同情为一事,中日纠纷能否因此同情而得圆满之解决,为又一事,故吾人亦可不必因此同情而自满自得。至外传圆桌会议之说,甚至谓英、美、法、意等国亦同意日方所主张召集之说,则纯为日方之片面宣传。我国在原则上虽不反对召集国际会议,以解决

中日纠纷,但只为讨论上海安全问题之会议,则我国绝对不能同意。中俄复交问题,关系至为重大,中央对此问题,当然须权衡利弊之轻重,作详细审慎之考虑。如俄方能有诚意,复交亦非不能。关于使领馆经费,以前积欠至巨。余任外长后,虽对内部之经费极力节省,但对所领得之使馆经费则完全发放,计第一个月三成,第二个月五成,第三个月十足发给。现与财部商洽,宋部长亦深知使领馆之重要,允极力筹拨。一俟经费问题解决,则对人选之补充整顿,当然须继续进行。大约经整顿之后,使领馆经费每月可节省七八万元。现驻日蒋公使、驻英郭公使,不日即将出国。以后外交之喉舌,当可日趋健全"云。闻罗外长于沪战爆发时,出任巨艰,折冲樽俎,颇为辛劳,且以原任司法行政部长职务繁忙,曾一再呈请中央,恳辞外长兼职。现经中央恳切慰留,决仍继续负责云。(三日中央社电)

(《申报》,1932年6月4日,第四版)

61. 调查团昨宿北戴河,过锦州时视察交通大学,顾维钧将偕调查团赴日

〔山海关〕 国联调查团主席委员李顿爵士,暨美、法、义、德、日各委员,及我代表顾维钧等一行,四日晚七时乘伪奉山路专车,由沈过锦到榆关。下午一时到锦,曾下车视察交通大学,经半小时后,即西来。伪奉山路专车共列十一辆,列车首交叉"满洲国"旗,车厢外注有"国联调查团乘用专车"字样。专车到时,由北平特来欢迎人员及何柱国旅长暨榆关各界,齐在站台热烈欢迎后,朱光沐、王广圻、何柱国、蔡元等即登车首,向顾维钧氏致宣慰意。次由顾向李顿等分致欢慰之意,顾夫人同登车欢慰,旋即全体换登北宁专车。晚八时,专车西开,赴北戴河息一夜,以便调查团于五日游览北戴河后,当日赴平。调查团全体人员因在东北月余,备受风尘,而顾代表尤多感触。到榆后,各人均感非常愉快。(四日专电)

〔山海关〕 国联调查团三日在沈,与日方官宪作最后会见,并赴北大营视察后,四日晨六时,乘伪奉山路专车西来。过锦州时,稍有勾留,晚六时许,即可到榆关。日军铁甲车已先于下午五时余压道到榆。我北宁专车与铁甲车,

当于下午四时余由秦皇岛开到榆关。（四日专电）

〔北平〕　调查团今晨离沈，臧式毅、赵欣伯均到站送行。今晚到榆关，换登北宁专车开北戴河，定五日午来平。王广圻、顾夫人等，今晨均到榆。（四日专电）

〔北戴河〕　调查团专车四日晚九时半抵北戴河海滨宿夜。明晨游览，午赴平。（四日专电）

本庄前晚设宴饯行

〔沈阳〕　国联调查团今晨乘专车赴平，本庄曾派代表送行。今晚六时可抵榆关，拟在北戴河度夜，然后赴平。昨夜本庄设宴为团员饯行，日本陪员亦列席，顾维钧博士未往。（四日路透社电）

〔北平〕　本庄三日在关东军司令部宴调查团委员，顾维钧因故未到。（四日专电）

王广圻等到榆迎候

〔山海关〕　王广圻、颜德庆、蔡元、宁向南、张威斌及顾夫人，绥署所派随车护卫队一排，均于下午五时，随乘专车到榆迎迓。榆关车站至北戴河沿线，已由第九路派队戒备。何柱国旅长届时除在榆站欢迎外，为指挥戒备便利起见，借参谋何竞华①欢送至北戴河。今日榆车站扎有各界欢迎彩牌，天桥上缀有欢迎标语。日本与"满洲国"旗，并在车站飘扬，长城外亦插有伪满州〔洲〕国国旗。（四日专电）

日外省照会调查团

〔东京〕　外务省照会李顿调查团，谓日本愿欢迎调查团中国陪员顾维钧博士之莅日，惟须声明赴日非为调查。外务省言调查团乃受命仅调查满洲与中国之情形云。（四日路透社电）

〔东京〕　调查团在北平整理调查材料后，再赴日本，与日本当局为最后之会见。其时中国陪员顾维钧亦决定赴日。日本朝野之感想如下：（一）调查团之权限系调查满洲及中国本土，在日毋庸调查。（二）顾维钧以陪员资格，会

---

① 编者按：其名他处又常作"何镜华"。

同调查委员与日政府当局会见之际,实无干与之发言权。然顾氏虽倡言调查日本,实属越权的暴言,徒使一般怀抱不快之感情云云。(四日电通社电)

〔东京〕 顷悉国联辽案调查团于作成调查报告,送往日内瓦后,复将往日本视察,顾维钧亦决定同行。但日政府发言人今日下午竟声称,国联调查团来日之后无权调查日本,顾维钧博士仅为陪员,不能参加调查团与日政府要人之正式会晤。闻今日外务省会议之后,已训令日陪员吉田通知李顿伯爵,日政府不反对顾维钧往日,但未便正式招待云。(四日国民社电)

谢介石由长春赴沈

〔南京〕 据长春消息,"满洲政府"之"外长"谢介石今日赴沈,将留驻一星期。闻将向本庄申谢日军事当局保护国联调查团之劳绩。(四日路透社电)

调查团视察柳条沟

〔沈阳〕 调查团一行昨日午后三时,视察满洲事变发生根源地之柳条沟满铁线爆炸地点及北大营,对事件勃发时警备该处附近之奉天守备队河本中尉,询以爆炸时当地之模样。李顿爵士关于爆炸时间及爆炸物,为详细及尖锐之质问。迨最终之质问完毕后,与德国委员修勒博士交耳密谈。河本中尉睹状,更有详细说明。(四日电通社电)

顾维钧述东行感想

〔北戴河〕 顾维钧谈,东北三千万同胞,身受亡国之痛,所过令人心酸,今实无从说起。望国人将眼光放远,屏除私见,对外无办法,则玉石俱焚。人谓中国地大人众,终不能亡。但观东北则知不然。卫国保民,无论在朝在野都要视为义务。抵平后,拟抽暇入京相告。至使法一节,须待与政府接洽后再考虑。(四日专电)

(《申报》,1932年6月5日,第三版)

62. 国联十九国委员会定十二日重开，斋藤演词引起注意

〔日内瓦〕 国联大会十九国委员会现拟本月十二日重行召集，讨论中国所请立由当地领事或辽案调查团随时报告北满军事情形，俾国联获知真相一案。（三日国民社电）

〔日内瓦〕 日相斋藤昨在国会所宣布之日本外交政策，已于种种谣言后，复引起此间对于远东之注意。但经慎重调查后，得悉就国联所及，并不有可变更国联大会程序之新发展，因在沪日军业已撤退故也。李顿调查团之报告书，一时未必能到此。现悉自五月三十一日，颜博士请调查日本将东三省日军撤入铁路区域之允诺，究已履行至何种程度后，中国方面未续有请求。国联负责方面对于外传李顿主张日本代管满洲之谣言，声称李顿并未有此建议。（三日路透社电）

....

（《申报》，1932年6月5日，第三版）

63. 调查团昨晚到北平，张学良等到站欢迎，李顿爵士发表谈话

〔北平〕 调查团五日晚九时抵平，张学良到站欢迎。出站后，同赴北京饭店休息。（五日专电）

〔北平〕 李顿调查团今晚九时乘专车抵此，张学良及中外要员多人，在车站作非正式之欢迎。路透访员曾面晤李顿勋爵，据称：过锦州时曾小停，聆日人之意见，过榆关时亦小停，聆华人之意见；团员等曾在北戴河度夜，今拟留平两星期，然后赴日，继再返华，编制报告；返华后大约将驻北戴河，但须视察他处后，始能定议；李顿勋爵等数日内拟赴青岛小游，后再返平。访员讯以调查之进步若何，李答："此行受中日政府种种之辅助与礼遇。在满所遭之一切困难，均'其他个人'所引起，然持以忍耐并面商后，卒得消除之。和谐之精神，已

证明其有效。调查团将秉此精神,继续工作。"访员又向顾维钧博士有所讯问,顾称渠之赴日,仍在考虑中,国民政府欲任之为法使,此事亦在考虑中云。(五日路透社电)

津市当局到站欢迎

〔天津〕 国联调查团各国代表及顾维钧夫妇,五日晨游北戴河西山,并至海滨浏览,法代表劳克德①赴东山访友,五日午登专车西行。沿途各站不停,仅在塘沽停四十分。因我国随员游弥坚、李荫棠、陈宜春女士以日人反对由伪奉山路入关故,取道大连,专车在塘沽候三人上车始开。下午五时四十五分抵津东站,在站欢迎者,有王树常代表黄宗法、教厅长陈宝泉、建厅长林承秀、市长周龙光、法司令那瑞。各代表均下车,一一握手。顾对记者云,到东北情形,昨在北戴河已对新闻界谈过。刻因时间短促,不获详谈,俟抵平当有详情发表。(五日专电)

〔天津〕 调查团一行今日下午六时过此往平,顾维钧在站单独与电通社记者会见。询其往日本否,顾答尚未决定。及询渠尚未决定之理由,顾氏略现踌躇之态,答谓在未与政府接洽前,恕不发言云云。乃与记者握手而别。(五日电通社电)

昨晨游览北戴风景

〔北平〕 五代表及顾维钧等,五日晨七时赴北戴河西端连峰山游览。李顿在山巅瞭望远山近海,极为欣欢,并参观海滨之鹿囿,摄照电影。经过之处,警卫森严。十时半下山,十一时登专车西驶。过津略停,晚八时可到平。张学良及各军政领袖,均亲到站欢迎。平全市五日悬旗一日。(五日专电)

〔山海关〕 今晨九时,调查团在北戴河由顾维钧夫妇及朱光沐、何柱国等陪同,游览风景,并勘住房。午刻,全体人员乘专车赴平。过津停留半时,晚九时可到平,何柱国随往。至编制报告书地点,现未决定。北戴河滨泊有东北舰永翔、永胜两舰,晚开秦皇岛。(五日专电)

…………

---

① 编者按:原文误,应为"克劳德"。

李顿答覆问题数项

〔北平〕 记者今晚访李顿,提出问题七项,据其以书面择要答复如下:

(一)调查团四月二十起,六月四日止,在东北完全为搜集事变前后及现在情形各项材料。代表团得到此材料,即可明白一切。考察后将有报告致国联,至时自可发表,此时未便先发表意见。

(二)到东北后,日政府及军事当局对代表工作均尽力帮忙。代表团受中日两国招待,对两国态度完全平等。但在东北时感到许多困难,然非日政府及军事【当】局,乃第三者所加于我者。代表团忍耐应付,现已过去。

(三)未晤马占山原因,即因东省北部在战争时期。故要晤马亦必须得地方及苏联帮忙,但决难得到。

(四)北戴河天然美景,实深羡慕,感想亦佳,但行动未定。除北戴河外,尚拟赴许多地方查看,方可决定编报告书地点。

(五)希望中日政府对代表团给一种诚意,使谋解决方法。相信两国均能予以诚意。(五日专电)

〔天津〕 英代表李顿发表英文谈话云:"到东北六个星期,获得材料不少,因未整理,恕难发表意见。日人对敝团尚属客气,虽小有不洽,各代表均能忍耐,故未感觉困难。原拟往晤马占山,因彼正在作战,交通梗阻,致未如愿。途经北戴河,小作邀游,风景极佳。我们将在作末次报告书前,到某处调查一次。我们希望日本对华早日恢复好感,实东亚之幸。"六时专车离津赴平。(五日专电)

李顿等在车上会谈

〔北平〕 李顿在榆车内,召集美、德、义、法四代表及顾代表谈话。何柱国亦参加,日代表吉田未列席。(六日专电)

〔北平〕 专车过津时,五代表开会,顾维钧、何柱国均列席。对榆关紧急事,快[决]设缓冲办法,以免两国军队发生误会。对代表抵榆悬伪国旗事,亦有长时讨论。(五日专电)

平报界拟慰劳顾氏

〔北平〕 平报界以顾维钧赴东备尝艰辛,拟联合发起慰劳会。(五日专电)

伪国专车由榆返沈

〔北平〕　伪国专车五日晨由榆回沈。（五日专电）

(《申报》，1932年6月6日，第二版)

64. 国联调查团离哈之经过：日人监视极严，华人无由得见；哈记者王研石被捕详情

　　北平通信。哈尔滨来人言：国联调查团系五月九日下午五时抵哈。自长春出发时，日军沿途监视，并以飞机随行。调查团一行名为一百六十人，实则只日方随员及宪兵、新闻记者已占五分之三。自委员长李顿以次，各人均有四五日人监视，对顾维钧尤甚。抵哈时，自总车站迄道里马迭尔旅馆前，悉由日本宪兵、便衣、密探及所谓"满洲国"伪警察放哨，禁止行人车马，严重情形，无以复加。迨国联调查团到寓所后，旅馆内外每日有日宪兵、便衣、密探四十余人监视。每一调查委员出外，即有四五便衣日人追随。旅馆外并有伪国警察大队围护，虽行人通过，亦所不许。故调查团留哈十余日，除在日方支配下搜集材料外，别无所得。惟交通界中人曾供给少许材料，秘密交由英美领馆转交。其得与调查团人员会谈者，殆无一人。调查团中随员二人，因事务羁哈，多留二日。日本机关报《哈尔滨新闻》竟捏造其迷恋女色，不肯即行，登载极大标题之新闻，谓《调查团离哈后之怪闻丑行》。其对于调查团之攻讦，不遗余力。

　　在调查团来哈之前二日，哈埠《国际协报》总编辑王研石，竟为日宪兵队捕去。王在哈新闻界多年，年事甚轻，血犹未冷，故其平日所作纪事文字，多富情感。《国际协报》停刊前，王任该报特务记者，同时兼沪津各大报驻哈记者。日军入哈后，所有哈埠通讯机关，悉被把持，并派员常驻无线电台，检查往来电讯。论理王之发电，已不可能。但王因所肩责任甚重，自度东北沦陷后，只渠一人可向关内通消息，如果就此逃避，则国人将无由得知东北情况。所以于万分困难中，竭力运动日检查员，并罄其月间所得，以为联欢费用，于是电讯仍得继续。初时检查甚严，重要消息不得拍发。嗣后王每乘检查不注意时，拍发不

利日方之真实电报。如此将及三月,日检查员自经王联欢后,对王拍发之电报亦不苛求。旋《国际协报》于三月九日复刊。处此荆棘环境中,本已无再办可能,徒以报馆当局惧其财产被人没收,不得已而复刊。出版三日,销路如潮水之下落。负责编辑人员以此情况实不可为,先后不辞而去。王事先本已辞职,至此重以报馆之坚邀,乃允暂任总编辑。维持二月,于极艰苦境地中,恢复该报声誉,维持销路,并得社会之谅解,但因此颇招一部分人之妒忌。

国联调查团来哈前,王搜集材料十余种,分门别类,汇辑成帙,拟俟调查团来时,恳某领馆友人面交哈斯秘书长。事极严密,本无败露之虞。讵随顾维钧北来之沪报记者戈公振、顾执中,于被阻南返时致王数函,嘱王于调查团至时注意消息。津《益世报》亦有一电致王,嘱努力工作。函电均为日方得去,于是日方对王注意。其平日不慊于王者,则密函告日宪兵队,谓王将如何如何。五月七日午刻,日方派便衣宪兵二名,乘汽车一部至王之道里药铺街寓所。时王甫由外归,瞥见日宪兵汽车,自知不免,亦即处以镇静,立时启门延入。两日人见王后,未谈数语,即请王至警察管理处。一行到管理处并未下车,即转至南岗日宪兵队部。到后,禁王于卫兵值日室内,禁人接见。王之家属于王捕后,费两日力量,始获王之消息。哈社会于王被捕后,相与惊骇,均为王危惧。但王被禁于内,用其新闻记者交际手段,并未受有苛虐。未数日间,与日兵相处,已有感情。就中有数兵,且照顾王之饮食,甚至夜间为覆衾。此为王被捕后出人料外之事也。被禁九日,始由一军曹询王,指王与张学良有关,电报纪事有帮助旧吉军嫌疑,谓须军事结束后释放,关于国联事,则掩饰不提。王由七日被捕,禁闭十八天,日间无事,则学普通日语。直至国联调查团离哈三日后,始由清遗老增子固及商店两家保出。但释出时尚附有条件,具有甘结,每日须到日宪兵队部一次,由该队考察有无违反日方及"新国"行为,至日方考察明白确属无他后,始准许自由。如必欲发沪津新闻电,凡关军事消息,须经过日宪兵队检查,且不得有扰乱人心纪事与言论。其他人通讯有不利日方时,王须负责稽侦,随时通告。五月二十四日,王被释出归家后,家人见其生还,悲喜交集,不禁落泪。现王处境极难,欲逃亦不可能。有人询其被捕经过,则绝口不谈。因日方释王时,告以不得为被捕感想之文章与纪事。王为免祸,遂不得不尔。在王未被捕前,津沪电讯仅赖王氏一人传达,其他驻哈记者早已躲避。今后东北消息,在短期间内除仰恃外人通信机关外,殆难得其真相矣。(五月二十九日)

(《申报》,1932年6月6日,第八版)

65. 调查团在平整理材料，各委昨晨一度会议

〔北平〕 调查团以所住北京饭店对整理材料不便，拟借旧外交部房屋数间，为打字及翻译文件人员用。各委今晨一度会议，讨论整理材料各事，并决每晨会谈一次，分配一日内工作。今午法代表赴法使馆宴，德、美两代表赴美使馆，义代表赴义使馆。李顿偕随员赴英使馆，旋即返北京饭店。（六日专电）

李顿等明日赴青岛

〔北平〕 路透访员今日谒见李顿勋爵，据称，渠与意、德调查员将于星期三晚赴青岛视察，中日陪员大约亦将同行；彼等星期四晚可抵青岛，拟于翌夜归来，故星期六日可返抵北平。又称，调查团度夏编制报告之地点，将于青岛归后决之云。团员现信顾维钧博士将随李顿勋爵等赴日，但目下尚未决定必去。（六日路透社电）

〔东京〕 据北平五日来电，五日午后九时五分，到北平之李顿爵士，住北京饭店，语往访之中国记者曰："余豫定一两日中与调查团一委员由陆路赴青岛。如为时间所许，拟于六日中出发视察该地，后再返北平整理调查材料。于二十日左右离平赴日，然后再返中国，择一地点作制报告书。"惟其地点今尚未定。（六日电通社电）

顾维钧到平后谈话

〔北平〕 顾维钧发表谈话云：东省人民痛苦，非关内人所能想到，其爱国家不减于关内人民。调查团由哈回沈，一日，大和旅馆前开"全满学生运动会"。持日本及"满"国旗游行者数千人，日人占大半，呼口号、唱歌者均日学生，高呼如雷。凡我国学生，均垂头丧气，实堪痛心。代表在东北行动全被监视，出门即有便衣侦探追随。三千万人民全处极痛苦不自由地位，实因民众太无组织。如马、丁、李、宫等皆奋斗，前有强敌，后无援助，交通被人掌握，彼此不能联络。为保存东省奋斗，每日死人甚多，吾等爱莫能助，殊堪痛心。日人操纵言论机关，中等以上学校被军队占据，小学课本均日人改订，是斩草除根办法。五年、十年后，东省青年对中国关系，可完全不明了。所谓"政府机关"，

只有一二日顾问大权独揽,但由中国人出面给世界看。日军大增,肃清反抗力量。东省不久将完全脱离中国,并为侵略关内策源地,西北、西南均将危险。国家生存,全靠真实力量。地大人多,不足保障。望国人速醒,如仍不努力,必同受亡国惨祸。(六日专电)

〔南京〕 顾维钧今午语记者:(一)调查团此次在平,预定两周整理调查材料;(二)李顿日内赴青岛、威海卫等地视察,选择制报告书地点;(三)前本决定在北戴河编报告书,因日方反对,尚未解决;(四)调查团最后报告,须俟赴日归来后编制;(五)日人通讯机关宣传日人反对本人随同赴日,真相及用意不明。(六日专电)

〔北平〕 吴铁城、朱鹤翔电慰顾维钧。(六日专电)

刘崇杰述东行感想

〔北平〕 顷随调查团由满回平之前西班牙公使刘崇杰谈,此行虽感种种痛苦,然于事极有益。顾代表不顾危险,只知前进,能忍耐能镇静,很令人钦敬。对方给予吾人种种留难与文字之攻击,从政治立场言,此系对面之行为,自有第三者公评,吾人惟有有一分力作一分事。此行长春以北受对方牵制,参随由二十人减至五人,且随时随地有人监视。事无巨细,既须努力工作,又须保守机密。吾人处境之难,颇为东北人氏所见谅。马占山虽未晤见,然彼及丁超、李杜诸氏,在北方苦战,令人闻之兴起。又有若干供给吾人调查材料者,其职位虽微,但爱国真诚之表现,尤堪尊敬。不过见人有难不能救,良心之受激刺最深。今问如何收回东北,不如问如何挽救中国。三千万同胞已处水深火热之中,吾人现应分负其责,积极合力设法拯救。(五日专电)

西门答国会中质问

〔伦敦〕 今日下院开会时,保守党议员欧斯金波尔斯特请外相注意李顿调查团在满觅取证据时所受之阻挠,政府是否将提出抗议。外相西门答称,渠未接此项消息之征实电,且不知调查团曾向国联建议应提出抗议事。又称,渠已请驻华英代使供给关于上海停止抵制日货运动之报告。(六日路透社电)

(《申报》,1932年6月7日,第三版)

66. 李顿今日赴青，顾维钧将同行

〔北平〕　李顿定八日偕德、义代表及随员一，赴青岛视察。我方顾维钧及刘崇杰、萧继荣等同行，日方吉田及随员三人同行。招待处已电铁部，请饬胶济路备车辆。该团在青留一日即返平，顾或由青赴京，报告东北情形。青岛系闹市，工场林立，不适编制报告书工作，仍以在北戴河编报告书成分多。美、法两代表留平，整理调查材料。（七日专电）

〔北平〕　调查团日代表久保田大佐、林出书记官，中国郑礼庆、张汶，南满铁道会社顾问开莱，今赴青岛筹备。明日专车去者，德、义代表及顾维钧、王广圻、刘崇杰、颜德庆、萧继荣、施肇夔、游弥坚、何许、端纳等。顾、刘、施、游将由青赴京，向外部报告东北情形。顾南下后，平方事务由金问泗代理。（七日专电）

〔北平〕　调查团今晨在北京饭店举行例会后，美、德、法、义各代表分赴本国使馆。下午德代表赴颐和园游览。（七日专电）

〔北平〕　李顿决八日晚赴青。北宁路已备妥头等包车、卧车、卫生车各一辆到济，改用胶济路车拖挂，不另备专车。（七日专电）

〔北平〕　顾维钧博士今日与华报界谈话，谓使法之议为两月前事，当时不遑顾及，今渠不日将赴首都，届时拟与政府商榷此事云。（七日路透社电）

〔青岛〕　国联调查团准于十日到岛。市府路局得讯，已准备欢迎。路局特挂花车两辆，头、二等各二辆，八日由委员长葛光庭，亲押车赴济欢迎。（七日专电）

〔东京〕　据北平来电，日本之林出书记官，定今晚先由北平单独出发赴青岛，检查青岛旅社及可租赁之别墅等。（七日电通社电）

〔北平〕　平当局在香山西山备妥房屋，备调查团休息及整理材料工作用。（七日专电）

（《申报》，1932年6月8日，第四版）

67. 东北之谜

(一) 简直是一出喜剧

国联调查团已于六月四日入关了。我国代表顾维钧,不顾日人之恫吓与阻挠,毅然前往,亦竟安然完其责任而归。四十余日之艰苦工作,至此可暂告一段落。惟此行所得材料,整理尚须时日。现只提出几个重要问题,写以忠实的笔墨,使读者对最近的东北有一个大概的认识。

东北的现状,简单来形容,就是三千三百六十九万七千七百多同胞,都被日本军阀强迫送入隔离病院。行动不许自由,每日由日本医生和日本看护妇施用手术和注射麻醉剂,使他们的心灵在最短期间逐渐衰弱,而至于毫无知觉。直至七万七千三百十方里的地方完全日本化,成为朝鲜第二而后已。

我到沈阳的第二天,就去城里过一次。由千代田通行至商埠地边界,有着蓝色便衣的侦探,登车逐人搜查有无携带违禁品。两旁有许多警察和商团,对面排列着。据日人宣传,是防止顾维钧走出附属地的。商团着的是蓝布制服,最惹人注目。以后沿路警察都站双岗,且有荷枪背面立着的。经十一纬路和大西关大街而入大西门,门内也有警察、商团和保安队一大排驻守。保安队的制服和警察一样是黑色,只不过多一白布"人"字式的肩章。这个小小肩章,倒也有一点历史可述。从前是日本宪兵的印记和号数,这在调查团将到时才换上的。穿过东、西华门,经过各衙门的前面,见省公署的门口军警狠多,教育厅只开了半门,财政厅只开着半扇门上的小门,里面也有兵守着。听说各衙门以前都有日本某某机关的牌子,现在也除去了。后来又折到城内最繁盛的四平街,慢慢地沿街走去,才出小西门。经小西关大街而回至商埠地,见日本领事馆附近戒备最为森严,几乎是五步一岗。兴尽归来,已是万家灯火。后来又继续去过两次,路线却稍有不同。第三次一观奉天公园,理想的一个公共游息的所在,谁知已在日本浪人指挥下成了赌博之场,喧嚣不可名状。揽辔亭双门紧闭,玻璃花房空空如也,只剩了外面几株桃花,受着自然风露,还妍然的开着。园内地面高下不平,且有积水,秽气中人欲呕。想见此园无人过问,已非一日了。沈阳所给我的印象,就是市面萧条。商店闭歇的很多,与三年前所见的繁荣气象迥不相同。有些商店虽开着,却只是卖存货,因为商会出面干涉,不准随意歇业。事后调查,才知道稍有血气和洁身自好的人,此时都已他去;不然就是愤而投身义勇军,甚至于当胡匪。如我们同行的有好几位曾在东北做过事,日人老实不客气的对他们说:现在"满洲国"需要人材,待遇很好,诸君皆是优秀分子,何以不在本地服务?由此看来,就是有人想闭户做寓公,恐怕日人不是利诱,就是威迫,也绝对不许他们闲散。其余走不了的,可以分为三类:一类是前任官吏,大都为日人所劫持,无一个不在软禁之中;一类是工农商,不是为财产家庭所拖累,就是为生计所逼迫;一类是无业游民,混水里好摸鱼,乐得暂时耀武扬威。这些人各有心思,说是苟且偷安则可,若谓他们真心和日本人合作,那就未免冤屈了。沈阳、吉林各大城,尤其是长春,一到晚间,便成了恐怖世界。七时起要检查行人,八时商店一律关门,九时下卡(即关闭木栅)。旅馆、小店、伙房、茶社、澡堂、理发店和丙丁住户,都要逐一搜查过。其余的人家,也有随时搜查的可能。十时禁止小贩叫卖,谓之净街。夜间听见枪声,是一件寻常的事。一户不许异姓同居,如有亲友往来,须先到附近警局,填明亲友临时户口簿。如发生事故,须由户主负责。此外每街又有所谓街长,要帮同警局巡逻。如有形迹可疑的人,应即秘密报告,否则查出法办,邻居和街长都要连坐。四乡则藉所谓联村自治名义,实行十家连坐。十家设什长,五十家设闾长,二百五十家设村长,正一人,副二人,四村设联村长。如此村容留匪人、图谋不轨,或发起党派、带有政治色彩,彼等知情不举,亦一律同罪。而且离城二三十里,又成了土匪世界。一般农人最可怜,有时牲口被抢去了,有时粮食被抢去了,有时连女儿也被抢去了。所以弄到有田无人耕,大家坐以待毙的景象。

  沈阳警务厅长现已易为日人,名三谷清,是以前日本宪兵城内分队长。又辽宁省公署总务厅长也由日人金井章次充任。一个总揽行政,一个总管公安,他们把实权握在手内,这是一个最显明的证据。此外如"国务院"总务厅总务长官驹井德三,"财政部"总务司长阪谷希一,"外交部"总务司长大桥忠一,"民政部"总务司长中野琥逸、税务司长源田松三,"交通部"总务司长大幸近男、铁道司长森田成之,邮务司长藤田保明,"司法部"总务司长阿比留乾二、法务司长栗山茂二,及法制局长松木侠,吉林省政府总务厅长原武等,也都是最近发表的。至于下级官吏,更不计其数。这一班日本新贵,觍然无耻的扬言采取属地主义,在什么地方做事就是什么地方人。其意就是他们所行所为,日本政府不负责任。此外又有所谓自治指导员派往辽宁各县,少则一二人,多则四五人。最近又在东京考选大学毕业生百余名,拟派往吉林和黑龙江各县。他们都已改籍,且有换姓名的。他们的职权,在所做的工作报告书内,关于一县的行政、财政、教育、商务、实业、农业和地方公安,几乎无所不包。其性质那是指导,直是监督。但是日人还在欺瞒世界未曾干涉内政呵!

东北的交通机关,现在都在日人手内。所以当地只有日本人所办的报纸可阅,关内报纸无从入境。中文报纸只可说是日本报纸的译本,因为消息都由日人包办,别无其他来源。至于外来的函电和出版物,都要经过严密的检查。所以东北人士不但对于关内情形非常隔膜,就是对于本地情形也可说是莫名其妙。现在日人最重要的工作,就是使在东北的中国人个个孤立,尤其是和关内消息隔绝,不许有联络的机会。然后彼乃得随意操纵,用中国人管中国人,用中国人杀中国人,而坐收渔人之利。所以对于一般做幌子的中国人,防范得格外严密。莫说发表意见,就是会客也不容易。生病时,规定要到日本医院诊治,惟恐他们和外界有秘密接洽。这次调查团到沈阳,很想见见臧式毅等人,但是结果都未办到。臧有日人横山正雄监视,寸步不离左右。所以就是能会到,也未必敢说一句真话。我们曾约几个当地旧友来谈谈,他们都未敢来。有几个到大和旅馆去访友的中国人,事后都被逮捕。听说其中姓张和姓齐的,至今还没有释放。有时我们偶然和中国人在一起,想问问真实消息,谨慎的总是不做声,或是指指心,只教我们会意。那种面面相□的神情,想起来令人不寒而栗。以后我们也不再去看朋友,恐怕于他们生命和事业有妨碍。不过调查团已收到不少的重要材料,是由几个爱国青年冒险托外人转交的。而且所引用的证据,都是从日本方面觅来。"以子之矛攻子之盾",直令日人无词可辩。日人除了新闻纸外,又会假造民意,淆惑众听。雇用无业游民,或称商人代表,或称农人代表,或称报界代表,或称朝鲜人代表,向调查团呈递请愿书,演了不少双簧式的把戏。所以有人问美国委员麦考益少将,到关外有何感想,他微笑的答道:"简直是一出喜剧!"此虽然是寥寥一语,而含意却很深。将来调查全般的结果,就是说"作如斯观",也未尝不可。不过最可痛心的,此一出喜剧究竟演到何时,才能闭幕?日人用尽心机,造成此种局面,从表面看来自然是踌躇满志。但是东北今日到处风声鹤唳、草木皆兵,吃大家(就是贫民聚众至大户强食)的风潮,已延蔓于海城、通化各地。此种民不聊生、道路以目的现象,恐将长久继续。是日人之侵占满洲,为祸为福,正未易言。币原说得好:"吞东

北如吞炸弹。"或者要不幸而言中罢。(六月四日山海关北宁专车上)

(《申报》,1932年6月8日,第九版)

68. 调查团离平,赴青岛视察

〔北平〕　调查团李顿及德、义代表,随员何许、端纳等,与我方顾、刘、颜等,日方吉田、林出等,今晚六时离平,赴青岛视察。北宁路车务处长王奉瑞、科长周颂贤,随车照料。招待处分电韩复榘、沈鸿烈,请届时妥为保护。调查团副秘书长裴勒特刻,随员邓纳利、多福曼等,今晨由大连到平,即谒李顿,报告途中情形。(八日专电)

〔北平〕　李顿等晚六时离平。到站送行者,有朱光沐、哈斯、王承传等。德、义代表今晨分赴德、义使辞行。(八日专电)

中日人员一部抵青

〔青岛〕　调查团日秘书林出、久保田,华委员郑礼庆、张以文[①],八日晚十时半到。林等住大和旅馆,张、郑住新民饭店。(八日专电)

青市拟定欢迎程序

〔青岛〕　张学良电市府,调查团定九日到青市。拟定欢迎秩序十四条,派杨参事、李厂长等四人,招待德、意两委员。杨八日午已赴济,周参事、谢科长招待日委,蒋参长等五人担任杂务。以市长官舍为行辕,车站内欢迎布置。警备由路局担任,站外及沿途由公安局担任。欢迎人数、规定市府市长等八人,商界三十人,教育界十人,新闻界五人,工会三人。欢迎旗帜及汽车等,由市制备。沈鸿烈闻调查团将到,特由京赶回,约十日可返青。(八日专电)

葛光庭等在济迎候

〔济南〕　胶路为欢迎调查团,粉刷一新。委员长葛光庭及各委员,今晚由

---

① 编者按:他处作"张汶"。

青到济迎候。（八日专电）

〔济南〕 今沈鸿烈由京赶到济,欢迎调查团。（八日专电）

顾维钧谈东北现状

〔北平〕 路透访员今日专诚谒见顾维钧博士,据其述告满洲之现状,闻之至可惊骇。顾谓日本大举作战,实欲并吞满洲。此项明征,满洲随地可睹。满洲华人曩受强迫与威吓,而为日本用命。目下时局,犹抱火厝于积薪之上。故东亚前途,危机潜伏,至为可虞。顾意今若不根据庄严之国际条约及对华之公道,速觅解决之方,则恐不久即有爆发之祸。此种爆发之反响,不但将震撼与危害远东及太平洋之和平,且恐将波及全世界。盖今日不能以距离甚远,而谓可免受战争之影响,战祸一旦发生,则势将蔓延于全世界也。顾续谓此次赴满,耳目所及,使渠对于和平之前途,至为惴惴。满洲问题已证明与中国存亡有关,并且与国际有关。世界之繁荣与和平,咸系于此。今唯有由关系之列强,施公允、敏捷、共同之行动,始能挽救满洲危险之发展也。访员问以国联调查团之工作曾受妨碍情形,顾答:渠因受满洲当局之束缚,致不能尽中国陪员之责,而以应有之助力贡献于调查团;此项束缚,出以种种方法,如严密监视渠与华人代表团各员之行动,亦其一也;即调查团于尽其职责之际,亦常受重大之困难。顾又切言调查团各员尝以至诚从公,一切唯求实事求是,此渠与各华人所闻为钦佩者也。至于调查团之成绩,虽曾向华人方面搜集极多之情报,然因中国陪员与华人代表团均受种种束缚之故,致不能接见华人代表团所欲派谒调查团之证人,因是遂于征集情报之举,大受妨碍,而所得者不能如预期之夥矣。访员又问以使法事。顾称,渠殊愿赴巴黎,第以此间职务,一时尚难告葳,故不知何日始能成行也;渠于决定此举之前,愿与国民政府领袖一商榷也。顾又征实今晚偕李顿勋爵,意、德调查员,日本陪员,赴青岛之行,谓此行盖便调查员决定编制最后报告之地点也。（八日路透电）

报告书之编制地点

〔东京〕 青岛来电。调查团报告书制作地,预拟北戴河、威海卫及青岛等处。而威海卫因交通、通信及其他关系,已被摈除。北戴河则因张学良希望甚切,或将被选。但李顿卿之意,虽一时似被感动,而某国委员提出异议,意谓若容纳与调查事项有直接利害关系之张学良所择地点,在调查团之立场上似为不佳。故李顿卿为谢绝张学良之要请,并顾虑自身之面目起见,乃视察青岛之是否适合也。据本地所传消息,报告书制作地之选择,事实上似已决定为青岛。(八日电通社电)

李顿一行旅行日程

〔东京〕 据青岛来电,目的在视察青岛之李顿卿一行,预定于八日下午六时,乘

下转第四版

津浦路专车,由北平出发,九日上午九时十五分抵济南。同日上午十时四十五分,乘胶济路专车由济南出发,同夜九时抵青岛,是夜即宿本地。十日视察市中,当夜即返北平。视情形若何,或改于十一日晨出发。至于在本地一行之宿舍,中国方面主张除日本陪员及随员外,对李顿卿以下之委员、第三国方面及中国随员,拟提供市长官邸及万国疗养院。但日方以为李顿卿或将谢绝中国之念虑,亦未可知。故为准备万一起见,已为一行预定葛兰特旅社之全部房间。(八日电通社电)

(《申报》,1932年6月9日,第三版转第四版)

69. 平榆道中：调查团过榆关游北戴河,顾代表谈在东北之感想,五日下午九时回抵北平

北平通信。中国代表处秘书长王广圻氏接沈阳电,知国联调查团定六月四日入关。同时复奉行政院长汪兆铭、外交部长罗文干及军事委员会委员长蒋中正三氏来电,命代表赴山海关,欢迎各团员及顾维钧代表,加以慰劳。遂于三日下午八时,搭北宁路夜车行赴榆。同去者有代表张学良之北平绥靖公署总务处长朱光沐,代表北平市政府之社会局长蔡元,北平招待国联调查团委员会招待主任宁向南,胶济路管理委员会理事颜德庆,外交部典礼科科长刘泗藩[蕃]诸氏。顾夫人黄蕙兰女士,率其公子裕昌、福昌,侄公子善昌,又爱犬四头,亦附挂一车偕往。又张学良氏派咨议张伟斌氏,带北平绥靖公署卫队四十名,至国联调查团专车随车护卫。此外又有平、津、沪中西各报及通信社记者

若干人。车辆临时不克增加,以致非常拥挤。饭车上坐[座]无虚席,有坐以待旦者。盖时近夏令,赴北戴河避暑者众也。车于翌晨抵北戴河,朱光沐、蔡元、宁向南三氏,下车布置一切。因调查团有在当地避暑意,并制作报告书也。王广圻氏等则仍前进。旋知调查团专车停于秦皇岛,遂于斯处下车。顾夫人之车亦卸下,初拟转挂于专车后,因专车有为秘书长哈斯氏所预留之一辆,哈氏已先赴平,乃供顾夫人乘坐。顾夫人颇欲一游万里长城,嘱专车早开。后闻日人在该处有种种布置,遂废然作罢。车上一行人众,无所事事,多往海滨游览,或参观开滦矿务局。午后蔡元、宁向南二氏,由北戴河乘摇车至。各报及通信社记者,以在秦皇岛不能工作,拟搭二时之慢车先往山海关。乃届时忽大雨倾盆,亦只得中止。

调查团专车系于二日由唐厂开至秦皇岛。此车即上次调查团所乘坐,故布置与上次完全无异。下午四时开往山海关,先停于站之北月台,后又移于南月台,由北宁路输运处长王奉瑞氏指挥一切。

山海关车站已悬万国旗及英文欢迎标语,南站台且建有临榆县各界欢迎彩牌楼,气象为之一新。记者下车视察,见车站之西侧房屋,已为日人强改为奉山路局售票处及站长办公室。但门窗均关闭,仅留一警驻守于木栅之侧。窗外又贴有新章则多种,其中最可注意者,为车票必须在此处购买。南月台上之头等女候车室,则改为奉山路车务段及联络事务所,男候车室则兼售酒及其他饮料。其屋外之杆上,且公然悬五色旗。询之站上人员,此实创见。记者又至站外游览,始知所谓"满洲国"之"国际"警察,已为避调查团耳目,暂时藏匿,而以便衣侦探代之矣。下午六时三刻,雨霁虹出。日人之压道车已入月台,车上绘有黄绿花纹,系战时淆乱敌人视线者。车中满载日军,日本代表处女秘书二人及日本报馆之摄影记者,亦附乘此车先至。七时既届,调查团专车亦到。车首所交×者,又五色旗也。第七旅长何柱国氏率军队一排来迎,并有田氏小学童子军十余人。此时日军官亦岔集,日军人更梭巡于月台,帮同维持秩序。专车于军乐声中停止,各委员及顾代表,参议刘崇杰、萧继荣,秘书施肇夔诸氏,鱼贯而下,皆先与顾夫人握手为礼。一时摄影记者,遂包围于顾夫人左右。临榆县各界代表,特晋谒顾代表,以为此行忍辱负重,劳苦功高,面致敬意。迨行李上下完毕,即换乘北宁路专车。于七时三刻开行,八时一刻抵秦皇岛。初拟驻此过夜,旋恐保护不便,乃再开至北戴河海滨。车站亦建有彩牌楼,沿途绿树丛中红灯照耀,颇为悦目。朱光沐氏首先登车,与顾代表商定次晨游览秩序并其他诸事宜。入夜雷雨交作,但空气凉爽,无不安然入睡。顾代表于百忙中接见平、津、沪各报及通信社记者,答其所发诸问,大致谓:"予此次参与调查团,去沈阳、吉林、哈尔滨、大连、旅顺、鞍山等处,由鞍山回沈阳,又去抚顺。今日入关,车行所经,为皇姑屯、沟帮子、锦州、兴城、绥中、前所等处,只锦州下车视察,勾留约一小时。予对此行,不愿多言。所可奉告者,即同人所至,皆觉难受,所见皆伤心惨目。东北地面,为沿海八九省大,可比德法二国面积之和,诚为锦绣河山、天然宝藏。然今三千万同胞,竟身受亡国痛苦。国人经过此次事变,应时刻将东北记在心头,时刻勿忘三千万同胞希望拯救。眼光要放远,个人问题是小,对外倘无办法,必致玉石俱焚。中国人常自谓地大人众,何致亡国,但一观东北,即知其不可信。东北现只有日兵五万,而三千万人无如之何。同胞欲向吾人诉苦,而势有所不敢,吾人欲向同胞致意,而势有所不能。因日人监视甚严,来者必遭逮捕。呼吁无门,惨不忍言。但有一事可值得注意者,即曾接到不少请愿信函,内皆希望政府与关内同胞,从速设法,予以援手。予认保全东北领土及三千万人民,无论在朝在野,皆有应尽责任。此为目前最大之事,其他可暂勿顾问。"言时几于泪下,彼此相对黯然。末谓一切详情,容到北平畅谈。

五日天朗气清,各委员有起身绝早下车散步者。因候李顿爵士,故至九时始出发西山。公益会已备好人力车数十辆,车夫皆戴新草笠,着新号衣,蓝布红字,颇整齐。顾代表最前,各委员继之,蜿蜒若长蛇之阵。随处停留,参观各庄。后登联峰山之巅,国旗飞扬于上,美景尽收眼底,莫不心旷神怡,飘飘欲仙。迨至章庄进茶点,顾夫人已先在,操其如簧之英、法语,周旋于各委员间。乃继续领导至海滨各庄参观。沿途只闻花香鸟语,疑是世外桃源,同人流连若不欲去。比回车站,已逾初定时刻半小时矣。

午后各记者又以书面向调查团有所询问。李顿爵士代表答复,大要为:"此次到东北,自四月二十日至六月四日,完全为搜集材料,即关于九一八事变之经过情形及以后至现在之状况。此种材料,随时送至日内瓦,以供参考。今尚在继续工作中,故不能预有所主张。在东北虽曾遇许多困难,但此种困难之给予,非日本政府,亦非日本军事当局,而为第三者。而调查团均忍耐对付,今幸已成过去。马占山将军之未能会晤,实因北满战事甚烈,前往时须得东北地方当局与俄国之帮助。但此种帮助,终未获得。至调查团之第二步工作,即希望利用中日两国政府之诚意,而谋一解决之方法。但相信中日双方,均有此诚意"云云。

专车于正午离北戴河。何柱国旅长同车赴平,调查团曾邀往询问山海关之近况极详。下午五时过塘沽,中国代表处秘书李鸿拭[杙]、游弥坚二氏及陈宜春女士,亦由沈阳经大连乘轮先到,在此登车。此三人在理应随同顾代表由陆路入关,而日人坚执不允,谓只能以赴长春之人数为限,故不得不绕道。而日本代表处现已增至二十一人,谓与中国代表处赴沈阳之人数相等。噫!日人气量之狭,于此可见一斑。五时半抵天津,只停片刻。抵北平已九时十分。因调查团请免除繁褥[缛]之点缀,故仅悬"欢迎国联调查团"及"欢迎顾代表"中英文标语。张学良氏等皆来迎。寒暄后,李顿爵士等一行则赴北京饭店,顾代表夫妇则回铁狮子胡同私宅休息。中国代表处人员谈及此行感想,莫不愤慨非常。在长春、吉林、哈尔滨,被监视较在沈阳尤严。调查团与当地官吏之会晤,均未参与。惟到处发见不少爱国志士,愿为祖国效死,觉东北民气,非常可用。顷过所谓奉山路,则两旁树木为防义勇军,均已截短,气象荒凉已极。在锦州,日人只延调查团至交通大学视察,并指门上所绘日形,谓开时则分而为二,乃华人排日之证。西人多笑之。锦州至山海关间,则见便衣队甚多,有着长服者,有着短衣者,有戴帽者,有无帽者,有持棍者,有荷枪者,形式至不一律。总之,不至东北,不知中国之危;一至东北,则爱国心自能油然增长矣。

调查团中人虽守口如瓶,然私人谈话,觉酿成此种局面,日人固甘为戎首,而前任东北官僚,亦责无旁贷。此次对于所谓"满洲国",始终未加承认。不但一切招待未接受,即与溥仪、郑孝胥等晤见时,亦只用个人称谓,可谓煞费苦心。当交涉北上面会马占山时,日人竟谓调查团唯顾维钧之言是听,有扰乱地方治安,蔑视"满洲国"之存在。其一手遮天之势,盖已尽收于明镜之中矣。
(六月六日)

(《申报》,1932年6月9日,第九版)

70. 国联调查团抵青岛,定今日游劳山[①],当晚返济

〔青岛〕 国联调查团专车九日晚九时一刻抵青,计团长李顿、德委希尼、意委马可迪、顾维钧、颜德庆、刘崇基[杰]、葛光庭、吉田大使等十余人。李等下车,与欢迎者略事寒暄,即赴提督楼休息。定十日晨八时接见各界代表,九时拜会沈市长,并参观市内外战迹;午赴市长欢迎宴后,即游劳山;晚六时赴各界宴,七时乘专车赴济近平。专车进站戒备甚严,赴站欢迎人员,计沈鸿烈,各机关长官,市商会、工会、学界、路局、新闻界,各国领事等数百人。(九日专电)

〔东京〕 青岛来电。李顿爵士等一行,本日上午十时十五分离济南赴青岛。当此特别列车出发之前,铁道职员及警备员所乘之警备列车,先行出发,负李顿爵士等一行警备之责。一行豫定午后八时五十分抵青岛。又李顿爵士、修勒博士、亚尔托鲁巴伯爵三人,将宿于市长官邸,其他中日陪员、随员等,宿于国际旅社。(九日电通社电)

专车到济备受欢迎

〔济南〕 调查团九日早九点到济,停一小时,不下车。十点转胶路赴青。市府参事杨津生代表到济欢迎。济欢迎礼节从简。(八日专电)

〔济南〕 调查团专车,今早九点廿五分到济。钢甲车司令戴鸿宾乘北平车压道先至。省府代表建厅长张鸿烈,济市长闻承烈、市府全体职员,青市府代表杨津生,胶路委员长葛光庭,及各界代表到站欢迎者五百余人。英、日、德、美各领均到。(九日专电)

李顿对济记者谈话

〔济南〕 顾维钧偕李顿与德、意两委员下车,与欢迎者寒暄后,即到车站客厅。李顿与记者谈话,由顾翻译。各记者问:

(一)"调查团东北之行,感想如何?"

李顿答:"感想不便说,因正在整理材料,尚未作总报告。可以说的,在东北努力调查结果,得到不少材料。俟整理完毕,可决定结论,作最后总报告。"

---

① 编者按:原文"劳山",即崂山。后同。

（二）"对中日问题，希望如何？"

答："希望暂时亦不便说。不过此次中日问题范围虽广，与从前国际争点不同，但原则仍同。国联对远东中日问题，协助机关尚未完全适用。关于条约上解释中日两国有之义务权利，只遵照国联解决国际纠纷原则精神、公道思想，将来总有圆满之解决。"

（三）"东北之行，与山海关所遇困难，情形如何？"

答："东北调查时当然遇许多困难，但亦有经各方当局解释后解除的。纵稍遇困难，亦为现状下所不能免的。"

（九日专电）

秘书处开专门委会

〔北平〕 调查团秘书处今开专门委会，讨论整理材料事。（九日专电）

沈鸿烈谈招待程序

〔青岛〕 沈鸿烈九日晨七时半返青。沈语记者："此次赴京，分谒汪、蒋，报告青市政况及渤海防务情形。因国联调查团来青视察，本人系地方长官，理应亲自招待，故急遽返青。招待程序，定宴会两次：第一次邀驻青各外领及武官作陪，第二次召各机关长官及商会代表作陪。"（九日专电）

拟在青岛编制报告

〔南京〕 李顿等九日由平抵青，此行与编报地点有关。因调查团原拟在北戴河编制，因日方反对，拟改在青岛或威海卫，故往视察并调查一切。（九日中央社电）

调阅东省各路案卷

〔南京〕 调查团以中日在东省纠纷以铁路问题为中心，九一八事变日亦以铁路问题为藉口，此次该团赴东北实际调查后，对铁路纠纷症结已稍明了。兹为澈底了解各路之历史及与国际关系起见，特请外部咨铁部，将各路案卷及与各国订立之条约送该团查阅，俾编报告时作参考。外部九日已咨铁部照办。（九日中央社电）

（《申报》，1932年6月10日，第三版）

71. 顾维钧谈东行之印象：东北同胞全处极痛苦地位，抗日军因无后援终必消灭，希望朝野速醒悟共同团结

平讯。国联调查团日昨回平。我国代表顾维钧氏，于六日上午十一时，在外交大楼与平市新闻记者畅谈此次赴东经过。兹志如次：

"东三省人民的痛苦，绝非关内人民意想得到。此种痛苦，完全在压迫之下。东省人民爱国家，并不下于关内人民。就在此种情况之下，他们所受的痛苦，处处可以看得出来。从哈埠回沈以后，有一天，大和旅馆前开'全满学生运动会'。持日本和'满洲国'旗游行学生有数千人，日本学生占一大部，其余是中国学生。行授旗礼时，唱'满洲国'歌，并高呼万岁。不过唱歌的完全是日本学生，他们欢声如雷，中国学生全是垂头丧气。此种状况，代表团感觉非常痛心。某日，我在公园闲步，同时游园的学生很多。他们徘徊了许久，要和我说话，想把哈埠附近情况告诉我。这时候我后面已经有三个人跟着。学生说了几句，后面三个人脸色很不好看。当时我就阻止这几位学生，不要再继续说下去，并且要他们写成书面的东西寄来。他们因为机会很难得，或者是不明了我的意思，觉得很难过。

大家看三千万人民，现在完全处于很痛苦、很不自由的地位。实在因为平时的民众团体不发达不自由，不能发挥健全组织，一朝有事时，完全一盘散沙，不能有相当有效能力。至于大原因，不能不说国家对发挥民众精神、民众合作办法，平时太不讲究。有一部份真正在那里抵抗，大家所知名几个军人，如马、丁、李、宫等，他们奋斗，前有强敌，后无援助，交通机关不在自己掌握，彼此不能联络。可是他们竭力的抵抗，替地方人民吐一点气。此种抵抗，为大牺牲的抵抗。所抵抗的对方，是组织十分完全、设备十分完密、器械极其厉害的军队。每次冲突，敌人死一个，我们总死十个，现在仍抵抗中。每天为奋斗，为保存东省，少则十几个、几十个，多则几百个，天天在那里死。我们对他们牺牲，爱莫能助，无从为力，很是难过。

前天我说，照这样下去中国非亡国不可，并非危言耸听。事实上确有可能，所以非想法自救不可。他们对东省如此广大之土地、如此众多之人民，以

武力将交通要道把持,对付抵抗他们之中国军队。中国军队后无接济,对方则有整个组织,以全国力量作后援。中国军队给他们消灭,不过时间问题,现时则如笼中之鸟。对一般没枪的普通人民,为所欲为。言论机关,完全由他们操纵。行动自由,亦加取缔。学校方面,中等以上学校皆被军队占用。小学虽然上课,可是课本被他们改订。他们不愿意小学生知道的,全行删去。这样办法,是澈底的侵占办法,是斩草除根的办法。十年五年以后,东省青年对中国关系,可以完全不明白了。所谓政府机关,名义上有总理、总长、局长,尽管让中国人作,只有一两个日本顾问,就可大权独揽。要办的事务,非经顾问许可不可。他们指挥如意,可是一切由中国人出面,做给世界看,说是民意的表现。此外,一方面对军事上,肃清反抗的力量,一师团一师团的增加。日本军队不足,由地方上收编。一面对政治组织积极进行,如整理财政事项,以东省财用,养扰乱东省之军队。如此下去,东省不久不但完全脱离中国,并且还要做成侵略关内的策源地。

东三省之失,说是国难,不过为国难之开始。东省要完全失掉,西北、西南都可发生同样的危险。大家都要知道所处地位的危险,各人不可再以空言夸嚷,须切实的做去。二十世纪时代,国家生存,全靠真实的力量。中国地大人多,绝不是保障。应当加倍努力,把国家做好。人家用十分力量,我们更用三十分、四十分力量,才可得同样的进展。现在国家成什么样子?国际上看我们的国家,觉得散漫纷杂。一方作战,一方议和;政府与俄绝交,地方与俄设领往来。其他不健全之状况,处处皆有。希望全国不论在朝在野,一致以国家为前提。国家富强,国民都可为强国之民。如国家不能自己做好,甚至可以灭亡,到那个时候,玉石俱焚,同归于尽。希望中国人醒悟过来,了解现在的危险,找出一条新的途径,全国团结,共循此路而行,使国家强盛,在世界上保存应有的地位。以上所述,虽多感慨,俱系良心所欲语,丝毫无任何成见。总希望一切以国家为前提,使疆土得以保全,四万万同胞不致有亡国的痛苦"云云。

(《申报》,1932年6月10日,第九版)

72. 外部电令莫德惠赴俄交换复交意见，先作非正式协商再用书面谈判，并电在俄代表团指示进行方针

....

沈觐鼎谈最近外交

〔南京〕 外部十日招待记者，亚洲司长沈觐鼎接见。记者叩询最近外交，一一答覆：

（一）中俄复交问题，中央详细考虑会商后，已决定方案，拟先订互不侵犯条约。中国为爱好和平国家，对世界和平尤热切贡献。但信任国联盟约、非战公约，凡一切条约能切实保障两国乃至其他各国之和平者，均愿签订。即日本如能放弃侵略政策，亦可订约。中俄互不侵犯条约，能使国联盟约、非战公约得切实保障，此为愿订之根本原因，决非为中东路形势有促成订约之必要也。外交当局已历次声明，复交与联俄容共，决非一事，舆论界亦早已深切认识。莫德惠现在意大利养病，当可返俄接洽。将来折冲代表是否由莫担任，或另派，现尚未定。俄方态度现未悉，但鉴于过去态度，复交当有望。

（二）日方热烈宣传圆桌会议，斋藤召英、美、法、意四使商谈。日方传各使对芳泽提案有所答覆，表示各国态度。据个人观察，此纯为日方片面宣传。各国对专讨论上海安全之圆桌会，均主张无召开必要。

（三）国联大会定九月间召开，讨论李顿报告。顾维钧为国联发起人，此次随行出关，调查一切，真相极明了。如能前往出席会议，各方均必有贡献。外传中央有派顾为法使兼充出席代表。中央确有此意，罗外长主张尤力，但现未完全决定。

（四）李顿赴青为视察编制报告书地点。因日主大连，我主北戴河，将来取折中办法，在青亦未可知。李顿视察后可决定。顾俟李顿返平时，将由青赴沪来京，详细报告调查经过。中央将详细讨论，并有所决定。

（五）日拟在东北设最高行政长官，与亡韩步骤相同。外部将视其进行如何，而有严重表示。

（六）沪日陆战队不撤问题，现正进行交涉中。此为时间问题，必可撤退云。

（十日）

（《申报》，1932年6月11日，第三版）

73. 李顿一行离青西上，在青曾游劳山并相度编制报告书地点，今晨到济后即转赴泰安，游览泰山名胜

〔青岛〕 调查团游劳山后，六时一刻到车站，即开车西上。十一晨五时到济，过轨津浦南下，游历泰山名胜。当晚北返，准十二日抵平。顾代表到济，即换车入京，报告陪同调查情形。（十日专电）

〔济南〕 调查团今日下午六点，由青岛开车西来。定十一早四点到济，转赴泰安，游泰山，七点可到。（十日专电）

〔青岛〕 调查团李顿卿等视察青岛一日后，乘专车（依预定之下午六时迟十五分钟）经济南往泰山游玩。（十日电通电）

〔东京〕 青岛来电。李顿爵士等一行中，有主张既来山东，不若顺便赴泰山一游者。各团员意为之动。或于回北平时，由济南乘津浦线南下，转赴泰山一游，亦未可知。（十日电通社电）

视察青岛海滨房屋

〔青岛〕 调查团十日晨九时视察青岛海滨房屋，李顿、希尼、马考蒂、顾维钧、吉田均偕往。先至湛山路二号视察良久，继至海滨三号。该处风浪过大，雾气弥天。旋至大和旅馆附近之新建筑楼房，最后吉田引导至率平路日人峰村住宅。吉田并携有地图，向李顿表示，此处布置适当。李氏视察后，默无表示。旋偕希尼等至金口一路疗养院休息。十二时许，李顿等赴沈鸿烈宴会，午后二时游劳山。十日晚六时前后离青赴济，十一上午七时游泰山，顾维钧随李顿返济后下车。十二晨偕刘崇杰、施肇夔乘福特飞机赴京，颜德庆等送调查团返平。（十日专电）

〔青岛〕 李顿视察青岛后，未发表意见。惟一般观察，无论调查团在任何

地点作报告书，不能以风景为着眼，应以能否自由、不受包围为目的。（十日专电）

顾维钧接见新闻界

〔青岛〕　顾维钧十日晨接见青岛新闻界，表示个人到东北后，山东人在当地工作者甚多，均态度激愤，希望国内早有解决办法，以拯救哀呼无告之三千万同胞，更盼国人将东北事时时牢记在心等语。（十日专电）

青工商界递备忘录

〔青岛〕　商、工、学、新闻四界，向调查团递备忘录。（十日专电）

王广圻应召赴泰安

〔北平〕　顾维钧电平，召王广圻赶赴泰安，伴同调查团游览泰山。王今日离平赴泰安。（十日专电）

〔北平〕　王广圻夫妇定十二晚在北海公园开茶会，招待调查团，并邀故都各界要人夫妇作陪。（十日专电）

〔北平〕　顾在胶济路上派秘书游弥坚送某重要文件回平。并李顿等欲游泰山，请王广圻赴泰安，俾陪同调查团回平。王与游今晚同车南下。（十日专电）

美、法代表赴使馆宴

〔北平〕　美、法代表今午分赴美、法使馆宴。（十日专电）

谢介石向李顿抗议

〔长春〕　"满洲国政府"以中国方面陪员顾维钧自离满以来，在各处发表视察满洲之结果，仍称"满洲国"为伪国，且时加辱骂，殊与调查团与"满洲国"间所交换公文之精神大相违背，特以"外交部长"谢介石之名，于昨午后四时对李顿爵士发抗议的警告。（十日电通社电）

〔北平〕　谢介石电李顿，对于顾维钧发不利于伪国之谈话，加以质问。（十日专电）

顾维钧拟不赴日本

〔北平〕 政界息。顾维钧因提交调查团说帖,在彼出关期内虽经大致整理就绪,而各项问题均属关系重要,故回平后拟亲自详细核定。但以需时甚多,该团前往日本之时,恐尚未能毕事。拟于必要时陈明政府,派精谙日语人员代表陪往。(十日专电)

吉田在青大发谬论

〔青岛〕 与李顿卿同来青岛之日方陪员吉田大使,于今日上午十一时在日总领事馆答记者之问,谓北戴河因无水与电,故现有望之地,除青岛外实无他地。青岛系良地,房屋亦曾视察。市长官舍则感狭小,但已寻得汇丰银行所有较为清静式美之屋。但究在青岛与否,须返平与其余委员商酌后,方能决定。若一决定青岛,事务局人员或将立即来此。委员中亦有预定访问日本者,来青时谅在七月

下转第四版

终也。外人于去年九月十八日日军入奉天时,以为奉天在沿海,及知在内地,则深怪日军竟略及内地也。因其对于满洲之情形、中日之关系,全无预备智识,故一时难以使其明了。其时适调查团来此,实深有意义。当其由中国本土入满及由满往中国本土之时,思想已大变。至于满洲委任统治论,实不成问题。即在中日双方,皆不以为善,而究由谁委任乎?满洲者非联盟之领土也,谓李顿卿希望与马占山会见而责之,实甚酷也。在调查团返归国联时,以为与"满洲国"会见,而不与反对方面会见,有虑其被人指为不公平者。然深思之,满洲问题系中日两大国之事,其次则前支配满洲之张学良与满洲政府。即此已其充分。设与其下之似马贼头目会见,知无依据。则与马占山之会见,乃告停止也。当调查团初抵日本时(实地调查之结果,制作报告书,先示知中日两国,乃作双方满足之报告书),有此声明。但此为理想,实则不外调查团独自之意见书也。结局如何,若非入五委员之腹难以明知,实则非能实行者不可。报告书须提出于九月第一星期一日之理事会,再由理事会审议。(十日电通社电)

(《申报》,1932年6月11日,第三版转第四版)

74. 国联调查团编制报告地点：李顿等赴青岛视察后始决定，日方反对在北戴河别存用意

北平通信。国联调查团七日上午十时，在北京饭店举行例会，讨论一切。十时许，秘书长哈斯及秘书吴秀峰，至外交大楼，开始整理稿件。编制报告书地点，原有北戴河之拟议，日方极力反对，主张在青岛或旅大间之星浦。调查团方面，对于地点问题并无成见，只以幽静冷爽而适于工作为宜。为徇日方之请求起见，决赴青岛一度视察，再行定夺。七日该团业已决定由委员长李顿，偕同德代表希尼、义代表马列斯柯迪及一随员前往。其余法代表克劳德、美代表麦考益、秘书长哈斯及其他随员，均留北平，整理调查所得之材料。我方同行者，仅为顾维钧代表及随员刘崇杰、萧继荣等三四人。日方同行者，则为代表吉田、盐崎书记官、久保田大佐及随员林出等。定于八日下午六时在平浦通车后，挂包车三辆，离平南下。抵济后，再转胶济路赴青。闻李顿等到青后，仅作一日之视察，星期五即可由青返平。顾维钧则拟由青晋京，报告到东北视察经过，并请示今后应取之方针。青岛虽位于海滨，景色不亚于北戴河，惟为商埠，市廛喧闹，兼以工厂林立，灰烟弥漫，殊不及北戴河之清幽、适于工作。大致将来仍以北戴河之成分居多。八日，调查团各委员于上午十时例会后，各至本国使馆，有所接洽。下午三时，德代表赴颐和园游览，法、意代表则至天坛参观。

又讯。关于调查团避暑并编制报告之地点问题，据消息灵通方面观察，编制报告地点，最后恐即在青岛。原最初拟在北戴河，业经确定。乃日方反对，并主张在大连。其所持理由，则谓北戴河在某方势力范围之下。然内幕原因，实以北戴河密迩山海关之故。当调查团由北满返沈以前，榆关日军时常演习，且有挑衅举动，一时形势极险恶。迨调查团过榆，日方乃竭力掩饰，勿使窥破。苟将来调查团居留海滨，则榆关日军之行动，当难逃该团之耳目。且居留海滨至少一月，为时颇久，尤为日方所不喜。然调查团非但不赞成在大连，即对日方再提之旅大间之星浦地方，亦予以拒绝。日本最后遂提出青岛，该团同时亦属意此地。当游览北戴河之后，声言拟多游览数处再行决定，不过为留详细

考虑之余地。今兹只去青岛一地,无形中似有一种决定。则将来起草报告之在青岛,其少疑义。至调查团所谓视察者,殆故作一种掩饰,使中日双方面子好看已耳。(八日)

(《申报》,1932 年 6 月 11 日,第九版)

75. 李顿等已北返,游览泰安后专车昨晚过济北上,顾维钧在济下车今晨乘机飞京,调查团报告有决定在青编制说

昨晨到济即赴泰安

〔济南〕 调查团车今早四点一刻由青到济,未下车。韩代表张鸿烈登车,随行招待。四点五十五分南开。闻该团已决在青编报告。定今晚北返,游曲阜作罢,十二午赶回北平。王广圻、游弥坚今早过济赴泰安。游随顾入京,王陪调查团返平。(十一日专电)

游览泰山兴致甚豪

〔济南〕 记者随调查团今早六点四八分到泰安。县长周百锽、公安局长宾肇康及各界代表欢迎,备山轿五十顶。李顿及各代表、顾维钧等均步行入泰安西门出北门,登泰山。九点十分至一天门,李顿亲摄岱宗坊影。九点五十分至斗母宫休息饮茶,登轿经壶天阁、回马岭,十一点一刻抵中天门。各委员多步行游览,睹伟大风景古迹,兴致甚豪。再经云步桥、朝阳洞、十八盘抵碧丛宫进膳。观览日观峰、拾身崖、石屋庙,至玉皇顶绝顶,照像多幅,留纪念。三点半下山,六点二十分到车站。七点十五分开车,顾仍随行。八点四分到济,共费一小时二十九分,行百八十华里,司机者为机务署长张元和。专车八点三刻再由济北去。顾在济下车,到省府谒韩,下榻胶济饭店。张学良今派机到济,顾定明早乘之赴京。顾谈,今日大雨新晴,天清气爽,至山巅一望无际,调查团极满意。(十一日专电)

北戴河仍在布置中

〔北平〕 招待处以调查团编制报告书地点尚未择定,对北戴河布置,仍在

筹备。已派宁向南赶往海滨布置。(十一日专电)

美、法代表在平行动

〔北平〕　美代表今晨同美使馆员游览西山八大处，法代表赴各处宴会。(十一日专电)

〔北平〕　法使今晚赴北戴河避暑。(十一日专电)

(《申报》，1932年6月12日，第三版)

76. 东北政权全被日人操纵：伪奉天省署由金井包办，对东北教育尤特别注意

北平通信。沈阳来人谈，东北情形自调查团到后，大为改变。日人先为顾忌调查团，尚利用傀儡登场，而彼从中操纵。迨调查团到时，日人又深虑此等傀儡倒戈，向调查团暴露其在东北诸种阴谋及暴行。乃将所有伪国实权，公然独掌。伪京政令，均出诸伪阁总务厅长驹井；各省政令，亦均出于日人之手。如伪奉天省署政令，由总务厅长金井一手包办。省属各厅，则归各厅之日员总务科长管辖。教育厅之总务科长平川，号称太上厅长，即其例也。日人欲灭我民族，故最近对于东北教育，特别在意。教育厅除厅长韦焕章外，四科科长日人已占其三。其他如督学股长等要职，无不为日人所盘据[踞]。此等日人，均在朝鲜办理亡国教育，富有经验者。如学务科长斋藤，在韩办教育二十余年，社会股长竹村，在韩办教育十余年。兹将该厅要职员列表如左，即可知其一斑矣：厅长韦焕章，总务科长平川(日人)，学务科长斋藤(日人)，社会科长依成言(华人，但该科股长为日人竹村)，督学科长日人未到，由汪星垣代，尚有日督学三人亦未到。又该厅每逢会议，除厅长致词外，即由日人平川主席。用人行政等权，均在其手，厅长不得赞一词。其余各厅，类皆如是。惟警务厅长则由日人三谷清直接充任，统辖警察局、保安局、商团三机关。此三机关之领袖，均由媚日之汉奸任之。警察局长如齐恩铭，有警士五千余人；保安局有士兵七百余人；商团团长为王桐宣，有士兵千余人。以上三机关之领袖虽媚日，而士兵及下级官佐则颇识大义。日人有鉴于此，拟将各分局长概换日人，并于各分局

中,加日本警察。此种计划,闻不久即可实现。现在东北民众,因处于水深火热之中,日盼政府派大兵出关救援。惜乎政府竟似不以为意耳。

(《申报》,1932年6月12日,第九版)

77. 国联调查团过济赴青详情

济南通信。国联调查团由东北到平后,委员长李顿及德、义两代表,再有青岛之行。我国代表顾维钧、日本代表吉田,亦均同行。八日晚由平登车,九日早九点二十五分到济,十点一刻离济赴青。其经过情形如次。

车站欢迎

当调查团由平动程时,省府即接到北平来电,报告该团专车由平开出。主席韩复榘即通知济南市长闻承烈,筹备招待。今早(九日)七点,闻氏偕市府秘书长汪洒驹、外事科长蒋士健、总务科长王瀛,在津浦车站客厅布置招待事宜,并与胶济路接洽调查团专车由津浦站过轨胶济站事。八点以后,各机关、各团体欢迎人员陆续到站,计有省府代表建设厅长张鸿烈、省党部代表王天生、省府参议周秀文、工务局长张鸿文、盐务稽核所经理李植藩、胶济路委员长葛光庭、车务处长谭书奎、警务课长戴师韩,及各机关、各团体代表,凡数百人。公安局长王恺如,率警察到站维持秩序。并有军乐队,站台上交插国旗,客厅准备茶点。在济各国领事,如德领事希古贤、美领事米赫德、英领事根卓之、日领事西田等,均到站欢迎。

专车进站

九点许,北平号钢甲车由钢甲车司令戴鸿宾压道进站。九点二十五分,专车继至。我国代表顾维钧先下车,该团委员长李顿、德代表希尼、义代表马列斯柯迪、日代表吉田,及随员刘崇杰、游弥坚、端纳、颜德庆、叶继荣等均下车。由顾氏介绍欢迎人员与李顿相见,握手为礼,乃由站台至客厅休息。查该团所乘之车共十四节。

李顿谈话

省府代表张鸿烈与李顿晤见,握手道寒暄,并述"韩主席因有足疾,不克到站欢迎,非常抱歉,故派敝人代表致欢迎之意"。李顿称谢。既而各报记者经顾代表之绍介,晤见李顿,相与谈话(顾代表翻译)。各记者先谓:"调查团诸君,为世界和平来敝国调查,亲往东北,当备受辛苦。敢问贵团东北之行,感想若何?"李顿答:"感想不便说。因现正在整理调查材料,须待整理好,作总报告方能说。但可以说的,在东北努力调查的结果,得到材料不少。"各记者又询以对中日问题希望若何,李顿答:"对于希望,暂时不便说。不过中日问题虽与从前国际发生争点不同,但原则则相同。国联对远东中日问题,协助机关尚未适用。关于条约上解释两国义务权利,只要遵照国联原则精神、公道思想,可以圆满解决。"各记者问:"贵团沿途所遇困难情形如何?"李顿答:"在东北调查时,当然有许多困难,但亦有经各方当局解释后解除者。此为现状下所不能避免的"云云。

顾维钧谈

李顿谈话之后,各记者乃与我国代表顾维钧谈话。顾略谓:此次到东北,虽曾遭遇意外困难,亦为应尽义务;调查团到青岛视察,大概明晚离青,后早回济;赴曲阜泰山等处游览与否,正在商议中;至调查团编造报告地点,俟由青回平后再定。各记者又问:"顾代表个人行程如何?"顾答:"拟由青回济后,即赴南京,拟留二天。因事务重要,仍当北来。至调查团之赴日,须返平后再说。"最后顾氏谓:"希望国人不要忘却东北,遇此重大问题,要全国共同努力,困难方能解决。此不但余个人之意见,亦为东北同胞托余转告大家者"云云。

专车东开

谈话毕,诸人再登车。欢迎人员仍到站台欢送。李顿频谓天气很热,劳动大家远来,谢谢。并问顾代表以到站人员为何机关,顾代表一一告之。此时张鸿烈亦登车,与顾氏商调查团行程及招待问题,直至专车过轨后始下车。是时专车已更换胶济路机车,胶济路委员长葛光庭、车务处长谭书奎随车招待,并派秘书周松年、机务处科长宋笃生、警务处课长戴师韩,乘专车一列先开压道。至十点一刻,调查团专车于军乐洋洋声中,由济东开。沿胶济路一带,韩复榘

已电二十九师长曹福林,令各驻军于调查团车过境时,妥为警备,以保安全。调查团到青后,预定住市长官舍。(九日)

(《申报》,1932年6月12日,第九版)

78. 李顿等返抵平,编报告书地点未定,德代表对青岛不满

〔北平〕 李顿、王广圻等今午抵平。下车后,李及施利、华娱蒂赴北京饭店,拒见宾客。日代表吉田及随员林出同车返平。对青岛作报告书问题,明日该团代表一度讨论后,始能决定。德代表以青岛多雾,对之极不满。(十二日专电)

(《申报》,1932年6月13日,第三版)

79. 顾维钧昨到京:自济乘福特机南下,汪精卫为设宴洗尘,顾拟邀新闻界谈话

〔南京〕 顾维钧于十二日下午一时,乘飞机到京。在机场欢迎者,有汪代表褚民谊、外次徐谟、亚洲司长沈觐鼎等。褚在机前为顾摄影,汪预在官邸设宴,准备为顾洗尘。顾至汪邸时,汪迎劳于门次。陪宴者有陈公博、顾孟余、陈绍宽、朱家骅、陈仪等。顾于席间详述出关经过,语多感慨。至三时席散。汪约顾于十三日再作长谈。四时许,徐谟至励志社访顾,畅谈一切。(十二日专电)

〔南京〕 顾语访者:"本人此行感想所及,在北戴河、平津各处,迭有谈话发表,想国人定能记忆。尚有未尽者,拟日内邀请新闻界再作一度报告。现调查团工作,尚未全部完竣。留平之期,预定两星期,先行整理调查东北所得之材料,然后再行首途赴日。调查团之最终报告书,俟由日本重返中国时,始能开始编制。此行印象,愈感东北问题之重要。不到东北,不知东北之大;不到

东北,不知东北问题之严重。本人陪同调查团之经过,草拟说帖,计有十二条,业由团长送达国联。此次来京,完全为报告东行经过。并拟日内赴汉,晋谒蒋委员长,陈述一切。罗外长因公赴沪,日内或可即返,本人亦拟赴沪一行。"(十二日专电)

〔济南〕 张学良昨派来济之福特机,降落时坏一轮。顾又电平,请另派。今早十点一刻,福特四三二号单叶机到济,在张庄降落。顾于九点二十分,由胶济饭店偕游弥坚、施肇夔、刘崇杰到场等候,韩派张鸿烈代表欢迎。十点半,顾等四人登机南下,下午一点可到京。(十二日专电)

〔北平〕 张学良福特机今晨飞济南,备顾乘赴京。顾在京留四五日,仍乘该机返平。(十二日专电)

〔南京〕 顾维钧今日午后抵京,即往谒见汪院长。据顾称,"此来专为以东北调查之结果报告政府。继将赴汉,亲自报告蒋军委长。如时间能许,尚拟赴沪一行。至国联调查团编制报告之地,今尚未决定,已择定青之说不确。本人使法赴日,一切全听政府命令"云。(十二日路透电)

(《申报》,1932年6月13日,第三版)

80. 何柱国苦守榆关谈:军人以杀外敌为无上愉快,上海战是外症榆关是痨症

北平通信。驻守山海关之第九旅长何柱国,日前随调查来平。记者昨日往访,录其谈话如次。

记者问:"贵旅长镇守山海关,今后应守何种态度?"

何答:"军人天职,为保卫国家。况对外国打仗,正军人千载一时机会,当以杀敌为无上愉快。本旅镇守山海关,南路南海与西路秦皇岛均有日本天津驻屯军,关外为日本关东军,所谓腹背受敌。在本人个人意思,上月十五日以后,榆关形势紧张时,本人即预备一切。及后三思,应服从二种原则:(一)军人服从最高长官命令;(二)少数人顾虑多数人安全。万一战事一起,华北均受震动。设若准备未周,影响更大。且未奉上面命令,只得忍辱负重下去。但对国家疆域,寸土尺地,均应死守,不敢辱命也。"

问:"旅长对于十九路军感想如何?"

答:"十九路军奋勇抗日,发扬民族精神,本人无量敬佩。惟十九路军作战二个月,所患的乃外症,患期一过,病即霍然。本旅苦守山海关九个月,所患的乃是痨病,现在还在那里,死挣活受。"

问:"旅长镇守榆关,忠勇令人钦佩。旅长拟比古代何人,以报国家?"

答:"自古以来,将士带兵镇守边疆,不外和战两途。本人所处的境遇,非战非和,亘古以来,未有如此之困难局面。万一布置不慎,日军得以藉口,岂非上海自由市之外,北方又出一自由关问题乎?现在只有力卫疆圉,报答国家。小子何人,敢比古代名将?"

问:"旅长随同调查团来平,曾闻诸李顿爵士口中'满洲国'感想乎?"

答:"虽未闻李顿爵士之口,但调查团左右,均感觉有'初至满洲,以为满洲国有基础,及到哈尔滨,听见炮声,与义勇军活跃情形,方知满洲国非常危险,其建筑之基础,只在铁道之上'"云。

何又谓:"本人只知奉命令守国土,一切事在实做,不靠宣传。盖宣传务重实际,宣传过甚,稍一不慎,反启纠纷也。"又云:"本人虽来平请示,榆关军队有参谋长代理,每日均通电话,目下情形甚安。一半日即返防次。"(十日)

(《申报》,1932年6月13日,第七版)

81. 国联调查团莅青一日记

青岛通讯。国联调查团委员长李顿及德代表希尼、意代表马柯迪与中日两国代表并随员多人,于今(九日)晚九时十五分由济抵青。兹纪情形如次。

事前戒备

市长沈鸿烈事前饬令海军陆战队及公安局通饬所属,俟调查团到青时,严为保护。故车站以内,归路局警察负责戒备,车站以外及市内,均由公安局密置岗位。警戒区域并规定:城泊以东、宋哥庄以西,归驻防海军陆战队警戒;宋哥庄至沧口,归公安局第六分局;沧口至四分,归第五分局;四分至大港,归三、四两分局;大港至中山路北首,归二、三两分局;中山路北首至车站,经广西、江苏、沂水等路,归第一分局;车站外沿路归第二保安队会同一分局办理;市长官舍归第一保安队戒备。

莅青情形

午后七时许,青岛站内外即由路警及公安局警察保安队开始戒备。八时左右,各界欢迎代表,先后到站,共约二百余人。沈鸿烈及海军方面要人,亦

下转第八版

均到站。至八时半,压道车先到。九时一刻,专车始进站。该车共挂十二节,均系北宁路特备之包车。李顿等下车后,即与沈市长及各国领事略事寒暄,继向各界代表,脱帽答礼,始步行出站。即分乘市府预备之汽车赴行辕。李顿及德、意两代表,均住迎宾馆(即市长官舍)。顾代表及各随员等,下榻万国疗养院。日代表吉田及其随员,则下榻于大饭店。

游览程序

该团在青停留一日。十日晨九时以前,接见各界代表。九时至市府拜会沈市长,然后赴汇泉海水浴场、第一公园、炮台等处游览。十二时返市长官舍午餐,略事休息,即往游劳山名胜,在柳树台茶点。当晚返青。九时乘原车西上,由济转赴泰安。十一日游览泰山。十二日返平。(六月十日)

(《申报》,1932年6月13日,第七转第八版)

82. 国联调查团过济游泰山,编制报告地点将定青岛,李顿似默允日方之主张

济南通信。调查团李顿等此次到青,日方事前业有完密准备。青岛有日本油商名峰村者,有极好房子一所,早已先行绘制图样,整理一新。故调查团既抵青,日本代表吉田即导李顿等赴该房视察,并呈看图样,主张调查团如在青岛编报告,即以该房为住所。李顿等竟有同意之表示。若果成事实,则将来调查团必完全在日人包围之下矣。李顿等一行,因须于十二日午前赶回北平,并拟于忙中抽暇一游泰山,故在青岛只停留一日,即于十日下午六点二十分离

青西来。胶济路委员彭东原乘压道车一列先开,李顿等行程预定十一早三点半,可以抵济。即过轨津浦路,机车上煤、上水后,于早四点开往泰安。早七点到泰后,登山游览名胜。下午五点离泰安北来,晚八点过济,十二日午前准到北平。事前特先来电,请济南当局不必到站欢迎,亦不必预备军乐队。济南连日酷暑,十日夜十二时,突然大雷雨,街市水流成河,深一二尺、三四尺不等。韩复榘代表张鸿烈、济南市长闻承烈、公安局长王恺如等,均于十一日早三点冒雨到胶济站候迎。李顿等专车因途中误点,迄至十一日早四点十五分始抵济站。时已雨止天霁,金鸡报晓矣。至四点五十五分,始离济开泰安。张鸿烈随车南下招待。闻该团仍预定下午五点离泰北上。(十一日)

(《申报》,1932年6月13日,第八版)

83. 国联调查团抵青后详情:顾代表有恳切谈话,各团体致总备忘录,编报告地点似未定

青岛通讯。国联调查团李顿等于九日夜间抵青。十日晨八时,青市各记者联赴迎宾馆访李顿,到时适沈市长、杨参事均在楼下。据云,李顿尚未起床,如有叩询事件,可以书面交由顾代表转达。各记者遂转赴万国疗养院拜访顾代表,当承延见。各记者对于顾代表为国宣劳,不辞艰险,首致慰劳之意,继将所欲询诸李顿者译成英文,请顾代表转达。顾阅后,允即转交。最后,各记者叩询顾代表此次随调查团出关调查之感想,承其致答甚详。兹纪各情形如后。

顾代表之谈话

略谓:"本人此次赴东三省所受之感触,极为深刻,业已屡次在报端发表,想大家必已见过。惟关于东北状况,实有对诸位再述之必要。本人随调查团赴东北调查,对方虽名为保护,实则暗地监视,一举一动,皆不得自由。本想对我们同胞谈谈,但为事实所不许。即我们同胞要想向我谈话,亦属难能之事。故公开所得之调查材料极少。惟于出外购物时,或在旅馆时,偶于铺伙或茶役口中,得到少数真实材料。现在东三省三千万同胞,已备尝亡国痛苦,莫可伸诉,极盼关内出兵,收复东北失地,拯救彼等于水火之中。且关外同胞,以山东

人为多,极愿使国人明了彼等所受之痛苦,而能设法解救。此后惟希望关内同胞,无论在朝在野的人,常将'东三省'三字放在心上,永不忘记,各尽其责。人人如是,东三省或有收复之望。中国人总以为土地大、人口多,决不会亡国的。但是照现在的情势看来,如不群策群力自己作去,即使土地再大,人口再多,也不免于亡国。日本所以能强盛的原因,就因为团结力大,无论内部如何混乱,对外仍是一致,向共同目标作去,不达目的不止,故其力量能有如是之大。反观我国内部情形,实令人不堪设想。刻惟有将东北同胞所受的痛苦,向国人报告。尤望新闻界唤起国人,使人人负起责来,一致对外,速设法收复失地。因东北事件不但与华北有关,实关系我全国之存亡"云云。

视察避暑地点

李顿及德、意两代表,日吉田大使,我方代表顾维钧等,于十日上午九时赴市府正式拜会沈市长后,即由沈市长领导分乘汽车赴湛山,视察避暑地点。是日海雾蔽空,暗无天日,现出一种阴惨气象。一行抵湛山后,下车赴各处视察,连看空房数处,均不称意。旋折回至第一公园,施览一周,复至牟平路四号楼房视察。该楼为日人峰村正三所有,现由德领署租作宿舍,内部陈设富丽。李顿等在楼上下参观殆遍,惟该楼下面迫近跑马场,烦嚣较市内尤甚。旋赴万国疗养院视察后,即赴迎宾馆应沈市长之宴会。据某外人称,青岛每届夏季,常放海雾,溽暑潮湿,妨碍工作;且择避暑地点之目的,原为便利工作报告,并非游历可比,故不当专注意于风景之优美,实当注重空气之自由云云。

下转第八版

各界致备忘录

午后二时,在市长官舍接见各界代表,计到新闻界、学界、工界、商界代表八人。公推青岛大学校长杨振声致欢迎词,由青大教授谭葆慎翻译。大意谓:国联调查团因中日纠纷远道而来,谨代表青岛全市民众表示欢迎慰劳与感谢;青岛民众向来即严守秩序,对于中日间之纠纷极力避免。次述关于本年一月间因《民国日报》登载日皇遇刺事而引起之纠纷,及日人在青私制炸弹及贩卖海洛英、吗啡及鸦片等毒品,中国民众受害之情形。报告甚详。继由李顿答词,略谓:"辱承诸代表热列欢迎与慰劳,敝团实不敢当。今敝团已旅行四阅月,中日两政府之要人已数度见面,所得材料足资参考者不少,将来报告国联,解决并非难事。希望中日两国政府及民众能有诚意,则中日间之种种问题,均不难迎刃而解"云云。最后各代表等将备忘录一份及照片多帧,呈交调查团,即兴辞而去。备忘录内容要点如次:(一)对调查团表示欢迎及慰劳。(二)希望调查团将调查之结果,公正的完全报告国联。(三)青岛民众一致拥护中国国民政府遵国联议决案。对于解决中日纠纷,愿作下列之建议:甲、限定日期,令日军全部退出无理占领之领土;乙、如日方不履行时,请援用盟约第十六条。(四)申述日侨压迫我国民众之经过详情。

离青时之情形

调查团接见各界代表后,即于大风中往劳山游览风景,惟李顿因年老未往。顾代表则拟于游劳山后约四小时半,与各界代表在文登路四号市府俱乐部内谈话。届时各代表到齐鹄候,嗣因顾代表游山回迟,时间不及而止。六时许,调查团西上专车业已升火待发,军警戒备,一如来时相同。各界代表在站欢送者约二百余人。未几沈市长偕李顿等到站,各记者乃趋问顾代表以李顿书面答覆之事。顾答:因时间仓促,尚未答覆,容后邮寄可也。旋相偕上车。至六时十五分,专车即于军乐洋洋声中匆促西上矣。(六月十一日)

(《申报》,1932年6月14日,第七版转第八版)

84. 国联调查团游览泰山情形:李顿等意兴甚豪,直登玉皇顶而止

济南通信。调查团由青岛西上。其专车既于十一日上午四时点十五分到济,四点五十五分复由济开车,前赴泰山游览,六点四十八分到泰安。时泰安县长周百锽、公安局长宾肇康及各界代表等,到站欢迎。车停后,各委员始起床。洗嗽[漱]毕,稍进茶点,八点下车。时县政府备山轿五十乘,以为游山之用。但各委员多不愿登轿,由站步行入城,以观察街市情形。沿街商店住户,均悬国旗。李顿及希尼等在前,顾代表等随后,且行且谈。沿街警察加岗,维持秩序。惟宿雨初过,街上积潦甚多,不便步行,乃各登山轿。出北门后,道途渐见干燥,各委员仍下轿步行。过泰山娘娘梳装石至岱宗坊时,李顿爱其建筑

雄伟,乃举照相机留影。由此再进,步步登高,经鄧都城、皇宫院、三皇庙,皆未久留。至白鹤泉、孙真人坐化之身,再上至大王庙、关帝庙、山西会馆。九点十分,至一天门。李顿见路旁冥器店有纸糊元宝者,觉以为有趣,并沿路所见石刻,古雅绝伦,认为东方艺术,如是精美,亦加赞赏。时有道人一向众人稽首为礼,邀留庙中侍茶,均未入内。再行而入红门(即孔子登临处),以至斗母宫。时正九点五十分,各委员及张鸿烈、顾维钧,暨泰安县长周百锽、公安局长宾肇康等,乃在是处饮茶,少作休息。旋仍鼓勇前进,出宫各登山轿,则孙中山之纪念碑在望。再上过卧龙槐、高公桥、三宫殿,至经石峪、水帘洞、石崖、梁山峪、憩马崖、柏洞、壶天阁、回马岭。山势至此,愈益奇拔,峭壁千尺。人行其下,栗栗危惧。惟轿夫履险如夷,贾勇而登。十一点一刻,抵中天门。各委员泰半下轿步行,以便观览风景。未几,在路旁小憩。李顿等赏览各处,叹为伟大。一刻钟后,再续上而抵云步桥。此处风景绝佳,为全山之冠,且悬崖峭壁,附以人工石级,桥边红木栏干[杆],尤为雅绝。再上为朝阳洞、十八盘。李顿极表愉快,缓步而行,乃抵碧霞宫。至是各将携来食品,取出充饥,移时始毕。由此达望日观峰及后石屋,而至玉皇顶。登其绝处,各委员等摄照片多张。至下午三点半乃下山,四点到中天门,六点二十分到车站。

李顿原戴一白布荷叶帽,嗣见轿夫等所戴中国产苇笠,喜其质轻而能蔽日,遂向轿夫索得一顶戴之。其他各委员亦各戴一顶,咸表称赞。李顿所戴者,下山时为大风吹去,遍觅不得,李颇忧惜。登车后,六点三十五分北开,惟照预定时间迟一小时许。机务段长张元和亲为司机开车,加足速度,以一小时又二十九分之时间行一百八十华里,而抵济南,与预定时间恰合。车行稳速,调查团亦称赞之。时济南站上,欢迎人员已齐集矣。嗣韩主席代表张鸿烈下车,顾维钧因有南京之行,亦下车。遂由代表团驻平办事处主任王广圻,陪同调查团于八点三刻由济北开。据顾维钧谈,"调查团编造报告地点仍未决定,须至平后定。本人明早即由济乘飞机入京(北平绥靖主任张学良派飞机一架,今午飞抵张庄,专为顾乘坐)。游泰山时,在山下有雾,至山上即雾散天晴,各委员均照[兴]致甚佳"云。谈毕,即乘汽车到省府,访晤主席韩复榘。晚下榻胶济饭店,明早由济飞京。(十一晚)

《申报》,1932年6月14日,第八版)

85. 调查团盼望顾维钧同赴日

〔北平〕 调查团盼顾维钧能同赴日，因顾同赴东北，彼此相知甚深，较便咨询并得其帮助。顾约十七回平。（十四日专电）

顾维钧召随员南下

〔北平〕 顾维钧电召参议萧继荣、秘书顾善日［昌］及西顾问端纳、何许四人入京。萧等定明日乘飞机南下。美公使詹森为游历，又代表处会计刘毅如为妻病危，均附机行。（十四日专电）

民众说帖译成法文

〔北平〕 调查团在东北收到之民众说帖，共数百件，正由秘书吴秀峻［峰］译成法文，分交各代表参考。（十四日专电）

团员仅一部分赴日

〔北平〕 调查团日内赴日，只一部分代表前往，一部仍留平。（十四日专电）

有下星期一赴日说

〔北平〕 调查团定下星期一赴日。今日下午，法代表赴法使馆，德代表赴德使馆，义代表赴天坛游览，美代表夫人定月底来平。（十四日专电）

李顿接见外国记者

〔北平〕 李顿今晚七时接见外国记者毕，迁往英使馆居住。仍在北京饭店办公。（十四日专电）

编制报告书之地点

〔北平〕 中国对东北问题，本处理直气壮地位。调查团公正态度，并为我国所深知。故调查团东来后，各委之言动思想，从未设法左右，尤不加以包围。

是以对于制作报告书地点,亦任调查团自己选择。连日调查团已在整理材料,分配工作。惟为力求公正无偏起见,拟将编制报告工作,开端于东京,完成于北平。实行①调查团对于该问题,自有主张,决不因地点关系而有变更也。(十因[四]日专电)

(《申报》,1932年6月15日,第四版)

86. 李顿谈调查团之工作:在东京、北平两地编制最后报告书

〔北平〕 今晚外报访员谒见李顿勋爵,据其发表关于调查团报告书之言论如下:

北戴河、青岛于工作不适宜

"吾人已放弃在北戴河编制报告书之意。因日人坚决反对,且因其地不甚适宜之故。北戴河与青岛均为休假良地,但于其地工作,未可称为美满。青岛之不适宜,由于地土太湿。惟拒绝用此二地之主要原因,则为吾人之材料,泰半见于文牍,今皆储藏北平,而不能运至青岛。且运送时两地往返,亦嫌过远也。"

正待顾维钧回平

访员问以调查团何时可赴日本,勋爵答称:"现正待顾维钧博士由南回平,大约星期五六可抵也。调查团希望于六月二十二日赴日,但非至顾博士回平后,不能决定。因顾同去与否,尚在两可间也。"

赴日将取道朝鲜

"调查团大约将乘火车取道朝鲜赴日。各调查员均将同作此行,惟职员则不全去。专家数人,其讨论之问题不在日本者,均将留平。当调查员在日之际,一部分职员将工作报告书中关于历史之部分。报告书将分数章,其一胪列

---

① 编者按:原文如此。

调查团之建议。"

报告书用法、英文编制

"报告书用法、英文编制,异日将在中、日同时发表。先述争端历史之源流,"历史部分中含有批评。继乃评论一切条件。终乃根据历史提出解决之建议。

此次赴日之目的

"此次赴日目的,在讨论吾人之决议。上次在日,曾请日人以满洲日人之利益及该处之状况,彼等所视为重要者,告知吾人。盖吾人对此,除于报纸及谈话中略知一二外,全属昧然也。此次再莅日本,则挟有吾人在满旅行与谈话所得之利益与经验矣。惟吾人赴日之目的,仍重在再向日人探讯一切,而非以见闻告知彼等。吾人不欲向日人曰:吾人拟建议此节或他节。盖吾人仍欲有所闻知也。"

报告书之决议

李顿勋爵切言:"报告书之决议,将为在日讨论之主要问题。吾人非俟与日政府作关于此节之讨论,不能开始下笔也。"

八月杪须送达国联

"吾人一俟工作完毕,即将返平。国联欲在九月间召集大会之前得见报告书,故须在八月杪前得之,俾可排印,分发与国联诸会员,供彼等于开会前加以讨论。吾人现图于八月杪将此报告书送达国联,但或将延至九月中旬,因须于书中吸收多量公文的证据也。"

双方同意之可能性

"吾人拟力图觅取双方同意之可能性,以至最后一小时。但余不敢必吾人能向国联曰,吾人已向中日提出双方同意之某种建议"云云。李顿勋爵之结语曰:"国联或能因吾人报告书与建议之结果,而向两造曰:其愿依据此报告书而作谈判乎?"(十四日路透社电)

工作将在东京开始

〔北平〕 李顿勋爵今晚宣称:"调查团之最后报告书,不全在戏赓续在任何一地写之。此项工作,将在东京开始,而在北平毕之,以今唯该地可查阅一切有连带关系性之公文也。仅一部分之工作乃属起草,且仅少数之人能在任何一时从事起草。各调查员将在适宜之时,随时工作。第一俟准备完毕,即将按期会集,讨论草稿"云。(十四日路透氏[社]电)

(《申报》,1932 年 6 月 15 日,第六版)

87. 刘崇杰暂不就外次

〔南京〕 国联调查团我国专员刘崇杰,对外部常务次长一席,谓调查团工作未了,一时谈不到就职。(十四日专电)

(《申报》,1932 年 6 月 15 日,第七版)

88. 吴佩孚定期祭关

〔北平〕 吴佩孚定十六在雍和宫祭关夫子,调查团将参加。(十四日专电)

(《申报》,1932 年 6 月 15 日,第七版)

89. 罗、顾自浔返京,顾即换乘飞机来沪,汪精卫等尚在庐山

〔南京〕 罗文干、顾维钧仍乘原机于下午四点抵京。顾即换乘昨由北平来之福特飞机赴沪。汪精卫等在庐山稍息,日内再回京。(十五日专电)

〔南京〕 顾维钧十五日下午由牯岭飞抵京后,即改乘福特机赴沪,视察上海战后状况,并视郭泰祺,商谈一切。同行者有刘崇杰、施肇夔、游弥坚等。预

定十六日返京，十七日或十八日赴平，然后随调查团赴日。并闻顾由京赴平时，中央要人将有一部分同行，除视察北方现况外，并晤张学良，有所接洽。（十五日专电）

〔南京〕 罗文干、顾维钧十五日上午十时由牯岭坐轿，十一时半抵莲花洞，转乘汽轮，下午一时到九江，乘坐原机东下，四时到京。到站迎候者，中委褚民谊、外次徐谟、秘书向世濬①、代表团员刘崇杰、游弥坚、施肇夔等。罗云，汪等因其他政务尚待与蒋续商，未能同来。顾亟于赴沪接洽，北平派来福特机十五日下午二时抵飞机场。来者有代表团外国顾问端纳、哈斯，团员萧继荣、顾善昌四人，由赫德驾驶。（十五日专电）

〔北平〕 顾维钧电王广圻，略谓：本人即由庐山返京，赴沪二行，十八日前准可返平。（十五日专电）

〔北平〕 顾维钧电召参议萧继荣、顾问端纳及顾善昌，携重要文件赴京。今晨七时，顾等已乘福特第一号机离平飞京，备顾查阅。（十五日专电）

（《申报》，1932年6月16日，第三版）

90. 庐山讨论外交问题，汪说明在京商定之经过

〔南京〕 汪精卫等六人，十四下午六点到牯岭。晤蒋后，当晚先讨论外交问题。顾维钧对东行经过报告甚详，汪将在京商定应付经过加以说明。谈话时间历四小时，午夜始息。十五晨复有一度之最后研讨。（十五日专电）

（《申报》，1932年6月16日，第三版）

91. 顾不陪调查团赴日，另派何人现尚未定

〔南京〕 顾维钧谈："此行印象颇佳。外交方针，政府已有具体决定。余回平后，仍继续调查未完工作。余在东北刺激已深，该团赴日，已向外部呈辞

---

① 编者按："向世濬"误，应为"向哲濬"。

陪行。将派何人，现尚未定。"（十五日专电）

〔北平〕　中国代表部随员于调查团离平后，再由海道起程赴日。（十五日专电）

〔北平〕　美代表今午赴燕大访校长司徒雷登长谈。李顿今午赴英使馆宴。（十五日专电）

〔北平〕　李顿今晨赴外交办事处访王广圻，谈甚久，商编报告书时调阅文卷等事。该团赴日仍遵北宁路过东三省至朝鲜，渡海赴日。预定在日至多勾留十余日，即返平。（十五日专电）

〔南京〕　某外交官谈："沪案协定签字后，一般均以国难已终，遂置东北事件于不顾。其实东事较沪案尤为严重，稍一疏忽，危险即至。此时若不乘其经营期内予以注意，则将来更不堪设想，甚至演成满洲二次入关之事实亦未可知。故此时国人应具拼命精神，持以毅力，以待时机，万不可存依赖心理。现在外交途径，不外向国联及各国方面痛下功夫。但实际上仍须国人努力，方可奏效。此次调查团由东北归来，曾非正式对顾代表言'试看平津歌舞升平，几曾知贵国东北之苦痛？本国毫无动作，何待我等外人担忧？'等语。可见若国人不图奋发，即外人亦不我助矣。"（十五日专电）

（《申报》，1932年6月16日，第三版）

92. 顾维钧昨来沪：庐山会议结果圆满，积极进行收回东北，今日各界集会慰劳，顾氏明晨原机北返

国联东北调查团我国陪行代表顾维钧博士，于前日由京偕汪精卫、罗文干等乘飞机赴浔，参与庐山会议，会商外交、财政、军事问题。昨日下午四时返京，即偕刘崇杰及顾问端纳等，乘飞机来沪。昨日下午五时三十分抵虹桥飞机场，今日各界开会慰劳，顾氏定明晨乘飞机北返。各情分志如下。

欢迎人员

昨日各界知顾氏抵沪消息，于昨日下午四时，先后至虹桥飞机场欢迎。一部份因误往龙华飞机场，致未能相值。代表团驻沪办事处主任张祥麟、顾氏之

兄顾维新及顾氏戚友等数十人，均在虹桥机场迎候。

飞机抵沪

顾氏于昨晨十一时三刻，与罗外长乘蒋介石氏水上飞机离浔，于下午四时许抵京。乃与昨晨由平到京之张学良氏顾问端纳、代表团顾问赫赛尔及顾善昌、萧继荣四人，并由京同来之外次刘崇杰、游弥坚共七人，乘福特机于四时十分离京。飞行甚速，五时半即发现于上海虹桥机场。环飞一匝后，安然降落。顾氏由侍者扶下，态度安闲，身御淡黄色西服，戴巴拿玛草帽。时在场欢迎之张祥麟、顾维新等均趋前握手，新闻记者则群为顾氏摄影，并趋前慰劳。

各界欢迎

顾氏定今日上午接见各界代表及访友。下午三时由代表团驻沪办事处主任张祥麟，在银行公会邀各报社记者茶会，请顾氏报告一切。下午四时国难救济会在中社开慰劳大会，五时地方协会亦有盛大之欢迎会。

公开演讲

今晚七时半，顾氏在八仙桥青年会大礼堂作公开之讲演，报告国联调查团在东北工作之经过及顾氏目睹身受之苦痛。吴铁城市长亦被邀列席。

明晨北上

顾维钧博士此次匆促来沪，预定在沪勾留一日。明晨仍乘张学良之福特飞机返京，转返北平，与调查团会晤，商洽一切。

顾氏谈话

各报社记者于顾氏下机时，曾作简单之谈话。复于晚间九时在其私寓二度访晤，详询一切。兹归纳顾氏谈话如下。

顾氏云："余于昨日（即前日）由京偕汪院长、罗外长等赴庐山谒蒋，于今日下午（即昨日）四时与罗外长同行返京。余即于四时零五分，偕随员等由京转乘飞机来沪。蒙诸君到场欢迎，殊觉感激。余入关后，业已发表谈话数次。此次本人赴东北参予调查，约七星期。所有我国代表团之待遇，以及所见所闻，无一非痛心事。当在东北时，正所谓度日如年。本人未出关前，屡蒙各方知好、中外友朋,均非常关心,多方劝阻。惟本人则以使命在身,对国家应尽义务,决不顾一切,毅然出关。出关后,经过六七星期之经验,觉个人及代表团同人所受种种苦痛艰危,□□尽述。不过此次本人及代表团同人所受之种种痛苦,是短时期的,较诸东省三千万同胞所受不知何日才能终止之痛苦,两者相较,不可以道里计。故本人等此次所受痛苦,实不能认为特殊情形也。故本人此次平安返沪,身体上虽获自由,惟同时每一念及东省同胞,以及在东省时耳目所及之种种悲切情形,迄今始终回旋于胸中,仍属万分悲痛也。余切望国人,对东省同胞被压迫之痛苦情形,加以深切之注意。尤其希望沪上同胞,不因东省远隔数千里,而认为东省之存亡痛苦,无切肤之想。我人须知,东省者在历史上每为侵略我国之策源地。东省为关内屏障,东省若不收复,则关内危险殊甚"云云。

庐山会议

旋各记者询顾氏以庐山会议之结果如何。顾氏答称,在庐山两度会议,对外交方针已有具体决定;对东北失地,决以积极方法,从速收回;对日外交,仍本一面抵抗、一面交涉之原则,努力进行;其他关于财政、军事诸要端,亦均已决定办法,各方意见完全一致。

问:"所谓积极收回东北失地,政府究竟采用何种办法?是否仍完全依赖国联?"

答:"本人此次除报告东北情形外,一方向中央贡献个人对收回东北失地之意见。庐山会议中,已决定对东北问题,扩大外交途径,各方同时进行。"

问:"国联调查团将赴日,政府方面曾命先生陪同东行。现下究竟决定东渡否?"

答:"赴日一事,政府之意,决定命余东渡,故已决定与调查团前往。"

问:"调查团撰制报告,究已决定何处?"

答:"现已决定在东京开始撰著,而在北平完成。"

问:"国联调查团各国委员,对东省之感想若何?"

答:"各国委员现方在搜集材料中。各委对此事,在未曾草定报告之前,不发任何意见。即他日整个报告,亦须五委员同意后始能决定。现下彼等既未便发表意见,本人更无从悬揣。"

问:"中俄复交之事件,此次先生在京、在庐时,曾否讨论?"

答:"此事中央方面已决定方法,正待进行。以前各报所传种种,尚非确凿。"

问:"先生对俄复交事件,感想如何?"

答:"复交之事,途径不一,须视如何运用而定。从国际方面亦可,从各方面并进亦可。本人对此,并无若何意见。"

晋谒林森

昨晚九时三十分,吴市长至顾氏寓邸造访。十时,顾、吴两氏同车赴金神父路,晋谒国府主席林森。顾氏报告东北情形及庐山会议经过甚详。十时四十分,同赴车站。林主席十一时夜车返京,顾、吴两氏亲在车站欢迎后,始握手告别。

(《申报》,1932年6月16日,第九版)

93. 调查团讨论赴日途径:由津过连赴沈转韩,二十二日前可成行

〔北平〕 李顿等五代表十六晨开会,讨论赴日问题。二十二前可成行。其路线,拟由津赴大连登南满,东赴沈转朝鲜,由釜山换轮赴日。顾维钧是否同行,俟回平后决定。在日拟留六七日回平。除编报告外,无他工作。日法律顾问白平定十七晨赴沈返日,筹备招待调查团事宜。(十六日专电)

报告书一部已起草

〔北平〕 调查团定二十二赴日。报告书一部已着手起草。美代表今由北京饭店迁居友人家。(十六日专电)

李顿接见高纪毅等

〔北平〕 李顿十六日申刻见高纪毅,垂询北宁路近情甚详。(十六日专电)

〔北平〕 调查团今日下午接见北宁、四洮、吉长、吉敦各路局长高纪毅、何

瑞章、郭润岑等,详询东变后各路损失。(十六日专电)

调查团访问王以哲

〔北平〕 调查团连次晤王以哲,询九一八事变经过及王驻防北大营日军挑衅情形,由张歆海任翻译。(十六日专电)

罗、顾定今明日北上

〔南京〕 罗文干因张学良电约,定十七或十八偕顾赴平。(十六日专电)

〔北平〕 外部电平称,罗文干定十八偕顾维钧同乘飞机赴平,外部办事处已准备一切。(十六日专电)

....
下转第四版

日政府不愿顾赴日

〔东京〕 今日由可靠方面探悉,日政府之不愿顾维钧博士偕国联调查团至日。其主要原因为内务省对于保护其安全问题,甚费踌躇。盖恐狂热之徒或将加害顾氏生命也。(十六日路透电)

(《申报》,1932年6月17日,第三版转四版)

94. 顾维钧改明日飞平,昨午与报界晤谈,今日为商界宴会

国联调查团中国代表团总代表顾维钧氏,前晚抵沪。昨日上午,分访亲友及交通部长陈铭枢氏。下午三时半,在银行俱乐部与报界晤谈。四时半,赴国难救济会茶会。五时半,出席地方协会之茶会。晚七时半,在青年会公开演讲。顾氏定今日赴京北上,兹因在沪之事务未了,决展缓一日,定明晨仍乘福特机飞京转平。兹将各情分述如左。

上午行动

顾氏昨日上午七时三十分,即外出分访亲友。十时许,赴一品香访北平绥

靖公署秘书长王树翰畅谈。至十一时三十分，顾氏即赴善钟路，访交通部长陈铭枢。十二时三十分始返宅。

招待报界

国联调查团中国代表团驻沪办事处主任张祥麟氏，昨日下午三时半假银行俱乐部招待报界，与顾维钧博士会晤。到陈彬龢、潘公弼、潘公展、管际安、朱应鹏等二十余人。首由张氏介绍顾氏与在座者会晤，继由顾氏演说，略谓："本人于三月中离沪，迄今已有三月。在此三月中，个人感触万端，不知从何说起。代表团此次随调查团出关，西至山海关，东至吉林，南至大连，北至哈尔滨。耳闻目见，印像至深，而更觉关内与关外关系之重大矣。本人昨日来沪，辱承各方欢迎慰劳，实不敢当。此次代表团随调查团出关，虽经许多艰难危险，但此系个人对国家应尽之义务。代表团同人虽在七星期中，感受极大之痛苦，但能使调查团明了东省之情形，私衷尚堪告慰。东北三千万人民，自九一八以来，迄今已有九月。在此九月之中，无日不处于水深火热之中。所受之痛苦，不知何日终止，不知何日出头。深盼各方，以慰劳代表团之精神，慰劳东北三千万之人民，使其精神稍得愉快与兴奋。目前东省之同胞，满腹愁苦无法诉说。以智识份子言，在日人压迫之下，绝无集会、言论、出版之自由，即相聚谈话，亦须受日人之干涉。以商人言，目前东省商业萧条异常，但商人欲关门而不得，且时受伪警厅之知照，今日悬挂伪国旗，明日悬挂日本旗，欲抗不能，尤为痛苦。以农民言，现东北铁路附近及交通要道，均遭禁种高粱。目下所种之田，不到十分之四，其收获当然不能超过此数。明年东省同胞之粮食，刻尚不知在何处也。此种情形，东北被日人强占各地，咸无例外。调查团之调查工作业已完毕，现正整理所得材料，并与中日双方交换意见，以备编制报告书。代表团以前之工作，为帮助调查，搜集材料。此后工作，为帮助调查团研究所得之材料，并传达政府之意见，以便调查团尽量采取。我人于出关时，觉全国民气异常激昂，今则渐趋销沉。反顾日人，则处处表示东省之不可放弃。此实我国目前最大之危机。尚望政府与人民共同努力，以免东北常沦异族之手。总之，我国欲收复东北，必须视自己之力量如何，而不能专恃他人之帮助，此为本人在京、浔所贡献意见之一。庐山会议结果，一致主张集中全国力量，尽所有之能力，积极收回东北，以打破目前之难关"云。

新声社云。顾谓："此外余尚有一事,须与诸公陈述者。即日本新闻记者与日本军政各界之合作精神,系余等不得不钦佩。盖日方组织周密,余等每莅一处,无不见其踪迹。彼等工作,不但在采访新闻而已,同时亦兼有一种侦探与监视之经验。余曾数次一人出外散步,事前既未要求派人保护,又未宣布时间。而其新闻记者则竟以拍照为藉口,迁延时间,以待日方暗探或监视者之赶来。更有一次,约在长春车站,余当出发赴车站时,仅偕一秘书。时所谓余之保卫者不在场,即有一记者跟踪谈话,另一记者则前往报告警察署。即在进茶饭之时,日记者每于供献意见或探询新闻时,恒为其军政当局刺探消息。日记者每表示提出一种意见,嗣后即成为事实。在中国领土内尚且如是,其在日本国内,则更可想见。又其宣传上之组织,亦甚完备。彼等每在调查团来至一处之前,先行前往布置。如调查团未抵哈埠之前,而哈埠各英文、俄文、日文等报纸,均已一律将调查团所拟调查之事,而同时亦为彼等所欲向人作宣传者,尽量披露报端。是以调查团于抵哈之时,即已可见。此吾人所可深切注意者也。"

顾报告毕,记者复询及苏俄对伪国将交换设置领事事。据云,现已决定在海参威[崴]、伯力、黑河及赤塔四处设立伪国领事,同时俄方并允日人充任副领事云。

中社慰劳

昨日下午四时,国难救济会假威海卫路中社,慰劳顾维钧氏。计到褚辅成、黄炎培、张耀曾、沈钧儒、王造时、左舜生、徐傅霖、孙洪伊、许克成、沈素存、熊希龄等五十余人。至四时半,顾氏乃于鼓掌声中到场。与各人一一握手后,首由熊希龄致慰词,略谓："同人等今日殊为荣幸,为国宣劳之顾维钧博士,能于百忙中到会,给同人绝详细之东省情形报告。顾博士在外交上之名望,无庸再为介绍。同人能于聆顾博士之演辞后,得悉目下政府对东三省沦亡之态度与现在东三省之实在状况,殊为感激"云。熊氏介绍竟,顾氏乃起立致辞云："今日蒙诸君热烈慰劳,殊觉不安。前日承蒙致电慰问,迄今铭感万分。三月前,本人离沪时,深蒙各位殷殷指教。今日仍能相叙一堂,实非意想所及。关于东省情形,报纸已累刊谈话。今日所贡献者,仅一二点而已。代表团此次远赴东省,实属痛苦万分。现在能得圆满结果,完成使命,则于悲切中所引为欣幸者。个人为国效劳,本应尽义务。不过此次出关后,殊觉随时随地,均备受日人之压迫与痛苦。此种痛苦亦非吾人所能意料,且亦非调查团各委所意料者。本人感觉最深刻者,即现下吾国之地位,实在国际地位上相差太远。虽则本人与各代表团员极力相争,而事实昭彰。关内之情形与关外之事实相较,即可明确知道。与各团员争辩时,每感邻人在此二十世纪中,纯用科学化澈底侵略方法,预备三月内肃清中国军队之妄想,实使本人感到莫大之刺激。现在日人在东省学校中所有之教科书内,完全改革面目,使学生能高唱'满洲国歌'。所有东省之铁道,全归南满铁道经营。中国之官厅,当然不能干涉矣。但东省民众虽在此水深火热下,反抗声势则颇激烈。民众及民众团体,以及义勇军等,均奋不顾身与强寇抵抗,为国争光,殊可感激。外人每嗤吾国为无组织之国家,吾人在现有状态下,只能忍气吞声。回想至国内民众与政府之意志,仍属不能合作,此实最痛心者。夫二十世纪内,人民与政府两方,必须有互相牺牲精神,国家乃可登入衽席,否则前途不堪设想也。今东省在数月之内,亡得干干净净,实为中国前途莫大之隐忧。吾们终要想法收回东三省,因为东省是中国之门户。中国假使要生存,必须要吾人自己救出。今天最要紧的一点,就是吾人不要想国联来替吾国救出,全要靠自己挣气。如国难救济会者,乃为民团救国之绝妙表现也。"顾氏言竟,乃由主席致谢辞。至五时二十分,顾氏乃先行辞去。

....

(《申报》,1932年6月17日,第九版)

95. 时评:东北问题究将如何

自东北祸变发生,政府不以自力卫国守土,始则静候国联之解决,继则坐俟国联调查团之调查。迁延迄今,东北之沦亡已历时九月。今调查团亦已调查完竣,将从事编制报告矣。吾人尝传闻调查团中有人云:"解决东北问题之困难,不在中国而在日本。"此即明指日本有侵略之决心,而吾国当局漠视东北问题之谓也。又云:"根据目前东北情况,择一可通行之办法,以谋解决。"此所谓"可通行之办法",其无利于我,盖可断言。前此国联三次决议,日本均置之不理。就令此次调查团真有公正之解决办法,果能束缚日本之行动,转移日之一贯的大陆政策乎？故国联将来未能解决此一问题，固无足怪。独是我政府丧失半壁山河与三千万人民，而迁延迄今。不仅未见其实践出兵收回失地、讨伐伪国之宣言，抑且似将此国家生死关头之东北问题而渐忘之。熙熙攘攘，但知酣于权势之争竞、禄位之攫取。此则事之至堪怪异，而令吾人悲愤莫能自已者也。

当祸变发生之初，东北虽以不抵抗而为强力所劫持，然而辽宁设有临时省政府于锦县，吉林亦设有临时省政府于宾县，以示不屈。今则除马占山将军尚能以黑省主席之资格努力奋斗，及东北各地自动奋起之义勇军艰苦搏战而外，辽、吉之省府人员早已不知所往矣。此非自为放弃消灭乎？负有直接责任之东北长官，亦早已置此一奇耻大辱于脑后，而沉湎于歌舞逸乐矣。呜呼！国家之法纪何在？彼误我国家、负我人民者，固将何以自解乎？

今日本军人第一幕既已手创伪国，第二幕且拟正式予以形式上之承认，则其第三幕演出合并伪国之悲剧，自为势所必然。我政府既未能奋起收回失地，拯救处于水深火热下之三千万同胞，我国人则又被压抑于不抵抗之政策下，不能自起抗争。举国上下，长怯者苟安，积极者亦徒有悲愤。呜呼！我东北半壁山河，其遂长此变易其颜色乎？

目前庐山会议之后，据政府当局之表示，谓对外已有整个计划。吾人诚不敢断言此所谓整个计划，又为空谈。然而回忆曩昔政府决以武力收回失地讨伐伪国，决不负国家负人民之昭示之迄未实践，则吾人深盼此次之所谓整个计划，不徒为口头上之宣传，而能见诸事实。今日山海关头之飘扬者，已为伪国国旗。山海关车站之巡逻者，亦皆伪国国警。顾维钧氏此次返自东北，饱受刺激，迭发沉痛之谈话，与九一八以来吾人所号呼者，恰为同调。语之悲愤，令人泣血。吾人但一引领东北，但一默念东北三千万之同胞，则前此政府所昭示之收复失地、讨伐伪国，决不容再迁延也。

吾人今敢重述吾人在九一八事变之初之一贯主张，再为当局告：一曰自力保全领土完整；二曰长期抵抗；三曰铲除东北历来受日本政治、经济侵略之一切祸根；四曰通缉溥仪等一群国奸。此非高调，实与政府曩昔宣示"武力收回失地""讨伐伪国""决不签订丧权辱国之条约"同一目标。政府诸公，保持我民族立国之精神，听取人民之要求，此其时矣！

（《申报》，1932年6月18日，第三版）

96. 调查团赴日路线未决，报告书定八月十五日完成

〔北平〕 调查团今晨例会，对赴日路线，拟绕道青岛，搭轮直赴长崎。一部委员对此尚考虑。报告书定八月十五日完成。（十七日专电）

〔天津〕 国际调查团近将由满洲、朝鲜海路赴日，归途则绕道南京。有二十二日出发说，但未确定。其报告书已将九月十八以来历史的方面材料整理就绪，并开始草拟。至建议事项之一部，则于到东京后着手。顾维钧最迟十八日可回北平，决随调查团赴日本云。（十七日电通社电）

顾、李、罗将偕同北上

〔南京〕 顾维钧定十八由沪飞京，稍留即飞平。除罗文干偕行外，闻李济深亦将同行，与张商"剿匪"军事问题。（十七日电）

〔北平〕 顾维钧电平，定明午到平，明晚在本宅宴调查团及罗文干、张学良等各要人，嘱向各方发请帖。（十七日专电）

〔北平〕 此间当局现料汪精卫、顾维钧、罗文干可于明日抵此。闻三人拟与张学良讨论关于东北之重要问题，或将以其意见与证据提交国联调查团。（十七日路透社电）

日方对顾决予默认

〔东京〕 军部对随调查团来日之中国陪员顾维钧，认为无阻止之根据，决与默认。惟对顾不以外交官及其他公式来朝之待遇，而以私人待遇之。（十七日电通电）

（《申报》，1932年6月18日，第三版）

97. 荒木答复众院质问：满洲果非中华民国领土乎？国联调查团果有此报告乎？

《大阪每日新闻》云，众议院豫算委员会秘密会议时，议长岛隆二氏对于满洲之兵力经费问题、日俄关系问题等，提出质问。荒木谓满洲之兵力今后尚须补充，并将由军事的援助进而为政治、经济的援助。对俄关系，日前北满形势曾有一度紧张，今俄国已改变对满政策，当无问题，但仍应注意背后空气之变化。至于"满洲国"之将来，除与国联关系外别无足虑，而国联之态度视九月间大会召集时之空气如何，可以定之，但日本对于此点非常关心云云。继而松本忠雄氏亦提出质问，谓："五月五日所缔结上海停战协定，是否系军部大臣之责任所缔结？据外国新闻所载，日本军之撤退实因日军懦弱与经济困难之故，对于我军威信，颇为遗憾。又外传法国已与日本谈判，投资于满洲。满洲是否包含于中华民国之内？各种真相，均请明白答复。"荒木答谓上海停战协定属于军事协定，外国新闻所载消息，未可置信。时亚西亚局长代荒木继起答辩，谓满洲在形式上虽包含于中华民国之内，然事实上完全相反，而国联调查委员之中间报告，亦称"满洲非在中华民国之势力下"云云。

(《申报》，1932年6月18日，第九版)

98. 顾维钧今晨飞京北上，昨午银行界设宴慰劳，晚圣约翰校同学洗尘

国联调查团中国代表顾维钧氏由京到沪后，各界以顾氏此次毅然远道跋涉，遂纷纷起而慰劳。顾氏原定昨日离沪，嗣以各界盛意难却，乃多留一天。决定今晨乘机离沪，转京赴平，与调查团有所接洽。兹纪顾氏昨日行动如次。

午应银行界宴

顾氏昨晨在家接见亲友。下午一时一刻，偕张祥麟等，赴银行俱乐部上海

市商会及银行界各要人午宴。到徐寄廎、钱新之、林康侯、徐新六、郭秉文、史量才等，顾氏偕张祥麟等宾主共三四十人。席间钱新之代表起立致慰劳辞，次顾氏亦致辞答谢。顾氏在席间，对于东北金融报告甚详。至二时半，宾主尽欢而散。

晚约大校会宴

顾氏为约翰大学毕业同学之一。该校同学会于昨晚八时，在大陆商场楼上设宴欢迎，藉表慰劳。顾氏于全体同学掌声中莅席，一一与诸同学握手寒暄。席间畅谈为快。至十一时许，始各散去。

今晨飞京赴平

顾氏以调查团定日内即将出关赴日，本人以职务未了，决于今晨返平。八时半，由虹桥飞机场乘原机转京返平。抵京后，尚拟晋谒汪院长、罗部长。当日下午，再由京飞北。约五时许，即可抵平。

决定陪同赴日

顾氏于上次出关时，饱受东北叛逆恫吓。抵东北虽经种种留难，然以抱定坚毅宗旨，继续前进。其精神毅力，实在可佩。此次调查团草拟报告书，决由日本东京开始，完竣地则在北平。顾氏于京、庐两地经蒋、汪各要人之敦劝，请其陪同赴日。业经顾氏首肯，于调查团离平时，决定启程赴日云。

顾氏坚决表示

昨日报载路透社十六日东京电，对顾氏有所恫吓。中央社记者昨特访顾氏，探询其意见。据顾氏语记者："此电本人尚未寓目。惟此系调查团之问题，与个人无关。至本人此次奉政府之命，随调查团赴日，决本过去之精神，不避艰辛，毅然随调查团同行赴日。余定明晨飞京偕罗外长北上，盖罗部长尚须与调查团诸团员作一次会谈也。"

救联代表往谒

上海各团体救国联合会前在牯岭路会所开常会，推殷芝龄、谈伯质前往慰劳顾君，并询外交方针。当承顾君面约，于昨夜在顾宅详谈此后应取之外交方针。该会当推殷芝龄、褚慧僧、李次山三君,如约前往,与顾君讨论此后外交方针。约一小时,各项应付外交途径,均经讨论甚详。

(《申报》,1932年6月18日,第十三版)

99. 调查团计议赴日行程,拟不复取道朝鲜,报告书展长期限,九月中旬可送达

〔北平〕 调查团今晨小组会,商行程及报告书事。(十八日专电)

〔北平〕 国际调查团行踪未定。现信不复取道朝鲜赴日,而将乘火车至青岛,改乘轮船前往。(十八日路透社电)

〔东京〕 天津来电。国联调查团现变更经朝鲜赴日之预定,决于二十二日由北平出发,陆路赴青,在青勾留三日,二十五日由青乘大阪商船泰山丸赴日。又调查委员所作制之调告书,预定八月十五完成,同时在东京、北平两处发表。(十八日电通电)

〔日内瓦〕 李顿调查团已通告国联秘书处,谓其关于满洲之报告书,于九月中旬可送达日内瓦。(十八日路透社电)

〔日内瓦〕 闻国联大会议长希孟与中代表颜惠庆、日代表松平,已议定展长李顿调查团报告书提交国联大会之限期。盖依照会章第十二条,国联委员之报告须于争点提交后六个月内,送交国联也。今日国联秘书处接李顿调查团来电,据称,报告书至迟在九月中间可到日内瓦,大约国联大会将于六月底集议,以便核准报告缓期送达事。(十七日路透电)

〔日内瓦〕 国联会秘书长顷接到满洲调查团六月十四日由北平发来之电。内云,调查团在满洲游历后,已回北平,将所收罗之材料加以整理;其中有若干点,并根据中国方面之消息,加以补充;调查团有意于下星期赴日本,与日本政府再行交换意见;秘书处一部份人员及专家,仍留北平;调查团最后报告将于旅日期内开始讨论,俟返华以后再行决定。此项报告,调查团希望至迟九月中间呈送日内瓦。(十七日哈瓦斯电)

(《申报》,1932年6月19日,第二版)

100. 汪精卫等一行昨自京乘飞机赴平，访问调查团并与张学良协议一切，张、万等在机场欢迎，沿途警戒森严，顾夫人即晚在私邸举行盛大宴会

汪等下榻北京饭店

〔北平〕 今日下午三时，汪精卫、罗文干、李济深、顾维钧、张群、宋子文、曾仲鸣、王树翰、刘崇杰等，乘飞机抵平。张学良、张作相、万福麟、于学忠等各要人，均赴清河机厂〔场〕欢迎。沿途警戒森严。汪、顾等下机后，同赴北京饭店下榻。顾夫人今晚在私邸举行盛大宴会。汪、顾等拟在顺承王府开一会议，商外交及军政问题。汪、宋旋同赴顺承王府晤张。（十八日专电）

顺承王府一度商谈

〔北平〕 下午三时半，汪精卫、宋子文与张学良，同乘汽车赴顺承王府，谈庐山会议情形。张备便餐，旋电召顾维钧、罗文干等到府共餐。席间有所商谈，定星期一开正式谈话会。晚八时同赴顾夫人欢迎宴。罗定二十正式会见调查团。汪等抵平时，由清河至城内，沿途军警警戒极严。（十八日专电）

〔北平〕 顾维钧、罗文干、宋子文今日由南京乘飞机抵此，晚与张学良会商要务。（十八日路透社电）

定今日会见调查团

〔北平〕 汪精卫、罗文干、宋子文等定明晨在外交大楼，正式与调查团会见。曾仲鸣谈，陈铭枢辞意坚，政府决慰留，将来取告假形式。（十八日专电）

〔北平〕 德代表下午晤顾，略谈。（十八日专电）

〔北平〕 顾、罗等抵平后，即与张学良在其寓所作非正式之会商。商定诸人于明晨九时往谒李顿及其余调查员，讨论东北及其他中日争端。（十八日路透电）

....

汪精卫赴平之任务

〔南京〕 汪精卫乘京沪夜车返京，于十八晨九时到达。宋子文、顾维钧亦

于十八晨十时乘福特机返京,因庐山会议推汪约同宋子文、顾维钧、罗文干一同赴平。汪之任务:一、访问国联调查团,详述日人积极侵略之事实,表示中国政府对中日外交态度暨收复失地决心,使各团员得一更深切之了解;二、晤张学良,协议中日整个交涉方针及准备抵抗办法;三、视察华北地方情况。宋、罗等任务,均与访问调查团及外交、财政等要务有关。(十八日专电)

············

宋北上之主要任务

〔南京〕 宋子文谈:"辞职虽蒙挽留,去就与否,此时尚未能告。此次相偕赴平,与财政问题无甚关系。余长财数年,不负政府,不负国人。沪议后四月来未举一债。"(十八日专电)

〔南京〕 外息。关于东北海关问题,政府须向调查团切实说明一下:关税整个担保赔款及内外债,一有例外,便使基金影响。宋为财务主管人员,上述理由由宋向李顿等报告,苟有咨询处,亦必接头。此乃宋北行之主要任务。(十八日专电)

顾决陪调查团东渡

〔北平〕 顾维钧谈,不顾日方任何阻难,决随调查团东渡;宋辞意打消;庐山会议后,中央对外交已定有办法。(十八日专电)

〔南京〕 顾维钧语人:"调查团此次赴日,余决再陪往。因李顿爵士极盼余始终同行,余亦望完成整个领〔使〕命。日方虽有不能保障安全之表示,但此系调查团整个问题,个人不必顾虑。际此艰难时会,政府苟有使命,何任艰巨,义不容辞。余与调查团在日勾留三星期。调查团在东北所得材料,已整理就绪。全部报告,约八月底可完竣,于九月国联大会开会前,定可送达。届时调查团全部使命,即可完成。"(十八日专电)

〔南京〕 顾维钧赴平前语路透访员,谓渠拟随李顿调查团赴日。(十八日路透社电)

············

(《申报》,1932年6月19日,第二版)

101. 国联大会将展期召集讨论东省问题，日本表示无理反对

【日联十八日东京电】 国联当局因调查团报告书不能在八月十二日之豫定期日以前到日内瓦，拟于六月二十五日左右召开理事会，商议展长调查团报告书提交国联当局之期限，并决定其手续。业已函致日外务省通告此事。国联意见，拟将报告书提交期限延长四月，以十二月十二日为提交期限，而于本年十二月召开国联大会，审议满洲问题。日外务省当局对于国联该项通告出于如何态度，现正审议中。政府首脑部人对此抱强硬之意见，即中国调查团之派遣事项，由理事会依据国联会章第十一条决定，故处理满洲问题应由理事会作主。日本以此理由，绝对反对展长报告书提交日期及由大会处理满洲问题之举云。

【电通社十八日东京电】 国联临时总会决将于十一月中旬开会，外务当局对之已非正式赞成。而外务省内之一部，则以为赞成尚早，且觉失态。其意如下：

"在二月十一日之理事会，中国方面要求适用规定第十五条第九项，将中日纷争移向国联总会。二十九日之理事会决将该案移于三月三日之总会者，只限于上海事件。然上海事件于五月五日已正式成立停战协定，其余问题则归圆桌会议，故适用规定第十五条开国联总会事，在事实上已形消除。国联总会以调查报告之迟延为理由，将临时总会延至十一月者，因总会欲处理满洲问题，固甚明了。而日当局不注意于此事，竟致训电与长冈驻法大使，承认总会之延期，实有违背日本既定之方针。故日本之主张，以为满洲问题系新成立之'国家'，'满洲国'又不隶属国联，因此国联总会对此满洲问题，实不应有加以肯定【彼】等之措置也"云。

(《申报》，1932年6月19日，第八版)

102. 顾、宋等昨晨飞京转平，八时卅五分虹桥飞出，刘崇杰、何士、端纳同行，过京时汪、罗亦须登机

国联调查团中国代表顾维钧来沪，兹已事毕。于昨晨偕同财政部长宋子文等，乘原来福特机飞京。八时三十五分离虹桥，过京稍停，俾行政院长汪精卫、外交部长罗文干登机。预定当晚可到北平。兹将昨晨离沪出发情形，汇志如次。

莅场欢送

昨晨莅虹桥欢送者，有上海市长吴铁城，国联中国代表处总务主任张祥麟，参事王景岐、杨春若，外交次长刘崇杰夫人，财政部长宋子文夫人暨宋弟子良夫妇及子安，青年协会总干事陈立廷，国货银行刘曼若，中央银行副总裁陈行等二十余人。

出发情形

昨早，各欢送者陆续至虹桥。八时一刻，顾维钧莅机场。下汽车后，略与送行人员寒暄。未几，宋子文亦偕其弟等到场。八时三十分，相将登福特飞机，送者咸脱帽致敬。旋飞机徐徐驶至场心飞起，向北而去，时正八时三十五分。

同行人员

昨偕顾、宋同赴北平者，有国联调查外交次长刘崇杰、国府财政顾问西人何士与端纳、财部参事邓粤铭，连同开机西人机师二、华技士一，共九人。

汪、罗赴平

据顾氏语国闻社记者，该机到京，行政院长汪精卫、外交部长罗文干亦须趁机赴北平，故在京至多停半小时，午前必须离京。继拟叩以汪、罗等赴平任务。只答，时间匆促，不暇详告云云。记者嗣悉宋氏到京，亦不下机，将偕汪、罗、顾等同去北平晤张。

晤张原因

汪精卫等连袂赴平,闻其原因,庐山会议告毕,中央对外交、财政、军事,均有具体方案,而尤以外交在北方关系甚巨,非协力团结不可,而财政、军事尚在其次。所以此次偕顾去平者,除汪氏外,亦只宋、罗二部长云。

当晚抵平

该机每小时驶四百华里,预计当晚五时可到北平(按平电已于下午三时抵平)。昨晨,顾氏离沪前,曾有电拍平报告。到平后方该机即在清河降落。闻顾氏外,其他留平三天,即返京云。

(《申报》,1932年6月19日,第十七版)

103. 外交大楼中汪、罗等会晤调查团,汪先致慰劳意,旋即交换意见,谈无具体结果,定今日再晤商

〔北平〕 汪精卫、罗文干、宋子文、顾维钧、刘崇杰、金问泗、钱泰等,今晨九时半在外交大楼,会晤调查团英、美、法、义、德五国委员及正副秘长哈斯、皮尔特。首由汪精卫致慰劳该团意,旋即交换意见。结果圆满,双方均极愉快,正午始散。对东渡行期及总报告书编竣日期与书内建议部份等问题,一度商及。定明晨仍在外交大楼再度交换意见。(十九日专电)

〔北平〕 政府当局今晨与调查团谈话,历四小时之久,所涉范围至广。我方以汪发言为最多,宋、罗次之。彼方以李顿发言为最多,麦考益次之。金问泗、赵泉传译讨论。但无具体结果,须明晨继续交换意见。(十九日专电)

〔北平〕 今晨汪、顾、宋、罗四要员,在前外交大楼与国联调查团开重要会议。中国代表先谢调查团奔走调查东三省真相之辛劳,继乃讨论一切。今唯知所谈各节均关重要,至其详情,双方均严守秘密。会议后,乃相聚餐。明晨尚将开一会议。(十九日路透社电)

张学良分两夕设宴

〔北平〕 张学良定十九、二十两晚七时,在私邸欢宴汪、罗、宋、顾等,并邀各要人作陪。十九日系张学良私人名义,二十日为绥署名义。(十九日专电)

罗谈中俄复交问题

〔北平〕 罗文干谈,今晨与调查团会谈,交换意见极多,该团报告书未到日内瓦前暂难发表。政府外交方针,须全国上下一致共同奋斗,方有实效。中俄复交问题,我主先订互不侵犯条约,再复交,俄主即复交,政府仍在审议中。国联大会延期,系恐报告书不能准时到达。留平三数日即返京。(十九日专电)

顾夫人今晚有茶会

〔北平〕 顾夫人明晚在私宅茶会招待调查团。(十九日专电)

....

汪谈外交方针限度

〔北平〕 汪谈,政府对日外交方针,有一最低限度。譬如二月二十日本给我哀的美敦书,如承认,国家损失甚大。认为在最低限度以下,故决维护国权,不惜牺牲一切。五月十五①淞沪协定成立,日兵撤退并无政治附件,此为最低限度。以上可见政府对外交决不丧权辱国。(十九日专电)

汪谈目前时局关键

〔北平〕 汪精卫谈,目前时局关键,可分四项:(一)对日外交;(二)"剿共"军事;(三)财政;(四)政治。一般谓政治不修明,"剿共"无办法。抑知共党不"剿灭",政治无法修明。(十九日专电)

....

(《申报》,1932年6月20日,第三版)

---

① 编者按:原文如此。淞沪停战协定签订日期为1932年5月5日。

104. 调查团接见满族代表，代表谓独立非民意，纯系日方胁迫所致

〔北平〕 调查团今日下午接见满族代表五人，谈满洲独立事件。该代表称：满洲民族在历史上、地理上俱不可与中国分离；此次纯系日方胁迫，非民众意思。（十九日专电）

(《申报》，1932年6月20日，第三版)

105. 日军部拟向调查团声明对满态度

【电通社十九日东京电】 日军部拟乘调查团复来日本之机会，要求政府宣明日本对满之态度。其具体案已于昨日经陆军三长官会议承认。万一政府因此踌躇，则军部决将单独宣明如下之意旨：（一）不惜对"新国家"为友谊的援助；（一）日本对外之方针限于满洲者，因满洲成立"新国家"。如去年九月三十日国联理事会之决议案，其条件为日军撤往满铁沿线、中国负保护日人生命财产之责任。但其后因成立"新国家"，中国之主权早不及满洲，且"满洲国"之"国防"与日本之国防一致。故"新国家"成立前之国联决议案，不能加以拘束也。

【电通社十九日东京电】 国联因调查团报告书延期，将于二十二日左右开临时总会，讨论国联总会延期事。日政府于表面上似无取反对态度之必要，故在票决时决弃权默认。

....

日无产党拒顾赴日

【日联社十九日大阪电】 顾维钧随同国联调查团赴日之说传出后，日本无产党及国粹大众党两团体议决，拒绝顾维钧入国，向李顿委员长、斋藤外相、荒木陆相等送达该决议文。

(《申报》，1932年6月20日，第六版)

106. 日报评调查委员态度：惟法国对日尚表同情

《长崎日日新闻》云，十九国委员会议长希孟，原定参加来周之委员会。惟因调查团之报告书，须延至九月中旬始可送达，故讨论之期有亦将展缓。但据欧洲各方面所传之情报，国联中调查团各委员之态度：美国方面始终排日，意大利优柔不断，英国专注重于琐细问题，德国力谋本国之贸易发展，惟法国委员对日本尚表同情云。

(《申报》，1932年6月20日，第七版)

107. 汪等再会晤调查团，二次交换意见，调查团注意东北义军及抵货问题

〔北平〕 昨午夜，罗偕刘崇杰访李顿，谈两小时。今晨九时，汪、罗、顾、宋在外交大楼与调查团全体委员及哈斯、皮尔特二度会谈，出席人员同昨。双方交换意见，正午始散。汪、罗、顾、宋等赴银行公会欢宴，李顿等仍在楼下密商至一时许。闻晤谈时，调查团除对东北各重要问题外，于义军及抵货问题颇注意。该团各委与汪、罗、顾今日下午四时，仍在外交大楼会谈。（二十日专电）

〔北平〕 政府当局与调查团今晨在迎宾馆继续谈话毕，调查团即在迎宾馆自行开会。因汪、宋、罗等即行回京，午后乃再谈话一次。双方对于将来东省制度，大致已得谅解。（二十日专电）

〔北平〕 罗、汪、宋等连次与调查团晤谈记录，另抄一份送张学良。（二十日专电）

汪等前夕与张密谈

〔北平〕 汪精卫、罗文干、宋子文、顾维钧等，昨晚在顺承王府宴后，与张密商甚久。（二十日专电）

预定今晚离平南旋

〔北平〕 汪、罗、宋连晤张,对外交、财政一切问题,均商竣。定明晚离平南返,后晨将登泰山一游。曾仲鸣将偕行。路局已备好专车。(二十日专电)

张学良为设宴饯行

〔北平〕 张学良今晚在顺承王府设宴,为汪、宋、罗等饯行。(二十日专电)

....

平各界慰劳顾维钧

〔北平〕 平各界在市党部下午开迎顾大会,请顾报告赴东北调查经过。(二十日专电)

〔北平〕 顾今日在各界慰劳会演说,谓"不要忘掉我们的东三省,要造成独立健全国家"。(二十日专电)

顾夫人举行茶话会

〔北平〕 顾夫人茶会,汪、宋、罗均到,但李顿因胃病未往。调查团对顾宅布置颇赞美,回平后颇愿得在中国房屋作报告书。但房屋易得,内有西洋设备者甚少。(二十日专电)

(《申报》,1932年6月21日,第三版)

108. 日本坚拒顾往,对顾安全不负责,李顿表示无办法,顾已决定不东渡

〔北平〕 吉田持日政府电见罗,谓日民众对顾由东北反〔返〕后言论不满,日政府对顾安全不负责。汪、罗会商后,由罗访李顿,质问顾赴日后安全。李表示无办法。罗、汪等议决,顾不前往,但调查团离平前一日,政府正式声明日拒顾经过。日本认为汪、罗、宋等来平,系外交上逆袭。(二十日专电)

当局将发正式声明

〔北平〕 日方对顾赴日,极力反对。前日吉田对调查团声明,顾如赴日,日政府不负保护责任。吉田昨复赴汤尔和宅,对罗有同样表示。调查团似无主持正义魄力,对日无理要求未坚拒,顾十九不能随往。日代表到华,招待备至,乃顾赴东北,日唆伪国阻挠,此次赴日更公然拒绝。闻我当局对此极愤慨,万一顾不能随调查团前往,将正式发表声明,宣示经过。(二十日专电)

政府亦不另派代表

〔北平〕 顾谈:"余是否赴日,完全听命政府。"闻如顾不去,政府亦不另派代表。(二十日专电)

调查团行期尚未定

〔北平〕 调查团告顾,日方无安全保障,恐难同行。调查团昨晚商顾备车赴日,仍因事展缓三四日。(二十日专电)

〔北平〕 调查团有二十一日离平东渡说。(二十日专电)

〔北平〕 调查团中代表处秘书顾善昌、施肇夔、萧继荣、游弥坚,偕顾问今午抵平。(二十日专电)

……………

(《申报》,1932年6月21日,第三版)

109. 国联十九国委员会明日召集特会,讨论展缓提出调查报告问题

〔日内瓦〕 闻国联大会为处理中日事件而组织之十九国委员会,将于星期三日或星期四日在此集会,考虑展缓向行政会报告并整理报告内容事。查十九国委员会之报告,应交行政会核准。(十九日路透电)

〔日内瓦〕 今日国际联盟秘书厅奉十九国委员会主席希孟之命,发出通知,定二十二日召集十九国委员会特别会议。议程中仅列一案,为"讨论远东最

近发展"。按十九国委员会原拟至九月间与国联大会同时开会,今希孟忽有召集特别会议之决定,全出国联中人意外。逆料定有重要发展。(十九日国民电)

(《申报》,1932年6月21日,第四版)

110. 东北叛逆侮辱外报记者,《纽约时报》驻沪代表分电抗议

《字林报》云,"满洲国"当局现欲没收《纽约时报》满洲通讯员史悌尔与瑞士新闻记者林德携归哈尔滨之笔记与其他新闻材料等,恐将酿成"外交"巨案。史、林两人,日前造谒马占山将军,往返共行十七日。讵去今六日前,两人甫返哈埠,即为"满洲国"警察与日军密探所困。史悌尔避入美领事署。林德则被逮,在日顾问指挥下,受六小时之非刑拷问。其所寓旅馆房间内,亦被警查抄,所有信件照片、护照凭证等,悉被抄去。迨星期六林德见释后,乃请代理瑞侨利益之法领事交涉,要求发还信件、护照,及"满洲国外部"道歉。至对于史悌尔,则日顾问指挥下之哈尔滨警察,指其代携马占山将军致调查团李顿爵士与北平张学良之秘密文件。史氏遂于星期五将自马占山将军司令部携回之文件等,送交哈尔滨当道查阅。但双方预先约定,只能当史氏面前翻译,不能抄录副本,阅毕当立即交还原主。讵史氏交出后,日人及"满洲国"当道竟违约扣留,坚不给还。此项文件,曾经驻哈美总领事阅过,为马将军与史氏会晤时彼此问答之速写纪录,及华文文件数种。内有一种,系马占山将军声明其征讨"满洲政府"之理由。乃竟欲扣留勿还。哈埠日报更张大其辞,诬美总领事翰森作袒护史、林两人作妨害"满洲国"之政治活动,谓日当道已获确证。两人返哈后,即急往美总领事署。美总领事乃拍密码官电,代发马占山致李顿爵士与张学良之电,并要求将史、林两人驱逐出境,弗得重回。顷闻《纽约时报》驻沪代表亚平,对于史悌尔所受待遇情形,已于星期六晨间致电沈阳日司令本庄与长春日顾问河坂抗议,并两次赴上海日总领事署向日代办抗议。

(《申报》,1932年6月21日,第九版)

111. 德、美记者在监视中

〔哈尔滨〕 国联调查团委员长李顿来电,否认德、美两记者访马与该团有何关系,及该团委托其负何使命。现两记者因在监视期内,一时尚不得离去哈埠。(二十一日专电)

(《申报》,1932年6月22日,第七版)

112. 被侮辱之美、瑞记者谈话:马占山誓必抗日诛奸到底

美国《纽约时报》满洲特派员史悌尔与瑞士新闻记者林德(日报则称为德报记者),因往谒马占山返哈,为东北叛徒侮辱一事,兹据《大阪每日新闻》所载,谓史、林二人自与马占山会晤后,引起各方面之注意。当史、林二人返哈后,即下榻于某旅馆,作成报告书,电达本国。是否为其提供于国联调查团之种种材料,尚未判明。兹就彼二人对往访记者所发表之谈话,录之如下:"吾辈与马占山倾谈三日。马已集中二万大军,决心打倒'满洲国'。马之居所不定。其军队之服装,极为整齐。马尚未与丁超、李杜联络,但马之意志甚为坚固。今后不惜任何牺牲,即战剩一身一卒,亦必抗日诛奸到底。"史、林二氏又谓,此次晤马,原系以新闻记者之资格前往,绝未受国联调查团之委任云云。

(《申报》,1932年6月22日,第八版)

113. 国联十九委会决定明日召集

〔日内瓦〕 处理中日事件之国联大会十九国委员会,定六月二十四日开会。国联大会亦将于下星期中集会。(二十一日路透电)

〔日内瓦〕 十九国委员会特别会议已决定展至本月二十四日举行,继以国联大会于二十八日踵开特别会议。两会虽俱讨论远东时局问题,但料仅因

辽案调查团报告预计在九月中旬以前未必不能抵日内瓦,故有此形式而已。现中日代表对于会期,俱已表示同意。(二十一日国民电)

(《申报》,1932年6月23日,第四版)

114. 李顿整理文件

〔北平〕 李顿上下午均在北京饭店,督同随员整理文件,颇忙碌。(二十二日专电)

〔北平〕 调查团秘书哈穆今晨赴津,调查天津事变。调查团有定七月六日东渡说。义代表下午游西山八大处,晚返城。(二十二日专电)

(《申报》,1932年6月23日,第四版)

115. 哈伪警捕押德记者:美、德记者间关访马,归哈后被日方怀疑,林德被捕史迭尔逃

哈尔滨通信。国联调查团来东北前,欧美报界记者以重视东北问题,来哈工作者极多。其中忠于职务、举实在情形以报告其馆方者固有,而受日方豢养、由特务机关或关东军部支领津贴、受人指挥者,亦不乏人。自哈发新闻电报之著名记者,计有美国《支加哥讲坛报》记者韩德,《纽约时报》记者弗锐特,《支加哥醒时报》记者亨瑞,英国路透社记者雷考克。弗锐特与亨瑞,每月由特务机关支领金票三百元,完全为日方宣传有利消息,盖为一日本化之新闻记者矣。雷考克则受日本关东军司令部支配,月支金票亦三百元。惟其人虽领津贴,尚有时顾及其馆方声誉,对于逾量有利于日本之新闻,不肯多发。至日方所最忌而又最无可奈何者,则为《支加哥讲坛报》记者韩德。此君在哈工作将及三月,采访消息,务求真实。除供给支加哥报馆外,兼供给纽约通信社新闻。所发新闻,质量亦最多。日方虽竭力联络,许以津贴,韩德均不为动。日人不得已,乃派熟习英文之专员在电台内,专检查韩德电报。韩德知日人检查,每

日亲送电报至局,伫视收发登账,并每于翌日到电台索取报底查阅,视其电是否被扣。日人对外深存虚伪行为,故有时检查韩德电报,明知不满,但终于强制中被逼发出。国联调查团来哈时,韩德往见李顿于马迭儿旅馆。出门时,日方指挥伪国警察往捕,为韩德挥拳击退。然卒被数十人合力所擒,押禁一夜。次日,由美领交涉获释。自是以后,工作如常。日人则每思藉一名目,令伪国驱其出境,并对欧美记者严格限制,禁其活动。在此时期中,忽有德记者林德、美记者史迭尔,间关往访马占山。日方又疑该二记者别有作用,竟以熟习伪国军情报告于马占山为名,指挥伪国警察将之逮捕,致引起欧美新闻界注意。此亦足证日人仇视欧美新闻记者之一斑也。

缘林德系德国《世界报》特派记者兼日内瓦各杂志通信员,史迭尔则为《纽约时报》特派员,两人于上月间随国联调查团来哈。李顿等去平后,二人留哈未行。因中外各报宣传马占山将军之英勇,二人乃相约秘往一晤。在五月二十四日,化装如猎人,并持美领事证明函一件,徒步向呼海路出发。历十余日跋涉,并尝遇匪,均以新闻记者得免,且有人指示马将军所在地。两人为越过日军防线,绕过呼海路向海伦、绥化而行。至本月初,始于海伦西北通河镇晤见马氏。因马氏军事匆忙,两人追随其行营与俱迁移者三四次,与马氏晤谈者亦数次。对于马氏抗日原因、伪国内幕、日方阴谋,探得无遗。本月十一日,由望奎转安达站归还哈埠。往返计十七日,风尘仆仆,已感劳顿不堪矣。日人方面,当二人潜离哈埠后,已予以十二分注意。其实除美领外无人知二人之行踪,故一时盛传二人失踪,法领且托日方代寻下落。及至回来,日方探知其归自海伦,疑其负有国联调查团使命,前往见马占山,故授意日、俄(白俄)记者纷往包围,探询见马占山经过。二记者不肯告,于是日方愈益滋疑。本月十六,复授意伪国特警探访局,派员赴马迭儿旅馆将二人逮捕。史迭尔先已避往美领馆,只林德在室,遂为捕去。询问其见马占山何为,林德言有谈话纪录,在美记者韩德手,送美领馆翻译。令其索来一阅,经以电话催要,美领馆拒绝送阅。日方乃决定以"满洲国"防线被冲破、泄露军事秘密禁林德,并要求美领引渡史迭尔。美领不允。是日下午,法领汉那闻讯。因林德为瑞士人,受法领保护,特赴伪警处要求释放,谓"满洲国"未得列强承认,治外法权未收回,不得羁押外人。警处置不覆。法领乃至探访局坐索林德不去,谓不释林德,则本人亦居此不出。日方恐惹出问题,晚间乃令探访局将林德释放,由法领偕归。但对史迭尔握有文件,认为关系重要,尚在要求美领引渡中。现欧美记者为此事自平

津来哈探询者极多,将来或成为一可注意之事件也。(十六晚)

（《申报》,1932年6月23日,第七版）

116. 调查团不再调查榆关,秘书长哈斯返平

〔北平〕 李顿答记者:调查团不再派员调查榆关;调查团赴日期未定,报告书编竣日期亦难预定;哈埠两外报记者赴黑晤马占山与调查团无关,业经电哈声明。义代表今午游芦沟桥,美代表今晨游景山。(二十三日专电)

〔北平〕 调查团秘书长哈斯今晨返平。(二十三日专电)

（《申报》,1932年6月24日,第三版）

117. 汪精卫等一行返京,汪过济时与韩晤谈并留书致冯

〔南京〕 汪兆铭、罗文干、曾仲鸣二十三日下午六时专车抵浦,顾孟余、陈璧君、徐谟等均渡江欢迎。汪等下车后,即乘澄平轮渡江入城。(二十三日专电)

〔南京〕 汪精卫返邸后,顾孟余、陈公博、陈树人、黄绍雄、李济琛①、陈孚木、徐谟、朱家骅、邵元冲等十余人见汪。汪谈晤张学良及调查团情形极久,并留诸人便饭。(二十三日专电)

韩复榘邀汪等午餐

〔济南〕 下午八点半,汪精卫、罗文干、曾仲鸣专车到济。韩及党政军全体要人百余人,到站欢迎。车站至省府,戒备甚严。车到站时,军乐大作。韩等欢迎人员上车,与汪等握手。寒暄毕,汪问韩足疾,韩答:已好,本欲早赴京晤谒。韩留汪等至省府小憩。汪未下车时,在车中与各记者谈话。各记者问:

(一)"与副张晤面后,东北问题如何?"

汪答:"关于东北外交军事,与张交换意见,极为圆满。"

---

① 编者按:李济深,原名李济琛。

(二)"在平见调查团,结果如何?"

答:"与该团晤谈二次。彼将调查经过告我,我将政府意见告他。充分交换意见,极为详尽。"

(三)"顾随调查团赴日否?"

答:"已决不去,因闻日不招待。前该团赴东北时,叛逆拒顾,当时政府电令顾去。盖东北乃我国地,叛逆虽要招待亦不受,去后虽受种种侮辱与无礼对待,毫无关系。日本乃系对等国家,非伪国比。平常两国间派一公使,一国不欢迎即不能去。此次不欢迎顾,亦事同一例,当然不去。且事实上亦无去之必要。因该团到日,系与日政府交换意见,我国本不能参加。即如日前该团到南京与政府交换意见与今次到平,我与该团晤谈,吉田亦均未在场。"

(四)"到济见韩,有何商洽?"

答:"早欲来济,与韩主席晤面。故此次飞平即另派一专车到平,备来济见面。因:一、路过济南,理当见面;二、将与调查团晤面经过,报告与韩。"

(五)"到泰安见冯否?"

答:"今晚到泰,必在深夜。不便惊动,预备留一信与之。因必须礼拜五早赶至京开行政院会议"云云。

(二十二日专电)

....

汪返京后发表谈话

〔南京〕 汪对记者发表谈话如下:

问:"与张主任会晤结果如何?"

答:"关于国防有所讨论,但未便发表。"

问:"与国联调查团会晤结果如何?"

答:"向国联调查团问其由东北归来之感想,并继续讨论在南京时之提出各点。"

问:"闻顾代表决定不赴日本,确否?"

答:"此事余与罗部长在北平已发表谈话。一、此次调查团赴日,系与日本政府交换意见,顾代表原无参加必要。正如吉田代表来京时,亦未参加我方与调查团之谈话会也。二、惟吉田代表来京时,我方以友谊相待,礼仪无阙,而此次日本有不接待顾代表之表示。须知此次顾代表赴日与赴东北不同。东北为我国领土,傀儡政府我方视同无物,不能因其种种作梗而不去,故政府仍促顾代表前往,而顾代表亦毅然任之而不辞。日本乃一国家,既对于顾代表为不接待之表示,当然不必前往。"

问:"过山东时,晤见韩、冯否?"

答:"昨日下午九时,在济晤韩。因系初次见面,故谈话时间较长。十一时离济过泰安时,本拟访冯。但为时已两点钟,上山殊不便。又以冯方在养病,未便约其下山,若必图一晤,势非停留一天不可,于本星期五之行政院会议,恐赶不到,故只留函问候,未及相晤也。"

问:"东北义勇军,与政府有关系否?"

答:"东北义勇军之组织分布,因交通不便,故与政府毫无关系。但义勇军完全为人民爱国心的表现,孤军奋斗,备极艰苦,政府当然不能坐视也。"

(二十三日专电)

....

罗文干谈东北问题

〔南京〕 罗文干谈,在平访问调查团,经过三度会谈,除对该团长途跋涉表示谢意外,关于解决东北问题,亦有所陈述。该方意见,印象尚佳。调查团应日政府之请,有展期东渡之决定。在此期间,该团人员将充分研究东北问题之症结。顾代表既被日人拒绝同行,我方因无绝对同行之必要,故决定打消。调查团报告书之完成,尚等时日。国联大会因稍展期,但九月间定可举行。我国外交方针,应靠自己努力,不能依赖他人。外交政策业已尽量宣布,关于进行方策与运用步骤,尚须随时应付,不能预泄于外,希望国民有以谅解。(二十三日专电)

(《申报》,1932年6月24日,第四版)

118. 我国代表团致国联备忘录,十九国特委会今日开会

〔日内瓦〕 中国代表团以机密备忘录送达国联秘书处,分送十九国特委会会员,因明日特委会将开会也。备忘录中请众注意日本议会已决议承认"满

洲国",并请国联大会至少当声明原则,即在李顿调查团未经大会审查之前,凡满洲所已成之事实,均不得视为有效是。此事将于明日由特委员加以研究。(二十三日路透电)

(《申报》,1932年6月24日,第六版)

119. 汪、罗、宋等在平协商情形,与国联调查团接洽多次,吉田声明不保护顾赴日,汪等南下时将顺道访冯

北平通信。行政院长汪精卫、外长罗文干、财长宋子文、铁次曾仲鸣等,日前偕同顾维钧来平。主要目的,在与北方当局协商外交、财政等重要问题,并与国联调查团交换意见。前、昨两日,汪等与张学良所协商者,侧重外交。除对整个外交方针有缜密研讨外,因调查团即将赴日,赶速于最短期间,交换一切意见。前晨(十九)与该团在外交大楼,作两三小时之长谈,交换一切意见。晚间顺承王府于夜宴之后,汪、罗、宋、顾等与张又有一度谈商。十一时许,外罗偕同刘崇杰特赴英使馆访李顿密谈两小时,直至昨(二十)晨一时许始返。昨日上午九时半,汪等与调查团各委员复在外交大楼继续交换意见,十二时始散。调查团方面,因内部尚有协商之处,散会以后,在外交大楼楼下会议室中开五委员之谈话会,密谈一小时许方散。下午四时,汪等又在外交大楼,与调查团各委员作更进一步之磋商。我方对于外交已有一定方针,对于东北问题亦有一定之目标与主张。日来与调查团协商之点,系对事实之真相及将来解决之方策,有所陈明与表示。前晨外交大楼之会商,调查团方面似受日方先入之见,对于一切问题颇多为日方张目之处,并提及抵制日货及义勇军等支[枝]节问题。对于我国人民自动之爱国行为,似有微词,甚至涉及内政。查日军强占东北,伪造"满洲国",事实俱在,举世共知。是非曲直,本不待调查而已明显。舍本求末,见小失大,不知调查团之见解,果何所在也。昨日汪等与调查团两次会商,所得结果,较之前日略有进展。顾维钧赴日,亦为日来与调查团协商之重要问题。日方极力反对顾随调查团东渡。前日日代表吉田且对调查团正式声明,顾如赴日,生命安全,日政府不负保护之责。是日下午五时,吉田复至汤尔和宅与罗文干会面,正式有所表示。调查团对于此事,似无主持正义

之魄力。现在顾之能否赴日,已属疑问。而以大势推测,十九不能随同前往。日代表偕同调查团到我国,我国非特毫无拒绝表示,且于招待保护方面,无微不至。乃顾之赴东北也,日方唆使伪国多方阻挠,此次赴日,更公然出而拒绝。日方行为,固已出于常轨之外,而调查团竟亦不维持正义,则更出于情理之外矣。闻汪等对于此事,以为万一顾不能随同调查团赴日,将发表声明,宣示经过。至顾维钧本人,则维中央之命是从,曾对人表示,中央如命余随同调查团东渡,虽牺牲生命,亦必前往云云。至调查团赴日行期,本有定于今日(二十一)之说。惟以各项事宜尚未协商就绪,势须展缓。然亦不能过于延长也。

汪、罗、宋等与张学良晤谈,约已有五六次。十九、二十两晚,并作二三小时谈话,所商之外交、财政以及军事问题,逐一决定。顷汪等以任务终了,决定今晚(二十一)六时后,乘专车离平返京,已由铁道部次长曾仲鸣电知路局预备专车。二十日上午十一时,津浦路所挂之花车一辆,由浦口挂于平浦车后到平,上有行政院卫队十五名。北宁路局并代备头等饭车一辆、卧车两辆、守车一辆,今晚六时开出,二十二日上午八时抵泰山。汪、宋、罗等拟登泰山,浏览该地风景,汪并顺道至普照寺与冯玉祥晤面。预定是晚六时前后,离泰山南下。预计二十三日下午四时可抵南京。昨(二十)日北平绥靖公署已电知山东方面,报告汪等行程矣。(二十一日)

(《申报》,1932年6月24日,第八版)

120. 日报记美、德两记者事,并谓美牧师为马占山传信

《大阪每日新闻》云,《纽约时报》记者史悌尔与德国《世界报》记者林德二人,衔调查团之使命,与马占山秘密会见后,受马占山之托,携带文书情报,交由美国牧师雷阿那特转递。雷氏密由哈尔滨经营口赴芝罘。日军部闻讯,认为案情重大,除令"满洲国"向美国总领事提出抗议外,并责其隐藏史悌尔拒绝引渡之非。又云,德国柏林新闻突闻记者林德为日本陆军逮捕,大为冲动。同时柏林《世界报》揭载林德与马占山会见谈话,略谓"余与史悌尔历经种种艰辛,方得与马占山晤面。马之部下有骑兵一万六千,步兵一万四千,大炮三十

六门,惟飞机操纵,不甚精敏。马之战略,力避大规模战争,只用小部队接触。马又谓倘部下弹药不继,亦当以枪刀与敌军奋斗,誓不少懈"等语。

(《申报》,1932年6月24日,第八版)

121. 日军摧残哈埠教育惨状:文化机关全部占据,物件运去,调查团到哈讯传来强令开学,改用日本课本,师生莫名其妙

外交当局据外国某机关秘密调查报告,日军抵哈后,摧残教育情形甚详,兹记其报告书如下。

日军进占东北,即将各地小学、中学、大学各级学校完全占领,并将学校加以破坏。如哈埠第二、第三各中学,校舍建筑非常宏大,内部设备亦极完全。日军到哈,即将各中小学完全占领,学生、职员悉被驱逐,校舍加以毁损。内部有价值物品,均被运走。院内满住兵士,门前堆满沙袋。文化之区,顿成兵营。武装警备,如临大敌。观之殊为痛心。此哈埠文化机关及图书馆等,均被占据,无一保存。此次国联调查团到辽,有赴哈消息。而日人为避免该团耳目计,先数日即暂将日军移出校外。门前沙袋,亦均拆除。通知教职员学生,强令开学,教员则按名催索迫令到校。有不愿就,或辞职者,即行逮捕监禁。至于所用课本,无论中小学,均不准使用国民政府教育部审定之教科书,一律改用日本课本。教员学生迫不得已,只有到校听令敷衍。有几处高小开学时,所发课本,均系单篇。学生不明课本意义,问之教员,教员答:"我也不明白,你们就糊涂听吧。"一种忍辱求生之痛,可想而知也。下课后学生大半逃走。加之日军不时到校检查,无故扰乱,如有不洽意处,即藉端寻事,随时拘捕。在新正阳河第九十小学校,被日军检查数次,教员无故被捕。王校长且被日军当面呵斥,谓"此后你应该注意,不然者,照样办法"。盛气凌人,视中国人直亡国奴之不若也。哈埠省立中学李校长云,一日日军前往该校大肆搜查。问其何故搜查,日兵谓以晚间放步哨时,于该校后门口深夜有石子落于面前,故尔搜查严办。校长亦不敢言语。次日又来日兵三十余,搜查毕,告校长,此后如再有侮辱日军行为,当枪决尔等(指学生及校长)。学生家庭及教育界人之家中,若发

现三民主义及党义书籍,日军搜出后,即将该书焚毁,人加拘刑讯问。种种难堪,不胜枚举。亡国惨状,与朝鲜、安南较,殆有过之无不及也云云。

(《申报》,1932 年 6 月 24 日,第九版)

122. 调查团整理调查材料,预定月底整理竣事

〔北平〕 调查团各委连日整理调查材料甚忙,每日工作时间约四小时。其材料分四次整理:(一)九一八事变主因,包含南满路被炸案及王以哲部行动案、锦州被炸案、天津事件案等;(二)各地抵货反日运动;(三)各地义军活动情形及共产概状;(四)关于我国各军政当局意见。预定月底整理竣事,着手编制报告书。(二十四日专电)

东渡日程现已拟定

〔北平〕 国际调查团之渡日日程,本日上午由委员会决定如下:六月二十八日夜,北平出发,二十九日晨,抵山海关;二十九日夜,抵沈阳,三十日晨,沈阳发;七月一日晨抵京城,二日晨京城发;三日晨,抵下关;四日晨,抵东京。日本方面事务总长盐崎书记官为接洽事务起见,将由京城乘飞机直赴东京。(二十四日电通社电)

〔北平〕 调查团定二十八离平,乘北宁车赴榆关后,换乘伪奉山路车赴沈阳,取道朝鲜赴日。已打消过青岛计划。该团五委及秘书长哈斯、秘书沙利、专委但诺黎十余人,同赴日。由日代表吉田,书记官林出、盐崎,陆军大佐久保田等,随同招待。副秘长白尔特、秘书吴秀峰等,仍留平整理材料。(二十四日专电)

日对顾维钧之态度

〔北平〕 调查团发言人谈,日本对顾代表赴日不负责任事,仅为报纸上消息,调查团未接日本正式通知,不能表示何种态度。(二十四日专电)

各委昨在旅馆开会

〔北平〕 调查团各委今晨在饭店开会。散会后,各代表分别访友赴宴。

(二十四日专电)

(《申报》,1932年6月25日,第四版)

123. 国联十九国委员会举行秘密会议,辽案调查团报告书送达日期准予展延

〔日内瓦〕 十九国委员会今晨举行秘密会议,中日代表俱出席。经短时期讨论后,旋即一致通过决议案,向星期二召集之国联大会特别会议建议辽案调查团报告书送达时期,应即准予展延。并同时表示,希望此时满洲方面勿再取足以使各国复遵已成事实之一切步骤。(二十四日国民社电)

〔日内瓦〕 国联所举办理中日争端之十九国特委会,定今日午后五时集议。英内务大臣萨缪尔将代表大不列颠出席。(二十四日路透社电)

〔日内瓦〕 中国代表团致国联秘书处之通牒,系转达罗外长来电,要求国联促日政府遵守去年九月及十二月之国联决议案,中止其使时局更趋严重之行动及承认"满洲国"之主张。盖此主张之实现,将引起远东严重之国际冲突,而使国联调查国之工作失其效用云。(二十三日路透社电)

(《申报》,1932年6月25日,第四版)

124. 汪等离平南旋,过泰安时留函与冯

与张最后晤谈

北平通讯。汪精卫、罗文干、宋子文、曾仲鸣及顾维钧等,连日在平与调查团作三次之会谈,于各项意见经交换终了。汪、宋、罗等关于北方之财政、军事、外交诸问题,因庐山会议中张学良未能亲自参加,原拟北来时便中与张一谈。抵平之数日中,多半与调查团会面,与张虽有多次会见,但迄未得作彻底之商讨。故原定二十一日下午离平,惟是晚汪等尚须与张学良晤面,对军政、外交等问题作最后决定,故又改定二十二晨离平。二十一日晨,罗文干赴孙传

芳处,晤谈甚久。八时,汪、罗、宋三人在北京饭店商议。晚间,宋子文、罗文干二人到顺承王府晤张,磋商财政、军事,大体解决,而外交尚须从长讨论,至二十二日晨一时,罗、宋始返北京饭店。记者询以所商经过,均谓绝对保守秘密,而此次外交、财政、军事为一整个问题云。又汪于离平前语各报记

下转第十版

者云:"日本阻止顾维钧代表赴日,政府业已决定令顾中止此行。上次东北之行,因东北系我领土,去否我有自由,非他人所能横加干涉。兹日政府竟正式声言拒顾入境,则我代表固无必去之必要也。余在此来平数日中,对军政外交,已与张主任谈及数次。惟因张体不适,故未作长谈。拟今晚(即二十一晚)再与张主任会见,大概可得有最后结果。现因南京政务纷繁,亟待办理。原定今(二十一)日离平,因尚须与张交换意见,今晚如有结果,明日(即二十二日)即可成行。过济时,拟稍事停留。晤韩、冯否,尚未定。"次记者询其连日与调查团会见经过,及中央对于伪国强制接收海关,除宋部长发表宣言外,有否更切实之办法。据答,正由罗、宋两部长负责办理中,暂时尚无可奉告云。

过天津时情景

天津通讯。汪等于今(二十二)晨专车离平,九时五十分抵津。本市当局到站欢迎者,有实业厅长何玉芳、民政厅长王玉科、建设厅长林成秀、教育厅长陈宝泉等,汪在车内客厅接见。时罗文干亦由另一包车内,出与欢迎人员相见。罗两目浮肿,形容憔悴,相晤之下,众为骇然,想见其劳瘁矣。汪在民国十九年过津时,精神弈弈[奕奕],态度肃然,近亦略现清癯。据汪语记者,宋部长本拟同行,因与张主任尚有接洽,在平犹有几日勾留;过济时,约耽搁半日,与韩主席晤谈,约后日早晨抵京;对东北问题,中央业拟有具体方针,现时未便奉告;伪国接收东北海关事,现正由罗、宋两部长负责办理云云。(二十二日)

过济南时晤韩

济南通信。汪、罗等专车,今日(二十二)由津开行,晚八点半到济。省府于今日上午,即令军警由省府至车站均加岗,警备森严。非有符号者,概不许入车站,到车站欢迎者,有省府主席韩复榘、财政厅长王向荣、实业厅【长】王芳亭、建设厅长张鸿烈、教育厅长何思源、省委张钺等。专车抵站后,韩复榘先率欢迎人员登车,与汪、罗等相见。寒暄既毕,旋请汪入城,到省府休息。时各记

者请见,汪遂在车上相与谈话,所言与在平津发表者略同。最后谓车过泰安时,正在深夜,故不便访冯,惟届时留下一信,因星期五日行政院尚有会议,故必须赶往出席云。与各记者谈话既毕,韩乃偕汪、罗等同乘汽车入城,到省府主席办公室休息。韩即备餐为诸人洗尘。席间韩报告山东政务及防务情形,汪对山东设施,表示满意。至十点半,始离省府返专车。十点五十五分,遂继续南下矣。(二十二日)

(《申报》,1932年6月25日,第九版转第十版)

125. 李顿声明顾维钧并无违反行动

《东京国民新闻》云,自"满洲国外交总长"谢介石因顾维钧在中国本部发表不利于"满洲国"之宣传,特向国联调查团提出质问,经委员长李顿驳复如下:"此次随伴余等赴满洲调查之人,除关于调查团事务上必要者外,无论何人,可保证其决无范围外的政治活动。且我等对于顾博士,深信无违反行动之理由。至顾博士在赴满以前与离满以后,其种种言论,完全为顾博士个人之意见,与我调查团完全无涉"云云。

(《申报》,1932年6月25日,第十版)

126. 国联十九国委员会密议中日事件,展长报告书提出期限

〔日内瓦〕 国联大会之十九国委员会今日下午在此开会。西班牙代表提议举行公开会议,但未获通过。委员会秘密讨论中日事件之最后发展。约一时半,决提议将盟约规定目前之展缓时期,将于八月十五日满期。是项提案,业已通知两当事国。委员会并附带声明,重申国联去年九月及十一月之两提案,规劝两方切勿作任何可使远东时局更趋严重之举动。(二十四日路透社电)

〔日内瓦〕 中日代表各将十九国特委会关于展长李顿调查团报告书提出期限之公文致其本国政府,豫料两国政府对此不致发生异议。惟中国代表因

特委会公文中对日本议会通过承认"满洲国"决议案一节,并未明白述及,颇不满意。(二十五日路透社电)

(《申报》,1932 年 6 月 26 日,第四版)

127. 顾维钧暂留京

〔北平〕 顾维钧谈:"本人不赴日本,系遵政府命令。调查团全体代表留日预定两周,将来直接返平,或赴京沪,尚未定。本人暂留京,因中国方面向调查团预备提出之说帖约十七八件,其中文字整理与编译,须本人解决。"调查团定二十八下午五时离平,二十余随员中,决一半留平。(二十五日专电)

〔北平〕 美代表及哈斯两夫人,均随调查团赴日,一行共十八人。(二十五日专电)

〔北平〕 美代表夫人今晚赴塘沽游览,美代表明晨前往迎接。(二十五日专电)

〔北平〕 李顿调查团定星期二日由此起程,取道沈阳、安东、朝鲜而往日本。(二十五日路透社电)

(《申报》,1932 年 6 月 26 日,第四版)

128. 日恐吓国联将否认大会,反对国联引用十五条,训令全权向列强疏通

《大阪朝日新闻》云,原定九月间举行之国联大会,已改至十一月召集。预料日本对大会之抗争局面,势必严重。目下日政府之态度,仍照既定方针进行。如国联对于满洲事变援引盟约十五条时,则日本将坚决不认大会。但政府为预防正面冲突计,已训令日内瓦全权代表,向主要国代表极力疏通,表明日本之态度:(一)日本决不变更既定方针,援引十五条;(二)日本以中日纷争之处理,属于理事会之权限范围,大会无审议之权,理事会将一切纷争移于大会办理,日本认为措置不当;(三)同时为参加会议,保留出席大会。理事会

接受调查团报告书后,继续审议。对于将来之解决方式,倘有不利于日本行动或否认"满洲国"之存立,恐必发生重大的纠纷云云。

(《申报》,1932年6月26日,第九版)

129. 日国民同盟主张承认伪满洲国,拟乘调查团抵东京时联合各派开国民大会

《东京国民新闻》云,以研究满鲜问题为主旨之国民同盟,近为承认"满洲国"事,联合与满鲜问题有关系之各派,乘调查团来京时,开国民大会,表示日本国民的决意。目下由五百木良三、内田良平、佃信夫、朴春琴(韩人)、高山公通等协议结果,决定:(一)以团体名义,对满洲问题用举国一致各派联合会之名义,声明中外;(二)乘国联调查团抵东京时,召开"满洲国"即时承认之国民大会;(三)本月下旬,在东京市内各处开演说会。

(《申报》,1932年6月26日,第九版)

130. 驻英使馆秘书鲁潼平来沪谈话:英国民众颇表同情于我

新声社云,驻英中国使馆秘书鲁潼平,昨趁英国邮船"格南加尔"抵沪。记者特往访于一品香旅社,询以英国近情,承鲁君一一答复于下:"施公使自九一八事变以来,迭次出席于日内瓦及巴黎之国联行政院会议,为国奋斗,积劳致病。因遵医生劝告,于年初赴西班牙休养,四月中始返伦敦。截至余(鲁君自称)上月中离英,时施氏康健,犹未完全恢复。使馆方面,除公使外,尚有参事兼代办陈维城氏,襄理一切。英国舆论可分两派:保守党报纸,如《晨报》《每日邮报》《每日电报》数种,大抵模棱两可,淆惑是非,不免时有偏袒某方之论调;工党报纸,如《新闻纪事报》《每日邮报》数种,及《孟彻斯德日报》,均能仗义直[执]言,无所顾忌,颇表同情于我。至于民众方面,则态度一致,极不满意日人之暴行。英国智识

阶级之拥护国联者，有国际联盟同志会之组织，会员百余万人，分会遍全国。中日事件严重时，曾数度开会，表示态度，并发表主持公理之宣言书，其影响英国舆论及外交政策之势力颇大。现任英国外交当局之远东政策，亦时受该会之指摘。再则沪战期间，尚有大批英国退职军官及航空人员，自愿向我方投效。即此可见英国民众同情于我之表现。国联方面，因调查团之全部报告书尚未就绪，故对于调解中日事件之重要工作，一时无从进行。国联因非执行机关，实力有限。列强方面，复多所顾虑，不愿出全力以拥护之。故结果如何，殊难逆料。我国历任全权代表施公使及颜公使，精诚恳挚，不屈不挠，深得各国代表及舆论之敬仰。现在日内瓦之代表团，颜氏以下，尚有办事处处长胡世泽、驻丹麦公使罗忠诒等。前任外次王家桢氏，亦留日内瓦任代表团高等顾问之职"云。

（《申报》，1932年6月26日，第十四版）

131. 国联特别大会定二十九日召集，日本不派代表出席

〔东京〕 国联秘书长希孟根据二十四日在日内瓦所开之十九国委员会之结果，为调查团提出报告书延期事，定二十九日开国联总会，曾通知日方征求意见，已由日代表团向日外部请训。外务省乃于昨日致回训如下：

（一）为中日事件，适用会章第十五条开国联总会，日本已依然照旧保留。即在承认李顿报告迟延之特别总会，与日本政府亦仍无关系。但希孟呈请之内容，日本亦无反对之障碍。故开总会事全系自由，惟日代表不能参加协议，是所遗憾耳。又希孟之通告，似未涉及满洲问题云。（二十六日电通社电）

（《申报》，1932年6月27日，第四版）

132. 李顿等在平之行踪

〔北平〕 李顿午赴英使馆，义代表昨赴大钟寺游览，德代表游西山八大处，法代表赴汤山沐浴。（二十六日专电）

（《申报》，1932年6月27日，第六版）

133. 国联调查团报告书提出期限展长，中日代表均已承允

〔日内瓦〕 驻此之中日代表，各奉本国代表团之训令，已允展长李顿调查团提出报告书之期限。中国之承允附有条件，即事势不增严重、报告书之提出不得迟至十一月一日是。日本复声明其保留，即国联会章第十五条不得施于满洲问题是。（二十七日路透社电）

（《申报》，1932年6月28日，第四版）

134. 国联调查团今日自平出发，颜德庆等陪送至榆关

〔北平〕 调查团决明晚离平。我国派颜德庆、萧继荣、刘迺藩［蕃］、郑礼庆、张汶五人陪送至榆关。赴日人员，计五代表及哈斯与其夫人、麦考易夫人，秘书卡瑞、毕德，随员布拉克类、邓鄂里、荣格，打字员一名，随阿斯德、杜尔纳等。（二十七日专电）

〔北平〕 调查团定二十九晨过榆关，当晚抵沈，七月一日抵汉城，四日抵东京。平绥署派张伟斌率卫队及北宁路警，督察长王殿卿率路警四十名，担任北宁沿路保卫。闻调查团拟抵沈后，派副秘书长皮尔特及专委数人，赴长春办事。李顿等抵日后，闻留平人员将有第二批赴日者。（二十七日专电）

〔北平〕 路透访员今日谒见国联调查团。据该团发言人声称，调查员五人偕秘书与专家各数人，将于星期二午后五时乘专车赴山海关，在该处换车赴沈阳，豫期星期三晚可抵沈。翌日首途，取道朝鲜赴日。途过汉城，并未停留。大约星期六夜可抵东京，勾留约二三星期，俾与日政府最后交换意见。此行无华人为伴。至留居北平之调查团人员，将与华员协同工作。现尚有许多公文，未经审阅。访员问以大连海关事，据答，此问题尚未经正式请国联调查团注意，惟亦在调查团之调查范围内，因其乃牵涉中日关系之重要事件也。闻国联调查团无发表临时报告书之意。（二十七日路透社电）

顾维钧在平患感冒

〔北平〕 顾维钧患感冒，热度甚高，今未起床，延西医诊治。（二十七日专电）

日方捏造报告结论

〔南京〕 调查团定二十八日下午五时离平，经东省赴日。专车已备妥。该团留日两周，即来平。日方近传调查团将在北平及日之箱根两地，分编报告书。并预先捏造报告书之结论，谓将提出关于满洲问题之各种决议案：（一）委任统治案；（二）满洲自治案；（三）"永久中立国"案；（四）"满洲国"承认案等。记者以此项消息关系东省问题，极为严重，特访外部某要人。据谈，上项消息外部毫无所闻，必系日人故弄玄虚。调查团报告书如何编制，虽不可知，但必不致如此离奇。如调查团报告书结论果如日方所宣传，则显然违背国联历次议案之精神，该团必不出此。（二十七日中央社电）

（《申报》，1932年6月28日，第四版）

135. 国联小国代表积极策动抗日，捷、西等代表奔走尤力

《东京国民新闻》云，国联特别委员会对于中日事件报告书，已将制作期延长，一面确定十九国委员会继续召集。惟迩来捷克斯拉夫与西班牙等小国代表，又积极策动，谓："调查委员之迟延报告，虽出于不得已，但上海事件，自前次开大会以来，情形已大变化。至于满洲之事，国联各国不应袖手旁观，拖延至今。此特尤不应专开形式的大会，应急将李顿等之报告书并参酌其他各种情报为基础，就中日两国最近之形势，开始审议，从速表示国联之意思"云云。现捷、西两国代表，向国联各国代表间奔走甚力。因此预料会议时，彼辈必将发强硬论调，以反抗日本云。

（《申报》，1932年6月28日，第八版）

136. 日方监视德、美记者，伪管理处传讯两记者，法领事要求日方道歉，李顿已来电声明关系

哈尔滨通讯。日前赴海伦西北通河镇访晤马占山将军之美记者史迭尔、德记者林德，目下已受日方监视，行动极不自由。在此事未解决前，日方似不容两氏离去哈埠。盖一为防其传递所谓马占山秘密文件于国联调查团，一为防其报告于使团，致起扩大交涉。惟十七八两日之深夜，日人又指挥伪管理处，传去该两记者。林德当由法领事伴去，史迭尔则由美领馆送去。到伪管理处后，由伪警察处司法科偕同日顾问八木讯问，究诘访马是否有调查团之使命，及与马谈话纪录内容如何，须送交该处一阅。两记者均谓访马出于好奇，因国联调查团到哈后，曾与马占山密使会见，双方谈话多次。调查团准备往晤马氏于呼海路某处，后因日方反对甚力，遂取消此意。渠两人乃乘机与马氏密使会见，接洽见马手续。起程之先，至松浦市与马氏密使及多数卫兵相见，即相偕去通河镇。谈话内容，仅为新闻记者应问之问题。记录为华文，渠等不识作何语。因当时为马氏一秘书所纪，临行时交我等者，现由美记者韩达译毕，交付法领事诺那手云云。计伪管理处询问两次，两记者所答均如是。日方乃向美领事翰森交涉谈话纪录交出问题，美领事令直向法领事处索取。及日人向法领索取，法领谓索阅不难，应先解决"满洲国"承认与否问题。现在"满洲国"既未得世界列国之承认，则自不能对外人有何行使权，且不得擅自捕禁外人。目下须由日本正式机关依照外交方式，向法领馆道歉，向林德先生道歉，然后记录①即可交出。答覆去后，日方认为过于难堪，将令伪国驻哈交涉员施履本以外交手段，提出交涉。故此事一日不解决，两记者一日不获撤除监视之处分，亦即不得离哈。林德于十九日午刻，曾以私人名义访施履本于伪交涉署，由总务处长日人杉原出见。林德质问："何以无治外法权之'国家'，竟径行逮捕外人加以拘禁？本人访马，为新闻记者之天职，有何不可之事？且本人尝于沪战时出入战地，未受若何束缚，奈何一至东北，竟受日人无理之限制。纪

---

① 编者按：原文或作"纪录"或作"记录"，写法不一。

录在法领事馆,一切可径向其交涉。本人自由,即须恢复,且不得监视本人住所及无故侵入检查。"杉原当即强辩,略谓:"马占山为'新国'之叛逆,无论何人,不得'满洲国'许可,不得会见,因防泄漏满洲军事之秘密。谈话纪录,既无关系,为何不肯交出?"最后并云,已得有充分证据,证明为马占山传消息与国联,现在"满洲国"不得证据不休云云。林德闻言,愤懑而去。关于此事,调查团委员长李顿昨有一电到哈致日方,原文大意云:"阅报得悉前与马占山将军会晤之两报通讯员史迭尔(美国《纽约太晤士报》通讯员)及林德(瑞士人,德《世界报》记者)。据报载彼等系国联调查团代表,兹余以调查团名义向君等声明,该记者等无论已往或现在,均非调查团之团员,调查团亦未委托彼等往会见马占山"云云。电文虽解释如斯,但日方未尝置信。将来外交纠纷,不知至何地步也。(二十一日)

(《申报》,1932年6月28日,第八版)

137. 国联调查团昨离平,经沈阳、汉城等处赴日搜集材料,总报告书七月下旬可编制完竣

〔北平〕 调查团今日下午六时离平。自北京饭店至车站沿途,均军警布岗戒备。汤国桢(代表张学良)及周大文、于学忠等各要人,均到站欢送。顾因感冒,由王广圻代表欢送,萧继荣等仍随车随送至榆关。报告书已有一部整理完毕,俟下月该团再度来平,即可全部告终。(二十八日专电)

〔北平〕 调查团各委及随员与日代表吉田及随员等三十余人,下午六小时离平。张代表于学忠、王树翰、蔡元等均送行。该团发言人谓:"五代表此次赴日,系搜集材料。大部文件留平。在沈阳、汉城俱留一日。在日耽搁二三周即返平,整理报告。搜集材料,颇费时日,总报告书只须一周间即可编成。七月下旬,可全部告终。"(二十八日专电)

〔天津〕 国联调查团专车二十八晚九时十分抵津,过新站未停。二十分抵东站,省市当局均到站迎接。十时离津东去。(二十八日专电)

顾维钧抱病未送行

〔北平〕 顾维钧在关外受激刺过甚,自谓生平所未有。回平后,又冒暑赴

京、沪、浔报告并演说，一面又须预备说帖。夜以继日，劳瘁多日，未得片刻休息。自前日起，忽撄感冒，热度极高。医嘱停止见客，妥加休养。昨日调查团东渡，亦未能往送，一切暂由秘书长王广圻代表。（二十八日专电）

征询海关问题意见

〔北平〕 调查团今晨在饭店会谈，李顿并晤顾维钧。该团认大连海关事件，亦在调查范围内，故征询我方意见。（二十八日专电）

刘崇杰一周内进京

〔北平〕 刘崇杰谈："本人一周内赴京，就职与否未定。因顾抱恙，整理调查团备忘录，由本人协助，日内可竣。内计十种，大部已陆续送达该团。"（二十八日专电）

哈斯调查天津事变

〔天津〕 李顿爵士派调查团秘书长哈斯，两三日前秘密赴津，调查天津事变。此举仅就中国方面调查，未与日本接触。（二十八日电通社电）

（《申报》，1932年6月29日，第三版）

138. 调查团昨出关，在榆关换乘伪国专车

〔山海关〕 国联调查团一行乘北宁专车，二十九晨六时抵山海关。各界到站欢迎。由吴秀峰引导，何柱国旅长登车，与李顿爵士谈话，李顿详询榆关近日情势。美委员麦考益偕夫人，冒雨由何镜华参谋等陪游天下第一关。经何说明中国古代筑城之价值，美委员颇感兴趣。七时许返车，各委即先后换乘伪奉山专车。该车计九节，与日军铁甲车先期到榆站接迎。八时，李顿爵士与何柱国、吴秀峰、萧继荣等握别，车遂出关。北宁专车与欢送各员于八时半开回天津。（二十九日专电）

〔锦州〕 往日之调查团一行，今日下午十二时半经此往沈。（二十九日电通社电）

〔东京〕 外务省因调查团复来日本,已与铁道省接洽,决在下关、东京间为调查团开行专车。调查团一行于三日上午七时抵下关,乘八时四十五分开之专车,于四日上午八时抵东京。(二十九电通社电)

《孟却斯特导报》论评

〔伦敦〕 《孟却斯特指导报》今日载有社论,论满洲海关被占事,谓此种反常之幻像,将延至何时始已乎？日本允在南京政府与"满洲国"间调解,直如俳优之串剧,日本对付国联之态度,殊为巧妙：一面赞助展缓考虑满洲争端,及待李顿调查团之报告书送达日内瓦,而一面则不承认国联有依据会章第十五条讨论此项争端之资格。(二十九日路透社电)

(《申报》,1932年6月30日,第四版)

139. 国联特委会今日重行开会,考虑报告书限期事

〔日内瓦〕 十九国特委会今日午后将开会讨论中日争端,预料此会较寻常为重要。西班牙代表玛达里亚迦及捷克斯拉夫代表皮恩士博士,将为主要演说者。特委会中之小国代表昨日均赴洛桑,与大会议长希孟会商今日开会之程序。诸小国闻满洲局势之发展,甚为惊讶,尤其对另设一政府,盖恐将树一危险之前例也。彼等请希孟注意该问题,并建议于今日公开讨论。惟希孟表示意见,以为特委会各委员在今日会议中固可自由发表意见,但渠意此事尚未臻公开讨论之时机云。(二十九日路透社电)

〔日内瓦〕 希孟因洛桑赔款会议刻在吃紧中,故今日不能莅此。因是十九国特委会已展期明日开会。国联大会特别会议原定明日举行,今已展期至星期五日。此次大会特会之召集,专为考虑展长李顿调查团提出报告书限期事,将由希孟主席。(二十九日路透社电)

国府方面否认提出解决东案办法

〔南京〕 昨日上海报纸载有消息,谓中政府已提出解决满洲争端办法,其中包括满洲立一自主国,由中日政府委一大员驻于该国,承认日本在满洲之若干种权利及撤退满洲之军队而代以警队各条。今日国民政府发言人切实声

明,政府并未提出此项办法。(二十九日路透社电)

〔南京〕 某要人谈,国府并未向国联调查团提出解决东北事件方案,如外报二十八电所传者。(二十九日专电)

(《申报》,1932年6月30日,第七版)

140. 调查团离沈阳,由安奉线南下

〔沈阳〕 国际调查团李顿爵士一行,昨夜七时二十分由北平到沈阳。本日上午十一时发沈阳站,由安奉线经朝鲜赴东京。(三十日电通社电)

〔日内瓦〕 现因希孟为赔款会议公务所羁,今日不能来此,故十九国特别委员会会议又展期明日开会。国联大会特会将继之开会,考虑展长李顿调查团报告书提出期限。两会议皆将由希孟主席。(三十日路透社电)

日方所传之一建议

〔东京〕 今日此间接讯,日本苟承认满洲伪国后,辽案调查团将建议召集一国际大会,提议彼此约定,姑静观事势变迁三年至五年再定趋向。(三十日国民社电)

顾维钧养病不见客

〔北平〕 顾维钧热度渐减,遵医嘱静养,不见客。(三十日专电)

英专委昨过济南下

〔济南〕 今调查团铁路专门委员英人海姆及秘书梅纳过济赴沪,转日返加拿大。颜德庆亦过济赴沪,出席中英庚款委员会。(三十日专电)

…………

(《申报》,1932年7月1日,第三版)

141. 外部驳覆日方抗议

〔南京〕 外部以日方对福本免职案抗议毫无理由,已由亚洲司据理驳复文字整理将竣,明后日即可发出。国联大会原定九月开会,兹因调查范围扩大,未能如期竣事,经李顿电请展期,国联十九委员会已予通过,惟时期未定。据事实上观察,调查报告九、十月始可编竣,故大会须十一月始能举行。但如临时发生严重问题,我方仍得随时要求召集大会云。(三十日中央社电)

(《申报》,1932 年 7 月 1 日,第八版)

142. 实部备具经济说帖

〔南京〕 陈公博以国联调查团经济专委多福门来京,拟将中日间经济利害冲突实际情形及症结所在,备具说帖,以供参考材料。已令主管署司赶速办理。(三十日专电)

(《申报》,1932 年 7 月 1 日,第八版)

143. 蒋作宾谈话:解决辽案最低限度;中俄复交由莫接洽

上月二十八日,本埠西文晚报载,曾有国民政府要人应国联调查团之请,于牯岭会议拟定一解决辽案新方案。此种离奇消息,当然不能令吾人置信。新声社记者昨特为此事,往访外交委员长兼驻日本公使蒋作宾于其私寓。据蒋氏答称:"此事绝对不确,亦绝对无此事。据余(蒋自称)个人所知,调查团为草拟报告书,须向中日双方政府征求意见。故该团于抵平后,曾向我方征询对解决东北最低限度之意见如何,我方当以不妨碍中国领土及行政权之完整为原则作答,并无所谓另一新方案。余敢言,政府诸人无论如何愚蠢,亦不致有此意见提出也。至中俄复交事,当本人在京时,闻外部曾电旅意养疴中之驻俄代表莫德惠回任办理,现下当已回俄"云云。

(《申报》,1932年7月1日,第十三版)

144. 国际联盟昨开两种会议:关于调查团报告展限事,中日代表团函稿已发表

〔日内瓦〕 十九国特委会今日午后三时开会,大会特会则定五时开会。两会议英外相西门均将出席。(十日路透社电)

〔日内瓦〕 今日国联秘书厅发表国联大会兼十九国委员会主席希孟关于延长辽案调查团呈送报告时限事,与中日代表团往来函稿。中国总代表颜惠庆答复希孟延长时限提议之函,表示中国希望展延时限,不致有不正当之延滞,俾国联大会在十一月以前,将可规定对于中日争执之态度。并谓国联虽有种种决议,而日本现仍扩大其对华军事行动范围,且公然赞助满洲伪邦;中国处此环境之下,而仍允展缓呈送报告时期者,仅因坚定希望国际联盟将不容日本再增加时局之严重云云。日本覆文则仅表示同意于展期,及重申前此日本关于在满地位所提保留。嗣希孟再覆两代表团,函尾表示深信当事国双方将能恪守在国联理事会与国联大会所承受之义务,避免足使时局益增严重之任何行动云。(三十日国民社电)

〔日内瓦〕 十九国特别委员会今日午后集议,采纳希孟之建议,仅加以口头之修正。会议历时约两句钟,数委员曾切言中日争端之两造皆负有不使局势增重之义务。(一日路透电)

(《申报》,1932年7月2日,第八版)

145. 李顿会见韩督,内田今日由大连返国

【华联社一日京城电】 李顿爵士一行,今日上午十时四十分往访宇垣总督,会谈约四十分而去。宇垣详述国现状及韩东北事件与韩国之关系,求调查团谅解。

【日联社一日汉城电】 驻汉城中国总领事今晨九时赴朝鲜饭店,拟会见李顿委员长,说明去年在韩发生之中日民冲突事件。然李顿因此事与满案无直接关系,未与会见。

....

(《申报》,1932年7月2日,第十二版)

146. 国联调查团由汉城赴釜山

〔汉城〕 调查团李顿爵士等一行,昨日上午七时由安东抵汉城。小憩之后,即在总督府会晤宇垣朝鲜总督,交换意见,一时余始去。昨夜七时,调查团全体出席在总督府大厅举行之欢迎晚餐会。一行于今晨八时半由汉城出发,乘火车赴釜山。(二日电通社电)

(《申报》,1932年7月3日,第三版)

147. 顾维钧将赴北戴河

〔北平〕 顾维钧热度虽退,精神未恢复,遵医嘱明晨赴北戴河小住,秘书施肇夔等偕往。顾夫人候女自津来,定六日往。秘长王广圻亦患感冒。(二日专电)

(《申报》,1932年7月3日,第八版)

148. 刘崇杰自平到京

〔南京〕 刘崇杰二日晨由平抵京,向罗文干报告国联调查团赴日前后工作情形。十时罗即偕刘崇杰赴沪,与在沪之中央各要人商议一切。(二日专电)

(《申报》,1932年7月3日,第八版)

149. 国联特别会议通过展长李顿报告期，提案声明延期属不得已后不为例，日政府竟无理反对国联干预辽案，西代表动议邀土加入联盟，英人布特勒继任国劳局长

【路透一日日内瓦电】 国联大会今日举行特别会议。中国首席代表颜惠庆博士首先发言，关于展长国联行政院提出李顿报告书之期限事，正式表示同意。惟谓延缓之原因不在中国，且此项延缓具有危险性，故应限于最短期间。渠希望调查团报告之研究，将早日完成，不必延至十一月一日云。颜博士继称：东省情形，因"满洲国"之举动甚形严重；凡破坏条约者，不得与之言和云。颜博士之最后一语，博得全场掌声。次瑞士代表发言，略谓世界各国对于中日事件关怀綦切，展长调查团报告期限，应限于极短时间云。捷克、墨西哥及西班牙代表相继发言，语意与瑞士代表略同。惟西班牙代表对调查团进行工作之迟缓，表示不满，渠希望调查团之报告可促成圆满解决。主席希孟于结束辩论时，声称，渠之展长期限提案已正式通过，并称凡违反条约之任何状态，不能加以承认云。希孟诫各方勿作任何举动，阻碍调查团之工作。国联大会旋即宣告休会，至下星期止。辩论时日代表长冈自始至终未发一言。大会通过提案之全文，略谓关于会章第十二条所规定之期限，中日两国均已同意展长至严格的必须[需]限度。提案内郑重声明，国联大会因受情势驱使，采此特殊办法，此后不得援为先例云云。大会提案规定，在接受调查团报告书后，由大会委员会决定展长期限之确定日期。大会提案声明：大会在决定此项展期时，未有过分拖延其工作之意；大会甚欲环境所许，从速结束其工作，此无待言；大会希望大会委员会能于十一月一日以前，开始研究调查团之报告书云。

【电通社二日东京电】 昨经国联总会之决议，将辽案调查团之报告书，形式上提交理事会。该会不加审查，即转交十九国委员会，后再及于总会。日外务当局对之绝对反对，将待专任外相决定时开外务省会议，将下列决定条件电致日代表团：

（一）调查团系根据会章第十一条，由理事会所派遣，故其报告应由理事会审议。而交与无中日两国之十九国委员会，实有混乱该问题也。（一）在国联方面对满洲问题，虽可谓自二月十一日以来依会章第十五条，在国联总会之

手,但日政府则始终反对,对于总会之参加系附有保留者也。故国联干与满洲问题,是所绝对反对,含有全部否认之意,故日代表难以参加。

....

(《申报》,1932年7月3日,第八版)

150. 内田就外长后即将承认伪国,傀儡交长尽量献媚

【电通社二日东京电】 内田满铁总裁将于五日归东京,预定六日就外相。

【电通社二日东京电】 内田满铁总裁将于就外相任时,对中外宣明日本之态度,继即发承认满伪国之宣言。满伪国于日本加以承认时,将特派由日、满人之参事官各一名,升任全权"大使"或"公使"云。

【华联社二日东京电】 满洲伪国交通总长丁鉴修,今日往访永井拓相。谓满洲各地义勇军逐日增加,而因海关问题,英美各国对满洲问题之感情日恶;李顿一行之调查已告一段落,现时正在作报告之时期。日本于此时期,亦应表明其最后态度。如此时不从速决定承认伪国,则伪国前途甚危,国联亦将集其全力压迫日、"满"两国。永井答云,日本所见与伪国均符合,三四日后由[内]田将回国就外长,承认问题不久将见实现云云。

....

(《申报》,1932年7月3日,第十一版)

151. 国联调查团离平过榆赴日

北平通信。国联调查团委员李顿等五人,于二十八日离平经过榆关赴日。是日上午八时,曾在北京饭店作一度晤谈。十一时又作一度谈商,闻系关于大连海关事件。十二时散去。午餐后,即整理行装,摒挡应带之物件。布置完妥后,五委员分往各国驻华使馆辞行。下午五时返回饭店,各委员分将北京饭店账目开支完毕,即分乘汽车离开饭店。五时四十分先后抵车站,即登专车。各随员等亦相继入站。张学良代表王树翰、于学忠、蔡元、应瑞符、汪申、吉世安、

刘崇杰、关荷麟、顾维钧代表王广圻及各国武官等，均到车站欢送。美使詹森亦由妙峰山赶回送行。日使馆书记官林出亦偕日武官及兵士十名到站，与日代表吉田等寒暄良久。六时正汽笛一鸣，车即移动。九时二十分抵天津东站，停约二十分，车复东行。

调查团随行人员除五委员外，同行者有麦考益夫人，秘书长哈斯夫妇，秘书贝尔、沙内，男女打字员各人，及美委员之法律顾问秘书、法委员之秘书、德委员之秘书、日代表吉田之随员。我招待处派刘洒藩[藩]、萧继荣、张汶、郑礼庆四人，陪同担任沿途招待。俟抵榆关后，即乘原车折回。调查团预定于六月二十九日上午六时到山海关，在山海关停留半小时，即登伪奉山路车出关。计程三十日晨六时可达沈阳，在沈耽搁一日，转朝鲜东渡。过汉城再停一日，七月四日左右可抵东京。秘书贝尔则俟该团离沈后，即往长春接洽待商之问题。

当调查团离平时，发言人在车站向记者谈称：五代表此次赴日，系搜集材料，大部文件均留北平；在日本耽搁二周至三周间，即行返回，分别整理报告；至调查团材料搜集，颇费时日，总报告书只须一星期之期间即可编成，大约七月下旬，当可全部告终。

顾维钧在关外受激刺过甚，自谓生平所未有。回平后，又冒暑赴京、沪，浔报告东北实状并演说，一面又须预备说帖。夜已[以]继日，劳瘁累日，未得片刻休息。自二十六日起，忽撄感冒，热度极高。医嘱停止见客，妥加休养。中国代表处大部人员刘崇杰、金问泗、戈公振等，则定一周内分返京沪。

山海关通信。国联调查团的主要份子，于二十九日上午六时，偕日本参与员吉田等抵山海关，换乘伪奉山路的专车，八时出关，当晚可到沈。预备经由沈阳转安奉铁路过朝鲜往日本，在沈阳或留宿一夜。闻日本人预备演新照的"满洲国"电影给调查团看。此种电影的内容，不过又是侮辱中国，并替日本人宣传他自认为功德的事。李顿的秘书某氏，临换车的时候向人说：我们又去受罪了。问他怎么解释，他说：你看看那边是什么东西，怎么能不算受罪呢？可见日本人的把戏，调查团的人也都看厌了。伪奉山路派来的专车，仍旧是九一八晚上扣留的北宁路车辆，不过上了一重油漆。除了三辆头等供五委员乘坐以外，所有随员只能坐二等车，与北宁车的舒适相比，自有天渊之别。调查团此次选定的途径，颇有用意。安奉路是日本人侵略东三省的最大工具，在军事上具有极大价值，沿线修有四五十座永久式的炮垒。日本驻朝鲜的军队，由安奉路运输，二日以内大部可抵辽宁。"满鲜一元"论，恐怕就仗着这条路，作一个切实的连锁吧。朝鲜被日本吞并,是一九一零年的事。现在又照着吞并朝鲜的旧路,来吞并东省。标榜辅助弱小民族的国联,这一次能去看看,或者能够帮助他认识日本的本来面目。仆仆风尘的诸位委员,过山海关已经三次了。山海关的人民,虽然仍旧照例的列队迎送,但是看那些人的表情,已经不像前两次的热烈。日本兵在几天以前来了五十名,硬将距山海关八里的一个村庄居民驱逐净尽,把所有的房子改成了若干间的小房。看他的用意,大概又是在那里预备作不正当的营业。鸦片、吗啡、赌场,正合适用那种布置。伪奉山路的日军,因为东边义勇军闹得利[厉]害,调去防御的颇多。山海关我方的防御颇充实,暂时或不致发生若何事故。北宁路专车已驶回北戴河,路局职员有一部往海滨视察。二十九日晚再把专车开到唐山,就留在唐山机厂修理洗刷,预备调查团回来的时候好用。(二十九晨)

(《申报》,1932 年 7 月 3 日,第十一版)

152. 国联调查团派员来沪,征询东北关权问题

国际联盟调查团,此次对于东北伪国劫夺海关政权事件,颇为关心。李顿爵士为调解纠纷起见,特派该团专门委员海姆氏,会同秘书梅纳氏,离平来沪,向宋财长、梅总务司征询意见。兹悉海姆、梅纳二君,业于前日由京抵沪,当即先往谒晤梅乐和氏,经一度会谈后,即由梅税务司伴同会见宋财长于西康路本宅。闻宋财长对国际调查团出任调停此事,并不反对。而海姆氏此行来沪,亦复携有李顿爵士之重要函件,对东北劫夺关权问题,拟以折衷办法解决之。惟须征得宋财长之同意,方能着手进行调解。宋财长则以此事关系重大,对调查团所提之办法,尚在熟虑之中。故连日虽经几度会谈,尚无相当结果云。

(《申报》,1932 年 7 月 3 日,第十四版)

153. 日方将派大批学生,充任伪国官吏

〔北平〕 国联秘书吴秀峰谈,调查团所派秘书皮尔特已到长春,研究经济

专委杜尔曼赴沪,与当局交换意见。(三日专电)

(《申报》,1932年7月4日,第四版)

154. 顾维钧昨赴北戴河

〔北平〕 顾维钧今晨赴北戴河,施肇夔等随行。休息两周,即返平。(三日专电)

(《申报》,1932年7月4日,第八版)

155. 调查团抵日本

【电通社三日下关电】 经由朝鲜来日之国联调查团李顿爵士等一行,由釜山乘昌景丸于今晨七时半抵此。当地官民多往欢迎。往山阳馆少息后,乘早八时四十五分出发之专车往东京。李顿氏语记者,谓滞留日本之日程尚未决定,但拟待要事完毕后即返北平。至于与日本接洽何事,或要求日本提出满洲问题解决案等,现全无腹案。

【电通社三日东京电】 日政府任命前外务次官永井为招待调查团之委员长。

【电通社三日东京电】 调查团一行滞留日本时之日程,已由日外务当局与先抵日本之哈斯间决定。大体如下:四日抵东京,止宿于帝国旅馆;五日觐见日皇,次谒秩父宫,更访斋藤首相;六日与内田外相会见;七日出席秩父宫在赤阪离宫之晚餐会;八日以后,与外务省及政界与金融界之有力者会见。留日期约三星期。起草报告书之地点,预定在箱根。

日承认伪国急进

【日联社三日东京电】 永井拓相昨日下午往访荒木陆相,曾谈二小时。其内容专商议满伪国承认问题及四头政治问题。结果决定将于内田就任外相后,即将进行承认伪国之手续。

【电通社三日东京电】 日政府现待内田就外相后,再研究对华、对"满"反对国联之既定方针。后乃确立固定不变之大方针,并且宣告中外。其宣言内容如下:

(一)绝对承认"满洲国"之独立,且与以积极的援助;

(一)排斥"满洲国"独立之障害;

(一)国防产业及其他全部,日、"满"绝对提携。

以上略记其端。为期实现起见,多数主张表示排斥无论何种障碍之决意。至于此项方针发表之期,有谓在对调查团表明日帝国之决意时,同时宣告中外者,或有谓应在对调查团表明决意前行之。故此说分为二派,现政府部内正在拟议中。

……………

(《申报》,1932年7月4日,第八版)

156. 国联调查团经济委员陶德曼氏昨日东渡,携有宋财长致李顿要函

国际联盟调查团经济专门委员陶德曼氏,为调查满洲伪国劫夺海关主权事件及大连海关被劫夺情形,日前在京曾分谒外交部长罗文干等,征询国府处置此案态度。前日陶氏复由京来沪,谒晤宋财长及梅总税务司,交换意见。当经宋、梅两氏殷勤接待,并详述财部力主收回整个关权之意见,陶氏颇为满意。兹悉陶氏现已于昨日上午十时乘日邮船长崎丸轮离沪赴日,候晤李顿爵士。宋财长昨复有致李顿氏之极重要长函一通,交由陶氏携带转呈李氏,报告海关问题云。

(《申报》,1932年7月4日,第十四版)

157. 国联调查团抵东京，到站时日青年散发传单表示反对，李顿发表声明书说明此行之任务

〔东京〕 国联调查团一行，本日上午八时抵东京站。外务、海、陆各省代表及英、美、法、意、德各国使馆人员莅站迎接。一行即下榻帝国饭店。李顿一人由车站径赴英使馆，会见英使林德莱。（四日日联社电）

〔东京〕 国联调查团委员李顿爵士一行，今日上午八时抵东京。李顿抵京前，有一批日本法西斯蒂党徒，由东京车站饭店窗内投许多传单，文谓驱逐李顿一行出境，其内容如次："藉此机会，国民须奋起表示日本国民之意旨。满洲是用了许多日本国民之血汗所造出来的，所以日本当然有主张特殊权益之权利。满洲须认容日本之特殊政治权，不容外人干涉。英美各国须即刻由满蒙退出，不容你们欧美人干涉。国民团结起来，即刻驱逐李顿一行出境。"（四日华联社电）

〔东京〕 今晨七时半国联调查团将到东京车站之时，有人散发传单，表示日本国民对于调查委员之决意。其标语谓："死守以父兄血肉筑成之满蒙权益；国联应为世界和平辞退处理中国问题；日本国民已经一致决意承认满洲国。昭和七年七月，独立青年社。"（四日日联社电）

驻韩总领访晤李顿

〔南京〕 外交界息。日联社东京一日电称，中国驻京城总领往访李顿爵士未蒙接见说，完全不确。外部曾接卢总领来电，谓一日与调查团晤会，谈二十分钟，并面交某项重要文件。（四日专电）

李顿爵士现患微恙

〔东京〕 李顿勋爵现患感冒及胃病，但病势不重。李现寓英大使署。（四日路透社电）

李顿发表一声明书

〔大阪〕 国联调查委员长李顿，昨午后三时赴东京途中经过大阪时，发表

长文声明书。其内容先赞日本风景之美，次望与现内阁诸公会见交换意见，后力说调查团本来之使命。谓："据中国报载，众料余等将受中国关于解决中日纠纷之条件，而向日政府提示该条项。余又得悉报载余等拟向国联提议对于'满洲政权'与以五年之试政期间等事。现在各国报界极欲深知调查团之使命究在何处，在此时际发表此种报导，不能谓其无理。但余等关于此问题，未有任何权限。余等现在再度来日之际，切实言明：余等为调查委员而非交涉委员，余等使命及目的在于搜集关于今次纷争之一切关系事实而报告国联。此种关系事实之中最重要者，为中日两国在纷争地域内所有之永久的权益，固无待言。彼此调和此种两国权益之前，先行阐明此项权益究为何物，为最必要之事。国联当局根基于余等所得之智识及对国联理事会之劝告，实行调停中日两当事国争执之任务，此即国联之使命也。中日两国舆论尚未熟知余等之使命，现在两国国民关于委员会将作何种报告之事，均抱重大不安。因此结果，委员会实行任务之前途，尚有多数不安在焉。中日两国甚恐被国联要求让步自国重要权益之一部或加以改变。故中日两国报纸向自国国民主张稳健态度，似系困难之事。中日两国争执之解决前途，尚有暗云蔽空之概。又余等确信，余等之调查，对于中日两国之生死权益有大影响。故对于余等之努力，希望有好结果。中日两国如能觉悟此项事实，则和平福音必能制胜。余等努力之目的，在于实现此和平也。"（四日日联社电）

日政府将发表声明

〔东京〕 现料调查团既抵东京，而在内田就外相职后，日政府对于将来承认"满洲国"事，将发表其切实态度。据日文各报载称，政府将声明各事。其一为国联关于日军撤入铁路区域之决议案，今已不复有效。盖该决议案通过时，满洲犹为中国之一部分，今则满洲已宣布独立矣。关于满洲海关问题，大约将来结果，日本将准"满洲国"管理大连海关，惟仍认该关属于中国。故须以适足之款解交中国政府，抵付外债各项。（四日路透社电）

（《申报》，1932 年 7 月 5 日，第三版）

158. 调查团将对日表示劝勿承认伪国，侵犯领土权之行为于国际地位为不利

〔东京〕 日政府因"满洲国"之独立，将为事实上承认之措置。但调查团之观察：（一）日本之承认"满洲国"，与昔日政府在国联所明言之尊重中国领土权之言相违背，将为世界舆论所反对；（二）日政府之出于此种行为，实等于承认侵害领土权，故侵犯领土权实与九国公约相违背。故谓日本承认"满洲国"之行为，日本于国际之地位为不利。且于内田伯与调查团会见时，将劝告反对即时承认"满洲国"。缘某国委员已为非正式之意思表示之事实，故调查团之行动，非常重视。（五日电通社电）

李顿在英使馆静养

〔东京〕 李顿爵士患病，本日由法国大使馆医师诊察。病势并不甚重，因疲劳过甚，肾脏略有微恙，故须休养二三日。现在英国大使馆静养，本日与斋藤总理之会见已展期。（五日电通社电）

秘书长哈斯之谈话

〔东京〕 国际调查团秘书长哈斯昨晚语记者团曰："关于满洲问题，余个人乃乐观论者。调查团惟根据调查事实之结果，报告理事会而已。理事会根据联盟规约第十五条，得将此次报告书，移交联盟总会"云。（五日电通社电）

今日与日首相会见

〔东京〕 李顿卿因长途劳顿而病，调查团与斋藤首相之会见日，自延至明日下午二时。（五日电通社电）

（《申报》，1932年7月6日，第三版）

159. 调查团会见日首相，李顿抱恙仍在静养，由意委员暂代主席

【电通社六日东京电】 李顿爵士之病，尚须一两日方能全愈。本日决由其他四委员及秘书长哈斯，于午后二时，在总理官邸与斋藤首相为第一次之会见。

【电通社六日东京电】 除李顿卿外调查团一行，于下午二时半，由吉田大使引导，访问斋藤首相，并介绍各委员。会见时间十分钟，即返旅馆。

【电通社六日东京电】 日本新任外相内田康哉伯定明日在外务省，与国联调查团会见，并决定于八日为满洲问题之正式会见。

【路透六日东京电】 现因李顿勋爵抱恙，须静养约一星期之久，闻将由调查团意委员安德罗凡蒂伯爵，暂代调查团主席。

(《申报》，1932年7月7日，第九版)

160. 调查团访日新外相，秩父宫设宴款待

【电通七日东京电】 除以微恙静养之李顿爵士外，调查委员四名本日上午十一时访内田外相。贺其新就外相，及致本人等再度来日之酬酢后，即行辞去。本日仅为礼节上之访问，明日全体往访外相，正式开始交涉。

【日联七日东京电】 日皇弟秩父宫及妃，本日七时半在赤阪杂[离]宫招待国联调查团，开欢迎晚餐会。李顿委员长因病独未出席。宫内省音乐队奏乐助兴，宴会既毕，宫内省乐人表演日本古舞。十一时宾主尽欢而散。

(《申报》，1932年7月8日，第八版)

161. 调查团展期与日折冲

【电通社八日东京电】 昨日会见内田外相之国际调查团,本定本日再晤外相,会谈满洲问题。以李顿爵士病势尚未痊可,故尔展期。各委员本日休息一日,采自由行动,定明日赴陆相官邸访问荒木陆相。调查团将根据在满洲调查之材料,提出种种质问。又调查团定十一日或十二日,待李顿委员长病势恢复,正式开始与日本政府折冲。

(《申报》,1932年7月9日,第九版)

162. 调查团会见日陆相,荒木表示决意承认伪国,绝对不容第三者之干预

【日联社九日东京电】 国联调查委员长代理马柯迪及委员麦考益、克劳代、希尼,今晨十时偕秘书长哈斯及随员五人,往访荒木陆相作重要会见。日陆军方面,荒木陆相、小矶次官、山冈军务局长、山下军事课长、古城新闻班长、铃木中佐、久健[保]田海军大佐,调查团参员吉田大使及津岛书记官出席。先由外务省川崎作翻译,陆相与马柯迪寒暄后,调查团对军部提出如次三项质问:(一)日本国防与满洲之关系;(二)日本对于满洲治安恢复之方针;(三)"满洲国"之将来及日军部对此态度。荒木陆相对此说明日本建国之本义及文化,国民之理想,明治维新以来国际关系,中日、日俄两战役与满洲之关系等事项,并力说日本与满洲之"国防"不可分离,谓:"'满洲国'之存在,日本为自卫关系,不能不负责任指导该'国'。故嗣后'满洲国'内部如有扰乱秩序者或受外部的胁威时,吾人为日本建国精神与理想,不能不用充分之觉悟与力量。至于撤兵时期,尚未考虑。"陆相最后表示军部重大决意,谓:"吾人绝对反对中国主权之及于'满洲国'。"至十二时二十五分,会见始毕。

【路透社九日东京电】 今晨国联调查团各员除李顿勋爵外,曾往晤陆相荒木,历时约一句钟。谈话情形,未经当局公布。但据下午各报载称,荒木曾

向调查员发表意见如下：（一）日本愿见"满洲国"之稳健发展；（二）日本一俟"满洲国"组织完备,当予承认；（三）日本何时撤兵,渠犹未考虑及之,盖第一步须先恢复治安也；（四）永不许满洲归还中国；（五）满洲为日本生命所系,故日本防务问题与满洲防务问题,实不能分开云云。李顿勋爵因体未复原,故不能会晤日政府人员,但希望能于下星期二日谒见新外相内田。

（《申报》,1932年7月10日,第八版）

163. 真崎视察东北归国,认"承认伪国"时机未熟,喻为甫出壳之雏鸡羽毛未丰,力诫国人忍耐不宜任意发言

【路透社十一日东京电】 今日午后新任外相内田与东京访员作非正式谈话时,请勿问及渠对于承认"满洲国"之态度,盖渠目下不能对此有所言也。但希望不久可以明示。内田曾作戏言曰：如他国承认"满洲国",则更佳矣。继述及本年一月间苏俄提议与日缔结互不侵犯条约事,因渠尚无暇考虑此项建议,但他日自当加以研究云。现料内田将于明日或星期三日会晤国联调查团。闻调查团已请勿将谈话情形告知报馆。

（《申报》,1932年7月12日,第八版）

164. 调查团会见日外相,谈话内容未经宣露,日本大学生上书调查团请愿

【路透十二日东京电】 李顿勋爵病已痊愈,今日曾参与调查团与日外相内田之谈话。谈话情形,未经宣露。十四日将继续会谈。今日会谈之前,十二大学组织之学生爱国联合会代表曾谒见调查团。上学生万人签名之请愿书,请调查团秉公判断,俾得解决中日间各争案。

【日联十二日东京电】 国联调查团本日下午三时,在外务省与内田外

相作第一次正式会见。两方以日本承认满洲伪国问题为中心，交换意见，然其内容严守秘密。定于十四日上午十时半续行第二次会见。至四时二十分散会。据闻内田外相率直表明日本不变对满方针，而关于左项各条，有所力说：

（一）帝国政府确信满洲问题之解决策，须根基于如次原则：一、解决策须有永久的性质；二、须有排除满洲将来一切祸根之效力。日政府拒绝不根基于此两项原则之任何中间的解决案。

（一）日政府承认"满洲国"之成立，既有成立之事实，则认为"独立国"，系帝国政府之自由。因此拟于最短时期内与以承认，确立远东恒久和平。

（一）日政府不能信承认"满洲国"之事，违反九国公约。

（一）日政府明言并无并吞"满洲国"之意。

（一）"满洲国家"业已成立，今无与中国政府直接交涉满洲问题之必要。要之，满洲问题为与日本国民生存权有关系之重大问题，日政府对于不认此事实之一切解决案，难与同意。

....

（《申报》，1932年7月13日，第十版）

165. 调查团举行重要会议在英使署举行

【电通社十三日东京电】 调查团今日上午十时为制作满洲问题之报告书事，在英国驻日使署举行重要会议。一行将出席于今晚内田外相之晚餐会。

【华联社十三日东京电】 国联调查团定十四日上午十时再访内田日外长，探日本之真意。一行定五日由横滨搭秩父丸来沪。抵沪后之行程未定。

（《申报》，1932年7月14日，第九版）

166. 韩爱国团谋炸日要人：仍是金九所派遣，以本庄等为目标，柳、崔等四人被逮，炸弹亦为水壶形

汉城通信。据本月三日韩京《东晋[亚]日报》载，韩人爱国团团员柳相根、崔兴植、李盛元、李盛发等，拟乘国联调查团自沈阳抵大连车站，日本军政要人躬出迎迓之际，将关东军司令本庄繁及南满铁路总裁新任外长之内田康哉暗杀，事为当地警署发觉，即行将柳等四人搜捕，但密不发表。至本月初，始许各报揭载。兹译其梗概如次。

自东北事件发生，日本实行侵略中国东三省以后，韩国独立党认为第二次世界大战之导火线已着，极积[积极]谋复国运动。规模宏大，计划周密。而金九所领导之韩人爱国团，则专负暗杀责任；在沪战尚未爆发之先，业已先后派遣该团暴力份子，潜赴各地，相机举行。此种消息，早为日本当局探悉，故密布警戒线于日本、韩国各地。而该团竟不顾牺牲，于本年一月八日，有该团团员李奉昌在东京向日皇投掷炸弹；四月二十九日，复遣尹奉吉乘上海日人在虹口公园庆祝天长节之际，向在场之军政要人投掷特殊炸弹，所有白川、重光等八人无一幸免。嗣后日本各地军警愈加戒备，几至不眠不休。风声鹤唳，亦疑为该团之呼啸，草动树摇，竟视作该团之活跃，防不胜防。四月二十九日，大连邮局发现一韩人投发一中国式密电号码之信件，当即送往该埠警署检查。始悉该埠潜伏有刺客多人，准备举事，乃大搜全市。于五月二十四日黎明，在北大山通五号韩人渔夫组合内金正顺家，将崔兴植逮捕。次日又将柳相根、李元盛、李元发三人，先后捕获，严刑拷讯，真相大明。据称，该四人均系韩人，受爱团首领金九之命。崔兴植（年二十二岁）机敏善谋，专负调查旅顺、大连之警备状况。于四月一日，由海道潜来大连，隐匿于金正顺家内。其间曾一度密赴奉天、长春、哈尔滨各地，寻觅机会。柳相根（年廿二岁）则负实行暗杀使命。五月四日，由某地来连，匿居儿玉町满铁寄宿舍儿玉寮内满铁社员某韩人之寝室内。另由七十二老人李龙发长子盛元及盛发二人，担任运输武器。由某地将炸弹手枪，搭轮先到营口，再转大连，交付柳相根收存。柳将是项武器受而深藏于自用之皮箱内。四人秘密往还，暗通声气。伊等多方探悉国联调查团将

于五月二十六日午后七点四十分到达大连车站,先来此间留候之本庄繁及内田康哉诸人,届时必躬出接迎。企图乘此机会,一举而将二人炸毙之。若机会逸失,则改三十日上午三十分该调查团离去大连之时举行。待目的达到后,即以备就之手枪自杀,绝不让日人捕去云云。柳相根被捕后,态度自若。崔兴植则云,彼对于今番之失败毫不在意,因伊之同志已弥布各地,专以扫杀日本野心巨魁为职志,前仆后继,绝不停止此种计划之实行。又据供称,伊等是番企图目的,在欲于调查团眼目之前,给予破坏东方和平者严厉之惩戒,并使国际明了韩国民族反抗强日,实与中国同一战线,并不如日本片面之欺世宣传,一味朦蔽世界视听云云。闻警署所抄出之炸弹,与虹口公园炸白川诸人者形式相同。乃一重有百三十两之大形军用水壶,内储强烈爆炸药及碎薄白铁,外以三分厚之钢铁皮包之,裹以黄呢,系以长带。投掷时揭去小盖,引出尖端。藉此尖端出了磨[摩]擦力,则能自然发火。且该水壶形之炸弹,因系有长带,故能利用远心力,视其目的之远近,可以调节如意,极为准确云。(华联社)

(《申报》,1932年7月14日,第九版)

167. 国联调查团李顿等将到沪,十九日可到

国联调查团委员长李顿爵士等,定今日从日本乘日邮船秩父丸轮来沪。昨日本埠日邮会社接到电告,李顿与调查团团员准定本月十九日下午到沪,届时在新关码头上陆。

(《申报》,1932年7月14日,第十三版)

168. 国联调查团今日由日启程,顾维钧电告病愈

〔南京〕 外部据报。调查团准十五日由日启程来华。抵青岛后,拟再来京一行。向我政府报告日方意见后返平,继续起草报告书。(十四日专电)

〔北平〕 顾维钧电平称,病已全愈,俟调查团返华后,即离北戴河。(十四日专电)

〔南京〕 外部非正式公表。东京十四电称，国联调查团赴日，原拟作较长日期之逗留。此次亟亟离日之缘由，系因在东京时各方多予以难堪，而日政府所表示之态度，尤使调查团感觉无久留之必要。（十四日专电）

（《申报》，1932年7月15日，第八版）

169. 调查团再晤日外相，内田恳勿牵引欧洲类似事件解决满案，声明不欲即承认傀儡，启将来谈判之门，日本在东北行政将暂维现制

【路透十四日东京电】 李顿调查团今日与外相内田作最后一次之晤谈。虽详情未经发表，但据官场方面泄露，内田已向调查团声明：日本永不允以满洲归还中国。惟外相曾言日本不欲即承认"新国"，盖第一步须确知"满洲国"政府是否稳固。俟知其稳固，则一面予以承认，一面与订平等条款之条约。一旦承认"新国"，则日本即将拒绝与国联或中政府谈判满洲事件云云。据观察家解释此种言论，谓其意含有在承认"满洲国"之前，仍开启谈判之门户也。

【路透十四日东京电】 内田与国联调查团会谈后，接见新闻访员，以不能发表经过情形为歉。但谓渠与调查团均掬诚尽情发表彼此之见解，今每方皆洞悉对方之立场。至双方是否商得同意，内田不肯直告。惟据报纸载称，现信内田已使调查团深觉该问题长此陷于形式主义之理论中，则无商妥任何解决之可能。盖内田曾言，该问题与日本之经济生活及国防有至要关系，解决之唯一途径，厥为就以实际的方法，达到远东永远和平之方面着想。闻内田并恳调查团勿牵引欧洲类似之事件，在取任何行动之前，宜忍耐静待云云。据《日日新闻》载称，一般人士深虑日本与调查团间关于解决满洲问题之意见歧异，将引起国联与日本间正面之冲突，其结果将为日本退出国联云。

【日联十四日东京电】 国联调查团定十七日由神户搭船开往上海，搭日轮秩父丸或日本皇后船尚未决定。现向日邮船公司及昌兴公司交涉往青岛。如得实现，一行拟由青岛径赴北平，制作报告书。随员杨格博士一人经鲜赴北

平，调查延吉韩人问题。

【电通社十四日东京电】 今日日本经济联盟、商工会议所、工业俱乐部及日华实业协会之四经济团体，派代表往谒调查团。并将陈述远东和平之根本对策系在改善中国现状之声明书，交付调查团。

……………

(《申报》，1932年7月15日，第十版)

170. 国联调查团拟在青岛略停

〔南京〕 外部息。国联调查团定十七日由神户搭秩父丸来华。现正商请日邮会社，拟在青岛略停，便转赴北平。否则即直达上海，再向北行。至来京与否，则犹未定。(十五日专电)

(《申报》，1932年7月16日，第四版)

171. 调查团完毕赴日任务，李顿爵士先行，径赴青岛转平

【路透十五日东京电】 李顿勋爵今日正午偕其秘书爱斯【托】在横滨登船，其余调查员将于十七日在神户登船，同赴青岛。

日方传调查团倡国际会议，日本以伪国参加为条件，以不可能事刁难各友邦

【华联社十五日大阪电】 据今晚之《朝日新闻》所载消息，国联调查团与荒木及内田会商结果，日方直言不讳，知其为辽案引诱远东战争，是日本所乐为之事。所以向来研究之辽案，均受日本反对。而力倡召开国际会议解决中日之纷争，而日本对此提案附条件承认之。其所附之条件为国际会议开会，满洲伪国须为"参加国"之一。此条件如得关系国承认，日本终不反对国际会议。而调查团若承认日本之要求，则自破九国公约，因此九国公约签字国恐不赞成。如蔑视九国公约，则国际会议参加国以何种原则，可以使各国赞成，此万

不可能之事。日本刁难之结果,自曝露其野心于全世界耳。

【路透十五日伦敦电】 日外相内田与国联调查团最后一次谈话中,曾有日本一旦承认"满洲国",即将拒绝与中国或国联谈判关于"新国"事件等语。今日大不列颠各报皆广载之,且已引起一种讨论,谓国际外交家大团体近在国联大会会议中发抒伟见后,究竟已否移动与打败日本之策略乎,伦敦政界现尚未有何评论。惟路透电社征集各负责者之意见,一致以为任何国在满洲表明确已有永远稳固之政府以前而承认"满洲国",则必受破坏九国公约之责难,故咸觉虽日本终必承认"满洲国",然必出以谨慎,未必甘冒天下之大不韪,而有引起不愉快之国际纠纷之危险云。

············

(《申报》,1932 年 7 月 16 日,第十版)

172. 调查团抵神户,定今日乘轮来华,十九日可抵青岛

〔北平〕 调查团秘书皮尔特接秘长哈斯电称,该团定十九抵青岛,二十可抵平。王广圻当电告顾,并通知北宁路备专车。该路饬唐山车厂,将调查团专车收拾完竣,明晨由唐山开津,当晚开青岛。北宁路科长周宝颂随车前往招待。沈鸿烈接张电,招待调查团,中止离青。该团返平,即赶制报告书,决下月寄出。各委定每星五赴北戴河避暑,星二返平。中代表处萧继荣、刘迺藩[蕃],将往青迎接。(十六日专电)

〔神户〕 调查团主席李顿及哈斯秘书长,于十五日乘秩父丸由横浜[滨]启碇后,今日上午九时抵神户,与十七日上午九时来神之其他委员会合,再乘十七日正午启碇之秩父丸往青岛。抵神户时,李顿卿谓警戒严重,殊觉无趣,且头痛又下痢,甚觉困人云。其状似不甚愉快。(十六日电通社电)

〔南京〕 国联调查团定十七日离神户,约十九日抵青岛,即由青转车赴平。(十六日专电)

〔神户〕 国联调查团团员除李顿勋爵外,均在此间守候秩父丸。李顿已在横滨登船。明日一行人众登秩父丸后,将直赴青岛。于是改乘火车赴平,星期三日可到。到后即将开始编纂调查报告书。(十六日路透社电)

〔南京〕 国联调查团十九日可到青岛。张学良令北宁路十六夕派车一列,开青相迎。(十六日专电)

(《申报》,1932年7月17日,第四版)

173. 大连日警检举韩决死队,谓有暗杀调查团阴谋

〔大连〕 十六日上午记事解禁。关东厅警察探悉,韩人决死队从上海到大连,将乘五月二十六日国际调查团来连之际,加以暗杀,以陷日本于国际的危地,即暗中戒备。果于调查团到连之二日前,即五月二十四日晨,在大连市乃木町鲜人船员某之住宅,检举决死队员柳相根(廿二岁)及崔兴植(廿二岁)两名,得以防祸未然。此事前禁各报登载,今日始行解禁。此二犯人,均属于以上海为根据之韩国假政府爱国青年团,与一月八日樱田门不祥事件及上海虹口公园爆弹事件有关。检举之际,搜得大响手枪一枝[支]及巧装于水筒内之炸弹一枚,与上海炸案所用炸弹相同。(十六日电通社电)

〔大连〕 朝鲜反政府党员暗杀调查团之阴谋,已被发觉,此种重大事件得防患于未然。而此发见之路径,系始由上海日总领事馆探知,最近大连、上海间频有密电往来,即注意以为必有重大事件潜伏,故即致电大连警察当局,托为严查。大连警察立往大连电报局调查发报之人,方知系潜居于大连市内大山通朝鲜人金成顺屋内之崔兴植凶犯,乃捕获崔、柳二犯,而怪事乃免发生。(十六日电通社电)

〔东京〕 本年五月间国联调查团抵大连时,险遭不测。据半官消息宣称,其脱险乃由大连警察临时发觉阴谋所致。此事当时禁止宣露,今日始弛禁发表。乃悉主谋者为二韩人,在调查团抵大连前两日被捕。挟有炸弹、手枪,其炸弹与四月五日虹口公园炸弹案所用者相同。其暗杀之目的,乃在陷日本于窘境云。(十六日路透社电)

(《申报》,1932年7月17日,第四版)

174. 日本亟谋实现东方门罗主义，蔑视国联条约义务，冀遂扩张版图野心——英报之社评

【路透社十六日伦敦电】《孟却斯特指导报》今日社论，谓欧洲现方奋斗以图解除目前之危难，而日本则安然巩固其在满洲之地位。昨日李顿调查团与日外相内田末次会谈时，内田已表明满洲方面之开放的门户业已固闭矣。日本之欲以满洲为其版图之一部分，已昭然若揭。日本切欲据〔扩〕张其版图，故乃不顾签定之条约与任何国际义务，今已在中国发端矣。日本将以残刻手段行此政策，此可以攻沪之役惨无人道为证也云云。

(《申报》，1932年7月17日，第九版)

175. 顾维钧赴青迎国联调查团，调查团昨自神户赴青

〔天津〕 国联调查团一行预计二十日抵济。顾维钧十七晚九时由北戴河抵津，十时搭北宁路专车赴济迎接。（十七日专电）

〔北平〕 刘洒藩〔蕃〕今午赴津，偕顾维钧赴青岛迎调查团。该团二十晚可抵平。（十七日专电）

〔南京〕 调查团来后，政府令顾维钧同行赴日内瓦。汪电顾，已得同意。（十七日专电）

〔南京〕 外次刘崇杰今夕由浦口赴青岛，迎调查团。（十七日专电）

〔天津〕 顾维钧十七晚十时乘专车赴青岛。（十七日专电）

〔神户〕 调查团除李顿卿外之四人日光游毕，乘火车于今日上午九时三十五分抵三之宫车站，当即往秩父丸。李顿卿虽感不适，而此四人皆甚愉快。于正午启碇，一路往青岛。（十七日电通社电）

(《申报》，1932年7月18日，第三版)

176. 顾维钧等抵青,迎候国联调查团

〔青岛〕 顾维钧、颜德庆等十八晚九时五十分专车抵青,各要人均到站欢迎。顾寓万国疗养院,颜寓新民饭店。国联调查团准十九由日乘秩父丸到青,略事逗遛,即午乘专车偕顾、颜等返平。市府路局仍照例欢迎。(十八日专电)

〔济南〕 顾维钧等今早九点三十五分专车到济。未下车,转胶济路,十点一刻原车开青岛。(十八日专电)

〔北平〕 调查团电平,定二十日抵平稍停,各委即分赴北戴河避暑。当局已在北京饭店,预定房间。(十八日专电)

〔北平〕 张学良派宁向南十八晨赴德州,欢迎调查团。(十八日专电)

〔北平〕 张学良接蒋作宾电,谓调查团十九晨到青岛。张除电顾外,并分电韩复榘、葛光廷[庭]、沈鸿烈等,届时招待。韩、沈覆电,决遵办。(十八日专电)

(《申报》,1932年7月19日,第三版)

177. 国联调查团抵青岛:昨晚赴市政府宴会后即乘车西上,李顿抱恙张学良派飞机赴济迎候

〔青岛〕 调查团一行二十四人及日代表等十二人,十九午后一时二十分,乘秩父丸抵青。顾维钧、沈鸿烈、葛光庭及各界代表等百余人,均在码头欢迎。美、德、法、意四委登岸,寓提督楼,余寓大饭店。李顿因染神经病,未同登岸,由狮子会担架,至英领馆。五时许,记者往谒,由该团秘书长哈斯接谈。记者问:"贵团此次赴日,感想如何?"哈答:"因日外相内田约定双方谈话,各守秘密,在日时未对各方发表,来华亦不便发表。至日报所载各节,系揣测之词。"问:"贵团何不更正?"答:"日外部曾声明未发表只字,故无更正必要。"问:"编报告书地点,究在何处?"答:"在北平。"问:"何时编竣?"答:"约八月底。"问:"是否再与中央接洽?"答:"如有要事,双方临时决定。"该团五时赴市府宴会,

午后六时三十五分专车西上。顾维钧加挂胶路花车一辆。李顿由医院救护车运至站,抬于车上。到济后,即换乘飞机赴平。(十九日专电)

〔青岛〕 国联调查团首席调查员李顿勋爵因患感冒,到平后即将入协和医院养疴。秩父丸载调查团于今晨十一时三十分驶入青岛港。调查员除李顿外,均于午后一时十五分登岸。顾维钧等均到船欢迎。李顿旋用便床舁登岸上,改乘病车入英领事署,由其秘书爱斯托照料一切。诸调查员已于今晚乘特备之专车赴济南。李顿将在该处小驻,而于星期三日晨乘张学良特遣私用之大飞机赴平,入协和医院。其余调查员等均乘火车入平。张学良接秩父丸在大洋中发来无线电,知李顿勋爵婴疾,乃由电中商定派飞机在济南候之。此间亦接该船无线电,报告李顿勋爵不豫,故即备病车听用。(十九日路透社电)

〔伦敦〕 此间闻李顿勋爵患感冒消息,至为关切。盖东方气候既不适宜,而长途跋涉,仆仆风尘,加以所办之事,殊非易易。勋爵至八月九日将满五十六岁,以既过壮年之人,负此重任,自不免心力交瘁也。(十九日路透社电)

〔北平〕 张学良上午派伊雅格驾福特机赴济迎李顿。(十九日专电)

〔北平〕 哈斯电平,借张学良福特机迎李顿。张允明进派机飞济迎候。(十九日专电)

〔北平〕 顾维钧电平,谓调查团今午离青,明午到平。中代表处在北戴河借妥田中玉别墅,王、章二姓私邸及海关避暑楼二所,共楼房五处,为调查团五委住所。另借郑洪年寓所,为中代表团办事处。(十九日专电)

〔北平〕 自国联调查团赴日后,候于唐山之专车星期日晚奉命开往青岛,于明日载调查团来此。闻顾维钧早夕亦将到此。(十九日路透社电)

〔济南〕 今外部欧美司帮办朱世全、参事朱鹤翔由京到济,晚赴青迎调查团。罗文干、刘崇杰中止赴青。(十八日专电)

(《申报》,1932年7月20日,第三版)

178. 英政府对伪国态度

《字林报》十八日伦敦电云,记者可断言英外部现认日本若于此际承认"满洲国",将为极度之挑衅行为,易招各方之责难。英政府态度,则坚主遵守一九二二年华府九国公约，尤其关于该约内公认中国领土完整一层。再者，国联调查团将于九月底送出调查报告书。在此报告书送达国际联盟以前，苟有足以妨害中国领土完整之行动，当然为英政府所不愿见。惟同时对于满洲目前之行政，固亦予以同情之观察。将来至相当时期，愿有予以事实上承认之可能性云。

（《申报》，1932年7月20日，第十三版）

179. 李顿等昨乘飞机抵平，李顿抵平后即入德国医院，义、德、美三代表乘专车抵平

〔北平〕 李顿、顾维钧、克兰德尔等分乘福特机两架，今午抵平。于学忠、王广圻等，均赴机场迎。李顿病未愈，径入德国医院。于学忠、顾维钧在旁照料。（二十日专电）

〔北平〕 英代办英格兰，今由北戴河返平招待李顿。晚赴德国医院，慰问李病。（二十日专电）

〔北平〕 调查团义、德、美及日代表，晚九时抵平。（二十日专电）

〔济南〕 调查团定二十早四点过济赴平。省府派建厅长张鸿烈、济南市长闻承烈，欢迎招待。（十九日专电）

〔南京〕 津浦路警察署以国联调查团即日将由青岛取道津浦路赴平，电令所属各站特别注意，严加保护。（二十日专电）

〔南京〕 政府闻李顿爵士病重，甚关怀。由罗外长去电慰问，表示笃念之情。（二十日专电）

〔北平〕 李顿勋爵由青岛抵此后，虽觉疲弱，但尚愉快。其所患者为旧有内病，无惶虑之理由。今日午后稍事休息，将由德医诊治。渠由济南乘飞机抵此，实为其第一次之航空。渠对于此次经验，非常注意。其所乘者为张学良自用之飞机，设备至为舒适，李顿卧其中而可窥见所经过之沿途风景。迨至北平附近时，李顿不

下转第四版

欲继续卧游，起而欣赏古京之宫殿建筑特色。机飞一小时又一刻，李顿虽觉疲劳，然能支持，到平时，体温如常。到南苑停机后，备有病车，李顿即乘之赴医

院静养。其余调查团员今晚乘车来平。陪李同来之顾维钧告人,李之病情不甚重要,在医院稍住后即可赴北戴河休养。调查团希望于九月十五日以前,完成其报告书。或以顾往日内瓦与否相询,顾答称,时期太早,未便言及此事云。(二十日路透社电)

〔北平〕 颜德庆电平,调查团明晚九时抵平。(十九日专电)

〔北平〕 顾维钧谈,李顿类似痢疾。此来为适当调养,但仍照常工作调查。拟九月十五前将报告书编竣,寄日内瓦。不久,调查团各委将赴北戴河休息。(二十日专电)

〔北平〕 调查团义、德、美及日代表定今晚九时抵平。军警当局在各站布置保卫。(二十日专电)

〔北平〕 李顿勋爵与法代表克劳台尔将军及中国陪员顾维钧,今晨十时半由济南乘飞机抵平。李顿秘书阿斯特亦随来。李顿旋即乘病车,入德人德院。(二十日路透社电)

〔东京〕 李顿勋爵所患者,乃在东京所感内部传染病,非旧病之复发。现居德医院,进步良佳。据今晚消息,其病不足为虑。虽体况甚弱,而并无寒热,不久可望复原照常办公。(二十日路透社电)

〔北平〕 国联调查员麦考益(美)、施尼(德)、麦礼史柯蒂(意),均于今晚九时乘专车由青岛抵此。秘书等均同行。抵站时,有顾维钧博士、中外官员、外交家予以欢迎。(二十日路透社电)

〔伦敦〕 英国《新闻汇报》载社论,谓李顿勋爵病势似属匪轻之消息,殊令人扼腕;即不另生枝节,不幸国联调查团之困难,已属甚为重大。所谓"满洲国政府"者,拟指挥调查团。李顿对此狂妄的举动,毅然拒绝之。其表示之坚决,殊为可嘉。但坚决之需要,今仅开始耳。其将真正试验调查团之精魄力与能力者,不在"满洲国"伪国。盖应为调查团注意者,尚有更可怖者在也云。(二十日路透社电)

(《申报》,1932年7月21日,第三版转第四版)

180. 调查团力避对外发表意见，李顿将赴北戴河休息

〔北平〕 调查团力避对外发表意见。李顿本周内偕顾维钧赴北戴河休息。哈斯居友人家，美代表已往西山，法代表居法使馆。仅义、德代表住北京饭店。该团今无会议。此后工作，将由随来秘书往返传达各代表意见。对编制报告书，不使中辍。（二十一日专电）

总报告书分两时期

〔北平〕 调查团发言人谈，李顿病渐轻，医嘱静养。总报告书分两期：（一）将收到之备忘录及关于铁道、经济、政治等各种材料，分别整理，约旬日可竣；（二）组起草委会，开始编制总报告书。共收中政府说帖二十余件。调查团对热事极注意，但无意见发表。（二十一日专电）

义国代表代委员长

〔北平〕 李顿病后，义代表代委员长。（二十一日专电）

李顿暂不接见宾客

〔北平〕 李顿勋爵今晚仍微有寒热，体温为三七.八而微觉不安，但体况殊可满意。目下不接见宾客，医士嘱其完全休养，勿问外事。其病何日可愈，未能预定，但希望大约不出一星期或十日。其余调查员，现已从事草拟最后报告书。当李顿勋爵未复原之际，均将留驻北平。（二十一日路透社电）

英政府询李顿病状

〔北平〕 英政府电哈斯，询李顿病状。（二十一日专电）

〔伦敦〕 李顿夫人今晨接中国来电，内称李顿勋爵昨抵北平，入德国医院，病势无足惶虑云。（二十一日路透社电）

（《申报》，1932年7月22日，第四版）

181. 东北民众痛苦情形:阅关内报纸辄遭捕去

青岛通讯。有甫自黑省回青者,谈东北最近情况。略谓东北民众,因受日人无理压迫,极为悲愤。故义军所到之处,莫不箪食壶浆以迎。东省人民年来因受土匪之胁迫,凡中等以上之人家,均备有枪弹自卫,兹则以御匪者御日。前当三四月间,各地冰尚未解,野间一望无际,无处藏身,所以义勇军未敢大举。今以青纱帐起,民间有枪支者,咸乘机纷纷组织义勇军,与日人抗。故各地义军,遂遍地皆是。惟义军虽有枪支,而子弹极为缺乏。故每战均以血肉之躯,与敌人炮火相拼,而死于枪林弹雨之下者,为数不少。义军目下唯一希望,即盼政府进行实际的收复东北,义军决愿为之前锋。然亦有一部份民众,指政府无收复东北之决心,由失望而生忿怨。至新闻方面,各地报馆已由日人封闭;其未封闭者,所登载消息,均系日人片面之宣传。即中央无线电台所传播之消息,日人亦设法扰乱其音,令无法收摄。对关内各地之报寄往东省者,检查尤严。民间偶得到一二份,则珍若拱璧,甚有以该报纸赁于他人阅看者。每看一点钟,索大洋五角,而阅者犹此争彼夺,未尝嫌其价昂。但如为日人查知,即将阅者捕去,下于狱中。东北同胞,虽阅报之自由,亦不得享受矣。中等以上之学校,皆已停办。校内驻扎陆军,一变而为营房。学校旧存书籍,均为日人焚毁。各小学虽照常上课,但所有课程,均须经日人规定,以施行其亡国教育。交通机关,更为日人把持。所有各地轮船火车,均为日人扣留,以备输送军队之用。又当调查团尚未到长春之前数日,日人忽将各重要机关之传达夫役,以及为调查团预备之旅馆内职员茶役等,一律易为日本人。事后调查,始知系日人恐由华人口中,将东北真相吐露于调查团之前,故预为防范云。(七月十八日)

(《申报》,1932年7月22日,第九版)

182. 国联调查团过青济北上，顾代表偕行

济南通信。国联调查团李顿等一行，在日本与日外相内田交换意见既毕，于本月十五日乘秩父丸离日本，十九日午刻抵青岛。当晚偕我国到青欢迎之顾代表等，登车于六点三十三分离青西来。二十日晨过济，即赴张庄乘飞机赴平。兹纪其情形如后。

抵青情形

国联调查团委员长李顿等一行，十九日正午由日本抵青岛。我国欢迎者，有顾代表及青岛市长沈鸿烈、胶济路委员长葛光庭并各机关长官等，共百余人。因秩父丸船身甚大，不能靠岸。欢迎人员乃乘港政局特备之木星小火轮，离码头迎接，当招待调查团各委员过木星轮登岸。惟李顿病体颇重，不能行走，当由数人扶架登小火轮。到岸时，仍由数人扶上汽车，直赴市长官舍休息。李顿因有病，未接见各记者。其他各委员，亦多不愿发表意见。沈鸿烈、葛光庭当在市长官舍，设筵宴调查团各委员并秘书长哈斯等。李顿在床休息，未能参加。至下午三时，尽欢而散。下午三点半，顾代表在市长官舍接见和报记者，发表谈话，与在天津、济南发表者略同。次由调查团秘书长哈斯对各记者谈话，略云：“调查团此次到日本，与日本外相内田等会晤，交换意见。原议定对于结果不在报纸发表，乃当地日本报纸竟多有记载。而其内容，多与事实不符，大半有宣传作用，调查团对之绝不承认。总之，无论日本之态度如何，调查团之主张绝不变更，仍如以前之公正态度，以事实报告国联"云云。下午六点，调查团一行由市长官舍乘汽车赴车站。当登北宁路专车，于六点三十三分离青西开。惟李顿以病重，乃用救护车由市长官舍送到车站，仍经数人架扶登车。顾代表即随李顿等一行同车西行。沈鸿烈、葛光庭及各机官[关]长官百余人，仍到车站欢送焉。

过济情形

调查团专车于十九晚由青岛开出，原定二十早五点三十五分可到济南。惟胶路机车太慢，迟至七点二十三分始到。省府代表建设厅长张鸿烈、济南市

长闻承烈均在站欢迎招待。公安局长王恺如,亦到站指挥保安队保护。英领杨卓之、日领西田,亦到站欢迎。车停后,张、闻等上车先见顾维钧,顾即与调查团商量行程。经决定,李顿、法代表、顾维钧乘飞机赴平,随员郑礼庆随行,其余各委员与秘书长哈斯,仍乘车北上。张学良派来迎李顿之飞机,十九晚六点半到济。计有技师二人,并张之顾问伊雅格、端纳,国联秘书费露得,与张之侍从医官左吉同来。机系新福特号。调查团专车到站时,旧福特机又由平赶到。旋李顿由人扶持步行下车,上病床。面带病容,精神仍好。张鸿烈代表省府主席韩复榘致慰问之意,李顿表示感谢。旋即抬赴站外上汽车,与顾维钧、法代表、郑礼庆等同赴张庄飞机场。预定顾偕李顿乘新福特机,法代表与郑礼庆同乘旧福特机。至调查团之专车,八点零五分过轨赴津浦站。记者访该团秘书长哈斯于车上,叩以调查团此次到日,对日本态度之强硬,感想如何。哈斯答称:"此次到日,见其政府要人。所谈事项,此刻尚不便发表。日本风景极佳,地方平静,此外无甚感想。至日本报载其态度如何强硬,或系彼国一部分人之主张。其政府所表示者,并无若是之甚。"记者问:"日本将承认满洲伪国,观察如何?"答:"没有甚么。此层未甚研究。"问:"报告书已否着手编造?"答:"赴日本前已着手起草,现正在进行中。但大部须至北平编造结果。"问:"李顿病势如何?"答:"在日本已有病,乘船又受风浪颠播①。但近两日,已觉大好。虽须长时间休养,但彼以编造报告书关系重要,到平后仍决定力疾指示工作,以期速竟全功。"哈斯又谓,因李顿病,昨早始电北平张主任请派飞机来迎,时间甚为仓卒,而竟能赶到,对张主任之热诚,甚为感谢云云。八点四十五分,车北上,日代表吉田同行。(二十日)

(《申报》,1932 年 7 月 22 日,第九版)

183. 金问泗明日赴平,协助顾维钧完成调查团报告,谓热河事件为日人预定计划

国联调查团中国代表团代表金问泗氏,自前次随同顾维钧由东北归后,即

---

① 编者按:原文"颠播",今作"颠簸"。

来沪休养。兹以国联调查团李顿等一行人物，业已由日来华，我国对于一切报告文件，亟须早日结束，故日前顾维钧氏由平急电来沪，促金北上，俾得助其完成此项工作。金氏接电后，已于昨日向太古公司购得船票，定明日乘顺天号起程赴平，其夫人亦将偕行。闻金返沪之期，当于调查团去国之后云。昨日金氏与往访之远东记者谈及热河事件，据金云："暴日之图侵热河，吾侪在东北之际，即传闻此项空气。故所谓石本事件，不过预先布置，俾作藉口，以掩世人耳目耳。惟热河为平津屏范，设热河一失，则华北险象环生。日人得寸进尺，夷我全国，如探囊取物，将唾手可得。前途危险，实难以设想。至调查团对此究作何态度，因尚未得报告，未便臆测。前传调查团主张召集国际会议，解决中日问题，殊属不确。余（金自称）以为今后国人决不能徒赖于人，而不自谋解救之道。微闻平津方面与热省当局已有准备，想当不致再蹈覆辙。尤望民众方面亦当迅予注意，以实力为政府之后盾"云云。

（《申报》，1932 年 7 月 22 日，第十四版）

184. 调查团详查热河事变，李顿病体大有起色，调查团昨晨开例会

〔北平〕 调查团今晨在北京饭店，开例会议通常进行事。（二十二日专电）

〔北平〕 美代表夫妇今午探视李顿，昨晚张学良偕汤国桢亦视李顿病。李顿遵医嘱均未会见。（二十二日专电）

〔北平〕 李顿勋爵病体大有起色，现寒热全无。调查团秘书处职员柯资，自抵平后婴重疾。今日午后病已大减，现寓德医院。（二十二日路透电）

〔北平〕 李顿勋爵现仍稍有寒热，但闻今晨起居颇佳，体温为三七.四度。（二十二日路透社电）

〔北平〕 调查团详细调查热事经过，备将来国联大会咨询。（二十二日专电）

〔北平〕 李顿病大减。顾维钧今晨赴医院探李病。调查团其他代表照常工作，积极赶编报告书。哈斯谓，该团赴日接洽经过与日方约定，均不发表意

见。日武官永津午代表本庄往视李顿病,致慰问词。(二十二日专电)

(《申报》,1932年7月23日,第四版)

185. 调查团昨晨举行例会,讨论整理报告书材料问题

〔北平〕 调查团今晨举行例会,讨论整理报告书材料问题。哈斯、吴秀峰定二十五游长城。该团秘书方格期,今患霍乱,送德国医院诊治。李顿病有起色,三四日后可起床。其病发自肾部,精神感觉疲惫,一周后可出院。(二十三日专电)

〔北平〕 李顿勋爵病体渐愈,今日无寒热。美国陆军少将克罗齐昨日病状甚危,今日已有转机。调查团秘书处职员柯资,今日病体亦有起色。(二十三日路透社电)

(《申报》,1932年7月24日,第三版)

186. 调查团中国代表处之工作——金问泗北行前之谈话

国联调查团中国代表处金问泗君,于月初来沪。兹因调查团由日本返华,金君奉顾代表电催北上,已于昨晨(二十三日)乘太古公司顺天轮,偕其夫人及两公子启程。本报记者往访金君于舟次,询以代表处已往及此后之工作,承其分别答覆于下。

金君云:"代表处工作除招待及总务事宜外,其最关紧要部分,为说帖之编制与翻译,以及与调查团之会晤,暨专门问题之讨论研究。关于说帖一部分,在四月间提出两件:一为总说帖,将中国对于中日纠纷事件之立场作一概括之说明;一为南满路平行线问题之说帖。但其时调查团正由上海道出京汉、北平各处。迨抵平后,伪国复提出拒顾问题。该团向日本设法应付。旋赴东省就地调查。顾代表自上海至东省,随处陪往,自无暇兼顾其他说帖之编制事宜。在出关前,由顾代表将各项应提说帖,分配各专员分别起稿。各专员从事起草,费时一月有余。至调查团六月初回平后,顾代表乃将各项说帖一一细核,

分别提交该团。此项说帖,大致可分三大类:(一)关于日本之侵略情形。凡此次东案之经过暨东省以外各地方之日军寻衅情形,与朝鲜屠杀华侨惨案与万宝山案件以及其他政治上、经济上之侵略均属焉。(二)关于法律上之立场。除于总说帖内详述日本如何违背国联盟约、非战公约、九国条约及国际公法外,对于'二十一条'所产生之民四条约,根据巴黎、华会两会内吾国之主张,尤其是根据国会否认该约法律上之效力一点,主张改废。对于平行线问题,声明在条约上,吾国并无不造平行线之义务。对于南满路护路队问题,声明日本如何违约,不将护路队撤去,以致酿成今日之祸变。此外尚有其他法律上问题,兹不细述。(三)关于答辩日本之攻击。例如对于日本所称五十三件悬案之答案,对于日本所指吾国教科书内有排外论调之辩明,对于奉票问题之解释,对于抵制日货问题之说明。对于日本所称东省发达完全出于日本努力一点,则就中国在东省之建设成绩,胪举事实,以反证日本之说之不可信。凡类此问题皆属焉。"

金君又云:"代表处说帖,除业经提交各件外,尚有未经提交者,现正赶速编制。此外则调查团专员提出咨询之问题,亦颇不少。此项问题,并由吾方专员次第研究条覆,或与该团专员随时开会讨论。至于调查团回平以后,各委亦将时时与吾国代表开会讨论各项问题。总须俟调查团报告完成后,我国代表处之工作方能结束。惟此二三十种说帖,当时为节省时间起见,皆以洋文起草,自均须译成汉文。此外代表处对于政府除随时报告外,尚须呈送总报告。此种工作,需时亦颇不少。大约尚需两个月,乃能完全毕事。"

(《申报》,1932年7月24日,第十五版)

187. 李顿病体未复

〔北平〕 李顿勋爵体况虽佳,而复微有寒热。闻霉菌尚未消除。调查团秘书处职员柯资病仍沉重,昨夜甚不安宁。(二十四日路透社电)

〔北平〕 美国陆军少将克罗齐两日前入德医院,闻今日病体大有起色。昨夜曾安睡,体温已如常。现信已完全脱险。(二十四日路透社电)

〔北平〕 哈斯夫妇及吴秀峰夫妇,今日游长城。中办事处派刘酒藩[蕃]、

郑礼庆陪往。(二十四日专电)

(《申报》,1932年7月25日,第四版)

188. 国联调查团到平后：整理材料后便编制报告书,该团对热河问题极为注意

北平通讯。国联调查团一行二十余人,于二十日晨由青岛到济,旋即分头赴平。李顿及法委员偕我国代表顾维钧乘飞机北上,是日上午十一时到达。下机后,李顿以抱小恙,故即乘车赴德国医院休养。法委员则乘车赴北京饭店,顾代表亦回铁狮子胡同私邸。至德、美、意三国委员及日代表吉田与随员等,亦于是晨由济乘津浦路专车北上。下午五时四十五分到天津,停二十余分钟,向北平开去,九时十分到达。据闻此次各委员由日归来,与未赴日前态度大异,或系感受日方态度之刺戟所致。某代表称,调查团所拟定之步骤,达到目的者甚少,殊觉不能满意。至调查团报告书,则决于八月底完成云。又据调查团发言人对记者谈称,调查团在东三省调查所得材料,尚在整理。最近期内,即可告竣。整理工作,系由各专门委员协同秘书分别任事。材料全部整理终了以后,由各委员等组织起草委员会,开会讨论,然后从事报告书之编制。现时以整理工作之时日言,报告书起草大约尚须在旬日以后。故此时尚为秘书工作时期,旬日后为委员工作时期。相信十日内,各委员或先后赴北戴河,以便届时分配工作。中国方面送致调查团之备忘录计二十余种,闻尚有一小部分未送到,其数目不详。日本方面亦送有备忘录,皆供调查团参考用者。调查团对热河边境发生之问题,极为注意,惟不能作何评论云。(二十二日)

(《申报》,1932年7月25日,第七版)

189. 调查团报告书或将展期完成,李顿病愈不久可出院

〔北平〕 调查团今晨开例会。报告书望八月底完成,俾九月十五日提出国联会议。如赶不及,将展期两月,尽十一月送国联理事会。(二十五日专电)

〔北平〕 李顿病如常,一周可出院。(二十五日专电)

〔北平〕 李顿勋爵病势续有起色,寒热已退。调查团秘书柯资,病已稍愈,但尚未脱险。(二十五日路透社电)

(《申报》,1932年7月26日,第四版)

190. 李顿病势轻减,二三日内可出院

〔北平〕 李顿勋爵今日未有寒热,病势减轻,起居可认为满意。调查团秘书柯资与克罗齐将军,夜眠颇安,今日病情俱有起色。柯资昨病颇重,但今日已脱险境。(二十六日路透社电)

〔北平〕 李顿病渐愈,已在医院开始工作,但医生不允出院。张学良、周大文等均派人持鲜花送李顿,鲍毓麟亦派员慰问。李顿派秘书爱可斯持名片往各处答谢。美、义代表今晨探观李顿病。报告书下月初开始编制。李顿二三日内可出院。(二十六日专电)

(《申报》,1932年7月27日,第三版)

191. 调查团报告书美记者预料内容似将使日本难堪

〔北平〕 李顿已痊愈,开始阅览报告书整理工作。该工作不限定起草前完成,下月准起草。意代表下午游先农坛,德代表赴观象台及太庙游览。(二十七日专电)

〔北平〕 李顿勋爵体况日健,日内可离医院。调查团秘书处之职员柯资进步亦良佳。美国陆军少将克罗齐昨夜颇不安宁,今日午后安眠后,晚已见佳。(二十七日路透社电)

〔北平〕 有以《纽约泰晤士报》所载关于李顿调查团报告书内容之消息,询诸该团发言人。据答,对报告书性质之任何预料,皆属太早,全出臆度云。(二十七日路透社电)

〔纽约〕 《泰晤士报》今日登载日内瓦访员论文一篇,内称,李顿调查团之

报告,似将使日本难堪,结果或使日本与国联之关系破裂。预料调查团报告将谓日本在满设立傀儡政府,违犯九国条约,且满洲之混乱状态并不足为日本政府所采取大规模行动之理由云。(二十七日路透社电)

〔北平〕 吉田昨晚在日使馆宴调查团各代表。(二十七日专电)

(《申报》,1932年7月28日,第三版)

192. 调查团报告书八月底可完成,德、义两委赴北戴河

〔北平〕 调查团报告书八月底可望全部在平完成。届时调查工作终了,各团员将分途返国。德、义两委偕顾维钧及施肇夔等一行七人,定今晚赴北戴河,留三四日仍返平。(二十八日专电)

(《申报》,1932年7月29日,第四版)

193. 日本派遣驻满大使,我国决提抗议

〔南京〕 日本政府决议派遣驻满特命全权大使、兼任关东军司令官及关东长官一事,我方认此为承认伪组织之先声、吞并我东省之初步,与日本亡韩时设置朝鲜统监之故事,如出一辙。闻二十八日外交部除已电令驻日蒋公使向日政府提出抗议外,并已电令日内瓦颜代表、北平顾代表及驻外各使馆,分别向国际联合会、国联调查团及各驻在国政府,唤起严重之注意云。(二十八日中央社电)

〔南京〕 外交部已命驻东京蒋作宾公使,对日政府任命驻满洲特使提出抗议,并命顾维钧博士请国联调查团注意此事。(二十八日路透电)

(《申报》,1932年7月29日,第四版)

194. 时评:驹井德三辞职

吾人偶一想及东北伪组织之傀儡戏,总不免要联想及于幕后牵线之驹井德三。驹井德三者,以日人而任伪组织之所谓"国务院"总务厅长官,一手操纵伪组织之全部行动者也。

顷据东京长春电讯,驹井将被迫飞回日京,解决辞职问题矣。以号称"独立"之伪组织重要长官,而辞职问题须向日京求解决,傀儡戏中之怪象,吾人不欲多谈。而驹井辞职之原因,则吾人大有注意之必要。驹井以日京文官与军部之主张背道而驰,不得不出于辞职。其离长春时,声言待抵东京,将以满洲之事情,率直披沥己之所信,以求当局谅解,并表示愿鞠躬尽瘁,以当满洲统治之任。恋栈之心,昭然若揭。而日内阁与军部,不待驹井之至,已协议继任人选。且因军部坚执反对抱自由主义者之继任,拒绝以斋藤首相幕客丸山继驹井,发生内阁、军部之争端。然则驹井因近于自由主义为军部所不容而辞职乎?以驹井之为人,尚可目为近于自由主义乎?

驹井初毕业于札幌帝国大学农科,一九一一年以所著《满洲大豆论》得农科学士之头衔,翌年就职南满铁道会社。受当局者识拔,拟给巨资,遣赴欧洲视察。因彼坚决之陈请,乃改命视察全中国,调查各地产业,尤注意于我东北全土之经济,历时四载,满铁当局易人,后来者对驹井之报告,不加重视。驹井乃决然而去,其后服务于东京外务省。但其侵略我东北之野心未尝或忘。及九一八事变,遂以日关东军财政顾问,一跃而为东北伪组织之真正支配者。彼以二十年之长岁月,专心致力于侵略我东北之工作。就其经营公主岭广袤六十九万坪之农场,国联调查团见之,惊为巨观。吾人于此,可知日本侵略主义之实行者之处心积虑矣。

驹井之不得不被迫辞职,或者日军部不满于彼对国联调查团之表示乎?调查团极注意于伪组织对东北之是否维持门户开放,而驹井一面宣称维持门户开放,一面又表示所谓对差误的资本主义及资本家之排斥,并对日本资本家亦表示拒绝。此则大背日本国内对满蒙积极政策之狂潮,而遭日军人误认为反对并吞满蒙政策者也。然驹井固视其自身之工作,为使日本实现新大陆政策之第一步者,而尚为军部所不满,遭军部之排斥,则日军部阴谋计划之凶猛,又从可见矣。

使驹井而果为近于自由主义者,则日本自由主义之特性,可见一斑。然鹤见裕[祐]辅,固一澈头澈尾之自由主义政论家也,其去年在太平洋学会时之言论,已使吾人对于自由主义之涵义,发生疑念。驹井固无足怪也,吾对于驹井事而不胜其感慨者,敌国之自由主义人物如此,而吾国之号称自由主义之人物,乃于敌人积极侵略之时,竟提出"迁就事实"之主张,欲向敌求必不可得之和平。呜呼!吾国自由主义之特性,果如此乎?

(《申报》,1932年7月30日,第三版)

195. 李顿体气渐复,着手编制报告书

〔北平〕 李顿勋爵体气渐复,现已重行从事于调查团报告书之编制,每日在医院中辄有若干工作。医士不使其过劳。李顿出医院日期现尚未定,但众料数日内可出院。(二十九日路透社)

意、德代表赴北戴河

〔北平〕 调查团意、德两代表昨晚离平赴北戴河,今晨顾维钧亦继往。顾奉中央政府之命,已请调查团注意日本拟派大使驻"满洲国"事。闻调查团准备在八月底完全其报告,以便及时提交九月间举行之国联大会。(二十九日路透社电)

〔北平〕 顾维钧偕施肇夔等,今晨赴北戴河。德、义两委昨晚已往。招待处派宁向南在海滨招待。北宁路备包车一辆供各代表乘用。日人二十余押护大批食粮军用品三铁闷子车抵平,径运日兵营。(二十九日专电)

(《申报》,1932年7月30日,第四版)

196. 李顿能在医院工作

〔北平〕 李顿勋爵体况进步良佳,今逐日能在医院稍稍工作。至何时能离医院,尚未决定。美国陆军少将克罗齐,病已脱险。(三十日路透社电)

(《申报》,1932年7月31日,第八版)

197. 调查团报告书本月底可完成

〔北平〕　调查团报告书决八月底完成,九月送达国联。英法等欧洲秘书,决九月五日返国。(一日专电)

〔北平〕　顾维钧及德、意代表,二日晨返平。(一日专电)

〔山海关〕　何柱国以调查团李顿等将到北戴河避暑,于一日晨由平先到。布置警备事毕,即返榆防。(一日专电)

(《申报》,1932 年 8 月 2 日,第四版)

198. 英蒲罗斯少将论极东危机益迫,希望日本能早日觉悟,并望国联调查团郑重

《大阪朝日新闻》伦敦电。迩来对于满洲问题之变化,愈形复杂。英国舆论界,尚持沉静态度。但国联调查团李顿爵士等之提出报告,为期已近。凡朝野识者,咸认为事态重大。英国在华多年之蒲罗斯少将,曾于二十五日投函《泰晤士报》云:"现今日本政府之企图满洲,已显然暴露。因此极东之危机,益益迫近。此种局面,关系各国之外交家,莫不洞悉内容。苟日本一味固执承认满洲独立之态度,势必酿成不虞之变。虽李顿爵士努力缓和日本之态度,然恐不能奏效。果尔,则危机一发,势难收拾。吾人以为欲解决此事,第一,不得不考虑此纷争关系者之间,能否协力动作。如其不能,则前途难言。其次,调查团对于满洲问题纷争之解决,如不得何等办法时,则联盟方面究将用如何手段以和平解决之,亦为当面之大问题。且从日本方面之见解,结果不外脱退联盟;但不同情之西欧各国与美国,又将采如何态度耶?苟日本如美国之对南美声明亚西门亚罗主义①,情势上又恐不能如此之简单。以故最近之重大危机,愈形切迫。此所以无论何人,对于满洲问题均抱悲观者也。特日本国民一部

---

① 编者按:原文误,应为"亚西亚门罗主义"。

分之态度,仍执迷不悟。我英国舆论,对于日本国民之遭遇种种困难,尚未十分认清。苟能明白认清,未始无平和解决之望。调查团之报告书不日即将提出,如果日本能早悔悟,不愿为危机之主动者,免引起各国之非难,则其罪恶尚小。是以吾人对于调查委员团之报告,希望其十分慎重,俾达到和平解决之目的也"云云。

(《申报》,1932年8月2日,第八版)

199. 调查团报告书定期着手起草,顾维钧昨抵北平

〔北平〕 调查团专委定五日起着手起草报告书。顾及德、意代表,二日申刻均赴医院慰问李顿病状。(二日专电)

〔北平〕 顾维钧及德、意代表,二日晨抵平。(二日专电)

〔北平〕 顾维钧谈:"本人此次回平,即拟将未完成之说帖数件,短期内完成,送达调查团。已送出者达二十五件。德、意代表回平,系参加该团会议,交换起草报告书意见。热河事件,我方已通知国联调查团。是否有调查责任,尚未奉国联命令。总报告后建议解决东省事,个人想或如此。其正式解决法,仍由国联大会决定。总报告八月底当可完成。"(二日专电)

(《申报》,1932年8月3日,第三版)

200. 李顿昨晨暂离医院

〔北平〕 日来虽天气炎热,而李顿勋爵今晨竟能暂离医院,此为其入院治病以来之第一次。本日之出院,乃赴北京饭店参与国联调查委员团会议,讨论两小时之久。嗣复返医院。(四日路透社电)

(《申报》,1932年8月5日,第八版)

201. 伊藤将来平晤李顿

【日联社四日东京电】 国联日本事务局长伊藤述史，为与政府协商对付国联问题回日，三日接内田外相返任命令，伊藤日内离日，先赴北平会见调查团，经长春赴日内瓦。

(《申报》，1932年8月5日，第九版)

202. 郭公使抵伦敦

【路透四日伦敦电】 驻伦敦新任中国公使郭泰祺，今日午后由苏桑姆顿港行抵滑铁卢车站，曾受极诚挚之欢迎。群众中有使署职员多人，挈其妻孥候于车站，相见之下，极形亲热。郭使衣灰色服装，戴巴拿马帽，使署各职员皆衣晨装。旋诸人聚合排列，由报馆摄影毕，一行人众乃驱车赴中国使署。路透电社访员曾谒郭使，据称：李顿调查团之报告书，不论其内容若何，中国极愿表示赞同，以期依照国联会章与九国公约之精神而获一和平解决。郭使又称：中国对于国联，具极大之信仰，视为和平之枢纽、新世界程序之起点；自日本开始侵略以来，中国无时不恪遵国联行政院与大会之各决议案，中国固深信李顿调查团之正直公允云。

郭泰祺继述及中英两国间之贸易，谓渠信和平与复兴新时代一日开始，则此种贸易必将大增。其言曰："余信中国之市场，含有绝大之机会，他日发展，可使世界经济之痛苦与失业问题获最后之解决。吾人深信中英利益，在根本上实相吻合"云。郭使复追述一九一九年和平会议后，渠曾随施肇基博士一莅伦敦。继言及中英两国邦交之极形辑睦，谓中英国民之利益与意志，实相契合，华人与英人同具有甚高之常识，且富理智与公道。郭使末乃称颂驻华英使蓝溥森之功绩，谓两国间之能有更密切与更同情之谅解，实赖蓝使之力云。

(《申报》，1932年8月5日，第九版)

203. 调查团昨晨续开例会，报告书昨日开始起草

〔北平〕 李顿以下各调查委员，今晨十时续开委员会，讨论中日关系之历史问题。经三小时后，始能致意见。遂由本日起，起草最后报告书。（五日国联社电）

〔北平〕 调查团发言人谈：四日例会讨论较重要，内容不便宣布；报告书重要部份即将起草，李顿北戴河之行已取消。（五日专电）

〔北平〕 调查团报告书已起草一部。李顿四日晨出席该团例会，午后仍返医院。（四日专电）

（《申报》，1932年8月6日，第三版）

204. 国联调查团昨举行临时会，定九月二日离平赴欧

〔北平〕 调查团六日晚在饭店举行临时会，李顿等五委均出席。讨论关于报告书重要之工作，深夜始散。李顿谈："调查团报告书现逐日编制，尚未编最后一部份。本人希望下月二日，经西伯利亚返欧。"（六日专电）

〔北平〕 李顿五日晨十时半出医院，赴北京饭店召四委开会，讨论开始编制报告书事。各专委均出席，午散。顾维钧及德、意代表五日晚赴北戴河，九日回平。英代表赴西山休息。李仍回院静养。（五日专电）

〔东京〕 据外务省得电，目下在北平起草报告书之国联调查团，本月末可以起草完毕。定九月二日由北平出发，九月二十五日还日内瓦。（六日电通社电）

〔东京〕 今日此间接日人消息，李顿调查团拟于九月二日由北平首途，取道西比利亚赴日内瓦。现已请莫斯科苏俄当局签发过境护照。（六日路透社电）

（《申报》，1932年8月7日，第三版）

205. 国联调查团起草最后报告,每日开委员会一次,取道西比利亚未定

〔北平〕 调查团自四日起,正式开始起草最后报告书。定明日起每日开委员会一次,以便工作之顺利进行。大约二十日以前可以完成。据闻报告书之内容如次:(一)序论;(二)满洲问题及中日一般问题之历史的观察;(三)现在之实情;(四)调查团之批评;(五)结论。总数大约四千页,尚有綦大之附属书一册。现在起草者为历史的之部分。结论一章未经委员会之讨论,结论内容是非具体的或抽象的,未能豫料。(七日日联电)

〔北平〕 国联调查团发言人述及上海所传调查团已请莫斯科填发护照,俾团员可取道西比利亚赴日内瓦一节,谓调查团曾函询莫斯科,哈尔滨苏俄领事可否在九月间任何星期日填发护照。又称,调查团或取该路赴欧,第此项探询不过为寻常探询路程之一部分,并非已决议取道此路也。昨日调查团曾在北京饭店开短时间之会议,李顿勋爵曾出席,旋返医院。(七日路透社电)

〔北平〕 吉田大使本日应李顿之邀请,下午五时赴德国病院,会谈一时许。(七日日联电)

(《申报》,1932年8月8日,第四版)

206. 调查团编制总报告书

〔北平〕 调查团今晨例会,李顿及各代表均出席,继续编制总报告书。顾定九日由北戴河返平,与调查团有所接洽。(八日专电)

(《申报》,1932年8月9日,第四版)

207. 美国务卿重申远东外交政策,陈述订立非战约经过

【路透八日纽约电】 国务卿史汀生今日对外交会演说,谓"余以为白里安与凯洛格之非战公约,将成我国永远大政策之一"云。史氏详述此约之由来,并谓批评者指此不为条约,但为一束签字国之片面声明耳,实则如此批评,未免错误,因此约确载有切实诺言也。史氏继言及东三省之中日冲突,谓:"美国向中日声明,美国不承认违反国联会章与巴黎公约义务而造成之任何时局。此种见解,后为国联所通过,赞成之者五十国。美政府此举,诉诸共同新情操,全体文明国家对此既有一致之主张,则此举已发生新意味。道德上之反对成为全世界之反对时,则即发生国际公法前所未有之新意味"云。

【哈瓦斯社八日纽约电】 国务卿史汀生今日对外交委员会演说,其主要旨趣,为《白里安—凯洛格非战条约》所表示之举世希望和平心理,应以舆论之制裁为后盾。其签字各国如见该约有受侵犯之威胁时,有互相协助之必要"。史汀生将该约签订时以至一九三二年中日满洲事件发生时止,三年间和平情形叙述一过。史氏演说之主要点大致如下:"舆论为所有国际关系之制裁。其平时有效与否,全视各民族是否确欲使之生效以为断。如各民族欲其生效,则舆论之力势不可当。凡国家之呼吁于舆论者如欲收效,必于呼吁之后,继以各国家之互相讨论,互相咨询而后可。"欧战以来,组织国际和平之事实,层出不穷,转瞬均已过去。史氏又将其种种经过略予叙述,并谓自有国际法之始,以至欧战时为止,国际关系之基础上,不能脱离战争之可能性。《白里安—凯洛格条约》之订立,实为人类思想之革命。此项条约,并非仅为表示诚意之宣言,乃为一种有拘束力之条约。除正当防卫以外,不准从事战争,条约拘束应有之意义,彼尽有之矣。史氏最后又谓美国极信该条约之价值,故愿诚意维持之。

【国民社九日日内瓦电】 昨日美国务卿史汀生在纽约向外交委员会之演说,已使国联中人发生深刻印象,以为史氏之述及非战公约,意在请将该公约引用于中日争执。照目前形势,国联大会今后对付远东事变,颇有采用所谓"史汀生主义"之可能。按史汀生主义即不承认武力变更领土是。

【路透九日伦敦电】《泰晤士报》社论,略谓美国务卿史汀生解释美国对

于非战公约之态度,并言及东三省之争执,其言可视为美国官场宣布其外交政策之甚重要议论。美京认此与李顿调查团提出报告书时发生之时局,有特殊关系。史氏所吐露之政策,在国际关系之全部前途上,颇有价值,且亦重要云。《孟却斯特指导报》亦著社论,谓非战公约之效率已受试验,不过签约国虽有抗议,日本终据有东三省全境耳。美国与国联会员国皆为不承认东三省时局之政策所拘束,但此未必能切实干涉日本积极政策之进行。虽然,世界舆论固已一变矣云。

【路透九日纽约电】《纽约时报》评论国务卿史汀生之言论,谓此言论至关重要。不仅因其宣布美国遵守与他国协商之原则,且因此言之发表,适在国联大会行将集议,再行处理与远东和平有关的复杂问题之时也云。

【电通社九日东京电】 美国务卿史汀生于昨日之外交委员会谈非战条约之效力时,曾呼日本系侵略者。今晨外务省接电后,外务当局甚觉愤慨,谓日本因美国现在选举大总统,故外交交涉不为过甚,而史汀生国务卿乃议论中日问题。在负责任者之国务卿,不能不谓为出言不慎。故决定将提出重要抗议,以促史氏之反省。

(《申报》,1932年8月10日,第十版)

208. 调查团报告书结论着手编制,李顿仍住医院中,顾维钧昨返北平

〔北平〕 调查团正式报告书结论,即开始编制,月底可完成。该团一部人员定九月五日离华。李顿仍住医院,按工作时间到值。(十日专电)

〔北平〕 顾维钧今午由北戴河返平,整理备忘录文件。(十日专电)

〔北平〕 李顿昨为五十七岁生辰,在德国医院庆寿。(十日专电)

〔长沙〕 各界电调查团转国联,迅制裁日暴。(十日专电)

(《申报》,1932年8月11日,第八版)

209. 美国务卿宣言全文：表示竭诚拥护非战公约成为美国一大永久政策，绝对不承认武力所造成的局面，旨在鼓励国联对日采有力行动；日人愤懑拟取对美严重外交步骤

……………

史氏言论引起日人反感

【路透十日东京电】 美国务卿史汀生演说（指日本在东三省事件中为侵略国），此间官场对之颇为叹息，深恐此语适足更激起国家情感，而发生与美国务卿所期望者相反之结果。今日午后外部发言人讨论史汀生之言，希望第三方面勿作可使时局愈臻严重之言行。据谓此种言论，如史汀生所发者，徒增日政府支配民情之困难。日本已决计在中俄之间设一缓冲国。至于日本承认"满洲国"之时间问题，则系于李顿调查团报告书之性质云。同时日本报纸对于史汀生之言，表示愤懑。日政府现待美京大使之详报，然后再决定向美抗议与否。

……………

伦敦人士注意国联行动

【路透十日伦敦电】 此间现已注意于李顿调查团所将提出之报告书，及日内瓦所将有关于报告书之辩论。此间人士皆以为南京政府之辞职，由于巩固中国内阁，以应付国联重要辩论时大局之心。《每日捷报》美京访员电称，李顿调查团责日本故意造成东三省战争，美国务卿为非战公约辩护之言论，发表适当其时，庶在李顿报告书公布以前，使美国舆情有从容时间以拥护非战公约云。工党机关《每日驿报》社论谓，日内瓦国联开会时，将有一派以替日本解脱为主要旨趣，今春各小国曾与此派奋斗云。

（《申报》，1932年8月11日，第十版）

210. 国联我代表团加派技术专家

〔南京〕 外部因东北问题以铁路之纠纷为最多,国联下届大会时,我国代表团应派铁路专家襄助办理。爰商铁部同意,加派铁部参事颜德庆及北宁路工务处长华南圭充任代表团技术专家。颜等现正搜集关于东北铁路上之各种积案,缜密研究,预定本月底即赴日内瓦工作。(十一日专电)

(《申报》,1932 年 8 月 12 日,第四版)

211. 李顿又患感冒,暂时不能办公

〔北平〕 今日消息。李顿虽又有感冒,但其体气尚属满意。不过须稍休息数日,暂不操国联报告书之工作耳。(十一日路透社电)

〔北平〕 李顿调查团发言人今晨语路透记者,言及英国《每日捷报》美京访电所称李顿报告书责日本有意造成东三省战争一节,一再声明关于报告书内容之任何预测,皆绝对时机未熟,并曰"吾人刻正着手于报告书之叙事部份,尚未制定论断"云。记者询以论断何时可成,发言人答曰,在最后时机方着论断云。记者又询他事,发言人答称,报告书编制之进行,似并不为晚云。(十一日路透社电)

〔北平〕 李顿又感不适,昨、今未到北京饭店办公。(十一日专电)

(《申报》,1932 年 8 月 12 日,第四版)

212. 调查团每日开会两次,李顿仍在医院工作

〔北平〕 调查团例会每日开两次。报告书九月二日前由平寄出,国联大会前到达日内瓦。连日李顿未参与开会,但每日仍在医院照常工作。(十二日专电)

〔北平〕　顾维钧谈：政府拟派本人赴日内瓦，已有接洽，尚在考虑未决；国难日亟，盼一致团结；刻政潮虽发生，不久定有解决办法；日报载余解决时局办法，非事实。（十二日专电）

〔北平〕　李顿夜眠甚安，今晨体气大佳。医士克利格称寒热已退，状况极佳云。今日午后调查团在德医院开会，将由李顿主席。（十二日路透电）

（《申报》，1932年8月13日，第八版）

213. 日安达派促承认伪组织，派使与承认伪国无关，军阀愤内田外长失言

【路透社十二日东京电】　安达将组织新政党，名国民同盟，现已集得同志三十人。安达今日谒见首相斋藤、陆相荒木，请即依照政友会在上届议会所通过之决议案，而承认"满洲国"。闻荒木答称，渠以为承认之时机今已成熟云。日本虽不致在国联调查团报告书发表之前承认"满洲国"，但今晚据外务省发言人声称，或将在国联大会开会前承认，因：（一）日政府现信调查团必不致主张中日争端由直接谈判解决；（二）日政府对史汀生演说词虽决议不向美国提出抗议，但该演说已激动日本之舆情，民众或将迫令政府有所行动也。

....

（《申报》，1932年8月13日，第九版）

214. 韩人爱国团宣言，大连事件有所辩白

本报昨接韩人爱国团宣言，对于日人所称该团阴谋在大连暗杀国联调查团员一节，有所辩白。宣言系英文，略谓："本团奉行之规律，乃力行而勿言。故于日人捏造事实，到处宣传本团阴谋在大连暗杀国联调查团员一节，迄今缄默无言。但念五月九日本团主席金九对于虹口公园炸弹案发表宣言后，真相遂大白于天下，日人无所施其诬蔑构陷之故技，以此认今兹亦有发表宣言之必要。查日人自五月廿四日在大连捕获本团团员柳相根、崔兴植与其他两人后，

遂对外宣传本团初谋暗杀驻满日本文武大员,嗣忽变更计划,企图暗杀国联调查团员,其用意在陷日本于国际间困难地位,引起世界战争,乘间谋致韩国独立;并谓中国政府及中国抗日团体,曾供给其经费云云。按本团素认战争不能造福于人类,我人之不惜牺牲团员生命,用武力以刨仇敌者,仅因仇人日日驱韩人于死地,舍此以外无其他良策可以复仇也。惟除仇人外,其他各国人民,我辈悉视之为友。所以虹口公园炸弹案,未伤一外人。设有炸弹在大连炸发,定可证明究系国联调查团员遭难,抑系关东军司令本庄、关东长官山冈或满铁总裁内田饮弹也。倘吾辈欲战争,乃欲痛创世界平和公敌之日本故也。吾辈不信暗杀调查团员,可以达到我人之愿望。至若谓暗杀调查团员后,将成为国际问题,足以为难日本政府,不知吾辈所求,乃国家之独立,从无此卑鄙观念也。我辈为公道而奋斗,未见有为仇人政府作此无意识暴举之理由。而彼仇人政府,乃真欲企图暗杀国联调查团员者。吾辈固可将韩国问题陈诉于国联调查团诸君之前,但认目下尚非其时。但吾辈深信国联调查团诸君,苟考韩虑国[考虑韩国]问题后,亦将以为韩国有自由之必要也。韩国在历史及地理上,俱为东亚和平之钥。欲求中日争执之永久解决,端在解决韩国问题"云。

(《申报》,1932年8月13日,第十四版)

215. 调查团昨在医院开会,报告书将付印

〔北平〕 国联调查团今晨在德医院开会。调查团员言及东京外务省关于调查团报告书之预测,谓依照调查团之任务,直接谈判问题纯为中日两国间事云。调查团报告书用英、法两种文字付印,此乃艰苦工作。现料报告书在国联大会开会期中,可以印成。调查团员并谓调查团返国日期及赴欧途径,现无从预定云。(十三日路透社电)

(《申报》,1932年8月14日,第三版)

216. 调查团报告拟在瑞京发表

〔北平〕 国联调查团本日开会,商议报告书之发送及发表之方法。结果决定,报告书由调查团携带至日内瓦,直接手交秘书局,不用发电或邮寄等方法。报告书以英法两国文字印行,于九月底或十月初在日内瓦发表。交秘书局以前,绝对不通知中日两当局。(十五日日联社电)

〔北平〕 李顿病愈,今晨十时到北京饭店办公,午后一时返医院。调查团连日加紧工作,报告书拟月底赶制完成。(十五日专电)

(《申报》,1932年8月16日,第八版)

217. 国联报告书月内可告完成

〔北平〕 李顿仍须静养,调查团今例会,在德国医院开会。报告书月内可完成。(十六日专电)

(《申报》,1932年8月17日,第四版)

218. 顾维钧拟与调查团同放洋

〔北平〕 顾维钧拟九月五日随调查团乘义国邮船放洋,赴马赛,转往日内瓦,出席国联大会。顾前向调查团提说帖二十余件,今日起起草结论,日内送达调查团。顾夫人今晨由北戴河抵平。(十七日专电)

(《申报》,1932年8月18日,第四版)

219. 国联调查团返欧期：编制报告可照预期完成，大约下月初间离平返欧

北平通信。国际联盟会之调查委员团，目前正在编制报告，并整理所搜集之大宗文件，以作参考。报告书现已着手编撰。委员团深冀此项报告书能照预定日期，于九月十五日送达日内瓦。但欧洲方面，颇有人以为七月一日国联大会决议，将讨论中日争执事件之六个月限期予以延长一层（此项期限，系依照国联盟约第十二条及第十五条所定），实与调查团之工作进行状况有关，此则接近调查团之方面所深为诧异者也。日内瓦方面之感想，似为第十二条限期延长之原因，一方由于调查团组织与出发之迁延，一方复由于调查团工作进行之迟缓。甚至有人以为调查团因不能如期完成报告书，曾自请展期，然按之实际，殊不如是。关于期限问题之困难，实由事势而生。缘中国最初赴诉于国联会时，其所援用者为盟约之第十一条。至调查团出发以后，中国始援用第十五【条】之规定。第十一条原无期限，六个月以内之限制乃第十二条之规定，因第十五条而引起者也。由是可见调查团之组织及其所负使命，实系以第十一条为根据。设国联系依照第十五条之规定而办理调查手续，则其选派之团体或另为一种组织。其人员当以在当地者为限，其所赋与之职权将较有限制，其所提出之报告书范围当较狭，而限期亦当较短。今则不然。调查团所负使命范围，甚为广大。其任务不仅在于调查某某特定事变之真相，且为力谋促进中日关系计，调查团尤当研究事变发生之背景，并考查远东之一般情势。盖必如此，方能了解事变之全部面目也。

此外，调查团在调查工作进行中，遭逢重大之难关，而必加以克服。如关系国政府，不论中国或日本，均不能在七月乃至本月初以前将某种重要文件交与调查团，即其一也。顾调查团所负使命纵极广大，调查工作纵极困难，而其报告书或仍能于欧洲启程时所预定之日期内编成，而不至延迟。当调查团从日内瓦出发时，国联告各团员谓并不希望于八月末或九月初以前完成报告书。而日内瓦规定之调查团经费预算，亦说明调查团工作时期，于必要时可延长至九个月。国联大会依据第十五条审理中日事件时，而欲以

调查团依据第十一条所草成之报告书供其参考,亦属极近情理。国联因此乃决定将其审理期限加以延展,又焉能谓其由于调查团工作之迟缓耶?现在调查团之工作正照常进行,且依环境之所许,力求其尽速完竣,固未尝有所迟滞也。大概在九月初,调查团必可自北平启程,经西伯利亚而返欧洲云。(哈瓦斯社)

(《申报》,1932年8月18日,第十一版)

220. 调查团报告书之结论颇为英当局所注意

〔伦敦〕 李顿调查团报告书之内容,或不如近今美国报章之推料。但据《每日电闻》外交访员函称,其中之结论,或有数处将令日人痛愤。果尔,则此项结论或将引起剧烈之争执,而在种种不同之行径上影响日本与美国及日本与国联之关系。今不特外相西门与外交部注意此事,即首相麦唐纳亦然云。(十八日路透社电)

(《申报》,1932年8月19日,第四版)

221. 李顿等赶制总报告书,日使馆邀宴全体委员

〔北平〕 李顿等每日至北京饭店,赶制报告书,拟在三十五日完成。顾维钧十九晚赴北戴河,二十二日可回平。与调查团接洽后,即将随同赴沪放洋。(十九日专电)

〔北平〕 日使馆参赞原田,十八晚邀宴调查团全体委员、秘书,商某项问题。李顿称病谢绝,德、法、义、美四委均赴宴。吉田等日方要人均作陪。(十九日专电)

(《申报》,1932年8月20日,第四版)

222. 调查团将返欧，顾维钧拟与同行

〔南京〕 调查团报告书草竣，李顿等即将返欧。关于此后之国际形势进展如何，中央方面连日有所商洽。二十一午特邀请专家在灵园举行秘密会议，讨论今后应付方针与国际宣传策略。（二十一日专电）

〔南京〕 顾维钧正摒挡一切，与国际调查团同船放洋。惟关于此次使命及外交方针，亟须向国府请训。金问泗前日来京，即负此接洽任务。罗文干不克离京，请顾来京一行。（二十一日专电）

（《申报》，1932年8月22日，第八版）

223. 各业公会电请调查团据实报告国联

本市各业同业公会昨联名电致国联调查团，请以大无畏精神据实报告国联，制裁暴日，勿屈服于任何势力之下，致贻世界前途之隐忧。原电云："北平顾少川先生译转国联调查团诸公大鉴：慨自去年九月十八日日人不依国际惯例，遽用不宣而战之卑劣手段袭我辽吉以来，吾国疆吏既为避免冲突责任，一再引军退让。中央政府则因维护东亚和平，而始终信赖国联。民众方面诚知公理正谊未必可靠，所以忍辱忍痛，至于今日者，盖谅政府当局弥缝战祸之苦衷，并信国际联盟确有解决纠纷之能力也。乃事变以来，国联决议之效力既等于零，而日人之暴行且益变本加厉。据我龙江，夺我锦州，攫我邮权，截我关税，组织满洲傀儡伪国，近且举兵攻我热河矣。似此悍然不顾国际公约惯例，不知国联为何物，咄咄进逼，有加无已，吾国即不幸而至于亡，世界各国恐将从此而多事矣。查贵团之来我国，行将半年，调查工作，亦既完竣。对于日人之蹂躏东北，自有相当之认识，则据实报告确为唯一之使命。为此电请贵团抱极大决心与大无畏精神，迅将日人之侵略我国之实在情形，报请国联行政院，援据盟约及决议案，对于破坏世界和平之戎首恶魔，予以严厉之制裁，用维正谊人道于不坠。幸勿瞻顾徘徊，屈伏于任何势力之下，致忝厥职，重误吾国，并贻

世界前途无穷之隐忧,实为至幸。临电神驰,不胜迫促愤慨之至。上海市棉布业、绸缎业、糖业、纸业、纱业、木业、矿灰业、米号业、丝光棉织业、参燕业、西药业、彩印业、飞花业、肠业、水果地货业、南货业、砖灰行业等一百六十三同业公会叩。养。"

(《申报》,1932年8月23日,第十三版)

224. 李顿仍在医院,报告书月底可完成

〔北平〕 李顿仍在德国医院休息。今晨调查团在该院开会。报告书希赶于月底完成。美委员今宴全体委员。(二十三日专电)

〔北平〕 顾维钧今访李顿。(二十三日专电)

〔北平〕 调查团定下月初离平。原拟分两批返欧,因西伯利亚铁路受北满水灾影响不便,故决经海道将赴沪登轮。顾维【钧】闻同赴日内瓦出席国联大会。(二十三日专电)

〔北平〕 顾维钧今晨由北戴河返平。(二十三日专电)

(《申报》,1932年8月24日,第三版)

225. 日对满洲问题分主战主和两派,两派主张皆甚坚决,究竟谁胜现尚未定,我国对此亟应注意

《东京万朝报》论满洲问题云:"今日我国金融界内部的关系,伏有重大危机性。照现在经济结构之情形,果能勉强维持现状乎,实属疑问。更就外部关系而论,尤可悬念。何则?外部关系之世界经济与满洲问题,吾国因其趋势所及,内地经济受莫大影响。我国财界一时纵筹有补救方法,然满洲问题之结果如何,终不能不认为有顿挫与破坏之危【机】性也。际此穷乏的日本资本主义经济,惟有藉满洲可以打开种种难关。譬如原料之供给、制品之需要,以及过剩人口之移住,在在为我日本之生路。然而满洲问题原非独日、'满'二国关系,而为对华、对美、对俄、对联盟之问题。具有此重大国际问题的性质,其间

错综复杂之难关,究非一言所能尽。特目前之联盟调查团,究竟如何向国联报告,尚难臆测。而国联理事会对调查委员之报告将如何处理,现亦未能明白。但目下日本就对华、对俄、对美、对联盟等各方态度观之,结果恐多不利于日。此时我朝野不得不有重大之觉悟。盖万一联盟理事会下不利于日本的公断时,果将发生如何新事态,实为未来之大问题。顾今日世界经济之不况,原受世界大战之害,此固为各国人士所公认。而今日列强中之英、美、意、法,均陷于穷乏之境,以言开战,恐非易事。在此现在事实与过去经验,皆有相互牵制之劳。虽然,如谓绝对的不致发生战争,亦难断言。倘联盟理事会一旦反对决议,日本不幸与美俄开战,在此国际政局上,就日本之立场论,岂能与世界抗衡乎？故满洲之与日本,关于'新国家'之生成如何,尚属副产物,而战争之祸机,已孕育其中矣。苟一旦发生战争,试问现在我国民经济之程度,为何如耶？此为生死存亡之大关键。近来我日本国内之舆论,分为二种,即：（一）承认'满洲国',誓死与国际联盟奋斗。如不如愿,不辞一战。此战争必须举国一致,暂时勉力维持现在之经济状况。（二）现在国内之各种经济状况,到底不能受对外战争之压迫。宜力避战争,愿将满洲认为中国领土,属于中国宗主权之下。既可缓和国际联盟之空气,复得逐渐改造国民经济之机构,俾日后耐于国际战争。以上二派,不论朝野,互相对峙,今后当视国民感情之意向而定。如国民多倾于主战论,则政府必主张强硬论调。惟主张战争,果能达到维持经济之目的与否,实为疑问。盖虽举国一致以当外患,而内部之改良,实为先决问题。关于此点,甚望国民深切注意之"云云。

(《申报》,1932 年 8 月 24 日,第十版)

226. 国联调查团报告书赶制中,中代表处送递说帖

〔北平〕 调查团例会今在德国医院举行。报告书正赶制中,决于九月二十左右,全部递到日内瓦国联理事会。报告书项目繁多,倘月底难完成,各委离平势将展缓。中代表处递与该团说帖,已全部竣工,今日送递。刻另制关于东北事件之全份说帖,拟九月五日由钱泰、颜德庆随调查团携往日内瓦,交颜惠庆送国联行政院。（二十四日专电）

〔北平〕 国联调查团因李顿勋爵仍居德医院，故逐日就该医院开会。其编纂报告书之工作，颇能按步而进，预计在国联大会开会之最初阶级中，可以提出。一俟编成，即拟由最捷之径送往日内瓦。该处排印英法两国文字，殊为便利。至中日文译稿，则将分在两国成之。调查团刻正从事编纂报告书中历史与纪述之部分，俟两类材料汇齐。其所及之范围甚广，其余亦将分门别类。结论之起草，将留待最后一分钟为之。闻将纵论重大时事，至报告书盖印发出之时止。关于此节所可注意者，外交部已将热河事变报告国联矣。调查团何日启程、将取何路回欧，现均未决定。至是否将取道西比利亚，仍属疑问。盖在平时此路固属至捷者，但目下北满方患大水，而复因北满有虎疫之故，或须在满洲里清疫，此则不可不注意者也。闻各调查员或将分道而归云。（二十四日路透社电）

（《申报》，1932年8月25日，第三版）

227. 日方所传国联大会议程，日又放出退出国联空气，意在恫吓英法为其后盾

【电通二十四日东京电】 据昨日日内瓦日代表团致外务省之情报，今秋处理满洲问题之国联总会，已决定日程如下：

（一）李顿调查报告书九月十五日以前可提出于国联事务局，至九月末止，将报告书翻译整理，分配于中日两国及各理事国。

（一）理事国约二周间，研究此报告书。

（一）十月十二日起，在日内瓦举行公开理事会，审议报告书。

（一）公开理事会继续举行约一星期后，将此报告书移交国联总会。十月二十日开十九国委员会，再开总会，由总会开始审议。总会开会约在十一月上旬。

【华联社二十四日东京电】 日本官方又制造脱退国联空气，谓日本承认"满洲国"独立，此为日本之自由，不必受国联干涉。日本已派长冈、佐藤及松冈为代表，与国联抗争。国联若不能谅解日本之意志，日政府有退出国联之决心。其意在恫吓英法，为日本后盾。

（《申报》，1932年8月25日，第十一版）

228. 调查团昨仍开例会

〔北平〕 调查团例会今仍在德国医院举行。义、德、美三委今正午赴碧云寺玉泉山游览。该团报告书为节省时间,或由西贡航空邮件寄往日内瓦。(二十五日专电)

(《申报》,1932年8月26日,第四版)

229. 顾维钧将入京一行

〔南京〕 国联调查团我国代表顾维钧出洋护照,已由外部办妥。如调查团由海道返欧,即随该团离平。过沪时,拟乘机来京一行。如该团从陆道返欧,则事先来京,向政府请示方针,再回平偕该团启行。(二十五日专电)

(《申报》,1932年8月26日,第四版)

230. 对内田外交演说美英态度暂守沉默,自卫权利竟轶出本国领土以外,日本纵逞狡辩终违犯九国公约,在调查报告未公开前美国不愿再有所行动

【国民社二十五日华盛顿电】 今日美国务院认昨日日本内田外相在东京国会内演说,其本意直接对国际联盟而发,作为日本对满洲地位之声明,因此美国不拟有所答复。官场中观察时变者以为,日本若承认满洲伪国,纵有内田之声辩,显似将违犯九国公约。但又表示,苟从法律点观察,则此举之是否违犯公约,将视"满[洲]国"是否可认为真正自主国家,抑系日本傀儡而定。料国联调查团报告书对于此点,当能有所阐明。国务院发言人顷谓,内田伯爵显然欲向国联及全世界概括说明日本立场,当日大使署将该演说稿抄送国务院时,国务院即向来人说明美国此种见解。记者嗣以内田伯爵所称"日本根据非

战公约之自卫权利,今乃轶出本国领土之外,扩张至满洲"一层,询问某大员。据称关于此点,国际法上未有规定。又据国务院当道最后表示,美国在联盟调查团送出报告以前,对于远东将来未必再有行动云。

【路透社廿六日纽约电】 据《讲坛导报》消息灵通之某访员声称,日本之决议承认满洲伪国,美国将用其势力维持外交的排斥主义以对付之。该访员之意,其余各国恐亦将出此。华盛顿人士视内田伯爵之演说乃对国联而发,而目光则注于李顿调查团报告书。当局现已表明日本之承认满洲伪国,将视为违背九国公约之举动。惟政府已确言胡佛总统与史汀生国务卿对内田之演词,均不欲发言以答之,在国联对李顿调查团报告书有所行动之前,对满洲伪国亦不欲发表任何言论云。《纽约时报》今日载有社论,谓内田伯爵所述日本在东三省行动之理由,与一九一四年德国解释其攻入比、法之举同一口吻。内田预料九国公约与凯洛格非战公约有为各国援用对日之可能,而李顿调查团之报告书或亦不利于日,故发此演说,以为先发制人计。此不啻与国联权威直接剧烈挑战云。

下转第十一版

【路透二十六日伦敦电】 英国大员某氏今日于路透访员造访时宣称,大不列颠当视远东全案为在考虑中之事,英国以其国联会员资格,现为裁判员之一云。该员在未接李顿调查团报告书之前,不能发表对日本承认"满洲国"之意见及确言此举大概之结果。渠料须至九月杪,报告书始能供国际研究。伦敦人士对日本承认"满洲国"之举是否侵犯九国公约一节,意见分歧。或谓"满洲国"他日如经众认为实际之政府,于是泰西列强大约将相继承认之;果尔,则援用九国公约,显然为不可能云。或谓日本之承认"满洲国",确属侵犯九国公约;日本如果出此,该约之签字国应召集会议,决定对付违约者应取之步骤云。

英报讽日片面解释,谓日本欲承认傀儡组织,显与世界道德意识反抗

【路透廿六日伦敦电】 此间保守党报纸对于内田昨夜在议会所发之演词,不置批评。惟自由党与工党报纸,则指此演词预示危险可能性。自由党《汇闻报》谓远东或将再起冲突。日本之在上海增兵,即为令人惶恐之理由。内田在李顿报告书发表以前发此言论,既属不智,亦为缺乏考虑。日本不能期望他国接受其在东省行为不破坏凯洛格非战公约与其他条约之片面议论云。工党《每日驿报》社论,题为《日本之傀儡》,谓远东现扮演一种滑稽剧,但此剧含有世界惨剧之可能性。日本之承认满洲伪国,乃与世界道德意识有意反抗之最近步骤，将使战云弥漫天空云。《孟却斯德指导报》社论，题为《"满洲国"果为满洲人之国乎》，谓就日本而言，日本对"满洲国"之承认，直故意蔑视李顿调查团之条陈耳。此举将使国联他国一再并永远承认东三省时局，系为与日本国义务大相抵触之方法所造成。依美国务卿史汀生所唱之不承认主义，列强将在任何情形下拒绝与"满洲国"发生关系云。

【国民社二十六日伦敦电】《每日纪事报》称，远东时局目下充满危险可能性，国际联盟不宜再有所踌躇，必须通知日本：此种蔑视世界一秉良心之公论，哓哓置辩，乃举世所不能容忍者。

（《申报》，1932年8月27日，第八版转第十一版）

231. 日代办矢野昨日到京，接洽上海商务问题，有野称系拜访性质

〔南京〕 日代使矢野二十七晨由沪乘轮抵京，即偕参赞有野、领事上村赴外部谒罗外长，由次长刘崇杰、亚洲司长沈觐鼎接见，闻对于上海商务问题，有所商洽。据有野谈，此次矢野来京，纯系私人拜访性质，并无何等公务。约勾留三四日，与罗外长及中央各要人商榷后，即返平。新任驻华有吉公使，约九月五日即可抵华。关于国际间传说日俄订有协定，对东省问题成立谅解之消息，殊属不确。美国朝野人士对满洲问题之见解，各有不同，对日本行动，显有同情与反对之表示。美舰队之行动，事关军事，本人不得而知，不过日美战争之说，事实上恐非可能。美法双方对凯洛克公约虽有表示，然日本认为并非违犯公约者。日本准备承认"满洲国"之外交政策，已确定不移。承认时期，日本政府早已决定步骤。此种政策，与李顿报告书纯为两事。无论李顿报告书对满洲意见如何，日本决不变更政策。倘李顿报告书与日本政策有重大冲突时，日本政府当有最后之表示。至上海方面抵货运动，已由驻沪日领署向上海市长抗议，并接到吴市长回文，日方对回文尚在考虑、研究中。外传日方拟用武力对付之说，绝无此事。（二十七日专电）

....

（《申报》，1932年8月28日，第三版）

232. 国联调查团决分三批离平，报告书工作月底结束，中政府说帖起草完成

〔北平〕 调查团决月底结束报告书工作。各委员已与我国接洽离平行程，决分三批：（一）顾维钧偕秘书等，一日赴京与当局接洽，四日左右到沪放洋；（二）德、意、法三国代表，二日由北宁车出关，换乘伪奉山路车至哈，转西比利亚赴日内瓦；（三）李顿偕美代表麦考益夫妇及哈斯等，搭福特机至沪，与顾等会齐，同乘五日由沪开行之意邮船赴日内瓦。顾维钧因负有驻法公使之新任，到意后将先赴巴黎，勾留一二日，再赴日内瓦。在平国联调查团招待处奉外部电令，定月底结束。（二十七日专电）

〔北平〕 李顿调查团之报告书行将脱稿。全文不下十万言，蔚成巨册。结论留待最后一步，故外传关于结论内容之预料，实太早也。报告书完成后，即拟送往日内瓦。但取何路，迄未决定。闻诸调查员或将于一星期内离平，而于临时决定返欧最快之路。今迟疑未决者，半由于东三省现有水患，恐取道西比利亚，未必便捷也。李顿勋爵因由日归后，为二竖所困，今虽痊愈，而体未复原，故其由海道返欧，几可豫必。现信渠将乘意船干治号。其余调查员，如届时确悉西比利亚铁路碍难通行，则亦将与勋爵同舟而归。据调查团中人意见，报告书为文甚长，至早须至九月杪始能提呈国联行政院。届时当可印一临时刊，而不具载附件。国联与日内瓦及洛桑数家印刷公司素有关系，大约将以报告书分交该数公司排印，俾可早成。（二十七日路透社电）

〔北平〕 中政府致国联说帖二十七种共二万余件，顾起草已全部完成，运日内瓦。二十六已运走七箱，尚有十八箱在装箱，一二日内运沪。东北外交委会亦制说帖数种共七箱。（二十七日专电）

〔北平〕 调查团中代表办事处，定本月底结束。（二十七日专电）

（《申报》，1932年8月28日，第三版）

233. 调查团报告书内容严守秘密,顾维钧欢宴调查团

〔北平〕 国联调查团编制之报告书,其内容各方刻正纷纷揣测。惟报告书此时虽将近完竣,而其内容仍严守秘密。仅闻全部将近二十五万字,报告本身占十六万五千字,结论约在七八千字之间,附件十五种,每种约五千字云。(二十七日字林报电)

〔北平〕 调查团今晨在德国医院开会,编制报告书。顾维钧以李顿屡约偕行,定二日离平南下过京,五日晨抵沪,与李顿等同乘意大利邮船放洋,期十月一日赶到日内瓦。顾昨晚与其夫人欢宴调查团各委,除李因病未到,余各委及秘书长哈斯夫妇均到,并约王广圻、萧继荣作陪。(二十八日专电)

〔南京〕 外交界息。顾维钧因下月将偕国联调查团赴欧,并赴法履新,使命重大,以行前须向政府及外交当局请示一切,现拟由平送该团至沪成行后,即来京详商一切外交计划,再行放洋。(二十八日专电)

(《申报》,1932 年 8 月 29 日,第三版)

234. 颜德庆来沪赴欧,参赞国联中国代表团

国际联盟开会在即。此次会议以东北问题为中心,而铁路问题尤关重要。兹中国代表团特电调铁道部技监颜德庆博士前往襄赞。颜氏于前日来沪,已购定九月五日意邮船舱位放洋,直赴日内瓦。随行者有前东北交通委员会委员郭邹恩元氏。颜字季余,上海人,年五十三岁。上海英华同文法文学校毕业,美国斐真义大学理海大学卒业,得工程硕士学位。归国应留学生考试,举工科进士。历任粤汉、沪宁铁路工程师,京张路正工程师,川汉路副总工程师,上海铁路总公司技正顾问,南京临时政府路政司司长,交通部参事技正,粤汉铁路湘鄂局局长,协约国共同监管中东及西比利两路技术部中国代表,交部派

往美、英、比、和①、德等国调查铁路专员,太平洋会议中日代表团专门委员,粤汉、川汉路会办,鲁案委员会委员,出席中日会议,铁道部参事,中华工程师学会会长。现任铁道部技监,管理中英庚款委员会董事会董事,胶济路理事会理事,中国工程司学会会长,国联调查团中国代表处参议。此次任国际联盟会中国代表团专门委员。

(《申报》,1932年8月29日,第十五版)

235. 国联调查团举行末次会议,报告书一日可完成,李顿即偕两委南下,与顾维钧同道赴欧

〔北平〕 调查团各委今晨在德国医院举行末次会议。所有未完事件,由该团派秘书吴秀峰留平料理。(二十九日专电)

〔北平〕 调查团德、法委员定二日赴津,搭船赴大连,再过沈北上。但沈阳今突发事变,行程是否变更未定。由海道赴欧者,原英美两委,刻义委加入。该三委决下月四日乘福特机飞沪,与顾同行西去。由海道启行者,计二十六可抵欧陆。由陆路赴欧者,计十四可达。李顿等三委行李,定一日由平运沪。(二十九日专电)

〔北平〕 调查团报告书定下月一日全部完成。其完成部分,刻已分别寄往日内瓦。该团发言人谈,报告书内容偏重目击事实。该书到日内瓦后,即分送各国委员审查,然后交十九国特别会议讨论发表。该会对中日事件,仅能作成一决议案,不能作任何判决。(二十九日专电)

〔北平〕 顾维钧原定一日赴京,嗣因事须晤蒋,改定三十一日宴调查团全体饯行,二日乘福特机飞汉谒蒋。当日下午由汉飞京,留一日谒外交当局,并办出洋手续。四日赴沪,五日放洋。先赴巴黎呈递国书,再赴日内瓦。(二十九日专电)

〔北平〕 顾维钧定九月一日乘张学良福特机飞京,在京勾留三四日,再赴沪,搭意大利邮船与李顿同行赴日内瓦。顾随员仍乘平浦车,携带行李南下。

---

① 编者按:即"和兰"("荷兰"旧译)。

（二十九日专电）

〔北平〕 萧继荣受任驻法大使馆参事官,决随顾放洋。金问泗、钱泰等亦被任驻法使馆职务,不久亦前往。(二十九日专电)

〔北平〕 调查团秘长哈斯今返平,约九月中旬再偕一部留平随员离平,经西伯利亚返日内瓦。(二十九日专电)

〔北平〕 李顿勋爵定九月四日乘张学良私用飞机赴沪。同行者有美调查员麦考益夫妇、意调查员亚尔德罗伐尼伯爵、张学良之顾问唐那德、李顿之秘书亚斯托。唐氏赴沪乃参与庚子赔款委员会会议。顾维钧博士将乘张学良另一飞机于九月二日赴沪,渠将与李顿同乘意船干治号赴欧。法调查员克劳台将军、德调查员施尼博士,定九月二日由平取道西比利亚回欧。(二十九日路透社电)

(《申报》,1932年8月30日,第三版)

236. 时评:东北问题与美日关系

最近日本政府一面派武藤为驻满特使,将与伪组织订立所谓基本条约,一面由内田外相代表军阀之意旨,在临时议会颠倒是非、强词夺理,作关于承认满洲伪组织冗长之演说。悍然不顾国联大会屡次之决议,不纳国联调查团在日本时所进之忠告,视九国公约如无物,目非战公约为废纸。彼其咄咄逼人之态度,直向全世界公理挑战而不恤,与种种平和之保障为敌。试问国联与美国,将置若罔闻,不筹对策欤?抑将亟筹有效之对策,以与相抗欤?此实关系东亚乃至世界安危之重大问题,应为吾人所严重注意者也。

消息传来,调查团虽未正式表示意见,但该团中人已非正式表示:调查团之报告书与其结论,决不致受日方最近种种之影响,而有所变更。惟美国则尚守简[缄]默,未有表示。按华盛顿电讯:"无论如何,在国联调查团报告书发表以前,美国政府对于东北问题不至再发表宣言。"是在美政府未有正式表示以前,美国对日究采何种方策,只有猜测,莫敢预言。然细察过去与最近日美之关系,美日邦交是否将由恶化而至于破裂,殆瞭[燎]若观火。请略论之。

在昔德皇威廉谓:"朕之将来,在海上。"遂激起英伦岛国之嫉忌。后来英国卒与协约国一致对德作战，良以岛国最忌他人侵其海上之霸权，以限制其帝国主义之发展。日美关系其实亦复如是。当美国林肯总统时代，国务卿施华特曾言："美国之将来，在太平洋。"其后罗斯福总统亦言："能制太平洋者，可握世界霸权。"美日两国为争太平洋霸权，互相暗斗，由来已久，原非一朝一夕之故。一九〇五年罗斯福调停日俄战争，俄虽战败而未负赔款义务。日本所得之于俄者，仅仅桦太岛之南半部而已。当时俄之外交虽甚巧妙，而罗斯福为太平洋上权利关系，不欲袒日，实为日本牺牲大而所得良寡之一因。自是以后，美日关系日由貌合神离而趋于恶化矣。

当一九一四年世界大战之勃发也，欧洲诸强纷纷卷入战争漩涡，东亚均势无暇兼顾。斯时日本傲睨一切，大有在东亚唯我独尊之概。始以对德宣战为名，出兵山东；继复利用袁氏之帝制自为，提出"二十一条"，迫我承认。其时美国以粮食、军火供给欧陆，一跃而为欧洲之债权者，经济发展一日千里。日本虽亦趁火打劫，工商业大盛，国势日旺，卒以美国从中作梗，对华侵略稍留余地。后来日本出兵西伯利亚，美又多方制止其向巴喀尔进行，并阻挠其乘机扩充在北满之势力。美国处处压抑日本，使之不得为所欲为，日本安得而不怨怼美国？此外美国排斥有色移民，取缔日侨，亦屡屡激起日本对美甚深之恶感。其尤甚者，日本甫于一九二三年遭地震巨灾，美国即于翌年实施排日移民法律。日本朝野，莫不痛愤。某学者且尝言，日本欲维持一等国面目，非与美国一战不可。

惟战后各国人士，因怵于战争之惨酷，是以和平运动颇为昂进，深得各方之赞助。美日共同签字之九国公约、非战公约、伦敦海军协定，皆由此和平运动之效果，而为世界和平之保障。美国因有此保障，在太平洋上遂不以斐律宾岛为海军根据地。其关岛未完成之军事设备，亦不复进行。讵日本反因美国疏于准备，乃乘我水旱大灾、世界经济恐慌之时，将所有平和保障一律摧毁。以武力为万能，侵我东北。我国上下，固一致反对，然美国又岂甘受日人之欺，不顾其传统政策，而以太平洋上之权利拱手让人乎？是以除非美日内部革命，根本改变其对外方策，美日两国之关系必由恶化而趋于破裂，殆可断言。所不可知者，何时破裂发生冲突耳。关于破裂冲突之问题，容续论之。

（《申报》，1932年8月31日，第三版）

237. 调查团报告书日内即可完成，由德、法两委带送国联

〔北平〕 调查团报告书三十一日或一日可完成。拟即由德、法两委由西伯利亚带送国联。报告书每段完成，即由各委签字，再寄日内瓦。报告结论完成时，仍由各委共同签字。（三十日专电）

〔北平〕 顾维钧今日下午四时赴北京饭店访调查团各委，谈约一小时。哈斯定五日偕吴秀峰夫妇赴沪，料理公务事毕返平，再遵陆赴欧。吴夫妇将由香港乘轮赴日内瓦。调查团各委今晨在德国医院会晤。（三十日专电）

〔南京〕 国联调查团李顿爵士一行，定下月五日乘平浦车南下赴沪。其余各委□随员等则于下月二日启程，经东省由西比利亚铁路赴欧。如途中难行，则改由大连乘轮赴海参崴，再转车赴欧。（三十日专电）

〔北平〕 中代表处今结束。严恩槱今来平，拟与顾同飞京。日书记官盐崎定二日乘平浦车赴沪，拟搭义邮船赴欧。（三十日专电）

〔北平〕 李顿及德、义代表，准九月四日飞沪。（三十日专电）

（《申报》，1932年8月31日，第三版）

238. 英报讽刺日本

【路透社三十日伦敦电】《孟却斯德指导报》今日社论，标题为《又一个上海把戏乎？》，略谓，如在上海再起一个爆发，而合于日本作用，则日本显然能容易造成之。李顿调查团报告书将促使国联决定其地位，故此报告之发表，将引起东三省之吃紧事态，或亦将使日本觉有在沪作一把戏以牵移视听之需要。内田自夸"满洲国"之成立，可引起远东之和平与安稳。此说或是，但目前景象则不令人振奋也云。

（《申报》，1932年8月31日，第十一版）

239. 国联调查团离平返欧行程，决分水陆两组就道，顾维钧与李顿同行，我国备忘录已运欧

北平通信。国联调查团总报告书正编制中。各委员连日积极工作，本月底准可如期全部完成。全体人员届时亦即离平，分返日内瓦。其离华路线，已决定水陆两途。德代表希尼、意代表马柯迪、法代表克劳德，决于下月二日起离平赴东北，搭乘西伯利亚火车转赴欧洲。委员长李顿、美代表麦考易及副秘书长皮尔特、德国随员等四五人，定下月五日由沪搭意大利邮船，与顾维钧司行赴欧。顾以参与调查团任务终了，决于下月一日先行赴京，布置出洋事宜，四日下午再由京转沪。李顿随员定下月一二两日先行赴沪，李顿与麦考易则定于四日仍借张学良之福特飞机离平赴沪，于五日中午同乘意邮船放洋。预定航程，须二十五日到达意大利之维纳斯，一行人员即于该地登陆，转赴日内瓦。顾维钧因任驻法公使，将取道法国，访法外长后再赴日内瓦，俟国联大会闭幕，再返法呈递国书。外部秘书萧继荣将随顾同行出洋，金问泗稍缓亦即前往。日本参与调查团代表吉田等，俟调查团离平亦即返国。书记官盐琦[崎]，因受日外务省任命为驻意大利使馆一等秘书，故亦决与李顿等同行赴欧。我国政府国际联盟之备忘录二十七种，共二万余件，由顾维钧起草，现已全部完成，由通济隆转运公司包运日内瓦。已于二十六日运走七箱，尚有十八箱在装箱中，明后日即可运沪，赶由意大利船运走。此外东北外交委员会王回波，亦制有说帖数种，共装七箱，亦将同时运往国际联盟。(二十七日)

(《申报》，1932年8月31日，第十一版)

240. 调查团报告书今日正式签字，李顿等定四日来沪

〔北平〕 调查团各委今晨在德国医院集会。总报告书今日可完成，一日正式签字。李顿定一日与张学良会晤。(三十一日专电)

〔北平〕 李顿今日下午赴北京饭店访各委。报告书加紧赶制，今未竣事。

（三十一日专电）

〔北平〕 李顿与美、义两委，定四日离平飞沪。法、德两委因东北义军活跃，将改四日离平赴津，转大连北上。顾维钧二日离平，是否飞汉未定。但定九月二十八日到巴黎，与法外长及国务卿一度晤面，三十日赶到日内瓦。秘长哈斯，定五日离平。（三十一日专电）

〔北平〕 路透记者今日访李顿勋爵于德医院。李状甚康健，谓今夏由日本归来时所感受之寒热病，现已全愈。李盛称德医士之医术，并谓六个月来渠未觉如是安适云。李目前工作十六小时，从事调查团报告书，虽在餐时，亦不辍事。除每日集议于医院之调查团员外，概不见客。据李称，报告书刻在最后阶段中，星期五日可完成。李将于星期六日，偕其私人秘书阿斯特及美、意代表等，乘张学良飞机赴上海云。（三十一日路透社电）

（《申报》，1932年9月1日，第三版）

241. 国联调查团总报告书完成，昨日讨论修正各点

〔北平〕 调查团总报告书昨修正未竣。今日下午三时，各委在北京饭店继续讨论修正各点。各委及秘书等工作甚忙，今晚可完成。顾维钧明晨飞京，其随员今准备行装。吉田定四日与德、法代表同赴大连。北宁路已为德、法代表备车赴塘沽。（一日专电）

〔北平〕 义使齐亚诺定明晨与顾维钧同乘福特机，飞京转沪。（一日专电）

〔北平〕 调查团各委加紧工作，定明晨会商，结束一切。英、美、意三委行李今运沪。（一日专电）

〔北平〕 日政府制就电影多片运平，由吉田分送各委。内容多为东北事变后种种伪造证据，及调查团到东北时被迫欢迎民众情况。（一日专电）

〔北平〕 李顿勋爵今晚语路透访员，诸国联调查委员团之报告书已于今日四时三十分告成，现开始复印，至少须两日始能校对成事。故渠原拟于星期六乘飞机赴沪，今不能成行，须改星期日云。（一日路透社电）

张学良昨饯顾维钧

〔北平〕 张学良今晚在顺承王府宴顾维钧饯行。顾先赴法，就公使职后

再往日内瓦。（一日专电）

〔南京〕 外息。顾维钧二日晨由平乘福特机飞京，即谒汪、宋两院长。三日留京，候罗外长返京，详谈应付国联大会方针。四日飞沪，五日放洋。（一日中央社电）

〔北平〕 顾维钧博士定明晨八时，与国联调查团之意委同乘张学良之飞机飞京。顾于启程赴欧之前，大约将往汉口与蒋军委长一谈。（一日路透电）

报告书结论之内容

〔北平〕 据某方面传，调查团报告书结论之主要部分如次：（一）调查团认中日两国以直接交涉解决包含满洲问题之中日全盘的问题，为最善方法；（二）国联与第三国虽不参加此直接交涉，然国联监视其直接交涉之经过及结论。以上两项虽有疑问余地，然一部委员有此种意见为确实之事。（一日日联社电）

日书记长盐崎谈话

〔北平〕 李顿调查团日本代表部书记长盐崎书记官，摘报告书之重要点，二日夜由北平出发，三日由塘沽乘长安丸归日。报告政府后，即赴日内瓦。关于报告书之结论，盐崎语人曰："结论讨论之内容，严守秘密，无从探悉。惟既须保持日本颜面，又不伤中国面目，且使国联为国际和平最大努力之主张，亦能表现。故以最大之努力，使此三方均圆满无缺，于是难免不发生激烈之论争。结论之决定，今日正在草拟，明日可以先成报告书之结论，为中日纷争之解决案。从满洲事变之特殊状态及日本与满洲之特殊关系而得之解决案，实国际法上之例外事态，或者开一新例。前传于或期间静观，或委任统治案等，均为过去之问题。现在报告书之结论，其著重点[①]在调节国联与中日关系。结论虽不限定于日有利，然因此诱致日本与国联正面冲突之悬念。调查团之多数，似全未考虑及此。"（一日电通社电）

....

（《申报》，1932年9月2日，第三版）

[①] 编者按：即"着重点"。

242. 李顿、顾维钧等后日来沪赴欧，顾氏就任驻法公使

新声社云，据本埠外人方面消息，国联东北调查团主席李顿爵士，将于本月四日偕美国委员麦考益将军夫妇，及我国随行代表顾维钧博士等，先后来沪。预备于本月五日乘意大利邮船干治号，同行放洋赴欧。李顿将于五日上午九时许，由江海码头乘小火轮出发，于十一时许可乘该轮离沪。顾氏抵法后，将就任我国驻法公使。并闻与顾等同行者，尚有我国出席国联代表团之专门委员颜德庆博士等数人。

(《申报》，1932年9月2日，第十三版)

243. 顾维钧昨乘飞机到京，意使齐亚诺与同来，拟今日飞汉晤蒋、罗，决与李顿等同放洋

〔南京〕 顾维钧偕意使齐亚诺及秘书萧继荣、俞冠雄、顾善昌等，由平乘福特飞机于下午一时抵京。在场欢迎者，有外次徐谟、总务司长殷尚德、司法行政部秘书向哲濬等。顾下机后，与欢迎者握手为礼，旋赴外交官舍午餐。意使齐亚诺因事亟须赴沪，于二时乘原机离京。顾于外交官舍午餐后，即往谒汪院长，报告我国代表团在平工作经过，及国联调查团编制报告书情形，并对于国联大会开会时我方应采取主要方针，有所讨议。四时半偕徐谟到励志社休息，接见新闻界。闻顾拟尽此半日工夫，将对日外交暨收复东省整个方策，请示决定。三日晨飞汉谒蒋，并会晤罗外长。即于四日飞沪，于五日偕李顿爵士等一行放洋。李顿爵士等一行，定四日由平飞沪，赶五日出口轮船放洋，颇希望我国外交当局再作一度会晤。政府方面已推宋子文在沪接待。罗文干亦定四日与顾维钧一同飞沪，与李顿晤面。（二日专电）

〔南京〕 汪精卫于二日下午四时半，在铁部官邸一号宴顾维钧。由在京之各中委、各院部长陪席，关于对日外交方针，尽情商议。顾在励志社语各报记者，谓："中日外交前途是否乐观，因国联形势瞬息万变，各国利害又

复不同,事前诚难逆料。但我国对于国联始终信任,必期得一公平解决方法而后已。国联唯一使命,在测①国际间相互平等。调查团来华目的,则为求此种精神之实现。将来国联大会与行政院会议,自当根据调查团报告,作和平公正之处置。日方对国联态度,毫无诚意,已昭然若揭。不过众信日本决难始终置国际盟约于不顾。换言之,即日本万难离各国而生存。以予度之,其倔强态度,似难始终不变也。倘国联决议案果极公平,而日本仍不接受,恐为世界舆论所难恕。须知舆论力量,远过于战舰炸弹。关于日本准备退出国联,日方报纸宣传甚盛。彼政府真正态度,未必尽然。盖日方惯使宣传政策,尤以外交问题为甚。彼纵使退出国联,亦难避世界舆论之集矢。调查团各代表对于内田外相之演词,因地位关系,不愿表示意见。私人间评论,自属难免。但予因为参加调查团之一员,为守信义计,故虽有闻及,亦不便宣布。但予信凡藉武力的侵略而占得的权利,任何国家断难同情。观美国务卿司汀生之演词发表后,能博得举世之同情,即足证明。日本预备承认伪组织一事,东西各国因相互间利害本不尽同,情感亦不能一致。将来究采若何态度,现时尚难预料。报载日法、日英同盟之说,余以为日本虽有侵略我国野心,其他各国则因与本身毫无利益,未必同此心理。如果助甲国非法攫取乙国权利,而自身转为世所嫉,虽愚者亦不出此。中俄复交问题,此中利害症结,本人迭有意见贡献于中央。因事关外交秘密,在未实行前,不便相告。国联调查团报告书内容,各委为避免纠纷计,相约在未送交国联大会前,不对外泄露。"(二日专电)

〔北平〕 顾维钧今晨八时半,偕随员萧继荣等乘福特机飞京。张代表万福麟、朱光沐、汤国桢及蒋伯诚、张群、周作民、于学忠等要人,均到飞机场送行。顾夫人黄惠兰亦到机旁,与顾握手良久,顾始登机南飞。同行者尚有意使齐亚诺。顾语记者:到京后如时间允许,当偕外交当局飞汉谒蒋,请示方针;定四日赴沪,迎李顿一行,五日搭意邮船赴法,转日内瓦,出席国联大会;盼国人勿忘收复东北,一致努力,共赴国难。(二日专电)

(《申报》,1932年9月3日,第三版)

---

① 编者按:原文"测",疑应为"促"。

244. 调查团报告书今日编制完竣，张学良昨分访各委员

〔北平〕 调查团各委今晨在北京饭店会晤，继续讨论报告书各点。赶速着稿，四日由各委分途携往日内瓦。（二日专电）

〔北平〕 调查团发言人谈，报告书决三日编制完竣。各委三日再会议一次即告结束。李顿定明晚接见中外记者。英、美、义三委及德、法两委决四日分别离平。秘长哈斯暂缓赴沪。吴秀峰定四日赴京，留三四日再转港，组国际联盟翻译处，将调查报告书译成中文，备在华发表。工作员定十人，预计二周译竣。（二日专电）

〔北平〕 张学良今日下午五时，亲往德国医院、北京饭店，分访各委员。（二日专电）

汪精卫、陈璧君来沪

〔南京〕 汪精卫、陈璧君二日夕出和平门，上花车挂夜车赴沪，迎候调查团李顿。（二日专电）

（《申报》，1932年9月3日，第八版）

245. 日本唯恐美国政策成功，东报罗列美国困难七点，暗示法英俄三国将袒日

《大阪每日新闻》云，因日本之外交政策确立，致美国极东政策发生动摇。即：（一）一般人对于史汀生国务卿偏重论理方面，势必致日美关系发生重大恶化。（二）据美国方面之报告，李顿报告书将不利于日本。结果美与联盟协力时，美必为指导者，执联盟之牛耳，而英、法亦将在联盟与美合作。至是各国亦将计及其他利害。此点美国为公表国家唯一的立场，反陷于进退两难之穷境。（三）万一调查团报告书有利于日本时，则美国徒为日本所愤恨，又陷于孤立之境。（四）据伦敦、巴黎等各方面所得消息，英、法、美三国之态度大相

悬绝。又俄日间最近之亲善关系,亦为美国悬虑之一因。然美国今后果致孤立乎,抑使日本孤立乎,尚难臆断。(五)若欲贯彻史汀生之理论,则美国不得不诉诸战争。但美国为主持非战条约者,自无用武力解决之理。(六)史汀生与胡佛总统意见不洽,如下期大总统选举仍由胡佛联[连]任,则史汀生恐将不安于位。由以上各点观之,美国之外交,在此联盟会议,遭遇重大难关。故美国力图转换方向,打破现状之新机运。目下国务院在联盟会议以前,均守静默。但此次大西洋舰队延期集中太平洋,与最近精密调查太平洋上之阿留地安群岛飞机升降地,实堪吾人注目云。

(《申报》,1932年9月3日,第十二版)

246. 国联调查团总报告书昨日签字,全部三百页由德、法两委携往日内瓦,密封二份留交中日政府俟日后拆阅,李顿偕美、义两委定今晨乘飞机南下

〔北平〕 李顿偕哈斯及副秘长皮尔特、随员阿斯特等,下午四时访张学良辞行。与张寒暄[暄]复[后],张享以香槟酒,并摄影纪念。总报告书各委在北京饭店签字,全部完成,计共三百页,由德、法两委携赴日内瓦。哈斯定十四日离平。日代表盐崎及日随员六名,今晨携行李四十余件赴塘沽,布置一切。吉田四日赴大连,遄返日本。李顿今晚深夜赶办理结束。(三日专电)

〔北平〕 调查团各委今晨在北京饭店开会,整理各项文件。对各国侨民供给之调查资料,另作成一说帖,备国联大会参考。报告书已制竣。李顿及美、义两委,定明晨乘福特机飞平。德、法两委明日下午赴塘沽,乘轮赴大连,转西伯利亚返欧。五委今日下午四时访张群辞行。(三日专电)

〔南京〕 国联调查团报告书结论内容,在未送达国联行政院以前,严守秘密,无从悉其梗概。惟据外交界透出消息,调查团对解决中日纠纷建议办法,大致根据国联盟约承认中国在东省所有之领土主权。至因条约上权利所发生之纠纷,将建议在国联监督下促成中日开始交涉,或仍由大会进行调解。至于法律部分,或交国际法庭解决。惟日方能否有遵守盟约诚意,尚在不可知之耳。尤虑其利用盟约缺点,极力造成事实上之战争行为。故我国一方惟努力

外交，一方应巩固实力，以备作最后抵抗。（三日专电）

〔北平〕 调查团报告书昨夜半全部编成完毕。三日午后互相传阅后，各委员即行签字。于是报告书至此全部草竣。报告书之结论文字极短，仅以打字机打三页。当初李顿爵士之原稿，为纯粹照法理论之解决案，颇于日本不利。旋以法国委员古罗特将军之努力，始稍稍修正为实际的。但报告书全体于日本不利之点甚多。解决案虽以中日两国之直接交涉为主体，然在国联参加之一点，到底为日本所不能容认。（三日电通社电）

〔北平〕 路透社今日探悉，李顿调查团之报告书经各委一致同意。该报告书于星期四日告成，即从事复印。后由各委校读，需时一整日，各委曾加以种种修正。于是复付打字员，全夜工作，以成最后之稿。李顿勋爵与其他各委现正校读该稿。各委乘飞机赴沪之前，当加签定。每份由五人签名，其内容未通告中日两国。但留有密封之二份，一交中政府，一交日政府，而与该报告书到日内瓦时同日同时拆阅。（三日路透社电）

〔北平〕 李顿勋爵及其他各委今日午后均向张学良辞行。明日将乘飞机直飞上海，全程约需时五小时半之久。其启程时当在上午十时左右，故到沪时，必在星期日午后三四句钟间也。飞机为张学良所私用者，美委麦考【益】将军与其夫人、意委马尔斯柯蒂伯爵、张学良之顾问唐那德、李顿勋爵之秘书爱士托，均将同行。法委克劳台将军、德委施尼博士，则拟取道西比利亚返欧。据哈尔滨外人消息称，现因哈尔滨西面交通□阻，哈尔滨日当局愿以飞机供施尼博士及调查团中任何人员乘用。如经接受，则日飞机将载施等由哈尔滨飞至满洲，换乘西比利亚铁路火车。日员之提出此请，适以征实义勇军占据安达，致哈尔滨至满洲里之交通完全被阻之说。闻日军现正进攻此路义勇军，该军乃由李海城统带云。（三日路透社电）

〔伦敦〕 李整[顿]调查团之报告书，现已缮成。闻下届日内瓦国联大会将不考虑之，但十一月初可召集特会办理之。（三日路透社电）

（《申报》，1932年9月4日，第三版）

247. 顾维钧昨日往返京汉，与蒋商定外交方针，即晚自京乘机飞沪

〔南京〕 顾维钧三日晨七时飞汉谒蒋，临行时语记者：此行与蒋委员长及在汉之罗外长，商定关于国联大会开会时我国对日外交之重要方针，以便有所依据；到汉并不多留，亦不暇赴庐；拟下午四时乘原机返京，如时间尚早，即行飞沪。顾维钧上午十时到汉时，罗外长已返京，未获晤面。即谒蒋，报告中日外交最近情势，及国联调查团对东省问题关于大体上意见，并请示国联大会开会我方一切应付方略。讨论数小时，大致办法已有决定。当午即乘原机离汉，下午四时半抵京。因汪已赴沪，在励志社休息片刻，于五时即偕刘崇杰登机往沪。（三日专电）

〔汉口〕 顾维钧三日晨由京乘福特机来汉，九时到。当赴总部谒蒋，谈颇久。顾谈，此来因出国期近，外交上有数问题及华北情况，须向蒋报告，并无若何任务。又谓日言将承认叛逆，但短期间是否实现，仍为问题。至订约事，外传有此说。顾在蒋邸午膳，下午一时乘原机返京转沪，定五日放洋。（三日专电）

〔南京〕 罗文干二日晚乘轮离汉，约四日晨可抵京。抵京后即拟乘飞赴沪，对国联调查团面致慰劳之意。（三日专电）

（《申报》，1932年9月4日，第四版）

248. 国联常年会本月廿六日召集，仅处理例行事务，辽案调查报告书十一月提出讨论

【哈瓦斯二日日内瓦电】 近来国联会工作，已呈停顿之象。其大部份原因，由于军缩会议自七月初散会之后，各国人士纷纷避暑，故国际机关顿形寂寞。惟至九月间，则又将开始活动矣。国联会常年大会，照章应于九月十二日召集，本年则延至九月二十六日始行开会。此次会议大约不关重要，开会时期

通常可延至三四星期之久,此次大约不出两星期。但李顿调查团之报告书如在本月以内讨论,则其情形又将不同矣。第以负责专家所见,则调查团报告书将由国联会召集特别大会时讨论之,而特别大会必至十月或十一月中始接受此事。因是九月二十六日召集之国联大会,亦不过为依例举行、处理例行事务之一种会议而已。国联会行政院第六十八次会议将于九月二十二日举行,其主席大约为爱尔兰行政首领凡勒拉氏。其开会程序,亦甚无重要。惟国际上各种问题如发生变化,亦可使行政院会务顿形重要。例如德国为军备平等而进行之交涉,巴拉圭与玻利维亚之冲突,以及斯德勒柴会议可以发生之结果,均当今之急务,而可以发生变化者也。行政院会议提出讨论之问题,其主要者:(一)停止英国管理伊拉克之委任;(二)国际公共工程各问题,研究委员会提出报告之;(三)希腊财政状况等。

(《申报》,1932年9月4日,第十三版)

249. 顾维钧昨飞沪,候李顿到后同轮赴欧,罗文干今日来沪欢送,顾氏先赴法呈递国书

国联调查团现已将报告书编制完竣。李顿爵士定今午由平乘飞机来沪,转乘明晨意大利邮船甘琪号返欧。我国代表新任驻法公使顾维钧氏,前日由平抵京。昨晨乘福特飞机,由京赴汉,谒晤蒋委员长。昨午由汉乘原机来沪。下午六时十五分,飞抵虹桥机场,候李顿爵士到沪,同轮赴欧。外交部长罗文干赴汉晤蒋后,亦定今日来沪,欢送李顿爵士。外次刘崇杰定今午欢宴顾维钧,柬邀各界作陪。详情如下。

昨晚抵沪

顾氏于昨晨六时许,即偕外次刘崇杰及秘书傅冠雄,乘福特飞机由京飞汉,谒军事委员长蒋中正,报告华北情形及预备随调查团赴欧事宜。旋于下午二时,由汉仍乘福特飞机,偕刘、傅二氏来沪。当日下午六时十五分抵沪,即在虹桥飞机场降落。时顾宅已先得顾氏电报,即由顾氏之兄顾维新偕同戚友等,分乘汽车前往迎迓。顾氏下机后,径返麦根路休息。至晚八时半,往祁齐路访

代理行政院长宋子文晤谈,商招待李顿爵士等办法。

顾氏谈话

记者昨晚访晤顾氏于寓次。据顾氏谈话:"国联调查团现已将报告书编制完竣,本人将于明日与该团主席李顿爵士等同船赴欧。明日与本人同船离沪者,我国方面有秘书傅冠雄、萧继荣、邹恩元及专门委员钱泰等五人,顾夫人暂不前往。至此次赴汉谒蒋,系报告华北情形及调查团编制报告之经过等,对外交方面并无所决定,因此事已有既定之方针矣。现东北情形益形紧张,民众应一致努力,从事于挽救危局。政府对此是否于日本未正式承认之前实行讨伐,则尚不详。总之,日本如果真于九一八前或无论何时承认伪国,均为违背国际公约与九国公约之事,自当为条约所不容。至报载伪国有警告国府及张学良之举,木[本]人并无所闻"云云。记者旋又询关于调查团之报告,现下虽未至发表时期,然其内容不知能令人满意否。据顾氏谈:"调查团此项报告,须经国联决定后公布。在未公布前,内容一切,均守秘密,盖不愿在事前为他人所议论也。惟本人之意见,调查团此次报告,决定秉承国际正义,一以和平公道为主体,并不背国际决议案之范围也。该项报告书大部份均由西比利亚运欧,约在九月二十日左右可以送达国联。"顾旋又谈其出国之程序,谓决定先行赴意,然后搭车至巴黎,略事休息,再正式呈递国书,而后至日内瓦出席国际联盟大会云。

李顿飞沪

据国联调查团我国代表驻沪办事处主任张祥麟昨接官方报告谓,调查团主席李顿及意委马柯迪等,已准于今日上午九时,由北平乘张学良之第二号福特飞机来沪。该飞机计程五小时,如途中无耽搁,大约于今日下午二时左右可抵沪。届时上海市长吴铁城与张祥麟,将同往飞机场欢迎。现李顿等寓处,已由张等预先在外滩华懋饭店包定房间数间,准备招待。同时并已先行通知英法两租界当局,届时妥为保护。

明晨赴欧

李顿与顾维钧等,均准于明晨同乘意大利邮船甘琪号离沪。与李、顾二氏同行者,除意委马柯迪氏外,尚有我国代表团秘书及专门委员傅冠雄、萧继荣、邵恩元、钱泰、颜德庆等多人。该轮准上午十一时许离沪。李、顾等均将于明日上午九时许，由江海关码头乘小火轮渡江出发。市政府除派军乐队届时前往码头欢送外，本埠银行界及市商会等多数团体，均将派代表前往送行。同时中外各公私方面，亦有代表参加欢送。

外罗欢送

外交部长罗文干赴汉谒蒋后，业已乘轮于昨晚返京。将于今晨或今午来沪，与李顿爵士及顾维钧等会晤，参与各团体之欢送宴会，并拟亲往码头送行。又外交次长刘崇杰今午在海格路某处欢宴顾维钧，并柬邀各界领袖作陪。

（《申报》，1932年9月4日，第十七版）

250. 时评：国联调查之结果如何

举世瞩目之国联调查报告书，已在平签定矣。调查员李顿爵士等，已于欢笑之迎送中由平抵沪矣。国人殷切盼望于迎送团员时，欲略得调查结果之一二迹兆。而李顿爵士辄耸肩微笑，绝不稍露边际。在爵士，于事前固不能有若何表示；而在关心时局者，则已若不胜其失望矣。盖此次调查之结果，关系不仅在中日，而实在世界全局之安危，故世人对之无不表示深切之注意。而日人则尤于事前多方刺探，研究其结果利中国抑利日之成分孰多。报纸时常发表其揣测论调，谓不利日则我将奈何奈何，英美各大国不助日则我又将奈何奈何。而其军人派之表示，更暴露其恐吓意味，屡屡表示其强硬主张：一谓国际舆论非难不足畏，宁愿退出国联；二谓国际种种约束不足惧，满蒙问题坚拒第三者干涉。既视九国公约、非战公约为废纸，又视一切正义人道和平为假面具，而深信武力为万能，含有苟不利日，则日不惜与举世挑战之意。具有此种观念者，虽不敢谓为举国一致，然而军人派，则敢决其必为一致之主张。我人由此一点观察，将来国联开会发表调查结果，果真主张正义公道，则日人所将采取之手段，今日已可预言也。

反之，国联调查之结果竟为武力所威胁，不能主张正义公道时，则我国人又将奈何？日人本不依赖国联，而依赖自己货真价实之武力，一旦不满于国联，可以任我自由。我国则向来依赖国联，而又无货真价实之武力可恃。一旦失望于国联，我又将如何应付？日人虽依赖武力，然于外交方面亦皆力争先着。特使专员，四出奔驰，调查宣传，多方活动。其布置之周备，早为人所共见。而我国外交上之布置，又讵能望其项背？则将来外交亦告失败，我又将如何应付？我国人思之，重思之。倘临到此最后严重之关头，我国人之所以自救者安在？

虽然，我国人所以自救之决心，固不应待至最后严重关头而始下之。日军占据东北不退，且进而攻热河，认伪组织。如此步步进逼，国人早应大下决心。不过我国人一方面虽努力牺牲奋斗，一方面犹徘徊观望于国联调查之能主持正义公道，以为我最后之援助。设至最后，国联竟无力以主持此正义公道，或国联纵主持正义公道，而日本不受国联之判断，任意自由行动，则斯时之形势，必更较目前为危险。我国人而再从容暇豫，不早准备所以自救，则此后尚有容我自救之日耶？故吾以为处今日之情势，不必问国联调查之结果如何，而当齐心一致，以努力于此最后之牺牲。

（《申报》，1932年9月5日，第三版）

251. 调查团昨分批离平，报告书已迅寄日内瓦，李顿及美、义代表乘机南下，德、法代表乘北宁车赴塘沽

〔北平〕 今晨八时半，李顿及美、义两代表乘汽车赴清河飞机场，德法两代表坐汽车出城送行。沿途军警保护周密，各使馆公使、代办等，及王承传、王广圻、于学忠、万福麟、周大文、顾夫人等，均到机场送行。张学良偕朱光沐、汤国桢等，九时四十五分赶到机场欢送，张与李顿握手叙谈甚久。九时五十五分，李顿登机，义、美两委续入，与李同行，有随员贝尔、阿斯特、彼德、温格斯等共九人。张学良顾问端纳同行，受招待处委托，担任沿途招待事宜。十时，李等于军乐悠扬声中起飞，在天空盘旋一周南飞。（四日专电）

〔北平〕 调查团五委及各专门委员，昨夜在北京饭店通宵工作。总报告书计正本一份，即呈交国联大会，副本六份，计各国委员各执一份、国联大会秘书厅一份。闻报告书对"满洲国"确认系一傀儡，并非东三省人民自由意思。

各委昨夜签字后,即在德国医院饮香槟。哈斯亦在报告书署名。(四日专电)

〔北平〕 李顿在飞机场语记者,总报告全文计四百余页,已由调查团用最迅速方法寄日内瓦,将来在日内瓦、南京、东京三处同时发表,未公布前恕不能奉告内容,榆关、热河情形亦列入报告书内。(四日专电)

〔北平〕 德、法代表今日下午四时,搭北宁路车赴塘沽,转往大连,取道西伯利亚返欧。(四日转[专]电)

〔北平〕 德、法两代表及日代表吉田等,今日下午四时乘北宁车赴塘沽。张学良亲到站欢送,日书记官随员等三人随行。中代表办事处派刘迺藩[蕃]、张汶送至塘沽,北宁路派周颂贤沿途招待,军分会派张伟斌率卫兵四十名随车保护。深夜抵塘沽,改乘日兵舰,由海道北上。五日下午抵大连,或乘机飞哈,改乘火车经西伯利亚赴欧。(四日专电)

〔北平〕 哈斯夫妇定六日赴京沪,与我方有所接洽。定本月中旬返平,再赴榆关视察,取道东北返日内瓦。副秘长皮尔特定七日赴沪。(四日专电)

〔北平〕 德代表谈:本人定二十四日抵柏林,二十九到日内瓦;李顿将先到伦敦。(四日专电)

〔北平〕 全世界所殷待之李顿调查团报告书,已于今晨在德医院签定。李顿勋爵最先签,其他四委员继之。此礼乃在医院中洋台行之,除调查团各委员外,秘书处全体职员亦在场,此外尚有医院中职员及其他旁观者。调查团各员因今日须作长程之飞行,故昨日工作至午夜,即各就寝。惟秘书处职员则均工作至黎明,始将报告书之手续完成。闻报告书其长四百页,都四十余万言。

报告书既签定,调查委员团遂不复存在。该团最后正式行动,为申谢团中医官巨凡莱医士,一路关注各员卫生之劳瘁。李顿勋爵离德医院前,亲向该院克里格医士表示受诊获愈之感忱。嗣乘汽车由院赴清河飞行场,一路景色颇饶兴趣。盖勋爵自日返平后,足迹罕履户外也。沿途有骑兵静驻道旁,严事保卫。

追勋爵与一行人众行抵飞行场时,张学良之华丽福特飞机已准备待发。送行者麇集场中,内有英代办印格赖、德使陶德曼、意代办安福苏及其他外交人员,华员有万福麟、于学忠等,此外尚有调查团之职员人等。李顿勋爵既至,华兵数队皆向立正。军乐之声,洋洋大作。李顿勋爵最先致礼之诸人,德医院之看护妇二人亦在其列,盖二人亦衣医院白色制服杂于送行者中也。德使表示德医院以李顿勋爵下顾为荣,李亦含笑赞美该院,且谓此次沾惠良多。至其体况,觉自莅华以来,从未如今日之爽健,且对于佳丽之秋色,欣赏不置。十时将届,张学良乘汽车疾驰而至。与李等略作寒暄,旋送诸人入飞机,亲自照料一切。飞机共载九客,即李顿勋爵、麦考益将军、阿尔特罗凡蒂伯爵、柯资夏里尔、亚士托、比德尔、唐那德是也;①驾机者为赫顿,并以克巨斯为机师。钟鸣十句,飞机在欢呼声中翱翔而上,绕场一匝,向南飞去。

李顿勋爵濒行语客,渠除以报告书业经签字奉告外,余无话可说。嗣答问中承认该报告书曾得一致同意,且谓其内容目下未告中日两国,须与日内瓦同时启视。客问报告书将如何送至日内瓦,李答,其正文将取最捷之路送达欧洲,而尚待决定,恐其路程一部分将利用飞机也。客问日本今拟承认"满洲国",此举是否将变动报告书之效力,李报以一笑。客谓忆前次晤谈时,有调查团目的乃在觅得谈判基础之言,敢问此目的已达到否,李答,调查团于役远东之目的,乃在指示国联以可能的出发点,而由此觅取使中日两国得由绝路而出之路径也。客问勋爵其觉调查团在报告书中已告成此志否,李耸肩答称,此当由他人判断之。

李顿勋爵在启程之前并接见中外新闻家,所答各语,辄不落边际。例如人问其对于中国现状之感想如何,李答曰:"余希望他日再莅远东,而为一自由人,可以欣赏佳景云。"李到沪后,拟乘意船干沼号返欧。闻至威尼斯后,将登陆与其寓米兰之女公子一晤,然后回英。法委克劳台将军、德委施尼博士定于九月十二日赴哈尔滨,取道西比利亚返欧,秘书处职员等亦将同行。(四日路透社电)

〔北平〕 法委克劳台将军、德委施尼博士已于今日午后启程离平,取道大连赴哈尔滨。(四日路透社电)

〔天津〕 国联调查团德委希尼、法委克劳德、日代表吉田等,四日晚七时一刻抵津。我省市府均派员到东站欢迎,并派军警宪保护。驻津德、法领事各欢宴该国委员。吉田未下车,日副领后藤登车谈甚久。至十时乘专车赴塘沽,五日晨搭长平丸赴大连。该团赠北宁路局纪念文书一纸,上绘英、美、法、德、义、中、日七国国旗,并七国委员及秘书等十四人签字。文曰:"国联调查团为维持世界和平及公理起见,于一九三二年三月至九月到中国及日本。当本团

---

① 编者按:原文如此,所列乘客不足九人。"柯资夏里尔"应作"柯资、夏里尔",为两人。原文记载所缺乘客为麦考益夫人。

由主席李顿爵士率领到华北各处时,北宁路局负责备车迎送,殊深感谢。特由如下之签字,以留纪念。"(四日专电)

〔伦敦〕《星期时报》今日探悉,李顿调查团报告书在今后十日内,可送达国联秘书处。届时副本将或正式分送有关系各国政府,庶可于在日内瓦讨论办法以前,有研究此报告书之机会。(四日路透电)

〔伦敦〕《观察报》根据李顿报告书将批评日本政策而日本将退出国联之说,今日著论。谓主张日内瓦实行有力行动者,宜用其常识,而承认日内瓦除接受日本出会之自己不幸外,不能有何作为。日本已进行其全部目的,欲割占中国之东三省,而组织"满洲国",为日本之附属物。毫无疑义,此事殊属可悲。但政治家之担负,在建议任何可行而有建设性质之他种办法。今在远东动作之唯一强国,厥为日本,此为要点。而"日满卫守同盟条约"之附带的策略上目的,在于日内瓦接到李顿报告书时,即以已成事实提交日内瓦。如日本退出国联,则与"满洲国"命运极有直接关系之三强国,即日、美、俄三国是,将无一为国联会员国。此乃最大错综之一事。(三日路透电)

(《申报》,1932年9月5日,第三版)

252. 罗文干昨到京,即来沪

〔南京〕 罗文干四日上午由汉乘湘和轮抵京。下午一时专车赴沪谒汪精卫,并晤顾维钧,将关于中日外交暨国联大会开会时我方之应付方针,切实商决。在沪欢送李顿等一行,并对于东省问题,向调查团有所陈述。(四日专电)

〔南京〕 顾维钧赴任国书,由外罗携往庐山,请林主席签字,盖用国玺,并由罗于四日携沪,面交顾氏赴法呈递。(四日专电)

(《申报》,1932年9月5日,第三版)

253. 李顿昨乘飞机抵沪，汪、宋代表国府慰劳，美、意两委及秘书等同机偕来，今晨离沪返欧，顾维钧等同行，汪、宋、罗、顾昨晚有极重要集议

国联调查团主席李顿勋爵、美委员麦考益将军及其夫人、意委员马柯迪伯爵，偕秘书艾斯特、柯资、贝尔德[贝德尔]、采利，昨晨十时一刻，由张学良顾问端纳，伴乘福特飞机，自北平启飞南下。午后三时五十分，安抵虹桥飞机场。新任驻法公使顾维钧、上海市长吴铁城、外交次长刘崇杰、意公使齐亚诺等，均在飞机场欢迎。李顿爵士下机后，对报告书内容不愿有所表示。惟从另一方面得悉，该报告书甫于昨晨八时签字。李顿勋爵等旋由吴市长等，伴送至华懋饭店下榻。定今晨偕顾公使同乘意国邮船甘琪号赴欧。

抵沪之情形

平日凄凉异常之虹桥飞机场，昨日因李顿勋爵等光临，顿形热闹，而戒备亦甚周密。国联会中国代表团驻沪办事处长，前曾通知公共租界当局，请其共同负责维持秩序。故虹桥路沿路派有印捕骑巡队来往巡逻，各路口并有西捕、华捕等驻守。而机场门口则由市公安局所派员警守卫；场之四周，亦分布步哨，严禁闲杂人等步近机场。欢迎人员共约八十余人，于午后一时许陆续到场。机场之建筑物，在日军扰沪时，均为炸毁，尚未修复，故欢迎者均鹄候于草地中。二时许，顾公使与吴市长亦同乘车莅场。在场之欢迎人等，均趋与握谈。顾、吴两氏稍与应酬后，即与意公使齐亚诺且谈且行，各报记者群趋为摄影。至三时三刻，场北空际始见黑影一点，愈飞愈近，欢迎者均翘首企望。巨大福特飞机环场飞行两匝，即于场之南端安然降落，欢迎人员均趋集机前。意委员马柯迪伯爵首先下机，顾公使、吴市长及刘次长等，均与握手欢迎。其次为美委员麦考益将军夫妇，英委员李顿勋爵最后下机。李顿氏御白帆布西服，手持手杖，精神焕发。惟较前次抵沪时，消瘦多矣。李顿氏与吴市长等握手，态度和蔼，笑容可掬，频称此行甚佳。各记者争相摄影，并有电影公司在场摄有声新闻片。请李顿勋爵致词，李顿氏即笑称："余无一言。"意代表即继称：

"吾人之言已毕。"群皆灿[粲]然。摄影毕,即分乘汽车离场,至华懋饭店下榻。

李顿之沉默

李顿爵士下飞机后,即与欢迎者一一握手,与顾维钧氏娓娓清谈。自谓此次飞行,极感愉快;尤以经过泰山时,美丽景色,映入眼帘,如观名画,益庆欣幸云云。旋应狐狸公司之请,拍摄有声电影。当时摄影者曾请李作一简单关于调查团之演说辞,李氏答谓:"关于调查团之谈话,余已言尽于前,今后决不再作一词。"态度异常沉默。临行,李氏特返至飞机前,与飞机师握手,表示感谢,殊彬彬多礼。至华懋饭店后,未接见各报社记者,并谢绝一切应酬。故预定昨晚吴市长在私宅之欢宴,乃临时作罢。

汪、宋之往访

中央常务委员汪精卫、新任驻法公使顾维钧、外次刘崇杰,旋于下午五时二十分偕赴华懋饭店,访晤李顿勋爵,谈半小时而去。汪氏系代表政府慰问,所谈内容,汪氏无表示。代理行政院长宋子文,亦于五时三十五分往访李顿勋爵,谈至七时三十五分始辞出。所谈内容,亦未吐露只字。美总领事克宁瀚,亦于昨日下午五时十分,往晤美委员麦考益将军。

各要人访汪

行政院长汪精卫前晚已出院返私寓。昨日上午九时许,往访者有外交部次长刘崇杰、行政院秘书长褚民谊,旋即辞出。至十时,代理行政院长宋子文偕同十九路军总指挥蔡廷锴,亦访汪氏于私邸。至十时二十分,汪、宋、蔡三氏,复乘车赴祁齐路宋邸。驻法公使顾维钧,昨晨九时半访市长吴铁城于望庐,至十时五十分亦赶至宋邸。互商至十一时五十分,始相率辞出。据顾公使语记者云,顷间与汪、宋两院长所商者,系关于外交上之方针问题,及招待李顿爵士等事宜。嗣顾氏又至海格路李拔可宅,应外交次长刘崇杰之邀宴,陪宴者有吴市长等五人。至于汪院长返京期,据汪氏本人云,须至六日方可决定云。

罗文干来沪

外交部长罗文干,于昨午乘湘和轮由汉返京。当于下午一时,偕外部政务次长徐谟、亚洲司长沈觐鼎、总务司长应尚德等乘专车来沪,晚间七时零三分抵北站。外部常务次长刘崇杰等均往欢迎。罗部长下车后，即往访顾维钧，商洽外交问题。据罗氏在车次语记者，"顾维钧博士南下时，因本人在汉，未能晤谈，故特来沪晤顾，商洽一切。至赴汉谒晤蒋委员长，亦系讨论外交应付办法，内容未便发表"云。

昨晚之集议

昨晚各要人相约在祁齐路宋宅，对我国在国联之外交方针，作最后之集议，俾讨论得一总结束。昨晚九时十分，汪精卫氏先驱车至宋宅。九时四十分，外交部长罗文干，偕次长刘崇杰、徐谟及顾维钧，同车而至，即与宋子文会商外交应付方针，由罗文干报告蒋委员长之意见。缜密讨论达一小时有半，始作最后决定。由顾维钧氏秉承此最后决定之方针，在日内瓦出席国联大会时应付一切。

汪精卫谈话

昨晚十一时十分，汪精卫氏离宋宅时，语本报记者云：今晚（即昨晚）在此间之集议，系乘顾维钧公使赴日内瓦，出席国联大会之便，对在国联吾国外交方针，作一最后讨论。现已得一总结束，由顾公使根据此项方针，应付国联外交。至调查团报告书，系着重于主张公理，故于我方有利云云。

报告书签字

本报记者昨晚晤及顾维钧氏，据谈，调查团之报告书，今晨（即昨晨）八时始在平签字。调查团之工作，乃告一结束。李顿爵士于签字手续终了后，即乘飞机来沪。至报告书系用最速之途径，寄往日内瓦。记者询以是否今次由李顿爵士随带来沪，据答，此层未与李顿谈及云云。

罗文干表示

昨晚，本报记者晤及外交部长罗文干氏。据谓："本人因时间匆促，未晤李顿爵士。至晚间宋宅之集议，完全讨论外交问题，已有具体结果。惟事关重大，不能发表。本人俟明晨（即今晨）欢送顾维钧公使及李顿爵士离沪后，即返京。"

定今晨离沪

李顿勋爵等一行,决定乘今晨十一时启碇之意邮船甘琪号离沪,转赴日内瓦。驻法公使顾维钧,亦同轮赴任。其夫人黄蕙兰女士现尚在平,闻将乘下月开行之意轮康脱庐梭号赴法。李顿等定今晨九时,在新关码头乘渡轮登船。各要人若汪精卫、宋子文、罗文干、刘崇杰、徐谟、吴铁城等,均将亲往欢送。市商会方面,昨亦通告全体执监委员,于今晨八时三十分前,集合新关码头送行。

(《申报》,1932年9月5日,第十三版)

254. 调查团报告书结论尚未起草,德、法两委昨由塘沽赴连

〔北平〕 李顿电平,申谢招待。(五日专电)

〔东京〕 外务省接到消息。李顿调查团之报告书似较以前所传为和缓,且闻并未草定结论。故对国联未上条陈,仅言在报告书编定时与日内瓦收到时中间之时局发展,应加考虑云。外务省发言人评论此报告书,谓有重要之一点日本须声明者:如果国联调查团费半年缜密调查而不能获一结论,则远如日内瓦,其能认为能作公允之裁判乎?(五日路透社电)

〔北平〕 招待处派往护送调查团之刘洒藩[蕃],今午返平谈。德、法两委员今晨二时半,由塘沽乘长平丸,向大连出发。(五日专电)

〔南京〕 铁部将京沪、沪杭甬两路所受沪变损失之英文报告及图片,交出席国联大会我国代表团专委颜德庆,转送调查团,俾作参考云。(五日中央社电)

〔北平〕 送李顿福特飞机今午返平。(五日专电)

〔北平〕 调查团报告书作成四通,各委员于其中二通正式签字。陆海两组各携一通赴日内瓦,残余两通目下在来平中书记长哈斯之手,将于正文未在日内瓦发表以前,内示中日两国政府。届时派书记局员,由北平分赴南京、东京云。(五日电通社电)

(《申报》,1932年9月6日,第三版)

255. 李顿一行昨晨返欧，驻法顾使偕行赴任，国府代表竭诚欢送

国际联盟调查团报告书，既于四日晨八时在北平德国医院签字，调查团之艰巨任务，遂告结束。英、美、法、意、德五国代表，遂亦分批返欧。调查团主席李顿勋爵、美代表麦考益将军及意代表马柯迪伯爵，乘张学良之福特飞机到沪。昨晨，即乘意邮船甘琪号离沪返欧。中央常务委员汪精卫、代理行政院长宋子文、外交部长罗文干、上海市长吴铁城，均自新关码头欢送至甘琪号邮船。新任驻法公使顾维钧，昨亦同行赴任。调查团以三月十四日到沪，历时五月余，始将报告书编成。今以李顿勋爵之行，世界视线又将移集日内瓦矣。

欢送盛况

李顿勋爵一行，既定昨晨乘甘琪号离沪，公共租界捕房当局，因即于昨晨特派中、西、印巡捕，自华懋饭店至新关码头一带，沿途戒备。黄浦江面，则由市公安局水巡队警戒。中央常务委员汪精卫、代理行政院长宋子文、外交部长罗文干、外交次长刘崇杰、行政院秘书长褚民谊、意公使齐亚诺、美总领事克宁瀚、总税务司梅乐和，以及各界代表数百人，均至新关码头欢送。十时许，李顿一行自华懋饭店到新关码头，即于市公安局军乐声中，与欢送者握别；旋乘公安号汽船，驶往甘琪号邮船。汪精卫、宋子文、顾维钧、罗文干、吴铁城，则另乘镜辉号海关巡船送行。

香槟欢叙

汪、宋等欢送大员与李顿勋爵一行，先后登甘琪号，即在大餐间开香槟酒，互祝康健。欢谈移时，刘次长女公子向李顿勋爵献鲜花一束，以表敬意。李顿勋爵含笑答谢。旋汪、宋等人，即分别与李顿勋爵、麦考益将军及马柯迪伯爵等，一一握手而别。

顾使同行

新任驻法公使顾维钧氏，偕同随员萧继荣、傅冠雄等，亦于昨日乘甘琪号

赴法履新。顾氏临别向记者作恳切之赠言云:"本人此次出国,出席日内瓦国际联盟大会,当努力奋斗,为国尽力。惟所希于国人者,当全国上下一致团结,以作外交之后盾"云。

午后启碇

甘琪号原定昨晨十一时启碇,惟因潮水低落,故待至十二时半始开行。李顿勋爵一行,将在威尼斯登陆,改乘火车赴日内瓦。至顾公使则先赴法京巴黎,呈递国书,正式就任后,再往日内瓦,出席国联大会云。

刘崇杰谈

外次刘崇杰昨在欢送国联调查团甘琪轮次,谓中央社记者云:关于中国外交问题,外部虽已议定具体方案,但外交情势瞬息万变,亦时有更变之可能,惟不丧失土地与主权之原则,决不改易云。

(《申报》,1932年9月6日,第十三版)

256. 罗外长昨返京,徐谟、沈觐鼎偕行

外交部长罗文干等,于前日由京抵沪后,即与中央常务委员汪精卫、代理行政院长宋子文等,商议外交问题,闻已有具体决定。罗部长此次来沪任务,除与汪、宋等会商外交问题外,并亲送国联调查团李顿勋爵等回欧。故罗氏于昨晨九时许,即偕同汪精卫、宋子文及吴铁城等,恭送李顿等至轮。罗氏与调查团诸委员握别后,即返沧州饭店。稍事休息,旋赴外交部驻沪办事处处理要公。罗氏因部务繁冗,昨日下午四时四十五分,即偕同外次徐谟、亚洲司长沈觐鼎、秘书向哲濬及外部出纳科黄科长等,乘坐预挂之专车PC502及二、三等车各一辆返京。到站欢送者,有市长吴铁城及外交部驻沪办事处赵铁章等。至外次刘崇杰,临时因事中止,改乘夜快车返京。

(《申报》,1932年9月6日,第十三版)

257. 国联调查团陆行组抵大连

〔大连〕 调查团陆行组古罗特尔将军、叔勒伊博士等一行,昨午后九时半,乘日清公司华山丸抵大连。一行定七日上午九时乘火车赴沈阳,经西伯利亚归国。(六日电通社电)

〔北平〕 端纳乘福特机返平谒张,报告李顿偕顾维钧离沪情形。(六日专电)

〔北平〕 哈斯今携带卷宗文件等离平赴沪,搭船返日内瓦。其夫人及随员二同行。(六日专电)

(《申报》,1932年9月7日,第三版)

258. 某要人谈调查团报告书:措辞极为公正

中央社云,关于国联调查团报告书之内容,调查团主席李顿勋爵表示,在未送达日内瓦以前不能向外发表,故各方对此颇多揣测。昨据此次在沪与李顿勋爵数度会谈之某要人语中央社记者:该项报告书措辞极为公正,对于日人一手造成之伪组织,当然不予承认,一如李顿勋爵迭向我国各地记者所申明者;惟对我东三省之政制与政绩,亦多严正之评述;至对于中日问题之整个解决,则着眼于中日间一切条约之公正审定云。

(《申报》,1932年9月7日,第十三版)

259. 调查团秘书长哈斯乘车南下

〔济南〕 调查团秘书长哈斯夫妇,今过济赴京。哈谈:"在平任务已毕,报告书完竣。余赴沪留四五日后返日内瓦。调查结果在未正式发表前,恕难奉告,私人亦不能发表意见。对中日风土人情,因居留时间短促,未暇有深切观察。在平未设办事处，在京备有通讯机关，亦非专办。此次事务，对日承认'满洲国'，系见报载，本人无何意见。"最后哈谓："承诸君热心垂询，余因地位之限制，不能予满意之答复，极歉。"随员有中国专门委员张汶、秘书施肇夔，施到京后即赴法。张谈，哈到京与外部有接洽，再返平赴欧。（七日专电）

〔北平〕 外交界讯。调查团所交中日两政府报告书两份，预备本月底与日内瓦同时发表。该报告书昨晚哈斯已带沪，存沪某领馆保管。俟相当时期，分交中日两国政府，在南京、东京发表。结论内容，外间所传非事实。上月廿七始，各委忙于总报告书，后尾叙言完成后起草结论。结论内容仍侧重望中日双方谋整个解决，内容极广泛。对伪国组织上，承认为中国主权。表面虽与我有利，其实极空洞。所拟词句，系某委提出。吉田所派留平办事书记官森桥，今晚赴东北，其任务不明。（七日专电）

（《申报》，1932年9月8日，第三版）

260. 李顿等一行昨过香港赴欧，李顿发表谈话

〔香港〕 顾维钧偕李顿等七日晨乘意轮抵港。李与美、意两委登岸，赴港督宴。顾午赴李宗仁宴，下午三时谒胡汉民。下午六时，顾、李等乘原船赴欧。李谈："报告书长十余万言，十五可寄到日内瓦，届时与中日两国同时发表。调查团已将某种建议，提交国联审查。吾人深信中日纠纷，必可圆满解决。报告书须于十月底方提出国联审查。"又谓，调查团对伪国无承认理。顾谈："此次出席国联，当力争东北问题，望国人与政府团结，以厚声援。中央对东北一面谋和平解决，一面准备抵抗。"（七日专电）

（《申报》，1932年9月8日，第三版）

261. 日对国联态度之观测

【电通社七日东京电】 中日纠纷之国联理事会，将于十月上旬开会。李顿之报告书系顾虑中日及国联之面目之中间案，故结果将由理事会自当解决

问题之冲。而理事会必将回避而不置结论,移牒总会,而开十九国委员会,然后再开总会。但日本于数日中,势将决实行承认满洲伪国。而李顿报告之解决案,不免过迟。若国联方面不承认日本承认伪国,则日本对国联之正面冲突将为不可避免。从来持慎重态度之大国方面,将视十一月八日美总统选举后美国态度如何,而后决定最后之对策也。

【华联社七日东京电】 据日方所传,国联调查团对满案之报告书结论于日本不利。主张东三省为自治区,承认中国之领土权,不承认日军手创之伪国,而怂恿中日两国直接交涉,解决两国间之一切悬案。

(《申报》,1932年9月8日,第九版)

262. 调查团中代表处结束,法、德委员过沈北上

〔北平〕 我方向国联所提出说帖,计两万余字。中代表处已结束,秘书长王广圻将偕刘迪藩[洒蕃]赴京。(八日专电)

〔北平〕 使团讯。李顿离平前向人表示,报告书结论要点,承认东北主权,仍为中国所有,对傀儡组织,据实直书,因国联今年一月之迭次决议案,均未以日本在东北行动为合法。对东北过去政治,站在维持条约精神方面,作严格批评。昨东京来电所传内容,绝非事实,系有作用宣传。(八日专电)

〔沈阳〕 国联调查团法、德两国委员及日本参与员吉田伊三郎大使等一行,昨午后三时半安抵沈阳。委员等已于今晨六时五十分出发,赴哈尔滨。在哈埠一宿后,十日上午乘飞行机出发哈尔滨,经齐齐哈尔赴满洲里。由该地经西伯利亚铁道,一路赴日内瓦。(八日电通社电)

〔大连〕 调查团陪员吉田大使,乘今日启碇之乌拉尔丸返国。(八日路透社电)

(《申报》,1932年9月9日,第三版)

263. 哈斯由平抵京

〔南京〕 国联调查团秘书哈斯,于八日上午由平抵京,下榻扬子江饭店。当晚赴沪,在沪约留一星期,再来京访问国府中人。定本月下旬离华,遄返日内瓦。(八日专电)

(《申报》,1932年9月9日,第三版)

264. 调查报告未公开前,美国暂守缄默

【国民社七日华盛顿电】 顷从平素可靠方面闻悉,美国对于满洲时局,现拟在国联调查团报告书发表以前,不再有所行动。逆料国务院将静待世界舆论有考虑报告书之机会。惟苟日本与满洲所缔新约内容,或史汀生详细研究远东时局之结果,有令美国变更态度之必要,则美国亦将变更其态度。史汀生国务卿自假满回京后,即亲自研究远东时局。而今日国务院中人曾语记者云,渠等不认日本与所称"满洲国"者目前之关系可以正式外交承认,惟以为此种外交承认之开始,不过时日问题而已。

(《申报》,1932年9月9日,第九版)

265. 金问泗已由平来沪,定二十日赴欧

远东社云,前外交次长金问泗氏,自国府任命为驻荷公使后,因身躯孱弱,不惯海外生活,迄未出国就任。但九一八事变后,金氏痛感国危已极,不应坐视。迨国联调查团来华,遂奋不顾身,力疾随顾少川博士,陪国联调查团出关,备尝辛苦。此次调查团在平办理结果报告,中国方面之报告与说帖,几达五十余件,均由氏帮同顾氏批阅拟稿。兹顾氏出使法国,复代表国府参加即将于日内瓦举行之国联会议,力争东北问题。顾氏为有所咨询参赞起见,故于出国之前,曾请金氏届时赴日内瓦一行,俾资借助。刻金氏已于前晚,由平乘车抵此,

定二十日乘英轮兰溪号(Rauchi①)出国,先抵马赛,再乘车赴日内瓦。其夫人将同行赴欧,日内正准备行装中。远东社记者昨特驱车往谒于氏之寓次,兹特择其谈话中之重要者,志之于次。

记者问:"公使由平来此,可将华北之现状见告否?"

金氏答:"华北现状,虽同处于危迫之时局中,但实无外传之盛。犹之日前之海上〔上海〕,亦日处于风声鹤唳中,惟迄今并无任何变故,足见谣传之不足靠。盖日军于前次沪战,已深得教训,殊觉乏味。故除到处作种种示威行动,以遂其政治作用之野心外,实无多大意义。但华北仍由汉卿先生负责维持,各将领亦均绝对服从,听其指挥。"

问:"日侵热益急,有将于九一八大举进攻之说。公使在平,亦有所闻悉否?"

答:"日之对热,蓄心已久。伪组织版图,早将热省划入。大举进攻,仅迟早耳,故未必以九一八为期也。"

问:"然则热河及河北当局对此作何打算?"

答:"当然准备抵抗。但其具体之办法如何,则事关军事秘密,外人殊不得知。"

问:"目前日本对行将开幕之国联会议,作何布置?"

答:"此实难以得知。惟预料其必悍然不顾一切,强硬到底。"

问:"有吉来华,目的安在?外传将与国府进行直接交涉说,确否?"

答:"有吉系日本任命驻华之公使。在中日国交未断绝之前,两国互派公使,系极普通事,殊不能谓为进行直接交涉也。惟有吉日前曾发表谈话,中有'深望中国方面,用远大目光,观察解决中日纠纷'等语云云。此实无异谓我政府可迅予承认满洲伪组织,以为中日争斗之缓冲地带,俾消灭恶感于无形,渐增善两国之邦交。所谓'远大'云云,可以此而解释。此种言论,实属荒谬。其来此之主要使命,当不难以此臆想也。"

问:"公使对直接交涉之意见如何?"

答:"直接交涉,非即丧权辱国也。譬如两人纷争,其初必相互论理。不直其道,则互相殴斗之。相斗犹不能决时,则始请第三者出而干涉也。所谓论理,所谓互殴,均系直接交涉也。故所谓直接,实系必经之步骤。但目前我国

---

① 编者按:原文如此,疑应为"Ranchi"。

对直接交涉之时机已失。盖沈阳事变后,日人惧各国之予以干涉也,故亟亟谋直接交涉,以了其事。但民众深恐政府卖国,大声反对之。迨至目前,东北日人之势力已根深蒂固,伪组织已告成立,殊无容再与我直接交涉。故观察目前日人之态度,竟欲我国与伪组织交涉,斯则岂为我人所能忍受哉?"

最后金氏复语记者云,目前外交重心,又复移至国联,惟国联之重心,实在美国。故今后深望新闻界同志,能注意此点,并对于中美邦交方面,能力事鼓吹亲善。更有进者,即吾人尤应竖立一坚强独立之主张,表示自己一定之态度。盖本身犹未能有坚强之表示,第三者虽欲臂助,实无由也。

(《申报》,1932年9月9日,第十三版)

266. 日方所传李顿报告书内容:日本拟提出对案式意见书,企图推翻国联调查报告

【华联社九日东京电】 日外务省昨日电命驻日内瓦日代表部通知国联秘书处,谓日本将与李顿报告书同时提出关于满案之日本意见书,以便同时审议。本来国联调查团为日外交部所要求,经理事会同意而简派的。至调查后之今日,日本反不尊重李顿报告书,另提出意见书,意在扰乱大会。日本之出尔反尔之外交政策,颇惹起欧美人士之反感。

【路透九日东京电】 据似属可靠之消息,李顿调查报告书承认恢复满洲旧日之地位为不可能,故建议辟为不设军备区,而予以自治权,由日本顾问匡助之,中国则在名义上享有该地之主权。报告书并建议日本、中国、满洲伪国,应听令自行开直接谈判,而由国联监视云。日政界评论此项消息,谓日本虽拟于最近之将来承认满洲伪国,但日后亦能劝满洲伪国与中国谈判云。

【国民社九日东京电】 日外务省已通知国联秘书厅,日本准备在接阅国联调查团报告四星期至六星期内,将日方意见缮送国联,俾可与该报告互相比较。此项意见应请国联理事会一并讨论。现料国联调查团之报告书若能于本月底抵东京,则日方复文约将在十一月十日以前送出。

【路透九日东京电】 据此间官场今日所接之北平消息,日本在各点上大半胜利,故应对于李顿调查团之报告书为之满意。此项消息来自何方,未曾言

明,但闻来自与调查团有关系之方面。据其所云,报告书内容如下:(一)述中日双方之争论,但不加判断;(二)谓日人个人襄助成立"满洲国",但日政府不扶助之,不过后来因见"新国"对日友善,予以扶助;(三)声明日本军人之行动,虽自信不越出自卫范围,但日本军事当局实超过自卫之必要;(四)报告书不有"侵略"字样;(五)谓中国义勇军自张学良援助。东京闻报告书中有关于下述事项之章目:(甲)中国境内之骚扰情形;(乙)日本在东三省之权利;(丙)日本开放东三省利源之需要;(丁)九一八以后之战史;(戊)经济状况;(己)反日运动。东京又闻李顿报告书中之建议载有但书一条,如此时发生任何变化,则结论应予修正。其所谓变化者,殆指日本承认"满洲国"而言。

英报痛诋日本对满政策

【路透社九日伦敦电】《孟却斯特指导报》今日载社论,痛诋日本在满洲施行之政策。谓满洲非朝鲜可比,亦必不能容其沦为朝鲜;然今仍有展缓发表李顿调查团报告书之说,盖恐其结论或将触犯日本故也。又国联协会主席茂莱教授投书于《孟却斯特指导报》通讯栏,谓国联不能因畏日本之脱离,而甘自背离公道之正路。渠意治理大如法德两国版图之土地,而有汉、满、韩人三千万之众,须世界至强之国,始能负此责任。日本非受其他列强之协助,则此种事业纵欲望其局部之暂时成功,亦不可得。渠深信日本政策之失败,终不可免云。

(《申报》,1932年9月10日,第十版)

267. 哈斯昨晨抵沪,访宋子文、吴铁城

国联调查团秘书长哈斯夫妇,由平过京,访外交部长罗文干。于昨日上午八时半,乘车抵沪。代理行政院长宋子文派财政部参事周象贤,随车招待来沪,下榻外滩华懋饭店。昨晨十一时半,曾赴祁齐路访代理院长宋子文。嗣市长吴铁城、研究院副院长杨杏佛亦至宋宅欢叙,至十二时三刻辞出。据哈氏对往访者谈,在沪约有四五日之勾留,候船返平,再由西比利亚赴欧。至报告书副本,并未带来,内容亦尚未至发表时期。

(《申报》,1932年9月10日,第十三版)

268. 承认叛逆未实现前，日本努力制造空气，唯恐美俄干涉，先声恫吓，承认案枢府作初步审查

日方所传报告书内容，国联中人认为不可靠

【国民社九日日内瓦电】 今日国联中人对于东京所传国联调查团建议内容，并不重视。此间现信日人殆将前此李顿勋爵与内田外相接洽企图调解未成之内容，与其所称报告书建议之内容相混淆云。

【路透十日柏林电】 德国各报皆登载李顿调查团报告书内容之豫测，但尚未加以评论。惟地方日报称此为权时塞责之报告书，并谓设法以求使双方得直之决议之企图，今已不能成功云。

（《申报》，1932年9月11日，第八版）

269. 日本一意孤行徒增远东危局，报告书与伪约显相枘凿，国联处置势将益感棘手——伦敦人士之观测

【路透十日伦敦电】 众认日本与满洲（伪）国及李顿报告书之发表，乃两件要事，将成远东安危之紧要关键。惟负责英人则皆切待关于报告书内容切实消息之发表，并指传泄于外之一部分内容为不正确。《金融时报》称，李顿报告书与"日满协约"之互枘相凿，已灼然可见。两种文件之根本上抵触，势必引起国联一面或日本一面或双方面之深刻重要的反对。太平洋之关系几陷于僵局，美国舰队之出现于太平洋，尚无庸过分重视。惟中日两国国家主义之激刺，则极深切，不许双方间有易于着手之折衷办法也。国家主义之强者占优势乎？抑弱者占优势乎？或将于今秋危局中决之。日本以其经济背景之困难，其将被迫进行抑终止其野心勃勃之东北计画乎？此亦必为今秋所须决定之大事也云。

（《申报》，1932年9月11日，第十二版）

270. 哈斯到京访罗，贝尔特由平启程赴欧，报告书节录在草拟中

〔南京〕 国联调查团秘书长哈斯夫妇，十一日下午由沪抵京。五时许赴外交官舍，访罗文干。定十二日分访各要人，拟在京勾留一二日，即返欧。（十一日专电）

〔南京〕 兹由消息灵通方面探悉，国联调查团之报告书将于十月六日或七日在南京、东京、日内瓦同时发表，送报馆者仅一节录。调查团秘书贝尔特博士刻方由沈阳赴大连，正在火车中草拟节录。节录与报告书全文将由某某国代表致中日政府，惟该代表等尚未收到此项文件。又由同一方面探悉，报告书之主要点，为陈述前东北行政受人指摘之各节，但谓今日之"满洲国"，绝非出于满洲人民自发之志愿云。下届国联大会会议大约不致讨论李顿报告书，须俟十月间行政院开会讨论之，届时李顿勋爵本人亦将出席。致美国之报告书副本，由国联调查团某职员赍〔赍〕往，其人今日经过首都。（十一日路透社电）

〔北平〕 国联调查团应接报界之发言人贝尔特博士，今晨赴津，拟取道西比利亚回欧。友交至前门车站送行者甚众。博士定九月十八由哈尔滨首途赴欧。调查团法律顾问杨博士定下星期赴沪，俾于二十日乘美迪逊总统号赴美。在纽约小驻后，即将赴日内瓦观国联会商中日争案，而拟于十二月间回平。（九日路透社电）

（《申报》，1932年9月12日，第三版）

271. 辽案调查报告内容似于日本有利，东省主权我拥虚名——英观察报之观察

【路透十一日伦敦电】《观察报》今日评论一周时事，谓近数日内外间对于李顿报告书颇多推测，竟喧传一时，至其主动之性质则各殊。报告书之全文保护周密，使剽窃者与夫好奇者，均无从施其技。中日方面之传说固有可疑，

但吾人深信李顿勋爵与其同仁已以干练之才能,告成艰难之工作。彼误入歧途之热心者希望报告书对日痛加鞭挞,今将因其四面周到而失望矣。吾人确信李顿报告书中之条陈,实等于阻止日本脱离国联,该报告书必将为外交的精妙文章。该报又谓就实在的意想而论,该问题现已化为三要端:一、保卫日本之经济权利;二、中国之政治权利;三、融和有关系之各方面。第二端最为困难,因在原告方面,政治权利先须有政治之实体也。故聪敏之外交家必将存心以实体给予日本,而以虚影给予中国(中国所有者,不过为伟大之政治虚影耳),并将召集中日与其他有关系列强之会议,而谋全问题之妥协。该报结语曰:此实吾人所知李顿报告书之总目的云。

(《申报》,1932年9月12日,第九版)

272. 时人行踪录

哈瓦斯十一日上海消息。李顿调查团秘书长哈斯,原拟于九月十八日由哈尔滨动身,乘西伯利亚铁路,遵陆返日内瓦。顷因西伯利亚通过困难,决定抛弃此项计画,改由美洲遄返欧洲。哈氏今晨已由上海前往天津,将于九月二十日,在上海登舟云。

(《申报》,1932年9月12日,第十五版)

273. 九三老人马相伯语录:准备招待国联调查团的一席话

国联调查团初到上海时,朱子桥将军原准备招待他们一次,并约相老人参加。相老人嘱准备一席话,请胡刚复先生届时代表宣布。后来招待提议打消,所以准备的词留到今天,述个大意:

"国联调查团始终维护正义,不为日本的虚伪宣传所欺。那么,我中国的人民代表,很愿竭诚表示历来爱好和平的精神,并宣示今后积极自卫抵抗到底的态度。

中国自古酷爱和平,不但希望生在和平中,且常准备死在和平中。诸君如尝浏览中国史传,必知六朝时的生茔风俗。许多文人学士,歌咏这在生时准备着的墓地,甚至于行住在那生茔里面,以为旷达,号称解人。这种风俗,是个铁证。可见中国人民在死里还求和平,何况尚活着,那有不求和平的理呢?此种见解,实中国人民的普通心理和传袭的和平精神。诸君既为正义而来华,请便调查沪淞战事遗迹!须知所炸毁者为中国商店,所蹂躏者为中国农田。更须知有无数无辜中国老幼妇孺,为日本正式军队所惨杀!诸君经过日本,有此现象没有?我将提议保存闸北一带被毁战迹,永不改建,作为一种纪念区域,使谋世界和平的会盟如国联军缩等,有所借镜!

感谢诸君为正义努力!我中国人民绝不乞诸君作左右袒!我已为和平而牺牲,将为和平谋保障,效忠和平而自卫到底!"

(《申报》,1932年9月12日,第十六版)

274. 时评:日本进行两手续

据今日东京电讯,日政府已决于星期四日正式宣布承认伪国矣,并于同时进行两种手续:

一、对承认事发声明书登记于国际联盟事务局,使其承认得为订约国间所确认;

二、对国联调查报告提出意见书,将东北问题作一声叙,已电请国联展缓李顿报告书之讨论。

此两种进行活动,已足见日政府对东北满洲问题,决心无丝毫让步余地。

其一,承认伪满洲之登记声明书,虽其国内尚有恐国联容喙而主张郑重者,然日本既已首先承认,自必欲使订约国群起附从,而后始达其目的。故其进行登记,当为日一必取之手续。但国联为自身公平之立场着想,为世界和平之前途着想,此傀儡之满洲伪国,能承认其为一"新国家"乎?承认之后,能不发生绝大之纠纷乎?此为国联亟应予以极严重之考虑。

其二,日本发表对调查报告之意见书,用意不过恐调查报告于己不利,急图推翻。吾人诚未知调查之结果,究竟何如。惟调查诸团员,负庄严伟大之使命,费半载勤劳之工作,国联诸国既深加信赖而重托之,则今后开会讨论,自惟以诸团员之报告为根据,岂容当事之日本参加意见？今日本既毅然请求展缓讨论,以待其意见书之至,则我国为预防日本之欺蒙国联计,亦当谋所以切实对付方策,向国联有所声明。此为我国外交当局所亟应加以严重之考虑。

(《申报》,1932年9月13日,第三版)

275. 哈斯昨日过济赴申[津]

〔济南〕 今哈斯过济赴津。据谈,到津看调查团工作完否,拟下周返欧；但行前或再赴京沪一行,尚未一定；此次到京未耽搁,赴沪为国联经费,非调查团事。(十二日专电)

(《申报》,1932年9月13日,第七版)

276. 李顿抵新加坡

【哈瓦斯社十二日新加坡电】 调查团主席李顿爵士行抵新加坡时,宣言调查团报告书大约九月二十五日可到日内瓦。又谓日本要求于公布之前先行研究一层,将由国联会加以审查,盖惟国联得以表示也。顾维钧宣言中国对于报告书各项条陈,准备遵照。

(《申报》,1932年9月13日,第八版)

277. 中欧途中:水道归去之调查团

秋高气爽、日暖风和中,负有和平使命之国联调查团,乃完成其任务而翩然去华矣。

甘姬(Gange)乃义大利邮船之至小者,以国联大会期迩,不图佳宾云集。

行者如李顿爵士、马柯迪伯爵、麦考益将军夫妇及顾维钧公使等,送者有汪精卫院长、宋子文、罗文干二部长,刘崇杰、徐谟二次长及吴铁城市长等百余人,不可谓非一时之盛。义大利公使沙乐伯爵且由北平来送,意者调查团乘彼国之船,负有招待之责欤! 晚餐时船主之右为麦考益夫人,左为顾公使,对坐为马柯迪伯爵,右为麦考益将军,左为李顿爵士。马柯迪亦俨然以半主人自居,甚矣,国家观念之重也。

调查团之东来,到沪为三月十四日,去沪为九月五日。为时几六阅月,行路近三万里,风尘仆仆,席不遑暖,所精心而结撰者,则一册数逾万言、富有历史价值之报告书也。报告书之内容,今尚秘而不宣。但从私人谈话中,亦可稍得梗概,即报告书除事实叙述外,结论尚能主持公道也。调查团中之三委员,本各有其立场。闻与日关系密切者,力主注重现实状态,曾经长时期之研究,与我国代表之抗争,然即置东北问题于不顾,为国联本身设想,既手无寸铁可以抑制强暴,倘再一味牵就目前,则何贵有此机关,且将何以自存? 故立言终出以谨严也。

调查团之东来,日人招待甚周,物质上以至社会设备上,处处非吾国所能望其肩背。然日人言不由衷,诈伪百出,使受者中心难安。转不若我国尽力之所能至,推诚相与,反博得多少好感。此差足自慰者。然此过去之六阅月中,亦处处现捉襟肘见之象。大凡根据法理,最重事实。而自九一八事变发生,以至调查团东来,我国即未尝有搜集证据之准备。档案则残缺不全,且分置南京、北平及洛阳诸处。数字尤不正确,如东北有人口若干,关内仰给于东北之物产与关内投资于东北之金钱又为多少,言人人殊,均不易得肯定之答复。而国内学者,以生活所驱,散在各地,征求意见,亦非常困难。又或只能写以汉文,须再译英、译法,或只知某问题之一部份,须再参合他项材料,故亦费手续。又如我国旅馆,无高尚华美可以容纳多人者,至到处须住外人旅馆。犹忆汉口国民饭店,初仅得房间四,后勉强增加二,但只敷调查团憩坐办公,于是顾代表徘徊应接于公共客室者竟日。轮船亦然,至不能于我国航业界求之。乘外人之船,即须遵守其规章,殊不自由。又除津沪大埠外,汽车亦大感缺乏。途过九江,至以公共汽车代步,殊为可笑。前事不忘,后事之师。凡此种种,举足供吾人反省。中国代表团此次计供给调查团说帖二十九种,类皆从法理上针对日人所恃为口实者,而加以驳斥。同时调查团所提出之专门问题,或关于历史,或关于地理,或关于人事,或关于物产与金融,由吾方分别答复者逾千条。

公开之会议不多，而顾代表与李顿个人谈话，多至四十余次，皆以发生或将发生之问题，有待事先或临时加以疏解者。此项说帖及答案，由起草移译，以至印刷成册，所费纸张及印刷费綦巨。每种印五百册或一千册，皆英法文兼备。当时以无大印刷店可以负责克期竣事，至不得不去津沪各小印刷店，分头昼夜更番印刷之，校对则就地临时罗致。调查团催促甚急，直至九月二日始告成功，亦至辛苦。今皆装成木箱，随吾人运往日内瓦，以备分送联盟各会员国参考。此次从事代表团工作者，皆系义务性质。自顾代表起，皆每人日支夫马费百元。故综合舟车行旅游览各费，由代表团支出者，仅二十二万元耳。

此次随调查团行者，有秘书毕德尔□柯泽、李顿私人秘书艾斯东三氏及速记二人。随顾公使行者，有驻法使馆参事萧继荣及二等秘书傅小峰二氏，驻日内瓦中国代表团专门委员钱泰、颜德庆、王大桢及秘书邹恩元四氏。顾公使将先至巴黎赍国书，然后赴日内瓦。尚有驻法使馆一等秘书施德潜、学习员萧化二氏，将随顾夫人于下月放洋。王大桢夫人钟贤英女士、驻法使馆武官姚锡九夫人严莲影女士，此次亦同行。钟女士出身美国本薛文尼大学，操英语至娴熟，恒为其夫任译人，是盖内助而兼外助者也。（九月七日发于香港）

（《申报》，1932 年 9 月 13 日，第八版）

278. 宋子文、陈公博谈：中央决讨伐伪组织，国民政府早经决定具体方案，国联报告书公布后再下明令，现先向日抗议并照会华约国

中央社云，自日本枢密院正式通过承认伪组织后，中央除决向日提出严理抗议外，并决将日本侵占东北及此次悍然不顾一切正式承认伪组织情形，援用九国条约，请该约签字国予以严理之注意。中央社记者昨特为此事，往访代理行政院长宋子文氏于其寓邸，询以日本于十五日宣布承认伪组织，国府是否即下令讨伐。据宋氏谈：讨伐伪组织，并非因日本承认而讨伐，凡属叛逆均须讨伐；国府对于讨伐东北伪组织，早具决心云云。又据实业部长陈公博语记者云：关于讨伐东北伪组织问题，中央早已决定具体方案；昨日行政院会议上所以讨论者，盖国联方面希望在调查报告时未曾公布之前，不欲使东北问题加增

繁复；故国府讨伐明令，或将俟诸国联调查团报告书公布后而下；至于日方此种谬举，显然违反九国条约，外交部当提出严重抗议，并照会该约之各签字国，请予以特别注意。

（《申报》，1932年9月15日，第十三版）

279. 美国态度冷淡，李顿报告未公开前，不愿再作任何行动

〔华盛顿〕 今日美国务院发言人答人询问，谓美政府对于日本与伪国所订之约，未见有予以正式注意形诸公牍之理由，美国将认该约为满洲问题之一部份。（十四日国民社电）

〔华盛顿〕 今日满洲伪国华顾问李亚进谒美总统声称，伪国将在日内瓦奋斗求各国之承认，但亦自承满洲目前政治状况非常混乱，第谓不久当可恢复和平。又闻美国对于远东事件，仍冀与国联密切合作，在调查团报告书发表以前，史汀生暂时不拟再有所行动云。（十四日国民社电）

〔华盛顿〕《纽约时报》访员今日向国务院探听当局对日本承认"满洲国"之意见，当局非俟李顿报告书经考虑后，不欲作任何新行动。访员又称，驻哈尔滨美领事之请加派军警保护美侨，以防匪攻，不能视为承认"满洲国"云。中政府如欲援引九国公约，美国务院非俟李顿报告书发表后，不欲有何动作，或者尚须待国联对报告书有决议后，再定主张也。（十五日路透社电）

（《申报》，1932年9月16日，第三版）

280. 日本希图推翻李顿报告，要求展缓公布，准备提出对案

〔日内瓦〕 驻日内瓦日代表泽田今晨访晤国联秘书长德鲁蒙，闻与商请展缓公布李顿报告书，以便日政府慎重研究此报告书而缮具声明书，与报告书

同时发表一事有关。（十五日路透社电）

(《申报》,1932年9月16日,第四版)

281. 我税收激减仍拟履行债务,国联已发生良好印象

【路透十四日日内瓦电】 东三省与上海之事件,使中国收入锐减。然中国仍声明不因收入减少,而不履行债务。此种声明已在国联秘书处发生甚良好印象。中政府通知国联秘书处,告以缴付国联美金十四万九千元事。计欠费账下第一批付款及中国应缴本年会费外,尚有美金二万五千元,助李顿调查团费用。中国财政部长宋子文并声明,东三省盐税虽尚未拨交南京,但中国拟履行其所有外债义务云。同时日政府亦通知国联秘书处,照付日本所担任之李顿调查团美金五万元。

(《申报》,1932年9月16日,第七版)

282. 日人承认伪组织后各界表示种种:亟于承认原因,违背公约尊严,电请撤回驻使,呈请明令讨伐

宋子文谈

路透社十五日上海消息。中国财政部长宋子文今日语路透记者,谓李顿报告书业已拟成,将于数星期内发表,此日政府所以亟亟于承认"满洲国"也。此举岂非谓日本深恐李顿报告书将断定所谓"满洲国政府"者,纯为日本所造之傀儡,而所谓代表东三省民意者,纯为空中楼阁乎？试观东三省义勇军接踵而起,声势日盛,全境交通为之停顿,而沈阳、长春、哈尔滨且被攻击。形势如此,而谓东三省人民亟愿造成"新邦",宁非呓语？如日本听人秉公调查,无所惶虑,则何为不待诸调查结果公布之后乎？日本军人当然持一种怪异理论,以为日本如不在国联集会考虑李顿报告书之前,承认其所手造之伪机关,则未免示弱而无决心。惟此种理论,仅值得幼童在黑暗中呼啸耳云。

学者意见

《大陆报》云："记者昨以日本决定承认伪国事，征询本埠两国际公法学者意见。俱称，日人此举确系违背九国公约，因该约签字国必须尊重中国领土与行政之完整也。迩来有关系方面曾提出一种新辩论，以为按照约文，签字国乃系尊重中国领土与行政之完整，而非担保其完整。据第一专家意见，尊重与担保固似有别，但试问一国将如何表示其尊重他国领土与行政之完整，自必以不加侵犯使其受有损害为断。日人诿称伪国为民族自决结果，恐只有昧于伪国在日军占领满洲以后所产生之事实者，始能信此说也。总之，不论尊重与担保之意义有无分别，在日本无关重要，因无论如何，日本已犯违约之罪。但在他国，则此二语颇有轩轾，因苟负有保证之义务，则有积极行动，使中国领土与行政之完整不受侵犯之责也。惟日本此次在国联开会以前，公然承认伪国，则乃逼国联不得不有所切实主张矣。又据第二专家意见，则称九国公约各国，既以信义签订，自当以信义遵守。该约并非法律条文，自多疏漏处，日本苟欲曲解文过，自属易易，因该约乃系一种同意协定，当签订时，即深信各国当能忠实遵行，受其拘束故也。今日人所持该约系尊重而非担保之辩，不能称为一种辩论，仅可视为文过之语而已。"

各业公会电

本市各同业公会昨电请国府云："（衔略）日外务省对蒋使抗议承认伪组织事，表示此为已定之政策，绝无变更余地。今日报载，日枢密院已通过承认案，训令武藤与伪国签定条约，是已宣示东三省为第二朝鲜，无庸中国过问。一方又称，中日应由新立脚地维持中日亲善关系，是一手吞灭东省，一手谋揽中国利权。此如扼人咽喉，致人死命，而犹曰我与汝为良友，是直视政府及全体国民为迷惑失心。处兹形势之下，惟有召回东京驻使，其日使之在华者，只予以礼节上之待遇，不为公事上之接洽，表示在此形势之下，中日绝无交涉可言，稍留国格。临电不胜悲愤之至。上海市南北货拆兑业、绸缎业、矿灰业、飞花业、糖业、肠业、米号业、丝光棉绒业等六十余同业公会叩。删。印。"

总公[工]会电

本市总工会昨电中央云："南京中央党部、国民政府钧鉴：日本既以武力袭占东北，复以一手造成伪满洲国之傀儡政府。我全国上下，为维护主权、保守国土计，誓死不能承认。其所有一切责任，自应由日本负之。乃者暴日变本加厉，肆无忌惮，竟于本日特派全权使者武藤，至长春与伪国签订议定书，加以正式之承认。其毁弃九国公约，破坏国际盟约，已属昭然若揭，而其狰狞恐怖之面目，亦已暴露无遗。日本此种举动，固早为吾人所意料，我政府当局，在此山河破裂、版图易势、国势阽危、千钧一发之际，惟有当机立断，迅即明令拨调劲旅，出师讨伐，驱除丑虏，还我河山，以惩国奸，而保国权。临电血迸，无任迫切云云。上海总工会叩。删。"

（《申报》，1932年9月16日，第九版）

283. 日本与伪组织订约之次日，我国提出严重抗议：抗议书指出日本应负责任七大端，照会十二国请采取有效应付方法

....

各国报纸评承认伪国事

法

〔巴黎〕法政府尚未接到日本承认"满洲国"及中国对日抗议之正式通知。法国不欲有单独行动，但愿与英、美及国联密切接触，必须认识李顿报告书后，始可表示意见。法报大都缄默态度，与官场同。惟《巴黎时报》则对此最近发展稍发议论，逆料远东将发生令人不适之意外事件，并谓有关系方面苟稍知礼貌，则当静待李顿报告书及国联对此报告书之决议而后行动云。《巴黎时报》希望日本不退出国联，因此举仅使此难题由国联而转移于九国公约之签字国耳，此乃人人所愿避免。尚望东京对于何为保障合法利益所可许者，及何为国际合作与尊严公约范围内权利所禁止者，熟思而考虑之云。（十五日路透社电）

〔巴黎〕《时报》发表社论，题为《日本及满洲问题》，略云："中日冲突，自沈事发生之始，吾人即知其有严重结果。说者谓两国冲突，原属局部性质，如

中日当局互相妥协,未始不可了结。关于此种解决方法,虽大可讨论,然国联会究曾合法受理此事,并曾遣派调查团就地调查,当事两国自应静待调查团报告书正式发表,而

下转第四版

于事前,不为任何新举动,致中日目下关系问题根本改变。如是方为正当之态度,此理之至为浅显者也。满洲受东京援助,宣布脱离中国之监护而组成独立国家,此在法律上固有可以讨论之地。惟'新国家'尚未受列强之承认,而日本遽与之订立同盟条约,则其情形全然不同。盖同盟条约即使为防御性质,亦不失为日本取得军事上新特权,而囊括满洲之土地。在事实上,此举实将列强在远东之权利平等及维持政治现状两种原则,予以打破。若此种条约,于国联所受理之问题在法律上尚未解决以前,即行签订,则与现存之各种妥协及条约,实属难于兼容。以故东京政府之对国联,实自处于困难之地位。近来若干方面消息,谓日本或将退出国联。由理性及慎重言之,对于如此困难之事实,不宜酿成不可收拾之局。盖就此事对国际大局上之直接反响而论,其前途之变化,甚难预料也。日本大国也,其政治已达成熟之境,对于维持和平之道德上责任亦能了解。惟其如此,故日本当三思而后行,日本在其正当利益之名义下,究能进行至如何地步。日本在国际合作中,理应尊重法律,对于以诚意签订之条约,理应予以遵守。何种行为与此两种义务互相矛盾,而为日本所不当为。凡此种种,东京政府均有慎重考虑之责任也。"(十五日哈瓦斯电)

国联调查团报告书日代表请缓议

〔日内瓦〕 日本虽未请求暂缓公布李顿调查团报告书,但已请求暂缓研究之。据此间今日公报,日代表泽田今日往晤国联秘书长德鲁蒙,以公文送交之,请国联在日本未发出其对于此报告书之声明书,及日本特使未到日内瓦以前,暂勿研究此报告书。并谓依日政府意见,展缓此期大约从收到报告书之日起为六星期云。(十五日路透社电)

(《申报》,1932年9月17日,第三版转第四版)

284. 九一八国难周年纪念日马占山痛告国人书（再续）

至于日人制造伪国之颠末实情，亦详与国联调查团之电中，其文曰：

（上略）查自满洲人民与我汉族混合，三百年来，居处满洲，相安无事。政治文化习俗、语言宗教，莫不相同。故一九一〇年之政治革命，虽将清政府推倒，改制共和，而汉人与满人之间，不特无丝毫仇恨之表现，抑且满人与汉人名词上之分别，亦随之而消灭于无形。此固世界人士略明中国情势者所共见闻，当非占山一人之私见也。故所谓满人与满洲者，已成为历史上之名辞，决无引用于今日之价值。而日人必欲据为奇货，窃用此字典上之陈旧名辞，以分裂我民族，割据吾土地。不图于二十世纪之文明世界，尚有藐视国际正谊惨无人道之行为，诚为破坏东亚和平之导火线也。

查国联盟约第十条，有联合会会员担任尊重并保持所有联合会各会员之领土完整之规定。又一九二二年华盛顿九国条约，有保证中国领土行政之完整，及东三省门户开放与机会均等各规定。此皆不便于日本并吞东三省之企图，乃假借民族自决之名义，用绑匪手段，强劫逊帝溥仪，自天津挟赴旅顺。又威迫利诱原有东三省之官吏，以演成其一幕滑稽剧。溥仪尝于途中屡次以药自杀，均为监视之日人所发觉而阻止。求死不得。其所处之境遇，亦云苦矣。

占山奉国民政府命令，充任黑龙江省政府主席，兼任东北边防军驻江副司令官。凡黑龙江之省防，占山责无旁贷。乃自客岁九一八事起，日军先后占领辽吉两省，复蓄意图黑。以修复嫩江桥为名，偷袭吾军。占山当即身列前线，力图自卫，互相以炮火周旋者，计阅二周。以器窳弹尽，退守海伦。而日本军司令部屡次遣人来，谓辽吉两省军政当局现已议定组织两省"新政权"办法，俟"新政权"成立，日本即当退兵，决无干涉行政之意，今惟黑龙江一省为梗，致陷全部于杌陧不安，如重三省治安，即日回省，黑龙江政权，无条件交还，至省后日军即时撤退等语。同时并有辽吉两省伪长官，由日本授意派人来信，谓"新政权"确系独立性质。因即允予回省，藉以察看情形，再行定夺。讵进省后，日人以堂堂国家，罔顾信义，顿食前言。不但一兵未撤，转以利用三省一致为名，成立伪国家，以为实行侵吞梯阶。于是"政务委员"也，"黑龙江省长"也，"陆军总长"也，伪命稠叠而至。占山得藉此窥暴日之肺腑，伪国之真相，以供献于吾维持世界和平、主张国际公道唯一机关之贵会,是亦不幸之大幸也。兹将一月以来,占山实地经验之日记,摘要披露于贵调查团之前,以资参考,幸垂览焉。

二月十六日,勉徇日人要求,乘飞机赴辽会议。

二月十七日,晤本庄繁。据称日军已占东三省大部,仅黑龙江及吉林之一小部份,绝难抵抗,请与日人合作。是晚在赵欣伯宅开会,凡占山所提取消伪国家产生之方案,竟被日方板垣严词拒绝。是日会议,无结果而散。

二月十八日,托病乘车返海伦。旋据赵仲仁报告,十九日日军司令部令张景惠、赵仲仁率辽吉黑三省由日人贿买之伪代表十二人,同赴大连,敦请溥仪为伪执政。并授意溥仪三次推辞,代表三次敦请,始定受命。

三月八日,日人复再三邀赴长春。占山正拟托故推诿,又恐转生猜疑,不得已赴长春迎接溥仪。九日,溥仪就伪执政职。一切仪节,均由日人主持。傀儡登场,此之谓也。最可恨者,是日本庄繁来长,监视溥仪就职,预令溥仪必须恭往车站迎迓。经一再恳请,稍留体面,当允由伪国务总理郑孝胥代表。足见本庄实以统监自居,其所谓共存共荣者,完全欺骗之技俩也。

三月十日,日方由驹井、板垣持日军部命令,开伪国务会议。同时并发表满洲伪国政府设总务厅长,由日人充任,掌管各部一切实权。凡不经该伪厅长签字盖章,一切政令,不得执行。

三月十八日[①],大佐参谋板垣、伪总务厅长驹井,在伪国务会议席上声称:日政府原拟在"新政府"及各伪省府员中参加半数,现极力减少,仅在长春"新政府"中加入日人百数十名。又称日人居住东三省者,即属"新国家"国籍。凡一切公权,均与满人一律享受。至是否脱离日本国籍,自有权衡,他人不得过问。当派定辽吉两省应由日人充任之总务厅及警务厅厅长,掌管各该省一切实权。凡不经其签字盖章,一切政令,不得施行。并议定黑龙江省暂缓三月,再行派定。

三月十六日,本庄繁来齐齐哈尔,并视察大兴阵地,于途次谈话:(一)日本全国已具决心,宁拼任何牺牲,决不放弃东三省;(二)无论何人,有反对"新政府"者,当由日本军队负完全扫灭责任;(三)如有任何第三国出而干涉,已下与之宣战之最后决心;(四)关于一切政令,自可按步进行,惟须经过驻在地之日本军部及特务机关许可,方能执行。

---

① 编者按:原文误,据他刊各版本,当为"三月十一日"。

又伪国务院议决:(一)凡东北之土地已经出放者,若地主为官吏或军阀,则全数没收。若民户亩数较多者,则以官价收买其半数,悉数收归伪国所有,以备日政府移民之用。(二)呼海铁路为黑龙江省粮运之枢纽,日人与张景惠订约,以十分之一代价三百万元,强迫抵押,订期五十年,实不异于永久占领。恐占山不承认,商补签字,虽经严词拒绝,近又向伪国交通部强迫进行矣。(三)筹设伪国家满洲银行,仿朝鲜银行之办法,以为操纵金融、吸我脂膏之企图。(四)摧残我国学校,侵略我国文化。凡学校除驻兵外,将我原有部定各级颁发爱国之教科书,悉加删改,参以亲日意旨,以尽其消灭我民族之能事。

又驻哈特务机关长土肥原及铃木旅团长曾声称,日本既得东三省,俟军费充实,即将选之以为作战之策源地,始能北侵苏俄,东抗美国,渐及其他各国。

以上为占山所亲历事实之经过情形,现辽吉二省各县,均派有日人两名,办理特务事宜。凡事不经其许可者,不能执行。所有东三省各报馆电报电话,均由日人背后主持,而报纸除顺从日本意旨外,实无真正之舆论,现因贵调查团行将东来,日人对于知识份子均予警告,凡有不利于日本之言论者,即予以断然之处置。凡有反对日本之人,均被日人在黑夜间闯入家中,逮捕杀戮,并警告其家,如将消息泄露,即同样对付。阎廷瑞、张奎恩等,悉遭杀戮。即所谓东三省庆贺伪国成立之民意,均系日人伪造。现又收买无赖奸民,宣传其"德政"。

以上为占山调查所得之事实。兹闻贵调查团业已惠临吾国,占山为救国计,遂决然冒最大之危险,设计自日军严密监视下之齐齐哈尔,潜来黑河,执行黑龙江省政府职权。一切政务,秉承中央,照常进行。用将满洲伪国组织之实情颠末,供献于特奉使命来华之贵调查团,及世界欲明此事真相人士之前。兹敢以十二万分之诚意,立誓告曰:吾东三省实无一人甘愿脱离本国,自外生存者。即今从事于伪政府之官吏,均被日军严重之监视,已失却其自由。务请贵调查团对于此层,特别注意,加以实际之调查,以作诚实之报告。则世界人类和平之前途,方得保障,贵调查团之有功全世界人道,亦得永垂不朽焉。(下略)

…………

(《申报》,1932年9月20日,第八版)

285. 哈斯今日离沪，国联调查团报告书哈斯携副本往美国

国联调查团秘书长哈斯，现定今日乘麦迪逊总统号离沪。哈斯此行，先至美国再回日内瓦。国联调查团报告书副本一份，将由哈斯携交美国政府。国联调查团法律顾问杨华特今日亦随哈斯，同船回美。

(《申报》，1932年9月20日，第十三版)

286. 对日抗议牒文送达国联，颜惠庆请迅速考虑，日代表亦交一牒文

〔日内瓦〕 国联行政院中国代表颜惠庆，以牒文送达国联特别大会主席希孟氏，对于日本正式承认"满洲国"提出抗议。牒文大要谓日本与傀儡政府之妥协，不过援照其对朝鲜之先例，又在满洲建立'保护国'，以为日后吞并之张本。按日本与'满洲国'所订之约，日本有权驻兵满洲，以保护该地。果尔，则对于一般和平，特别对辽东和平，不久即将发生危险，其势甚明。日本于侵占满洲之后，其军人即以武力创设傀儡组织。此项组织之真正性质如何，中国代表团于其致国联会之各项公函内已屡言之。日本所为乃侵犯条约之政策，举凡九国条约、国联盟约及《白里安—凯洛克非战公约》所定之义务，日本悉置不顾。最近日本所为，实完成此种政策之手段也。国联之派遣调查团，乃欲使其以当事国及国联会员暨美国间之契约义务为基础，建议一种公平之解决办法。然日本对国联调查团所提之报告，已预先加以拒绝矣。中国政府始终宣言愿讨论一种公平解决纠纷之办法，而以为欲达此目的，则接受国联调查团报告书，实为必不可少之方法。但中国政府观察情形，似觉时至今日，国联会应考虑相当办法，俾条约之约束其一切会员者，其尊严性得以维护。而维持中国领土完整、政治独立、抵抗外来侵犯等义务，特为尤要。当国联大会将盟约第十二条所定之期限予以延长时，大会主席曾声明云："大会决定允予宣言一切

举动,凡足以妨害调查团工作及妨害国联会解决纠纷之努力而使其不能成功者,当事各方当力求避免。"中国政府所以承认延长第十二条之期限者,正因主席先有此声明耳。

颜代表最后以情形紧急,特向希孟主席请求使国联会迅速进行,并考虑必要办法,俾特别大会所业已采取之各种决定,得以尊重云。(十九日哈瓦斯电)

……………

(《申报》,1932年9月21日,第三版)

287. 我有三千万民众,日本武力控制东省困难,李顿爵士在孟买之谈话,调查团德、法委返抵柏林

【路透社二十日孟买电】 李顿勋爵今日道出此间,有人询以外间所传对报告书之预测,是否可信。李答曰"灵敏的预料",此外不作一字之批评,惟谓渠希望国联能以报告书为觅取永远解决之根据。李又述及满洲状况至为严重,谓欲以三千万华人置于二十万日人管辖之下,其事至为艰巨。日本固能以武力占有该地,然天下从此多事矣云云。

【国民社二十日柏林电】 国联调查团德委员希尼偕法委员克劳台将军,取道西伯利亚返国,今日抵柏林。希尼曾语美联社记者,谓据渠私人意见,中日间直接谅解为可望解决满洲问题之唯一办法。至于调查报告,希氏不允表示意见,并一再声明此系渠私人观念,认直接谈判为解决中日间许多悬案方法。希氏又谓中政府既宣称不满于"满洲国"之设立,故在目前和平未必可冀。据余个人所得印象,倘中日能告妥协,则满洲之发展可有良好转机,否则殊难见能得一兼顾两国利益之解决办法。满洲境内绝大多数为汉人,且皆与关内之原籍省区未脱关系。若以政治事件扰乱此种关系,必在满洲之发展上发生不利影响。至对于调查团报告,希氏仅称已有专差携报告一份,取道西伯利亚送往日内瓦,料于星期二送达国联秘书厅后,不久当可发表。又谓:"满洲现在情形,更比旧政府时代为扰乱。其地势尤其高粱所成之青纱帐,能使义勇军避免日飞机轰击,从事四散小战。余恐该地之扰乱将继续不已,一时未必能安靖。"希氏又表示渠信日俄间战争危机并不甚巨,两国局势数月前虽甚紧张,近

已大见弛缓。最后询以国联威望是否将受远东一年来事变影响,希氏不愿置答。

(《申报》,1932年9月21日,第八版)

288. 哈斯等星期日离沪,报告书发表当在下月上旬

国联东北调查团秘书长哈斯,于前次来沪后,现仍逗留沪上。昨晚九时三十分,曾往访宋子文氏晤谈。该氏对报告书之一切事宜,均不愿新闻记者谈述。即对于离沪日期,亦不愿发表。新声社记者因访晤与哈氏同来之国联秘书台勒尔氏(John J. Taylor)。据谈,哈斯氏现定于本星期日(二十五)乘加拿大皇后号轮船离沪赴美,然后转道回欧。与哈斯同行者,除其夫人,尚有秘书薛礼亦同行。台氏本人则暂行留沪。至报告书之发表日期,似在下月七八日,确期尚未定,然已决定先送交中日政府各一份。外传日本向国联要求展缓研究该报告书事,调查团方面人员尚未接到此项报告云。(新声社)

(《申报》,1932年9月21日,第十三版)

289. 怡和公司接国联调查团谢函,感谢隆和轮船之招待

本年四月间,国联调查团由沪往汉,系乘怡和公司隆和轮船。兹悉李顿勋爵以当时该船主及船员,服务敏捷,款待周到,于归国前,特由北平函致公司道谢。该函大意谓:"四月初间,敝团有扬子江之行,荷蒙将佳轮隆和号,供备乘用。余久欲函达贵公司申谢盛情,并对于船员服务之敏捷、款待之优渥,亦欲一为致谢者也。此行之愉快,自不待言。将来每一回想敝团在远东六阅月之工作时,此扬子之行,亦将同时忆及矣。兹请将敝团全体谢意,转达该船船主。敝团各人均希望将来或再有乘搭贵公司轮船之乐也"等语。再,该团搭乘隆和轮,其舱位系由中国旅行社代定,行李亦由该社照料云。

(《申报》,1932年9月21日,第十四版)

290. 中国偏重家族思想，妨碍民族发展——希尼游华后所得印象

【哈瓦斯二十一日柏林电】 国联调查团德国委员希尼已返抵柏林，彼向《伏锡志日报》宣称，谓目前中国政治经济之发展，遇三种阻力，即：（一）中国人之家族思想，实为国家思想之障碍；（二）盗匪遍地；（三）在中国中部及南部共产党势力颇大云。希尼复谓，彼望中日两国能获得妥协云。

(《申报》，1932年9月22日，第八版)

291. 国联调查团报告书将公布

〔南京〕 外部发言人称：国联对调查团报告书之发表时间，并不因徇日本之请求展缓讨论而延期，仍决于下月初旬，在日内瓦、南京、东京三处，同时公布；至我国政府，对延期讨论一点，现在尚未决定作何表示，惟觉其延展之时间太长，颇不利于我国之处。（二十二日专电）

(《申报》，1932年9月23日，第四版)

292. 法国改变远东政策，将抛弃袒日态度，拥护国联会章，美允助法拒德军备要求，作为助美对日压迫交换，调查报告倘于日本不利，日人宣称决定退出国联

【路透社二十二日巴黎电】 法官场发言人今晨对路透社访员言及近日所传法国将改变其对远东与国联之政策一说，发表负责言论，谓法国遵守白里安关于东三省之宣言，从未须臾考虑承认"满洲国"事。法国现仍待李顿报告书，

而遵行国联之决议。故法国远东政策之变更,实不成问题。盖今日法国之态度,犹是去秋白里安所宣布之态度也。发言人又声明两点;第一,法国始终拥护国联关于远东条约权利之决议;第二,法国对于东三省从未有与美国意见不同之处,故目前并无所谓法国倾向美国之问题。查白里安一年前所宣布之政策,旨在和平解决满洲问题。今日发言人言及白里安去年十一月十六日在国联行政院开会时及国联决定选派调查团时所发之言论,谓白里安虽已逝世,法国仍服从国联,并拥护国际义务之尊严。发言人一再声明,法国政策始终如一,外传变更政策之说,纯属荒谬之谈云。

....

【路透二十一日纽约电】 代理驻华盛顿日大使斋藤今日在此声称:如李顿报告书之性质迫令日本退出国联,则日本之退出,不作一分钟之犹豫;如李顿调查团洞鉴真相,则日本实无所恐云。

李顿报告送达国联

【路透电二十二日日内瓦电】 李顿调查团报告书已于今日送达国联办公处,报告书长约四百页,以打字机打成。英文之一份,业已完备;法文者虽已译成不少,然尚需时日,并须修正,始得告完备。现将努力赶速排印,俾发与国联各会员。法委员克劳台尔将军、德委员施尼博士均已抵欧,其余委员连李顿勋爵在内,于九月三十日可抵威匿斯。

....

(《申报》,1932年9月23日,第九版)

293. 国联行政会议昨日开幕,自由邦执政凡勒拉主席,通过我国教育调查报告,中日争案未必提出讨论,明日起每逢星期请聆无线电播音

【路透社二十三日日内瓦电】 国联行政院今日上午十一时十分举行非公开会议,历半小时许,继乃举行公开会议。当非公开会议进行之际,中国总代表颜惠庆起问中国对国联提出关于日本侵略之请愿,曷为列入议程之最后一

节。颜又切言急当讨论此事。主席告颜,李顿调查团之报告书尚未齐备,日本申请在报告书发表后展缓六星期提出讨论,此事将由行行[政]院加以考虑云。

【国民社二十三日日内瓦电】 国际联盟理事会今晨十一时召集,由爱尔兰自由邦执政凡勒拉主席。此间现信中日争执虽列在议程之末,本届理事会议未必讨论。日本显似无意在理事会内与国联调查团报告作舌战,但准备在国联大会内应战。现料调查团报告将先在选举后新理事会讨论,然后移交十一月间召集之国联大会特别会议。

············

(《申报》,1932年9月24日,第十版)

294. 本市各团体纷电韩、刘息争:无论如何藉口,国民决不相谅

本市各团体以际此国难未已,而韩、刘竟悍然嚣哄,昨特分电双方,请予息争。兹志如下。

拥护国联盟约会电

"济南省政府探送韩主席、烟台第二十一师副师长台鉴:国联调查,犹未发表;日认伪国,风云更亟。凡属国民,均应注重其视听于日内瓦,并准备实力,为最后之奋斗。不料恶耗传来,鲁战竟起,使日人所宣传之中国为无组织之国家,今竟代为证实。事之痛心,无逾于此。台端苟犹有国家观念,犹肯为中华民国留颜面,则请立时停战,一切问题,听由中央解决。虐民擅专,罪有应得,国法民意,不容假借。特电奉告,即祈察纳。拥护国联盟约委员会叩。漾。"

三十余同业公会电

"济南省政府韩主席、烟台刘师长钩鉴:九一八后,国步艰难。全国上下,均一致主张团结御侮。良以国家已濒危亡,讵容自相煎迫。不料近日第三路军与二十一师,竟发生内战情事。证之以两方当局电文,一则谓为民请命,一则为哄非己开。实则政治军事,均有最高主管之人。如果政绩恶劣,中枢自有

处置。即云讨伐,应俟中央命令,不当出于擅专。应请立即停止军事行动,撤退防军,避免冲突。是非曲直,陈诉中央,听候处置。否则无论如何藉口,国民决不能谅也。迫切电陈,诸希鉴纳。上海市丝光棉织业、棉布业、飞花业、南北货拆兑业、肠业、米号业、矿灰业、运销石灰业等三十余同业公会同叩。漾。"

(《申报》,1932年9月24日,第十四版)

295. 端讷①定期离沪返平

张学良顾问端讷氏,于昨日下午四时半,往访吴市长,谈约半小时始辞出。记者晤端讷于市府,据谈:"余此次与宋代院长赴莫干山,确未往访汪精卫先生。余昔亦曾为新闻记者,决不对记者说一谎语。对于日本之侵占东北,余深信李顿勋爵'欲以三千万华人置于二十万日人管辖之下,其事至为艰巨'之言为不谬。本人定于星期一(二十六日)离沪返平。"

(《申报》,1932年9月24日,第十四版)

296. 国联行政院徇日请求延期讨论调查报告,颜惠庆根据法律上理由反对无效,报告书决定十月一日发表,六星期后再开会提出研究

【路透社二十四日日内瓦电】 国联行政院今晨十一时开会,讨论伊拉克入会事及中国关于东三省之请求。行政院投票赞成伊拉克加入国联,以英国对于该国之代表权,业已期满也。行政院主席凡勒拉(爱尔兰自由邦领袖)旋发言,谓行政院可考虑日本展期讨论之请求,但渠在提议以前,有不能不表示扼腕者:日本不待李顿报告书之讨论,且不待报告书之发表,遽即承认"满洲国",而与之签定条约,此举殊足妨碍此争端之解决。惟渠现提议在原则上接

---

① 编者按:即"端纳"。

受日本请求,至于延会数星期后,何日召集行政院会议,尚待决定云。日代表长冈称,日本展期讨论之请求,系出于实际上之必要,请行政院考虑日本与欧洲间之交通状况,而勿决定过于匆促之时间;至于承认"满洲国"事,渠愿待相当时机再行批评云。中国总代表颜博士继起致词,反对延期,谓日本将利用之,而使时局愈臻严重。渠不解日本何以有特派专员传送训令之必要乎?苟其人在途有失,则讨论不将再行展缓乎?日本在日内瓦有办事人员甚多,且电报结束,亦无阻滞,故中国极力反对延期云。颜博士提出法律理由,以证明行政院无准许日本请求之资格。后建议将此事交十九特委会核议,因有核议此事之权者,唯此特委会耳。颜博士又称,日本已受延宕之益,在四十万方哩之中国土地上扩大其占据,而税关、邮局与盐务稽核所之机关亦皆为其摧毁。中国代表团昨接来电,据谓日本准备出兵侵入热河。苟一再迟延,则危险殊甚。此事应速求解决,不应稍缓云。主席凡勒拉插言,谓中国之反对是否理由充足,渠不能无疑;虽行政院之权力为大会通过之若干决议案所限制,但关于李顿报告书一事,行政院实有先行研究此报告书,而后提交大会之职权云。西班牙代表马达利迦发言,认延长时局确属危险,并斥责日本承认"满洲国"之行为,但赞助主席延会之提议。颜博士继又根据法律上理由,反对行政院有将此事展缓讨论之资格。但颜博士终未能使行政院从其言也。会众在原则上依允展期,大约十一月二十一日可为行政院讨论东三省事件之日期。行政院决定于十月一日公布调查团报告书,并于十月一日后尽速发表地图。而全部报告书及其附件,亦于十月一日送达中日两国政府。行政院又决定于十一月十四日集会研究报告书。日代表长冈又作其最后之努力,冀将期限再稍展长,而以哈尔滨四周水势未退为理由。长冈此言,颇引起会众之哗笑。行政会卒通过十一月十四日集会之决议。惟许主席于其认为必要时得酌量再延长时期,至多不得过二星期,故行政院讨论东三省问题之日期,大约至迟为十一月二十四日也。

············

(《申报》,1932年9月25日,第九版)

297. 调查团秘书长哈斯等准今晚离沪,转道纽约返欧复命

国联东北调查团秘书长哈斯夫妇来沪后,对于日本承认伪国后之情形,曾加以相当之注意。现因报告书副本不久即可送交中日两方政府,故哈氏决于今晚五时,乘加拿大皇后号轮船离沪赴美,转道纽约,回欧覆命。现哈斯夫妇将于今日下午二三时,由江海关码头乘小轮渡江出发,登加拿大皇后号轮船,然后于下午五时出发离沪。同行者除夫人外,尚有秘书薛理亦同道返日内瓦云。

(《申报》,1932 年 9 月 25 日,第十三版)

298. 时评:论国联与日本

今日路透伦敦电称:华盛顿许多人士意见,国联之命运今系于国联大会对李顿报告书之行动;又称各专家大都预料国联将与日本分裂。夫国联对于李顿报告书,能否以维护会章尊严之精神,处理中日问题,诚为国联成败之关头。至预料国联将与日本分裂,则吾人尚未敢信其为正确也。

近来国际间要人在坛坫[坫]上发言,无不堂皇冠冕,侃侃然誓本和平精神,坚守世界正义。然进而按之事实,则言动实不相符。即如昨日内瓦国联行政院会议,主席凡勒拉于提议考虑日本请求展期讨论以前,先表示一番对于日本不待李顿报告书发表而遽即承认"满洲"之惋惜,且认此举足以妨碍争端之解决。但一面对于日本之请求,则又表示接受。虽经我代表颜博士尽力反对,而卒归于无效。可知今日外交界要人之言论与行动,并不相符。表面上虽拥护国联尊严,而实际仍惟强权之命是听,惟日本之意思是从。吾人观此一事,即可知国联与日本分裂,其机尚远也。

日人自强占我东三省后,在外交上完全利用其延宕政策,以取得胜利。历次国联会议,其外交代表所采用之延宕手段,无论其为正用或侧用、反用,无一

不水到渠成,如愿以去。即如调查团之遣派,为日本最巧妙、最得意、收效又最宏大之延宕政策。利用此延宕之时间,一方在满洲可以尽量进展,一方在外交可以从容布置。在此半年余调查之时间,日本所加于满洲之种种压迫,所施于国际间之种种挑拨,国联诸要人,当无不洞悉其底蕴。乃今日犹能迁就其展期讨论之请求,是非不知日本之请求为延宕之又一计,直知其延宕之有利于日,而故予以便宜也。在此李登报告万分严秘、万分紧要之时,乃曲从其无理由之请求,故予日本以施展手段之便宜,是果主持尊严之国联所应许耶?

日来国际间每多作乐观论调,或谓国联仍与美一致主张公道,对于中日问题,必不有所偏袒,或谓法国已声明拥护国联,决不袒日,是殆即国联与日本分裂之豫料所由来也。然我谓以今日情势论,国联纵欲维持其命运,敷衍国联尊严之面具,至多恐亦不过遵从李登报告而止,决不能于李登报告外,再加我以何种助力。然据各方所述,李登报告之内容,仅予我以东三省宗主权之空名。夫我国人之所以极力与日抗者,岂争此东三省之空名哉?美报论国联,谓国联如放弃反对日本占据东三省之立场,及考虑外乎该地为中国整个部分之主张,则即表示国联盟约第十条之无效。国联今日能毅然有此觉悟,而坚决实行之乎?如其不能,则于我又有奚益?国人今尚未忘其依赖国联,我恐国人闻此乐观之论调,而益坚其依赖,怠我自救之心也,故再申言以警之。

(《申报》,1932年9月26日,第三版)

299. 处理中日案国联命运所系,国联不恤迁就日本,力避与日正面冲突,日表示决照既定方针迈进

【路透二十五日伦敦电】 据《观察报》纽约访员电称,华盛顿许多人士之意见,国联之命运今系于国联大会对李顿报告书之行动。美国报纸皆以为国联放弃反对日本占据东三省之立场,及考虑外乎该地为中国整个部分之主张,即将表示国联盟约第十条之无效,并等于国联会员不顾以前之委托云。各专家大都预料国联将与日本分裂,惟彼等舍此之外,不欲作其他推测。(按国联盟约之第十条为:国联会员担任尊重并保持所有国联各会员之领土完全,及现有之政治上独立,以防御外来之侵犯。如遇此种侵犯,或有此种侵犯之任何威

吓或危险之虞时,行政院应筹履行此项义务之方法。)

・・・・・・・・・・・・

【电通社二十五日东京电】 国联理事会决于十一月十四日开始审议李顿之报告书,临时总会则延期至十二月下旬。国联对于报告书之如是慎重者,其理由据谓国联极力防止日本退出国联,于日本之承认"满洲国"与报告书之间隙,图谋何项之政治的解决,故将报告书之审议延期。此说较为乐观。其悲观论者则谓,美国将于十一月八日选举大总统,待事毕后美国政情之安定,再取国联与美国之共同动作,故而延期云。但上两说皆难置信。日外务省方面则不问客观的情势若何,决于理事会与总会坚持既定方针云:(一)对满洲问题之日本既定方针,虽有任何事情决不变更,而对国联与列国则讲

下转第八版

求尽量谅解事实之方法。日代表于理事会反复说明日本态度与方针。(二)至于适用国联会章第十五条,因始终反对之关系,日代表不正式出席依十五条之总会,单以说明委员出席;于理事会亦同样图贯澈日本之主张。(三)总会若将报告书附议于十九国委员会,则日本不参加该委员会,缘绝对反对之故。

・・・・・・・・・・・・

(《申报》,1932年9月26日,第七版转第八版)

300. 哈斯夫妇昨晚离沪,宋子文、端纳等均亲往送行,报告书下月一日同时发表

国联东北调查团秘书长哈斯氏,工作完毕后,已于昨晚偕其夫人及秘书薛理,同乘加拿大皇后号轮船离沪回欧。宋子文、端纳等,均亲送至吴淞口。哈氏不愿发表涉及报告书之任何谈话,惟哈氏业留一代表,暂驻南京负责。兹分志其详情于次。

宋等送别

江海关因哈斯等行将离沪,特于昨日下午二时许,备镜辉号小火轮在码头上候用。哈斯夫妇于下午二时二十分,与宋子文及宋之夫人张乐怡女士,同自

华懋饭店至新关码头，预备出发。旋候秘书薛理到后，即登镜辉号小火轮出发。除军事委员会蒋介石夫妇、宋子文夫妇及外长罗文干等均有鲜茶赠送外，宋夫妇及张学良顾问端纳、江海关监督唐海安、财部秘书郭德华、宋之随员黄纯道、哈斯代表奥肯锡凯、顾问鲍德莱等，并亲乘镜辉号小轮赴吴淞口，登加拿大皇后轮欢送。宋等至四时半始返。哈斯夫妇至五时正，遂离沪取道美国，返日内瓦复命云。

哈无表示

昨晨中外各报记者赴华懋饭店谒哈斯者颇众，均被拒未见。新声社记者昨与哈斯氏会晤时，仅询以报告书何时可送至南京，亦谓不得而知。惟据秘书薛理谈，报告书将于十月一日，与日内瓦同时发表。至何时可送至南京，现尚未定，大约亦为同时致中日政府也。现该报告书尚未译成中文，大约须于发表之日，交一负责之人，开始在北平翻译。将来发表时，仅系英文本云。又据另一人告记者，哈斯去后，委托奥肯锡凯氏（O'Kenciky）为代表，暂驻南京，俾于发表报告书时，以英文副本一份交我方政府。至日方之副本，亦有同样代表留驻东京负责云。

（《申报》，1932年9月26日，第十版）

301. 中欧途中：新加坡之小住

新加坡为中欧交通孔道，华人生于斯，家于斯，经商于斯者，数逾四十万。过此以西，则华人之足迹渐稀矣。

"甘姬"船离香港后，例行三日十小时，即抵新加坡。但以时在深夜，遂减其速度，于十一日清晨始入港。下碇后，英属海峡殖民地总督金文泰氏因公外出，由代理总督施考特氏首先登舟访问，继之者为中国总领事陈长乐氏、中华总商会会长李俊承氏等，均由李顿爵士及顾维钧公使亲自延见。旋中西各报记者鱼贯上，摄影谈话，一时颇呈杂沓。

李顿爵士等自有其本国官吏或领事招待，顾维钧公使一行则由陈总领事引导至总督署。留刺后即赴陈嘉庚工厂参观，由陈氏及其令婿李光前氏亲逢说明，李氏亦当地橡皮巨商之一也。厂分新旧二处，自其建筑观之，即知此厂由小而大，逐渐扩充，并非一蹴而几。现已有工人四千，男女各半，资本总额积累数达国币一千六百万。出品大宗为车轮、皮鞋、玩具，均可与外货并驾齐驱，可谓盛矣。参观毕，赴华人游泳俱乐部小憩。此为一种体育会性质，自于海滨设浴场。会员要求顾公使演说东北调查真相，顾氏以英语简单说明，意多勉励。闻者击掌，并请留影以为纪念。时已正午，顾氏赴总督署之宴，余则至天南旅馆进餐。

下午四时半，中华总商会在华厦开茶会，欢迎调查团。李顿爵士、马柯迪伯爵、麦考益将军及顾公使等，均先后苍止。陪宾为施考特氏等诸外人，华侨名媛亦多与会。由当地立法院华议员黄瑞朝氏为主席，用私人谈话方式，彼此交换意见，极见融洽。华厦为华商银行、华侨银行所合建，形式中西参和。茶会在中华俱乐部举行，颇为美观。近华商、华侨及和丰三银行，为厚华人金融势力，连日开非常股东大会，议决合并，实行后资本将近国币二千万，诚一好消息也。

中华总商会于下午七时仍在原处设宴，慰劳顾公使等一行。席用中菜，与宴者有四海通银行总理李伟南，华侨银行董事长蔡嘉种、总理陈树楠，汇兑经理王正序，和丰银行总理林戊已①，华商银行总理周福隆，金泰茶公司总理林庆年，和丰公司总理陈延谦，建源轮船公司总理林烈文，成源木材公司总理吴胜鹏氏等，及各华字报记者等数十人。未入席之前，曾在另一客室向顾公使询问国内情形及外交真相，均由李光前氏从中传述，达一小时之久。无非希望国内一致团结对外，其热诚令人感佩。直至十时许，始互道珍重与努力而散。舍此正式招待以外，余则自由行动，或游览名胜，或参观学校，或购买什物，或访问亲友，不及细述。十二日正午，"甘姬"船又开向哥仑坡去矣。

调查团之过新加坡，各报多著评欢迎。兹录其一，以见华侨愿望之一斑。

"国际联盟之组织，以维护世界和平为目的。欲世界和平，必国与国之间平时根据正义，互相尊重，有事信赖国联，舍弃武力。此联盟公约精神之所寄也。自九一八事变以后，日军凭藉自国之武力，侵略中国之领土。远背正义，破坏盟约，甘冒天下之大不韪，屡置国联劝告于不顾。国联大会为达其维护世界和平之目的，乃有调查团之产生。任务之重大，乃李顿爵士及调查团诸君所

---

① 编者按：原文误，应为林戊己。

热知之也。调查团诸君出发东北，躬身考察，日本之蛮横无理，当早灼然在诸君之心目。报告之书且已结束，是吾侪华侨即有所言，亦不能影响于报告书之结论。吾侪今日所当为公等告者：第一，东北三省，在历史上、地理上、文化上、种族上，显然为中国领土之一部，而且为中国北方内地各省之屏蔽。东北三省之存亡，与中国国家之生存，有直接之关系。东北三省亡，不特分割中国之领土，而实以戕贼中国之生命。第二，一国之国民对于其国争生存，必努力奋斗，任何牺牲，在所不惜。此属于民族感情，而亦历史所诏[昭]示。中华立国已数千年，国民爱国成为天性，无智愚贤不肖，均愿牺牲一切，为国家争生存。苟以东北三省之失而危及国家，则全国国民虽一息尚存，亦必奋斗到底。第三，中国地大物博，产业多未开发，为世界先进国家极好之市场。其人民四万万，约占世界全人数五分之一，且散处四方，凡日光所及之地，无不有中国人之足迹。苟以其国家受武力之危害，而引起人民之反感，不特影响全球治安，且将以经济情状之不安，使世界第二次大战无法幸免。第四，国联自身之生命，胥视中日纠纷之是否有道以解决。调查团苟根据正义，提出具体之主张，且力促国联大会以适当之方法，使其实现，则强权屈于公理，世界之和平，可望保持，现代之文明，亦不致破坏。苟其迁就事实，为日本之武力所恫吓，夺东北三省于中国人之手，不特不能强中国人之服从，反以促国联自身之生命。此吾全体华侨默察世界之大势，根据良心之主张，所掬诚为调查团诸君告者也。"

（二十一年九月十二日新加坡舟次）

（《申报》，1932年9月27日，第八版）

302. 日外务省讨论调查报告对案，并东省名义上主权亦不容我存在

【华联社二十七日东京电】 日外交部探悉李顿报告书结论，主张予伪组织有自治权，但名义上主权则仍归中国。因之连开要人会议，讨论驳责口实。闻其将采取理论要纲如次：

（一）"满洲国"已经独立，无论原因存在与否，应以现存事实为据解决辽案，故不能同意李顿之提案；

（二）满洲国为清朝发源地，在前清治下纯为封禁地方，不准汉人移住，故不能看做中国原有之领土；

（三）"满洲国"之独立，出于三千万人民之自决，又是清朝回复其原有之领土，于日本无关，各国须尊重民族自决。

【电通二十七日东京电】 李顿报告书本文将于十月一日发表。据确讯，其结论提议对"满洲国"可承认其范围广大之自治权，对中国可承认其极微弱之名义上之主权。日外务当局对调查团避免宗主权（Suzerainty）之语，而用名义上之主权语（Nominal Sovereignty），将于意见书中加以反驳，正在研究。盖名义上之主权用语，国际惯例上引用之例甚少。无论宗主国之权力如何微弱，若承认之，与"满洲国"已俨然为一"独立国"而存在之事实相抵触，故绝对反对。

【路透二十七日日内瓦电】 李顿报告书国联原拟于星期六日发表，此项办法目前或须更变。日本欲于收到此报告书后，有三天时间研究其内容，然后公布之。但国联建议星期六日清晨将此报告书送交中日政府，容其审阅全文，迨晚分送各报。同时国联秘书处于星期六午时左右发表此报告书，庶使日本有八小时可认识其内容，而翻译其文。大约发表日期或将延至星期日。但是否如此，尚属可疑也。

（《申报》，1932年9月28日，第七版）

303. 郭泰祺昨在国联演说，请大会注意中日问题重要性，赫理欧定今日演说国际情势，秘书长将由法人爱文诺继任

……………

国联政治部副部长抵日

【电通社二十八日东京电】 负将李顿报告书面交日本政府之重要使命之国联政治部副部长巴斯智夫，同在归国途中之调查团秘书长哈斯及情报部长西雅拉两氏，于昨午后五时，乘加拿大总统号入神户口。三氏即行登岸，于水陆警察严重警戒之中，入东洋旅社。旋乘午后八时火车入东京，今晨九时抵东

京驿。哈斯秘书长在驿头语往访之记者曰："调查团所草成之报告书,其内容一切,不能明言。余与西雅拉氏定三十日由横滨乘轮经美归国,巴斯智夫则留东京。俟得日内瓦电报,将报告书交政府后,使命即完,然后经沪归国。"

....

日本利用影片宣传

【路透社二十八日东京电】 今日探悉,日政府为使国联正确明了满洲现状起见,将以关于满洲之影片三千呎运往日内瓦。此项影片乃在国联调查团正在调查之际,由南满铁路公司摄制。将来运到日内瓦后,将映示列强之代表与各国报界中人。

....

(《申报》,1932年9月29日,第九版)

304. 调查团报告书指明日本过失,对九一八日军事行动万难认为自卫之举动,报告书全文星期日发表

【国民社二十七日日内瓦电】 美联社记者顷自绝对可靠方面,探得关于国联调查团报告书内容之消息称,国联调查团报告书十一万言中,重要条文甚多。其中有一条,系经过长时期讨论之后所定之折衷条文。该条文指明日本去年九月十八日之攻击为过失,但该条文又明明表示,调查团信日本武人之行动,系根据于自卫之信心而出者。该条文之字句,大略约为:"调查团深觉一九三一年九月十八日之军事行动,实万难认为自卫之举动。但同时调查团亦未能以同样确定之态度,在结论之中将日本武官之自信其武力行动,系出诸自卫权之施行一说,完全置诸不顾"云。此项条文,调查团中争执极久后终能一致通过,此亦可见调查团中各国代表讨论时之忍耐工夫矣。

【电通社二十八日东京电】 李顿报告书之中日问题解决策,其结论于(一)在满洲仅存置名目上之中国主权、(二)与满洲以广大范围之自治权二条件之下,举行中日直接交涉,其说大抵确实。惟日本政府当局以"满洲国"之独立为既存之事实,对"满洲国"独立的"国家"形态加以变更之案,决绝对反

对。故在中国方面不承认"满洲国"之独立,中日直接交涉完全无用。此种强硬态度,日本将于李顿报告书交日本后,作成意见书,于十月二十日由松冈代表经坎拿大,携往日内瓦交国联事务局。

【路透社二十八日日内瓦电】 国联秘书处已准备于本星期日中午,发表李顿报告全文云。

(《申报》,1932年9月29日,第九版)

305. 时评:国联之钟

牛何之将以衅钟?牛之命运定矣,亦安望他人之不忍见其觳觫而易之哉?人见此庞然大物,不尚智,不角力,而惟一味乞怜也,曰:死固其分也,复何怨?彼为保持庙堂之尊严者,只希望此钟能发宏大而悠远之声,固无惜乎一牛。今庖丁已操刀而前矣,止欠一割耳,割亦为期不远。但所衅之钟,将来能否铮鏦镗鞳,有以发挥其声威与尊严,恐彼高踞庙堂之上者,亦未有若何成算也。一年来,国人眼之所视,耳之所听,常集中于国联及国联调查团之报告,以为太上政府之国联,必能主持公道,而公道所在,必能约束日本。于是国联云亦云,步亦步,趋亦趋,俯首帖耳,驯伏不敢一动。然而前途无幸,固不必至今而始可断定也。国联态度之柔弱无能,久已表暴无余矣。为保持其庙堂之尊严,希冀其威声之不隳,一再徇日本之要求。今又以徇日本要求,延期讨论调查团报告书闻矣。国联所以允许报告书延期讨论者,非对于远东事件谋有以解决之也,实以无法解决,不得不求一下台之策耳。盖国联明知日本之强横,非国联所能约束。国联既不能约束日本,乃转而与日本周旋。然而一味周旋,又恐显露其为强国操纵之真面目,故希望中日事件之能速了。惟速了之方策,既不能一蹴而几,延宕又非得计,故其最后方策,希望卸其仔肩于中日双方,怂恿其直接交涉。中日如能直接交涉,则中国领土如何被宰割,主权如何被侵占,人民如何被蹂躏,均可不问。而在表面上远东事件固已妥协矣,国联亦可庆幸其责任之完毕矣。此非我人揣测之词也。据最近报纸消息,国联调查团报告书结论,仍迂回曲折,重归于直接交涉之一途。由国联指令中日直接交涉,原则为:(一)满洲仅存名义上中国之主权;(二)与满洲以广大之自治权。在上述两条件下,由中日举行直接交涉。苟斯种消息,果属确实,是固无付庖丁以解牛之全权也。夫牛固被牺牲矣,而国联所崋成之钟,将收如何效果乎?

国联会章,国联所持以号召世界和平、保持威信之钟也。今以此方法解决中日问题,能无损于国联会章之尊严否?窃恐国联之钟,非特不足以鸣和平而全威信,且将由此一崋而戮毁耳。

(《申报》,1932年9月30日,第三版)

306. 调查团报告书定二日晚发表,原文系节略,约七千余字

〔南京〕 国联调查团报告书,外部拟二日夕发表。沪方由外部派员携往。闻此报告两副本由哈斯保管,其一交与北平英使馆,其一则由哈氏携东京交英大使署,于十月二日下午八时,分别交付中日两国外交部、外务省。原文系一节略,约七千余字。(二十八日专电)

〔南京〕 关于调查团报告书发表后,我国(我)于此项报告书有何意见,亦须向世界表白。其方式与措词之重轻,视报告书是否公道而定。(二十九日专电)

(《申报》,1932年9月30日,第三版)

307. 日使昨晨谒陵,罗文干昨晚宴日使

〔南京〕 记者二十九日访日使有吉,作下列谈话。

记者问:"贵公使已呈递国书,不知今后对中日两国邦交之恢复,将作何努力?"

有吉公使答:"恢复中日两国之邦交,使达亲善之状态,固为鄙人极大之怀抱。但中日两国邦交之恢复,有赖乎两国人民相互间之了解、同情、谅解。鄙人对此将作最大之努力,但亦无若何具体之办法。"

问:"中日纠纷已陷僵境,外间频传中日直接交涉之说,贵公使是否负有此

项使命？"

答："中日两国为东亚之两大邻邦，就原则上说，遇有纠纷，自以直接交涉为宜。但就目前状况而论，中日纠纷已成僵局。直接交涉殆不可能，鄙人亦未奉有直接交涉之使命。现在国联调查团报告书即将公布，国联大会不久亦将举行。敝国政府现正静候报告书之公布及国联大会之进行，贵国政府谅亦同然。故直接交涉之说，只系外间之传说，绝不足信。"

问："贵国出席国联大会代表，最近请求国联将调查团报告书展缓讨论，敝国人民对此殊不谅解。敢问贵国要求展缓讨论，用意何在？"

答："此事鄙人虽未接奉政府之训令，但据鄙人所知，无非因报告书关系重大，展期讨论，俾可得充分之时间，从事翻译及详细研究而已。"

问："十一月间之国联大会，对中日问题谅必能谋适当之解决。虽解决之方式，现时尚不得而知。但贵国政府对此次国联大会究抱何种态度，对国联大会之决议案能否绝对服从，敢请赐教。"

答："敝国政府对此次国联大会之态度，鄙人现时尚不得而知。盖调查团报告书正待公布，内容如何尚未明悉，将来大会如何决议，亦难预测。故敝国政府究竟服从与否，现时尚未决定。"

问："贵公使在京尚有若干时之勾留，与敝国外交当局有无何种接洽？"

答："鄙人此次纯为呈递国书而来，别无其他任务，故不拟与贵国当局作何接洽。鄙人明晚（三十日）即行赴沪"云。

（二十九日中央社电）

（《申报》，1932年9月30日，第四版）

308. 调查团报告书副本送达外部，外部漏夜翻译，明晚可以公表

〔南京〕 调查团报告书副本，三十日夕由英领馆送达外部。全文长四百余页，正漏夜翻译，定二日晚择要公布。（三十日专电）

〔南京〕 李顿报告书全文，已于今晚九时正式送至外交部，并无前传之报馆正式节略。外交部全体人员今夜正在草拟此项节略，并翻译汉文。该报

书之全文，由调查委员团中之职员一人于今晨送到南京。外交部拟于星期日派专员一人携汉文、英文稿赴沪。是日午后抵沪，即晚八时分送中外各报馆发表。该报告书现分段由各员草拟节略，故节略文之长短现尚未悉。(三十日路透社电)

(《申报》，1932年10月1日，第三版)

309. 国联大会无期延会，休会期间各国代表交换意见，赫礼欧与利瓦伊诺夫会谈甚久，十九特委会今日由希孟召集

…………

十九特委会定今日召集

【路透社三十日日内瓦电】 国联大会十九特委会，将于明日由该委员会主席希孟应中国总代表颜博士之请召集，共同决定国联行政院应提出李顿报告书之期限。

……

日本究将退出国联乎

【国民社二十九日日内瓦电】 国联在排印李顿调查团报告时，非常谨守秘密，曾派私家侦探监视各排字人及下级职员，以防泄漏。此项报告定于星期日正式分送各会员国。所有印成报告，皆藏于铁箱，由国联印刷股职员乘汽车亲自押运。至国联对于满案决议将来倘极不利于日本，则日本是否将完全退出国联，抑仅作半退出之状，此时殊无人能悬揣。据国际法律家意见，日本退出国联，必须有两年之先期通知，且即令退出以后，国际义务仍应履行。又有专家数人则称，日本若公然退出，则其在太平洋中代管之二百余岛屿，必须交还国联。故料日本即欲退出国联，亦必迂回其行动，先行声明拒绝出席理事会与大会。盖此举即不啻退出，俟作此声明后，再继以技术的行动云。

…………

(《申报》，1932年10月1日，第八版)

310. 调查团留沪代表台勒尔昨晚晋京，接洽发表报告书事

国联调查团留沪代表台勒尔，因该团调查报告书业将公表，特于昨日下午十一时夜车晋京，接洽一切。

（《申报》，1932年10月1日，第十三版）

311. 国联调查团报告书内容之要点，末章建议——大致主权归还中国，日本得经济开发权；外部人员从事翻译工作紧张，国联十九特会举行公开会议

〔南京〕据美联社消息，李顿调查报告长三百五十页，分十章。首述中国关内情形，次述满州〔洲〕历史及引起九一八事变原因；第三章以下分述满洲九一八以后现状。末章调查团建议，大致主权归还中国，日本得经济开发权利，但未提及恢复九一八以前原状。主张组织新行政机关，由中国自由意志聘外国顾问，襄助治理。当地税收，以关税、附税、盐税、邮政收入，归国民政府，其余归地方政府。关于军事方面，建议由中国与日本，会同使满洲不驻军队，永除冲突根源。至对于满案责任一层，虽无切实断定语，据闻曾表示满洲在旧政府统治下之紊乱，不足以为日本占据领土之适当理由。（一日专电）

〔南京〕京市各团体电请国联，从速讨论报告书。（一日专电）

〔南京〕兹据外部确息，调查团报告书于三十日下午七时送达外交部时，系报告书之全文，并未附摘要。外部接得报告书后，立即将重要职员二十余人，分为中英两组。计英文组九人，从事摘要，中文组十六人，担任翻译。外长罗文干、政次徐谟、常次刘崇杰等，均亲自指挥监督。经澈夜不停之努力，摘要工作遂告完成。但一日晨十时，英使馆又派员送到李顿调查团所拟就之摘要。外部遂即根据此项摘要，从事翻译。但以结论部分关系最为重大，故全文翻译至下午二时许，大部翻译完竣，计长万余言。随即校阅修正，于下午六时由缮写员二十余人，开始用钢笔版誊清，并以油印机八架付印，须二日晨十时可以

装订完毕。外部将用飞机两架于二日午十二时启飞,分送上海办事处及北平档案保管处,并由北平保管处转送天津市长周龙光,至下午八时半同时公布,交各报馆发表。至汉口方面,或将由中国航空公司飞机带往云。(一日中央社电)

〔北平〕 国联报告书定二日晚发表。刘崇杰电平,请由平津新闻界联合派一飞机到京,于报告书公布前,先携运至平。平方电覆刘,请在京设法借用飞机。(一日专电)

··········

(《申报》,1932年10月2日,第三版)

312. 李顿报告书日本赶译完竣,外务省彻夜电炬未息,日军部表示顽强态度

【电通社一日东京电】 集中世界视线之李顿报告书,其正本一部、副本三部、附属书及地图等,昨午后七时,由英国大使馆一等书记官格林携往外务省,正式面交有田次官。报告书收到后,当即开始翻译。报告书旋即运入守岛亚细亚局第一课长室,将门下锁,并由麹町署派员警察三名警戒走廊,以防走漏。午后七时五十分整理完毕,始运入翻译室。执笔以待之语学家少壮事务官三十六名总动员,从事翻译。外务省各室电灯彻夜未息,至今晨五时,完全译毕,译成日文千三百页。本日上午九时用日文打字机誊正,然后装订成册,二日午后九时公表。

【电通社一日东京电】 李顿报告书本日翻译完毕。内田外相本日午后参内,详细奏上报告书之概要。

【电通社一日东京电】 陆军方面对李顿报告书之态度,于今日下午五时四十分声明如下正式意见待检讨李顿报告书后发表。而李顿调查团原来之使命,系在调查事态之真相。但日军部对调查团报告书所调查中国满洲之军事行动,设有误谬,则须严正指摘。至于调查团所发表解决满洲问题之意见,因其使命只如上述之在调查事态之真相,故毋须重大视之。而日军部之对满洲问题,则始终主张既定方针云。

【电通社一日东京电】 日本军部对李顿报告书之内容,非常注意,本日当充分检讨其内容。若其内容逸出调查团使命以外,决一切排击之。其对报告书之见解如下:

(一)调查团之使命,在调查满洲事变远因、近因之一切原因。若叙述结果于报告书中,则非其本来之任务。满洲事变之原因,与其谓由满洲本身之事态,毋宁谓由中国本部政治的状态。故须着重国民政府不能统一之实情及其排日运动。

(一)李顿报告书不过使国联充分认识中国,以资国联之参考而已。若如所传之结论,则从调查团本来之使命观之,不得谓非越权行为。故关于满洲问题之日本国策,不得因报告书而受丝毫影响。

....

(《申报》,1932年10月2日,第十版)

313. 国联报告书今晚在沪发表,明晨可见诸报端

国联调查团报告书,前晚九时由英使馆正式送交外交部。外交部方面即派职员译成中文,并将该报告书缩成节略,中、英各一份,派遣专员于今晨自京携来上海。准今晚八时,在枫林桥外交部驻沪办事处,向中外报界发表。明晨即可见诸报端。

(《申报》,1932年10月2日,第十三版)

314. 时评:国联调查团报告书之价值(上)

国联调查团六阅月调查之结果,能使我含愤忍辱之中国人民,得如何之安慰乎? 抑更增加其情绪之刺戟乎? 此一问题,因调查报告之正式发表,已有正确之答案给与吾人矣。

国人倘认此项报告书之所陈述,有使中国立于失败地位之危机者,则当知调查团派遣之时,不使监视日本之践诺撤兵,乃使研究任何足以影响国际关

系,而有扰乱中日两国和平所维系之谅解之虞之情形,中国之于此项调查,盖已有先天的失败危机之豫伏矣。回忆去年十二月国联决议案发表之时,国内舆论显分两派:甲为积极反对者,主张坚决拒绝;乙为欲藉以传达日本暴行于世界者,主张循礼招待,用作宣传途径。其后李顿爵士等五委员,负国联艰巨之使命东来。沪战虽停,日势犹盛。中国政府与人民,乃依上述乙派之主张,优礼款待,冀尽宣传之能事。然李顿爵士于三月二十八日,在行政院长汪精卫招待席上曾明确表示:"国联决不能帮助一会员国,而损害其他一会员国"。此已无异以今日之结果,豫示于吾人矣。因是吾人倘非曾对调查团作过分之奢望者,今日亦不必为过分之失望。去年十二月国联决议案进行时,有劝慰中国代表者,谓国联之所准备,已属现状下所能提出之最好解决方案。今李顿爵士等又以彼等心目中所能提出之最好解决方案,呈诸国联矣。李顿爵士等于报告书第十章,用"如争议国愿意接受基于此种原则之解决方法时,尽有修正之余地"之字句,其反面显有争议国不愿接受之余地。而报告书之真正的价值,换言之,即其可以实现其建议之程度者,于此可见。

调查报告之使命,第一为审查中日间之争议。吾人细读报告书全文,于前八章见其对于中日争议之审查,如第四章述九一八事变,谓"是晚日方军事行动,不能视为合法自卫之办法",第六章述伪组织之成立,为"一群日本文武官吏,现任与退职者,均有图谋组织并实施此项运动,以为解决九月十八日以后满洲局面之办法",认定"现在之政权,不能认为由真正及自然之独立运动所产生",谓"此所谓'满洲国政府'者,在当地华人心目中,真[直]是日人之工具而已"。此种公正之审查,使吾人对于调查团,不得不佩服其目光之锐利与态度之确当。倘使其能不为被派遣时决议案中之文句所牵累,即就此依国际公理、国际公法公约而定正确之解决方案者,则其解决方案当较现在之所建议,更能有裨于实际。此可断言者。惟其必欲于"扰乱中日两国和平维系之谅解"等方面,强求材料,故于第三章追述中日旧有争执、第七章述日人之经济利益与华人之经济绝交,反致使真实明确之认识为此性质复杂之数章所障蔽。结果反使世人对于调查团之审查,嘆其认识不足。此吾人于评定报告书价值之时,所不能不为之扼腕者也。

报告书最后两章,述解决争案之原则及条件,并向国联行政院提出建议。问题复杂,非此短篇所能罄,容于明日续论之。

(《申报》,1932年10月3日,第三版)

315. 国联调查团报告书昨外交部在京沪平汉同时公表；报告书结晶在第九、十两章：一方保留中国政府有政治主权，一方承认日本有实在经济利益，一方不主张恢复九一八前旧状，一方亦不主张维持伪满洲组织，建议中日召集一顾问会议，由中国政府发表一种宣言，订立中日和解条约商约等，准许东三省建设自治政府，以特殊宪兵维持地方治安，并用外国顾问以共同治理

国联调查团报告书，于本年九月间在北平制成。内容包含下列各项：（一）绪言；（二）正文，共分十章；（三）附录，载入各项问题之特殊研究；（四）附件，载入调查团经过途程之详图，及其所访问之人员及机关，并由两国政府送致调查团参考之各项文件。

绪言中述国际联合会派遣调查团之经过、调查团所负之使命，及调查团所经历之途程。正文第一、第二及第三章，述中日冲突之历史背境[景]。内第一章述近年中国发展之概况；第二章述满洲概况及其与中国其余部分及俄国之关系；第三章述一九三一年九月十八日以前中日间之满洲悬案；第四章方叙述九一八事变及九一八以后日本在东三省之军事行动，并调查团考察九一八事变所得之结论；第五章述上海事件；第六章述"满洲国"，分为三部分：（一）"新国"造成之经过、（二）"满洲国"之现"政府"、（三）东三省居民对于"新国"之态度；第七章述日本在华之经济利益及中国之排货运动；第八章述满洲之经济利益，尤注意于日本在满洲之利益；第九章述解决之原则及条件；第十章述调查团向国际联合会行政院提出之意见及建议。

今日外部所发表者，系节译绪言与正文。惟正文第九、十两章为报告书之全部结晶，关系重要，故照译全文发表。

  编者附识：中日争议调查团报告书，系于一九三二年九月四日在北平签字。除绪言外，计分十章。对于种种问题之特殊研究，均载入报告书附件内。此外尚有一附录，载明该团所取之行程、所会见之人物姓名表及中

日双方所提交该团之文件。此项附录及关于特殊研究之附件,容后公布。

绪言

绪言首述中国因一九三一年九月十八日沈阳事件发生,而将中日争议提交国联行政院时(中国之要求,系于一九三一年九月二十一日依国联盟约第十一条提出)之情形,国联所采之行动,及依一九三一年十二月十日之决议指派调查团。该调查团由左列各员组成之:

马柯迪伯爵(义)

克劳特将军(法)

李顿爵士 (英)

麦考益少将(美)

希尼博士 (德)

在一九三二年二月三日该调查团启程经由美国来远东之前,曾在日内瓦举行两次集会,并经一致选举李顿爵士为调查团主席。嗣经日本政府及中国政府指定,参与代表如左:

中国前国务总理、前外交部长顾维钧;

日本驻土耳其大使吉田。

国联秘书厅股长哈斯,嗣被任为调查团之秘书长。在调查团进行工作之时,并有各专门家供其顾问。在该调查团启行之前数日,中国政府曾于一月二十九日,依照国联盟约第十条、第十一条及第十五条,提出更进一步之要求,及于一九三二年二月十二日请求行政院依国联盟约第十五条第九项之规定,将中日间之争议提出国联大会讨论。自此以后,该调查团即未从行政院得有任何训令。故仍本十二月十日之行政院决议,解释其本身之任务如左:

(一)审查中日间之争议(包括此项争议之原因、发展,及在调查时之现状);

(二)考虑中日争议之可能的解决办法(务须对于两国之根本利益予以调和)。

调查团对于其自身使命所具之概念

调查团工作及旅程之纲领,以及报告书之计划,均决于该团对于其自身使命所具之概念。其概念如次:

（一）中日两国在满洲之权益，实为此次争议之根本原因。该团对于此项权益，曾加以叙述，以作此次争议之历史背景。

（二）对于争议发生前最近发生之特殊争端加以考察，并对一九三一年九月十八日以后事件进展之情况加以叙述。在研究此项争议之过程中，该团声明对于以往行动之责任，坚持较轻，而对于寻求防止将来再发生此项行动之方法，坚持较重。

（三）最后该团对于各项争执点加以考虑，并依据该团认为足以永久解决此次冲突并恢复中日间好感之原则，提出建议数条，而报告书即告结束。

旅程

在未达满洲以前，该团曾与中日两国政府及代表各方意见之人物发生接触，以求确定各方利益之性质。该团于二月二十九日行抵东京，三月十四日至二十六日停留于上海，三月十六日至四月一日在南京。再在中国续行，于四月九日抵北平。然后前往满洲，在该地勾留至六月四日，历时六周，中间曾巡视该地各重要城市。最后调查团于六、七两月中，再度赴北平、东京各一次。后即于七月二十日留居北平，而在该地从事于报告书之起草。

现时争执之背景

第一、第二、第三章，说明九一八沈阳事变之发生，乃历年轻微冲突之结局，足以显出中日关系日趋紧张。如欲澈底了解两国间最近争议之真相，必须明了最近两国间之关系。例如中国民气之发达，日本帝国及旧俄帝国之拓展政策，最近苏联共产主义之广播，中、日、苏三国经济及国防策略上之需要。凡此诸端，皆认为研究满洲问题之重要事实。九一八以前，中日两国在满洲之若干主要交涉，亦有叙述之必要。盖必如此，然后可以确定满洲何以成为争议之焦点，以及将来彼此争议平息，双方根本利益如何能真正调和，为求此项争议永久解决起见，何种问题值得研究。

第一章　中国近年发展之述要

支配中国之重要原素，即为中国自身徐徐之进行之近代化。今日之中国，乃系一正在演进之国家。其国家之一切生活，均在在显出一过渡之现象。政治上之波澜，内战，社会及经济上之不安，以及其相缘而生之中央政府之脆弱，均系为一九一一年革命以来,中国之特殊现象。凡此种种情形,均足使彼与中国发生接触之各国,蒙受不利之影响。而于其改善以前,又必将继续威胁世界之和平,以构成世界经济不景气之一原因。本章将酿成此种种现象之过程简单申述,如满清之推翻,民国首数年之情状,一九一四——九二八年间之内战与政潮,孙中山先生之组织国民党,一九二七年南京中央政府之成立,中央政府与其反对分子之竞争,共产主义在华之发展,以及中央政府在中国南部与共党组织之冲突,均有简要之陈述。

由该项简要之陈述以观,即可知分离力之在中国,现仍具有威权。此等不能黏合之原因,则以大多数民众除于中国与中国间呈极度紧张状态时,均系侧重于家族或地方观念,而不重国家观念。现在虽已有若干领袖,不复拘拘于此种狭隘之思想,但欲有真正国家之统一,则必以大多数民众具有国家观念为前题。至于在中国之共产主义,则又与在他国之情形不同。盖共党主义之在中国,并非如在他国仅为一种政治上之主义,为若干现存政党中之党员所信仰,亦并非一种特别党之组织,冀与其他之政党争夺政权。中国之所谓共党,则实系对国民政府为实际之对抗者。不特此也,由共党战争所产生之扰乱,则更因中国正在内部改造之困难时期,而增加其严重。过去十一月间,且更因特别重大之外患,而愈增其纠纷。盖共党问题之在中国,实与一较大之问题,即国家改造之问题,有不可分离之关系。

中国当此过渡时期,具有此不能避免之政治的、社会的、智识的及道德的种种紊乱情形。虽不免使友邦失望,且产生忿恨之念,足以为和平之危险,调查团却认为虽有此种种困难迟滞与失败,中国方面实已有许多之进步。试将现在中国之情况与一九二二年中国之情况两相比较,即可知此言之非诬。现在中国中央政府之权力,在若干省分,固仍属薄弱,但中央政权,要并未被否认,至少要未被明白否认①。如果中央政府能照此维持,则各省行政、军队及财政,要均可逐渐使其具有国家性质。总之,现政府对于改造之努力,虽不免有若干之失败,实已有甚多之成就。

现代中国之民族主义,固系其经过此过渡时代之正当的现象。良以一国国民,既有国家统一之觉悟,则当然具有一种对外解放之愿望。但在中国,则于此种愿望之外,因有国民党之势力,遂更引入一种极力反对外国势力之不规

---

① 编者按:原文如此。

则的色彩。本章即申述中国民族主义中所包含之重要的要求,以及各国对于此种要求之态度(而尤以关于领事裁判权之放弃,及其对于维持中国法律秩序之关系为尤详)。中国前于华盛顿会议时,即早已踏入以国际合作解决中国困难之途径。果克遵循此途,继续迈进,则自华会以来之十年中,中国殆早已可有具体之进步。惟不幸因排外宣传之热烈,遂顿使进步迟滞。其中如经济抵制及将排外宣传导入学校两事进行太猛,遂以造成本案发生时之特殊空气。

日本为中国最近之邻邦,且为其最大之顾客。其因中国流行之情形所遭逢之损害,自较其他之各国为巨。不过此项问题,虽使日本受有较他国更巨之影响,要非仅为一中日问题。且也,现在之极端的国际冲突,如能由国联予以满意之解决,则正可使中国相信国际合作政策之利益。此项国际合作之政策,固系导源于华盛顿,而于一九二二年发生极优良之影响者也。

第二章　满洲之状况及其与中国其他部份及俄国之关系

本章叙述一九三一年九月前满洲一般的状况,及其与中国其他部份及俄国之关系。称东三省为一广大膏沃区域,四十年前几未开辟,迄今人口仍形稀少,对于解决中日人口过剩问题,极占重要位置。河北、山东两省之贫民,移殖于东三省者,以数百万计。日本则将其工业品及资本输入满洲,以换取食粮及原料。若无日本之活动,满洲不能引诱并吸收如此巨额人民;若无中国农民及工人之源源而往,满洲亦不能如此迅速发展。但满洲虽极需要合作,因有前述理由,初则成为日俄竞争区域,继则成为中国与其两强邻之冲突地方。

当初中国对于发展满洲甚少努力,几令俄国在该处有管辖之权。即在《朴资茅斯条约》重新确认中国在满洲之主权后,在世界人士眼光中,仍认日俄两国在东三省之经济活动较中国本身为显著。同时中国数百万农民之移殖,确定该处将来永为中国之所有。当日俄【两】国致力于划分利益范围时,中国农民即占有土地,故目下满洲之属中国,已为不可变易之事实。自一九一七年俄国革命后,中国对于东三省之管理及发展,开始积极进行,近年来更欲计划减削日本在南满之势力。此种政策,使冲突益形扩大,至一九三一年九月冲突,达于顶点。

本章又叙述张作霖及张学良时代,对于满洲之政策及统治状况。张作霖屡次对于北京政府,宣告独立,但此种宣告并不表示张氏或满洲人民愿与中国分离。其军队之入关,不能与外兵侵略相比拟,实则不过参加内战耳。在一切战争及独立时期中,满洲仍完全为中国领土。张作霖虽不赞成国民党主义,但深盼中国之归于统一。其对于日俄两国利益范围之政策,证明若彼能将两国在该处之势力加以肃清,彼必为之。对于苏俄之利益范围,几乎告厥成功。并提倡建筑铁路政策,其结果即将南满铁路与其若干供给食料区域之联络切断。自张作霖神秘被害案发生后,张学良不顾日本之劝告,与南京方面及国民党更为密切联络。一九二八年十二月,宣告服从中央政府。实则在满洲之武人统治制度依然存在,与从前无异。但在国民党势力之下,党义宣传及抗日活动,更为紧张。

一九三一年九月前,关于东三省滥用私人、官僚腐化及行政窳败之普遍状况,调查团获得重要的申诉。但此种情形不为东三省所独有,在中国其他各部亦有同样状况,或且过之。虽有上述行政上弊病,但在中国亦有数处地方,努力改良行政,其成绩颇有可观。在教育、市政及公用事业方面,尤多进步。其更可特别留意者,在张作霖及张学良统治时代,关于满洲中国人民及利益,其经济富源之发展及组织,较从前确有显著之进步。

本章复叙述自订立建筑中东铁路合同及一八九六年同盟协约后,所有俄国及满洲经过情形之各阶段:一八九八年,租借辽东半岛于俄国;一九〇〇年俄国占据满洲,日俄战争及《朴资茅斯条约》;一九一七年俄国革命,及一九一八年至一九二〇年协约各国对俄干涉在满洲之影响;一九二四年之中苏协定,张作霖对于苏俄利益采取侵略政策后之事变;一九二九年苏俄武力侵入满洲北部,及使中俄恢复原状之一九二九年十二月《伯力议定书》,均一一叙述。最后,一九〇五年后日俄关于满洲问题之关系,亦加以说明。

自《朴资茅斯条约》至俄国革命时期,日俄在满洲之协调政策,因俄国革命及协约出兵西伯利亚而终止。加以苏维埃政府态度,对于中国民族希望与以猛烈的兴奋。日本或认苏维埃政府将拥护中国恢复主权之奋斗,此种进展,使日本对于俄国旧有之忧虑又复发生。北满边境外进入危险之可能,常使日本不能忘怀。北方共产学说及南方国民党反日宣传或相联络,益使日本渴望在两者之间,介以一与两者不生关系之满洲。近年来苏俄在外蒙古势力之扩张,及中国共产党之发展,均使日本忧虑日益加增云。

第三章 一九三一年九月十八日以前中日关于满洲之争执

本章叙述一九三一年九月十八日以前,中日间关于满洲之主要争执。近二十五年来,满洲与其余中国部分关键益密,而同时日本在满洲之得益亦逐渐增加。满洲之为中国之一部,本无待证明。惟在此部份之内,日本得有非常权利,且是项权利,限制中国主权之行使至一种程度时,使中日两国不得不发生冲突。是项权利,根据于继《朴资茅斯条约》而订立之一九零五年《中日会议东三省事宜条约》,一九一五年之条约即所谓"二十一条"者,以及各种铁路合同。试检阅是项权利之细目,即知在满洲境内,中日间政治、经济、法律关系之非常性质矣。如斯情势,世界各国无可比拟。一个国家在邻国领土内,竟能享受范围如此广大之经济及行政权利,可谓绝无而仅有矣。此种情势只有在两种条件之下,或者可以维持而不至于引起不断之纷争。其条件惟何?其一即出于双方自由志愿并同意承受,其一即出于双方在经济政治事项上曾经详细考虑之合作政策。非然者,其结果决不能免于突冲也。

　　本章并叙述从一九三一年九月以前,数年来中日两国政府之态度及政策上表现之中日在满洲根本利益之冲突。中国认满洲为粮食策源地及国防第一线,而日本之态度则异是,日本要求在满洲享有特殊权利。过去历史及情绪之联想,战略之成见,经济利益,爱国观念,国防心理,与夫条约上特殊之权利,凡此种种,皆造成日本要求满洲特殊地位之原因也。是项要求与中国主权冲突,并与国民政府减少
　　下转第四版
外人现有之特殊权益及抑止是项权益将来扩充之企图亦不能相容。而日本所持享有特殊利益之要求,在日本间有解释,谓为维持满洲之和平秩序起见,遇必要时日本有干涉之权者。

　　是项双方态度及政策之根本冲突,遂引起两国当局关于有效或认为有效之各项复杂条约之解释及适用上之种种具体争执。是项争执中之较重要者,在本章内曾经分析列举:如关于一九零五年《中日会议东三省事宜条约》之争执并行线问题,关于各种铁路合同之争执,关于一九一五年条约之争执;如日本人民在满洲居住及商租土地权,南满铁道地带内之行政权,领馆警察行使某种权力,朝鲜人民之地位等,皆是也。至一九三一年而中日两国间关系益呈紧张,万宝山案、朝鲜暴动排斥华侨案、中村大尉被杀问题等,于是联翩发生,非偶然也。

　　一九三一年八月杪,中日间关于满洲之关系,因种种纠纷与不幸事件而紧张至于极度。双方抗争各有是处,亦曾用外交常用之方式企图解决种种问题。但因长时间迁延不决之故,日本方面竟不复再能忍耐。尤以日本军界为甚,当

时曾要求中村案立刻解决。军人团体如帝国在乡军人会,鼓动日本舆情尤为有力。于是解决一切中日悬案、必要时用武力解决等口号,遂嚣腾于日本民众之口矣。

第四章　一九三一年九月十八日以后满洲事变之序[叙]述

第四章叙述此种日益增长之紧张情形,如何达到九月十八夜之爆发。关于九月十八夜之事变,中日两方持论不同,互相抵触。调查团尽量接见在事变发时及在事变发生不久以后旅居沈阳各外籍代表,包括报馆访员,其结果乃得下列之结论:

关于九月十八日沈阳事变之结论,"中日双方军队感情之紧张,无待疑义"(此节述报告书原文),"依据调查团所得种种确切之说明,则可知日方系抱有一种精密预备之计划,以因应该国与中国方面万一发生之敌对行为"。"一九三一年九月十八夜,该项计划曾以敏捷准确之方法实行之。"

"中国方面依照其所奉训令,并无进击日军,亦并无在特定时间及地点危害日侨生命财产之计划。对于日本军队,并未作一致进行或曾经许可之攻击。日方之进攻及其事后之军事行为,实出中国方面意料之外。"

"九月十八日下午十时至十时三十分之间,在铁路上或铁路附近,确曾有炸裂物爆发之事。惟铁路即使受有损害,但事实上并未阻碍长春南下列车准时之到达。且即就铁路损害之本身而论,实亦不足以证明军事行动之正当。"

"是晚日方之军事行动,不能视为合法自卫之办法","惟当地官佐,或以为彼等之行为,系出于自卫。调查团于说明上开各节时,并不将此项假定予以摈斥。"

后来之军事行动

本章继述日本军队在满洲之配置及其在九月十八夜及以后之行动。凡关九月十八日至十九日长春之占领、九月二十一日吉林之占领、十月八日锦州之轰炸,及起自十月中、终于十一月十九日日军占领齐齐哈尔之嫩江桥战事,均有详细之溯述。其时天津又于十一月八日及二十六日发生事变,关于该项事变之陈述,颇有参差,且不明了。本报告书中,则解释此项事变对于东省情况之影响,并述久寓天津日租界之废帝潜赴旅顺,又叙明一九三二年一月三日锦州被占之经过。

本章复继续追述日军在北满之军事动作,包含今年二月五日哈尔滨之被占,直叙至本年八月底之军事动作为止。其中曾详叙在东省各地之混战。此项战地大率仍为中国正式军队及非正式军所占有,由日军及伪组织军队与之对峙。调查团对于此项战事,认为无法叙述其确切之状况。良以中国当局,关于是项仍在东省与日军对峙之军队,当然不愿露泄确切之情报,而在日本方面,则对于此等仍与日军为敌之军队之数目与战斗力,则又喜故意为之贬损也。

一九三二年九月初间之军事状况

调查团并表示,在最近之将来,满洲之一般状况能否预期其变更,殊觉不能遽断。在报告书脱稿之际,战事尚在继续,且蔓延甚广。至关于辽热边境之军事动作,该报告书以为该地战区之推广,实为难于逆料之事,不可不计虑者也。

第五章 上海

本章叙述自二月二十日起,迄日本军队最后撤退时止之上海战事。国联所派领团委员会亦于此结束其报告。调查团谓该团于三月十四日抵上海,实一机会。盖以职务言,虽可无庸继续领团委员会之工作,亦不必对此地方事件作特别之审查。但既已抵沪,对于和缓空气之造成,或亦不无裨益。调查团分析中日双方最后签订之协定后,曾表示意见,谓上海事件对于满洲形势确发生重大影响。因中日战事深入全国人心,结果使中国抵抗之心愈坚。同时在满洲地方,自接上海消息后,顿使现在散处各地之抗日军队,精神为之一振。本章末段,叙述一九三二年二月一日之下关日机开炮事件。此案中日双方报告大相径庭。

第六章 "满洲国"

本章叙述"满洲国",分为三部。第一部"'新国'成立之过程",首述日本占领沈阳后所发生之混乱情形;次述沈阳及各省秩序及行政之逐渐恢复;又次述"新国"之成立,废帝溥仪之被命为"临时执政",三月九日在长春就职之典礼,及"满洲国"组织下之一切法令。此段以下列文字作结束:

"自一九三一年九月十八日以后,日本军事当局之行动,在军事、民事上均以政治作用为目标,逐步以武力占领东三省,由中国治权之下,递次夺去齐齐哈尔、锦州、哈尔滨,最后并及于所有满洲境内之重要城市。并在每次占领之后，即将该处行政机关改组。由此可知在一九三一年九月以前，满洲毫未闻有独立运动，其所以有此运动者，乃日本军队在场所致也。"

"一群日本文武官吏，现任与退职者均有，图谋组织并实施此项运动，以为解决九月十八日以后满洲局面之办法。"

"以此为目的，该员等利用某某等华人之名义及行动，又利用不满以前政府之少数居民。"

"由此亦可知日本参谋部最初或不久，已知可以利用此项独立运动。因此该部对于独立运动之组织者，予以援助及指挥。"

"以各方面所得之一切证据而论，本调查团认为'满洲国'之构成，虽有若干助成份子，但其最有力之两种份子，厥为日本军队之在场及日本文武官吏之活动。盖以本调查团之判断，若无此二者，则'新国'决不能成立也。"

"基此理由，现在之'政权'，不能认为由真正及自然之独立运动所产生。"

本章第二部，述现在之"满洲国政府"由基本法及行政立场上，详察其组织，并及于财政、教育、司法、警察、陆军、金融情况等等。又述如何接收盐政、海关及邮政之情形，最终乃列入调查团对于本案之评判。在此段中调查团宣称"满洲国政府"之计画，列有若干开明之改革，其实行不仅利于满洲，即中国之其余部分亦属相宜。而在事实上，此种改革已多见于中国政府计画之中。然调查团意见，以为"满洲国"实施此种改革计画之时期虽短，及对于其已施步骤虽已予以相当注意，然仍认为并无象征足以证明该"政府"在事实上能实施甚多改革。例如业经颁布之预算及钱币改良计画，其实施之前途似有严重之阻碍。在一九三二年之不安定及扰乱情形之下，彻底的改革计画、安定情况及经济繁荣，决难实现。至于该"政府"其各部名义上之领袖，虽系住居满洲之中国人，但其重要之政治行政权，则仍操诸日本官吏及日人顾问之手。该"政府"之政治的及行政的组织，不仅予此项官吏及顾问以供献技术上意见之权，抑且予以实行管理及指挥行政之机会。此辈固不受东京政府之训令，其政策亦非与日本政府或关东军司令部之政策常相符合，但遇重要问题时，该官吏与顾问于新组织成立之初期，稍有自主行动之能力者，已渐受胁迫，遵照照[①]日本当局意旨行事。此当局者因其军队占领满洲土地，而"满洲国政府"又依赖该军队维持其对内对外权威，同时"满洲国"管辖下之铁路又委托南满铁路株式会

---

① 编者按：原文多一"照"字。

社代行管理,最后又以有日本领事驻在各重要城市以通声气,以故无论遇何事机,彼日本当局者均有运用其绝大力量之方法。"满洲国政府"与日本当局间之联络,新近因派遣专使,更觉密切。此专使虽未正式授权,但已驻在满洲"都城",以关东租借地总督之名义,管辖南满铁路株式会社,同时兼行"外交"代表、领事及驻军总司令之职权。"满洲国"与日本之关系,前此颇不易解说。但据调查团所得之最近消息,日本政府有不久即将此项关系加以确定之意向。今年八月二十七日,日本代表曾致函调查团,谓武藤专使已于八月二十日离东京赴满洲,抵满后即与"满洲国"开始谈判,缔结日本与满洲间之基本友谊条约。日本政府认此项条约之缔结,为对"满洲国"之正式承认。

下转第六版

本章第三部分论及满洲居民对于"新国家"之态度。调查团首说明在当时情况之下,搜集此项证据颇多困难。良以因防范实在或想像的危险而加诸调查团之特殊保护,颇足使一般证人望风却走,诸多华人甚至有不敢与调查团团员一面者。以故与各界接谈,殊匪易易,非秘密约会不可。然调查团仍排除万难,除与各官长公开谈话外,仍得达到与商人、银行家、教员、医师、警察、职工等私人谈话之目的。

调查团并曾接到书信一千五百余件。其中有亲手交来者,但大多数系由邮局辗转递到。如此得来之消息,均于可能范围内,向中立方面加以复证。调查团次解释其所接触之各群民众之心理状态,最后下一结论,谓少数团体间或有拥护"满洲国"者,但"一般华人均异其趋,此所谓'满洲国政府'者,在当地华人心目中直是日人之工具而已"。

第七章 日人之经济利益与华人之经济绝交

本章对于中日间之斗争,认为不仅属于军事性质,抑且属于经济性质。中国以抵制货物船舶暨银行等事,为反抗日本之武器,其目的在与日方完全断绝经济及财政之关系。

调查团于既经指出日本以发展工业及输出制成物品为解决日本人口问题主要方法之一,并经调查日本之在华经济与财政利益后,即进行研究经济绝交之运动。调查团以为华人所用之经济绝交,系导源于一世纪以来之习惯。其因此所得之训练及心理态度,与国民党所代表之现代民族主义相混合,遂以构成今日经济绝交之运动。其影响中日关系,自物质与心理两方面观察,俱甚重大。

结论

　　调查团已得有结论,以为华人之经济绝交,既属普遍,且有组织。发端于强烈之民族情绪,而强烈之民族情绪又从而鼓舞之。然此项经济绝交,有团体主使之,指挥之。该项团体能发之,亦能收之,且有威吓之方法以实行之。在组织方面,虽包括多数个别团体在内,而重要支配之机关,厥为国民党。至关于经济绝交之方法,调查团声明非法举动常所不免,但于此对于直接反对日本侨民之举动,与意在损害日人利益因而反对违背经济绝交章程之中国人民举动,二者要应分别观察。第一种之情事,与往昔之经济绝交相比,现已较为少见。而第二种之情事,则层见叠出。调查团之意见,以为中国政府因未曾充分制止此种举动,且对于经济绝交运动并曾予以某种直接援助之故,应负责任。调查团并未提议谓政府机关援助经济绝交之运动系属不正当之事,但仅愿表而出之者,即官方之鼓励不无含有政府之责任耳。

　　中国政府宣称,经济绝交系抵御强国武力侵略之合法武器,尤以在仲裁方法未经事先利用之事件中为然。此说就调查团之意见,引起一性质更广之问题。中国人民在不以越出国家法律范围之条件下,其个人拒绝购买日货,或以个人行动或团体行动宣传此项意见之权,无人可予否认。然而单独对于某一国家之贸易,实行有组织之抵制,是否合于睦谊,抑或与条约义务不相抵触,乃系一国际法之问题,而不在调查团调查范围之内。为举世各国之利益计,调查团希望此项问题,应及早加以讨论,并以国际协约加以规定。

　　本章结论称,以中日贸易之互相依赖及双方之利益而言,经济接近实有必要。但两国间政治关系一日不圆满,以至于一方采取武力,一方则采取经济抵制力量以相扼持,则一日无接近之可能。

第八章　在满洲之经济利益

　　本章简单讨论在满洲之经济利益,注重中日两国关于此项利益之详细研究,另有特别说帖附于报告书之后。该项说帖涉及种种问题,如投资、日本与满洲之经济关系、中国与该区之经济关系、日本移民满洲之机会、中国移民于满洲之影响、铁路与货币问题等等。调查团于本章中表示,深信中日两国在满洲之经济利益,就其本身离开近年来政治事件而言,应入于互谅合作之途,不应发生冲突。欲求满洲现在富源以及将来经济能力之充分发展,双方修好实为必要。调查团并声明,门户开放之原则,不独就法律观点言,即就实际观点言,均要必须维持。此项原则之维持,乃日本、满洲及中国其他各部之福也。

第九章　解决之原则及条件

前章之复述:中日问题之本身,用公断方式非无解决之可能,然因各该国政府处理此问题,尤以满洲问题为甚,使两国关系益臻恶化,遂致冲突迟早不能避免,业于本报告书之前数章述明。中国乃一由政治上之纠纷、社会上之紊乱,与夫因过渡时代所不可避免之分裂趋势而进展之国家,亦经大概叙及。日本所主张之权利与利益,如何因中国中央政府权力薄弱,致受重大之影响,及日本如何急欲使满洲与中国政府分离,亦经阐明。试稍一研究中、俄、日三国政府在满洲之政策,即可知以前东三省地方政府,虽对中国中央政府宣布独立,非仅一次,特其人民悉为中国人,固未尝有与中国脱离之意。最后,吾人曾悉心详查自一九三一年九一八以来之真确事件,并曾发表吾人对此之意见。

问题之复杂

现在吾人可对于过去之感想作一结束,而集中注意点于将来。凡阅过前章者,必明了现在冲突中之问题,并不如寻常所拟议者之简单。实则此项问题异常复杂,而惟深悉一切事实及其历史背景者,始足以表示一正确之意见。良以此案既非此国对于彼国不先利用国际联合会盟约所定和平处理之机会,而遽行宣战之事件,亦非此一邻国以武力侵犯彼一邻国边界之简单案件。实因满洲具有许多特点,非世界其他各地所可确切比拟者也。此项争议系发生于国际联合会两会员国间,涉及领土之辽阔与法德两国相埒。双方均认有权利与利益于其间,而其权益中为国际公法所明白规定者,仅有数端耳。又该领土在法律上虽为中国不可分之一部,其地方政府实具有充分自治性质,得与日本直接谈判事件,而此类事件乃此次冲突之根源也。

满洲情况非他地所可比拟

日本管有一条铁路及由海口直达满洲中心之一段土地,约有一万兵士保护该地。日本并主张:依照条约,于必要时有增兵至一万五千之权;对于在满洲之日侨,亦行使其本国裁判权;领事、警察之设置,遍于东三省。

解释之不同

上述各节，为辩论此问题者所必须考虑。其事实为未经宣战，现有一大部分地面向为中国领土显无疑议者，竟为日本武力强夺占领，且因此种行为使其与中国分离并宣布独立焉。此案经过所采之步骤，日本谓为合于国际联合会盟约、非战公约及华盛顿九国条约之义务。而实则各该约之意义，正在防止此种行为。且此种行为开始于提出报告于国际联合会之初，而完成于嗣后之数月。乃日本政府以为此种行为，与其代表在日内瓦九月三十日及十二月十日所提出之保证相符合，为此项行动作辩护者，谓一切军事行动为合法之自卫运动。该项自卫权利，在上述各项国际条约中既均有包含，即国联行政院亦未有任何决议加以取消。至于替代中国在东三省之行政组织之新组织，则谓系当地人民之行动，自愿独立而与中国分离，另组政府。此种真正之独立运动，自不为任何国际条约或任何国联行政院中决议

下转第七版

所禁止。且是项事实之发生，已将九国条约之引用，予以重大之改易，并将国联正在调查事件之性质，完全变更。此种辩护论调，实使该项冲突顿形复杂与严重。本调查团之任务，并不在就该案作辩论，但欲设法供给充分之材料，使国联能得一适合于争议国双方之荣誉、尊严暨国家利益之解决办法。仅恃褒贬不足以达此目的，必须从事于调解之切实努力。吾等曾力求满洲事件过去之真相而坦白说明之，并承认此仅为一部分之工作，且非最要部分。我等在调查期间，曾迭告双方政府，愿以国联之力助两国调解争端，且决定向国联建议，以适合于公道与和平之办法，保持中日两国在满洲之永久利益，不能认为满意之解决办法。

（一）恢复旧状

由上述各节观之，可以明了如仅恢复旧状，并非解决办法。因此次冲突原系发生于在去年九月前所存在之各种情形之下，故今日如将各该情形恢复原状，亦徒使纠纷重见。是仅就该案全部之理论方面着想，而未顾及其局势之真相者也。

（二）维持"满洲国"

从前述两章观之，维持及承认满洲之现在政体，亦属同样不适当。因我等认为此种解决办法，与国际义务之主要原则不合，并与远东和平所系之两国好

感有碍,且违反中国之利益,不顾满洲人民之愿望。兼之此种办法,日后是否可以维护日本永久之利益,亦尚属疑问。满洲人民对于现时政体之情感如何,可无疑义。中国亦决不愿接受以东三省与本国完全分离之办法,作为一种最后之解决。即以远处边陲之外蒙古与满洲相比拟,亦欠切当。因外蒙古与中国并无经济上与社会上之密切关系,且人口稀少,大部分均非汉人。而满洲之情形,则与外蒙古大异。现今在彼方耕种之数百万汉人,竟使满洲成为关内中国之天然延长。且从种族文化及国民性情各方面言之,东三省之中国化程度,直使其与其邻省河北、山东无异。因其大部分之移民,均来自该两省也。

且就已往之经验,可以证明从前在满洲当局,曾对于中国其他各部——至少华北——之事务有重大之影响,且占有毫不容疑之军事上与政治上之便利。无论在法律上或事实上,将该省等自中国他部割离,日后恐将造成一严重难解之问题:使中国常存敌意,并或将引起继续抵制日货之运动。本调查团曾接到日本政府关于该国在满洲重大利益之一明晰而有价值之声明书。关于日本对于满洲经济上之依赖,前章已经论及,本调查团不必再为之铺张。本调查团亦不主张日本因经济关系而得享有经济甚至政治管理权,但吾人仍承认满洲在日本经济发展上之重要性。日本为该国经济发展之必要,要求建设一能维持秩序之巩固政府,吾人亦不以为无理。但此种情况惟有一合于当地民意,而完全顺乎彼等之情感及志愿之管理机关,始能切实担保。吾人更信惟有在一种外有信仰、内有和平,而与远东现有情形完全不同之空气中,为满洲经济迅速发展所必要之投资,始可源源而来。现虽有人口过剩增加之苦,日本似尚未充分使用其现有之便利,以从事于移民。日本政府迄今尚无大规样[模]移民满洲之计划。但日本确欲利用再进一步之实业计划,以谋农业危机及人口问题之解决。此种实业计划,需要扩大更大经济出路。而此种广大而比较可靠之市场,日本仅能在亚洲,尤其在中国,始能获寻。日本不仅需要满洲市场,即全中国市场亦在需要之列。而中国之巩固与近代化,自能使生活程度抬高,因而使贸易兴奋,并增加中国市场之购买力。

中日间此种经济之接近,固与日本有重大之利益,与中国亦有同等之利益。盖中国藉此经济上及技术上与日本合作,可获得建设国家主要工作上之助力。中国若能抑制其国家主义难堪之趋势,并俟友好关系恢复后,切实担保有组织之抵货运动不再发生,则于此项经济接近大有裨助。在日本一方面,若不用使中国友谊及合作成为不可能之方法,以图谋使满洲问题脱离中日全部问题而单独解决,则此项经济接近,亦当易于实现。

使日本决定其在满洲之动作及政策者,经济原因或较次于其切身安全之顾虑。尤其日本文武官员,常谓满洲为日本之生命线。常人对于此种顾虑可表同情,并欲谅解其人因欲预防万一而不惜冒重大责任之行动与动机。但日本欲谋阻止满洲被利用为攻击日本之根据地,并欲于满洲边境被外国军队冲过之某种情形下,日本得为适当之军事布置。吾人对此种种,固可承认。然吾人仍不无怀疑者:无期限之军事占据满洲,致负财政上之重责,是否为抵制外患之最有效方法耶?设遇外患侵袭之时,日本军队受时怀反侧之民众包围,其后有包含敌意之中国,试问日本军队能不受重大之困难否耶?为日本利益计,对于安全问题,亦可考虑其他可能的判决方法,使更能符合现时国际和平机关之基本原则,并与世界其他列强间所缔结之协定相似。日本甚或可因世界之同情与善意,不须代价而获得安全保障,较现时以巨大代价换得者为更佳。

国际利益

中日两国以外,世界其余列强对中日争议,均有重大利益,亟应维持。例如现行各种多方面条约,前已提及。又,此问题之真正及最后之解决,必须适合世界和平机关所依据之根本条约。再,华府会议各国代表所提出之主张,现仍有效。列强现时所持之权利主张,与一九二二年时同,即仍以扶助中国建设、维持中国领土主权完整,为保持和平之必要条件。各种分解中国之行为,必致立即引起国际间之竞争。此种国际竞争,如与相异的社会制度间之冲突同时发生,则将更形激烈。要之,对于和平之要求,在世界各地皆然。倘国联规约及非战公约原则之实施,在某地失其信仰,即在世界任何处所,皆减少其价值及功能。

苏联之利益

调查团对于苏联在满洲之利益范围,未能获得直接之报告。而苏联政府对于满洲问题之意见,亦未能臆断。但虽无直接报告,而苏联在满洲之举动及在中东路暨中国国境外北部及东北部领土上之重要利益,均不容忽视。故解决满洲问题时,倘忽略苏联之重大利益,则此项解决必不能持久,且将引起将来和平之决裂,事极显然。

结论

倘中日两国政府均能承认彼此主要权利之性质,并愿在彼此间维持和平、树立睦谊,则上述各节,足以指示问题之解决途径。至恢复一九三一年九月以前状态之不可能,前已述及之矣。一种满意合式之制度,必须就现有制度改进,不能采极端变动。我人将在次章提出若干种建议,以贯澈斯旨,兹先规定适当解决所采之原则于下。

适当解决之条件:

(一)适合中日双方之利益 双方均为国联会员国,均有要求国联同样考虑之权利。如某种解决双方均不能取得利益,对于和平前途毫无善果。

(二)考虑苏联利益 倘仅促进相邻二国间之和平,而忽略第三国之利益,则匪特不公,亦且不智,更非和平之所要求。

(三)遵守现行多方面之条约 某种解决,必须遵守国联盟约、非战公约及华盛顿九国条约之规定。

(四)承认日本在满洲之利益 日本在满洲之权利及利益,乃不容漠视之事实。倘某种解决不承认此点,或忽略日本与该地历史上之关系,亦不能认为适当之解决。

(五)树立中日间之新条约 关系中日二国如欲防止其未来冲突,及回复其相互信赖与合作,必须另订新约,将中日两国之权利、利益与责任,重加声叙。此项条约应为双方所同意之解决纠纷办法之一部份。

(六)解决将来之有效办法 为补充上开办法,以图便利迅速解决随时发生之轻微纠纷起见,有特订办法之必要。

(七)满洲自治 满洲政府之改组,应于无背于中国主权及领土完整之范围内,使其享有自治权,以求适合于该三省之地方情形与特性。新民政机关之组织与行为,务须具备良好政府之要件。

(八)内部须有秩序并须安全,以御外侮 满洲之内部秩序,应以有效的地方宪警维持之。至为实现其足御外侮之安全起见,则须将宪警以外之军队,扫数撤退,并须与关系各国订立互不侵犯条约。

(九)掖励中日间经济协调之成立 为达到此目的,中日二国宜订新通商条约。此项条约之目的,须为将两国间之商业关系,置于公平基础之上,并使其与两国间业经改善之政治关系相适合。

（十）以国际合作促进中国之建设　中国政局之不稳定,既为中日友好之障碍,及为其他各国所关怀;远东和平之维持,既为有关国际之事件;而上述办法,又非待中国具有强有力之中央政府时,不能实现。故其适当办法之最终要件,厥惟依据孙中山博士之建议,以暂时的国际合作,促进中国之内部建设。

上述办法实行后,结果之预测:

现在情势之改变,如能包括上述意见,及满足上述条件,则中日二国当可将其困难解决。而两国间之密切谅解,及政治合作之新时代,或将由此开始。如二国间不能成立协调,则无论具有何种条件之解决办法,必将毫无效果可言。即在险象横生之今日,而上项新关系之能否出现,仍难预期。是则吾人之所不容讳言者。少年日本现正力主对中国采取强硬政策,及在满洲采取澈底政策。凡为此项主张之人,靡不对于九一八以前之延宕政策,以及搔不着痒处之手段,表示厌倦。彼辈现甚急燥[躁]及缺乏耐心,以求其目的之达到。现在日本一切适当方法,亦尚在寻求中。经与主张积极政策最力之辈(就中尤曾于一般具有确定不移之理想及对之终身拳拳服膺,甚而至于身任树立"满洲国"之奇巧工作之先锋而亦不恤者,加以注意)接近之后,本团遂不得不承认此问题之核心,自日人方面言之,纯为日人对于新中国之政治发展,及此种发展之未来趋势,表示焦虑。此种焦虑,已使日人采取种种以统制上项发展与左右上项趋势为目的之行动,俾日人之利益得以安全,及其帝国国防战略上之需要得以满足。但日本舆论已有一空洞的觉悟,深知日本对满洲及对满洲以外之中国,绝无采取两个分离的政策之可能。是故纵以满洲之利益为主眼,日人亦或可对于中国民族精神之复兴,表示同情的欢迎,亦或可视之为友,引导其进程而畀之以说明。但使日人此举足使中国不另乞外援,则日人已乐出此也。

中国有识之士,既已承认建设与近代化为该国之根本问题,亦即该国之真正国家问题,则彼等不能不确认此种业已开始,且有如许成功希望之建设,及近代化政策之完成,实有赖于一切国家培植友好之关系。而与彼在咫尺之大国维持良好之关系,已属重要。在政治上及经济上,中国均需要列强之合作。而日本政府之友善态度及在满洲方面之经济合作,尤为可贵。中国政府应将基于新唤醒之民族主义之一切要求——即使正当而且急切——置于此种国家内部建设之最高需要之下。

第十章　审查意见及对于行政院之建议

向中日两国政府直接提出解决现时争议之建议，非本调查团之职责。但为便利两国间目前争议原因之最后解决（引用白里安向行政院说明组织本调查团之决议时所用之言），本调查团特于此将研究结果，建议于国际联合会，以为联合会适当机关起草提交争议国之确定方案时之帮助。此项建议之用意，在表明前章所设条件足以适用之一端耳。建议性质仅涉及广泛之原则，至于细目，则留待补充。如争议国愿意接受基于此种原则之解决方法时，尽有修正之余地。

假令日本在日内瓦方面尚未考虑本报告以前，已经正式承认"满洲国"（此为不容忽视之可能的事实），吾等工作决不因此而丧失其价值。吾等深信本报告书所载建议，对于行政院将来为满足中日两方在满洲之重大利益而为之决定，或向两国所为之建议，将有所裨助。

吾等以此为目的，故一方面顾及国联原则及关于中国一切条约之精神及文字，以及和平之普遍利益，而在另一方面仍不忽视现存之实况，及正在演化中之东三省行政机关。为世界和平之最高利益计，无论将来将发生若何之事态，行政院之职责，终将为决定如何始能使本报告中之建议，推行并适用于现在发展中之一切事件，以期利用现正在满洲酝酿之一切正当势力，或为理想或人力，或为思想或行动，藉谋获得中日间长久之谅解。请当事双方讨论解决办法，首先建议国联行政院，应请中国政府暨日本政府依照前章所示之纲领，讨论两国纠纷之解决。

顾问会议

此项邀请如经接受，第二步即应及早召集一顾问会议讨论，并提出详密之建议，设立一种特殊制度，以治理东三省。

此项会议，可由中日两国政府之代表暨代表当地人民之代表团两组组成之。该两代表团，一由中国政府规定之方法选出之，一由日本政府规定之方法选出之。如经当事双方同意，亦可得中立观察员之协助。

如该会议有任何特殊之点不克互相同意时，该会议可将此意见参差之点提出于行政院，行政院对此当设法觅得一同意之解决办法。

同时于顾问会议开会期中，所有中日间关于各该国权利与利益所争论之事件，应另行讨论。倘经当事双方同意，亦可得中立观察人员之协助。吾等末

后提议,此项讨论与谈判之结果,应包括下列四种文件之中:

一、中国政府宣言依照顾问会议所提办法,组织一种特殊制度,治理东三省;

二、关于日本利益之中日条约;

三、中日和解公断不侵犯与互助条约;

四、中日商约。

在顾问会议集会之前,应由当事双方以行政院之协助,对于该会议应行考量之行政制度之方式,先行协定其大纲。此际所应考量之事件如下:顾问会议之集会地点、代表之性质、是否愿有中立观察人员;维持中国领土行政完整之原则,及准许东省有高度之自治;以一种特殊宪兵为维持内部治安唯一办法之政策;以所拟各种条约解决所争各项事件之原则,对于所有曾经参加东省最近政治运动之人员,准予特赦。

此种原则大纲,既经事先同意,关于其详细办法,得以最充分可能之审择权,留诸参加顾问会议或磋商条约之代表。至再行诉诸国联行政院之举,仅得于不能同意时行之。

此项程序之优点

此项程序之各种优点中,可称道者,在于此项程序既与中国主权不相违反,仍可采取实际有效之办法,以适应满洲今日之局势;同时为今后因应中国内部现状之变迁,留有余地。例如在满洲最近所已提议或已实际施行之某种行政与财政之变更,本报告书中所已注意者,如省政府之改组、中央银行之设立以及外国顾问之雇用等等。此类特点,顾问会议或可因其利便而予以保留。又如依照吾等所提议而选出满洲居民代表出席顾问委员会之方法,亦可为现政体与新政体递嬗之协助。

此项为满洲而设之自治制度,拟仅施行于辽宁(奉天)、吉林、黑龙江三省。日本现时在热河省(东内蒙古)所享有之权利,当于关系日方利益之条件中加以说明。兹将四项文件,依次讨论如下。

一、**宣言**

顾问会议之最后提议,当送交中国政府,由中国政府以该项提议列入宣言之内,转送国际联合会及九国条约之签字各国。国联会员国及九国条约之签字国,对于此项宣言当表示知悉,而是项宣言将被认为对于中国政府有国际协定之约束性质。

此项宣言,嗣后尚须修改。其条件当依照上述之程序,彼此同意,于宣言本身中预为规定。

此项宣言,对于中国中央政府在东三省之权限,与该地方自治政府之权限,加以划分。

保留于中央政府之权限　兹提议保留于中央政府之权限如下:

(一)除特别规定外,有管理一般的条约及外交关系之权。但应了解中央政府不得缔结与宣言条款相违反之国际协定。

(二)有管辖海关、邮政、盐务所之权,或于可能范围内,有管辖印花税及烟酒税行政之权。关于此类税款之纯收入,中央政府与东三省政府间如何公平分配,当由顾问会议决定之。

(三)有依照宣言所规定之程序,任命东三省政府行政长官之权,至少初步应当如此。至出缺时,或以同样方法补充,或以东三省某种选举制度行之,当由顾问会议合意议定,并列入宣言之内。

(四)对于东三省行政长官为颁发某种必要训令,以保证履行中国中央政府所缔结关于东三省自治政府管辖下各事项之国际协定之权。

下转第八版

(五)顾问会议所合意议定之其他权限

地方政府之权限　凡一切其他权限,均属于东三省自治政府地方民意之表示。应计划某种切实可行之制度,以期获得人民对于政府政策所表示之意见。或即袭用自昔相沿各机关,如商公所及其他各市民机关亦可。

少数民族应订立某种规定,以保护白俄及其他少数民族之利益。

宪兵　兹提议由外国教练官之协助,组织特别宪兵,为东三省境内之唯一武装实力。该项宪兵之组织,或于一预定时期内完成之,或在宣言内预定程序,规定其完成时期。该项特别队伍,既为东三省境内唯一武装实力,故一俟组织完成,其他一切武装实力即应退出东三省境内。所谓其他一切武装实力,包括中国方面或日本方面之一切特别警队或铁路守备队。

外国顾问　自治政府行政长官得指派相当数额之外国顾问,其中日本人民应占一重要之比例。至细目,应依上述程序订定,并于宣言内声明之。各小国人民有被选之权,与大国同。

行政长官得就国联行政院所提名单中,指派国籍不同之外籍人员二名,监督(一)警察及(二)税收机关。该二员在新政体草创及试行期内,当掌有广泛权限。顾问权限当在宣言中规定之。

行政长官就国际清理银行董事会提出之名单中,当指派一外国人,为东三省中央银行之总顾问。

至于雇用外籍顾问及官员一节,实与中国国民党总理及现今国民政府之政策相符。吾等希望中国舆论对于在东省方面外人权利与势力之复杂及其实际状况,不难认识为谋和平及善良政治起见,不能不有特殊之处置。须知此间所提议之外籍顾问及官员,及在组织新制度时期内应有特别广泛权限之顾问,纯为代表一种国际合作之方式。此项人员之选出,应在中国政府所能接受之状态内行之,且须与中国主权不相抵触。经指派后,此项人员应认自身为雇用国政府之公仆,与在过去时期内关税及邮政,或国联与中国合办之专门机关所雇用之外籍人员相同。

关于此节,内田氏于一九三二年八月二十五日在日本议会演说中之一段,可予注意:"我国政府自明治维新以后,雇用多数外籍人员为顾问或正式官吏。在一八七五年前后,其数目超过五百人之多。"

当有一点可注意者,即在中日合作空气中指派较多日籍顾问,可使此项官员贡献其特别适合于当地情形之训练与学识。此项过渡时代所应抱之最后目的,乃为造成一种纯粹中国人之吏治,使无雇用外人之需要。

二、关系日方利益之中日条约

中日间拟议之三种条约商订人,自应有完全审择之权。但于此处略示订约时所应议之事项,自不为无益。

提及东省方面日方利益及热河省日方一部分利益之条约,自必涉及日侨之某种经济利益及铁路问题。此项条约之目的,应为:

一、东省经济上之开发,日方得自由参加,但不得因此而取得经济上或政治上管理该地之权;

二、日本在热河省现在享有之权利,予以维持;

三、居住及租地之权,推及于东省全境,同时对于领事裁判权之原则,酌予变更;

四、铁路使用之协定。

在南满与北满间,虽并未订有固定界线,但日本人民之居住权,向仅限于南满及热河。日本人民行使此项权利之态度,常使中国方面认为不能容受,因是而发生不断之龃龉与冲突。在纳税及司法方面,日本人民及朝鲜人民俱认为享有领事裁判权之待遇。关于鲜民方面,实另有特殊规定。不过此项规定未能完善,致常为争执之焦点。就调查团所得,证明吾等相信若不附有领事裁判权,中国愿将现在有限制之居住权推及于东省全境。因附带领事裁判权之结果,认为可使在中国境内造成一日本民族之国家也。

居住权与领事裁判权关系密切,至为明显。而在东三省司法行政及财务行政未达到较前此更高之程度以前,日本不欲放弃领事裁判权地位,其事亦同样明显。于是有调和方法三种:其一,现有之居住权及其附带之领事裁判权地位,应予以维持,其范围应加以扩大,俾在北满及热河之日本人民及朝鲜人民均得享受,但无领事裁判权;其二,在东三省及热河省内之任何地方日本人民,应予以居住权及领事裁判权,而朝鲜人民仅有居住权而无领事裁判权。是两项建议,各有优点,亦各有可以严重反对之处。果能将东北各省之行政效率增高,使领事裁判权不复需要,此则本问题最满意之解决方法也。本调查团以是建议地方最高法院,应延用外国顾问至少二人,其一须为日本国籍。其他法院延用顾问,亦殊为有利。法院审理涉及外国人之案件时,顾问对于各案之意见不妨公布。本调查团以为在改组期间,财务行政方面参以外人之监督,亦殊属相宜。本调查团讨论中国宣言时,关于此节业已有所提议矣。

更进一步之保障,可依和解条约设立公断法院,以处理中国政府或日本政府,以政府名义或其人民名义所提出之任何声诉。

此项复杂与困难问题之裁决,必须归诸议订条约之当事国。但现时所取之保护外国人制度,苟施于多如朝鲜人之少数民族,在朝鲜人数目继续增加及其与中国人民密接杂处情形之下,发生刺激之机会,因而引致地方意外及外国干涉,殆为必然之事。为和平利益计,此项冲突之源,应予消弭。

日本人民之居住权利,如有任何推广,应在同样条件之下,适用于其他一切享有最惠国条款利益之国家之人民。只须此类享有领事裁判权人民之国家,与中国订立同样条约。

铁路　关于铁路在过去期中,中国与日本之铁路建造者及当局者缺乏合作,不知成就一广大而互利之铁路计划,此在第三章中已论之矣。将来苟欲免除冲突,则在现时拟议之条约中,必须加以规定,使已在往之竞争制度归于消灭,而代以关于各路运费及价目之共同谅解。此项问题,在本报告书之附件《特别研究》第一号内,另有讨论。在本调查团之意,以为有两种可能之解决。

此两种解决，可择一而行，或可视为达到最后解决之步骤。

　　第一种方法，范围较为限制，系中日铁路行政之业务协定，足以便利彼此合作者。中日两国可根据合作原则，协议管理在满洲之各有铁路制度。并设一中日铁路联合委员会，至少加以外国顾问一人，其行使之职务，则类若他国现行之理事会然。至于更澈底之救济方策，莫若将中日两国之铁路利益合并。如双方能同意于此种合并办法，即为中日两国经济合作之真实表记。使中日得有经济上之合作，固为本报告书目的之一，且此种合并办法，一方面既可保障中国之利权，一方面又可使满洲一切铁路，得有利用南满铁路专门经验之利益。而援照近数月来应用于满洲铁路之制度，引伸推用当亦可无困难。且将来更可藉此，辟一种范围较广之国际协定新径途，将中东铁路包含在内。此种合并方法之较详释明，现虽载在附件之内，只能视为一种举例，其详细计划，惟有由双方直接谈判，始可产生耳。铁路问题如此解决，则南满铁路全为纯粹的营业性质。特别警察保安队一旦完全组成，铁路得有保障，则可使护路警撤退，而节省一种极大开支。此项办法如果实行，特别地产章程及特别市政制度应即在铁路地域范围内预先制定成立，俾南满铁路与日本国国民之既得利益得有保障。

　　如能遵循以上途径议订条约，则日本在东三省与热河之权利，可有法律根据。其有益于日本，至少当与现有之条约协定相同。而在中国方面，亦当易予接受如一九一五年等条约与协定所给予日本一切确定让与、未为此项新条约所废弃或变更者。中国方面对之，当不致再有承认之困难。至于日本所要求之一切较为次要之权利，其效力可发生争执者，当以协议解决之。如不同意，应照和解条约中所载之办法解决之。

　　三、中日和解、仲裁、不侵犯及互助之条约

　　本条约之内容，因已有许多先例及现行成案可稽，自可不必详细叙述。

　　照此条约，应设一和解委员会，其职务专为帮助中日两方解决两政府间所发生之任何困难。并设一公断庭，以具有法律经验及明了远东情形者组织之。凡中日两国间关于宣言或新条约之解释，以及其他由和解条约所列举之争执，均应归诸公断庭办理；复须依照加入约文内之不侵犯及互助各规定，缔约国双方同意，满洲应逐渐成为一无军备区域。以此为目的，应即规定俟宪兵队组织完竣后，缔约国之一方或第三者对无军备区域之任何侵犯，即认为侵略行为。其他一方如遇第三者攻击时，则双方有权采取认为应行之任何办法，以防卫无军备区域，但并不妨害国联行政院依照盟约处理之权。

倘苏联共和国政府愿意参加于此种条约之不侵犯及互助部分时,则此项相当之条款,可另行列入一种三方协定。

四、中日商约

商约自应以造成可以鼓励中日两国尽量交易货物,而同时并可保护他国现有条约权利之情形为目的。此项条约并应载入中国政府担认在其权力之内,采取一切办法禁止并遏抑有组织之抵制日货运动,但不妨害中国买主之个人权利。

评论

以上关于拟议之宣言及各种条约目的之建议及理由,系提供国联行政院之考虑。无论将来协定之细目为何,最要在尽早开始谈判,并应以互信之精神行之。

本调查团工作业已告竣。

满洲素称天府之国,沃野万里。一年以来,叠经扰攘。当地人民创巨痛深,恐为前此所无。中日关系已成变相战争,瞻念前途,可胜忧虑。其造成此种景况之情形,本调查团于本报告书中已言之矣。

国联应付本案,其严重之情势及解决之困难,尽人皆知。本调查团正在结束报告之际,报章适载中日两国外交部长之宣言。披阅之余,各有要旨一点,兹特为揭出:

> 八月二十八日,罗文干先生在南京宣称:"中国深信将解决现在时局之合理办法,必以不背国联盟约、非战公约及九国条约之文字与精神与夫中国之主权,同时又确能巩固远东永久之和平者为必要条件。"
>
> 八月三十日,据报,内田伯爵在东京宣称:"政府认中日关系问题较满蒙问题更为重要。"

本调查团以为结束报告,莫妙于重述此两项宣言所隐伏之意思,与本调查团所搜集之证据及本调查团对本案之研究暨其判断,如是之确切相同。故敢信此种宣言所表示之政策,倘迅为有效之应用,当能使满案达到圆满之解决。不特有裨有[于]远东两大国之利益,即世界人类,亦胥受其赐焉。(完)

(《申报》,1932年10月3日,第三版转第四、第六、第七、第八版)

316. 调查团报告公布后，中央暂不发表意见

〔南京〕 调查团报告书择要共二万余字。外部派科长陆企云携油印稿三十份，乘十二时五十分航空公司飞机送沪。晚八时在外部驻沪办事处发表。（二日专电）

〔南京〕 调查团报告书虽已公布，但政府现正开始研究内容，故暂时将不发表意见。（二日中央社电）

〔南京〕 中央社记者二日晚晤政府某要员，叩以审阅报告书节要后作何感想。据云，报告书中对我国政治不乏批评之处，我人应猛力自省。同时报告书中对我亦有奖饰之处，我人则不可因之色然而喜。对报告书中所建议之解决途径，应就其大处着目，为国家民族之利益力争；而对东省问题之根本解决，应将眼光放远，力谋自振。总之，我人既不必因报告书之公布而失望灰心，亦不必因之而益增依赖国联之心。自赖自决，乃为使东省问题圆满解决之唯一途径云。（二日中央社电）

〔北平〕 调查团报告书，外部派吕小舟等乘军用飞机携五十份晚到平。二十份由徐振铎送津，交市府发表。平方由外交保管处发表。（二日专电）

（《申报》，1932年10月3日，第八版）

317. 日本提早发表李顿报告书，外务省赶草意见书定四周内完成，对首五章少争点对第六章颇非难，超越自卫权一点日军部反对尤烈

【电通二日东京电】 李顿报告书之翻译，于昨夜完毕最后之整备。本日上午完毕英文及翻译文之印刷，本日上午九时，由外务省公表。该报告书之本文英文有三百八十九页，翻译文有八百页。便宜上将内容要领撮为五六十页，与报告书同时发表。

【电通二日东京电】 外务省于公表报告书后，即着手草拟日政府之意见

书。外务省首脑部与军部首脑部将举行重要协议,并拟设置意见书起草委员会。豫定四周内完成,完成后即送日内瓦。同时该委员会审议对国联理事会及总会之日本对策。

【路透社二日东京电】 外务省对于李顿报告书之初步反响,总括言之,对第一、第二、第三、第五、第七、第八章,甚少争点,惟对第六章则大加反对。因此章减削报告书全份之价值,似抱极烈之偏见而撰写者。泛言之,对报告书之主要非难,为关于满洲之部分分量过重,关于中国与远东之部分分量太轻。再如调查团能适当了解国联决议案下之职责范围,则第九、第十两章不致列入。但此两章含有若干良好决议,此亦为众所承认者。他处非难之主要点,为第八章所称日本之争满洲特别地位,实与九国公约不符,及第四章所称上年九月十八日夜间沈阳附近铁路桥之炸断,不足为实行军事行动之理由,此后所取之行动实越出自卫范围等言。外务省发言人声称,政府之意以为,判决必须取何行动之人以当时在场者最为适宜,故调查团之决议,实无接受之可能。惟李顿勋爵与其同仁无污辱日本陆军为侵略者之意志,此政府所引以为慰者。关于第六章所言,调查团似太重视甚平凡无名华人之证据,而日本与"满洲国"当局提出之证据,似反未见信。调查团仅在满洲盘桓两星期之久,殊不足以查明一切,尤其在"满洲国"新告成立、诸事仍紊乱无条之时。再,调查团曾久居张学良势力下之北平,故意向在有意无意之中,不免为所摇动,此实确无可疑者。发言人继乃评论最后数章,谓其中含有良好之决议若干,但日本决不能容第三者干预满洲争案之解决,亦不同意于自治之建议,盖"满洲国"今已受日本承认也。日本以为调查团之意见,并未启中日谈判满案之途径。惟调查团关于满洲之建议,大可施于中国与列强间之关系而获裨益,便如制定国际共管计划问题是也。发言人于是对调查团之坚苦工作,表示钦佩,但又下断语曰"报告书中多有对日不公允处,而绝无对华不公允点"云。发言人末谓,日政府将力驳满洲独立运动乃日本陆军参谋部所怂恿赞助之说;并称,日本将发表文告,批驳、矫正首八章误记之事实与谬讹之理想云。

【路透社二日东京电】 日本陆军当局现以镇静之气度接受李顿报告书,此实出乎一般之意料。陆军省发言人今晚对报馆记者称赞调查团之工作,并谓陆军省审阅报告书之撮要后,觉无更改前昭告世界一切意见之必要,且深信国联与列强将逐渐了解日本主张之公正云。

【电通二日东京电】 陆军方面对李顿调查团之报告书,由参谋本部与陆军省分别审议。至本日正午止，汇集意见。从午后一时起，开各部联合会议，决定最后的对策，于报告书公表后即发表陆军方面之意见。闻陆军方面关于日本军事行动之记述部分，较诸报告书之结论更为重视。据确讯，该报告书对日本军事行动为客观的批评，谓日本军人虽于未越处卫权范围见解之下而行动，然日本之军事行动确超越自卫权之范围云。如此当然违反联盟规约第十条及非战条约，故陆军对此见解绝对反对，态度非常强硬。本日午后陆军省及参谋本部联合会议达如何之最后决定，最堪重视。

【日联二日东京电】 外务省译完李顿报告书后，将其译文分配陆、海军省，由三省一齐开始检讨内容，并准备制作意见书。同时设立特别委员会办理直接事务。对于国联之意见书，鉴于其重要性，非独由三省委员讨论，同时参考政党、财界方面之意见而协力制作。关系各方面阅觉报告书后，略抱如次意见，故意见书亦以如次意见为标准云：（一）李顿报告书之内容，对于日本有利六分，中国四分。各部分过于表明感情，又有故意扩张批评事实之点，例如叙述中日两国在满洲历史的关系之章，即以英、美、法等在自国殖民地实行之政治，于日本则视为不当。外务省拟列举一一具体的实例，与列国殖民政策互相比较，断然加以反驳。（二）报告书之结论全部，日本对此不得不反对，尤其报告书不认将来日本在满洲之驻兵权。此事足证调查团对于日本在满历史的特殊性及满洲治安现状，完全无智识。陆军似对此点加以反驳。

日内瓦关防之严密

【国民社二日日内瓦电】 此间对于李顿调查报告防守之严密，盖自《凡尔赛和约》谈判以来所未见。国联办事员及录事译员等，昨夜均惴惴未能安睡，深恐调查团建议被人泄漏，致负干系。新闻记者则终夜碌碌，希望有人泄漏，俾可独得秘讯。国联中人凡经手该报告者，皆须签署保守秘密誓言，并派人严密监视。据闻常有人企图向译员与印刷人贿购，愿出贿款最少五十元，最多竟至六万元。但以监视严密，卒无隙可乘。秘书应即对于十四理事，亦反先行送稿惯例，将于今日下午一时向新闻记者发表之际，同时送去。至洛桑印刷所，则常川派警监守。外间对于建议，传说纷纭，但迄未正式证实或否认。

【路透社二日内瓦电】 此间一般人士视李顿报告书，为显然利于中国方面。

（《申报》，1932年10月3日，第九版）

318. 日外相与调查团各委两次谈话节略：中"满"间任何连锁决不使之存在，日承认伪组织为日后吞并先声

第一次谈话

【哈瓦斯社一日巴黎电】 本社兹由负责方面得到本年七月间日本内田外相与调查团各委员两次谈话之节略，兹特按问答式发表如下。

内田："日本承认'满洲国'，并不违反任何条约。而在有关国家防卫之问题内，不能顾虑旁人之意见。"

美委麦考益："贵国屡以国防、日本生存上之利益以及满洲人民自决权为言，然本调查团就地考察之结果，证明人民自决权一层，实谈不到。至于对日本在满洲利益

下转第十版

之威胁，更可断言其不存在。而九月十八日夜间，中国人之行动实不能认为关键。且中国军队曾奉到命令，对于日本不得有任何攻击，此足下所深知者。中国及苏俄在满洲亦有其生存关系之利益，而必不能不计及者。世界其余国家以为，日本承认'满洲国'，将违反国联盟约、华府九国条约及凯洛克非战条约。"

内田："日本对世界舆论及本国在国际关系上所占之地位，均极重视。但为日本言之，此问题解决之唯一途径，为承认'满洲国'，此日本全国所要求者。"

内田答法委克劳特问："满洲与中国之间，任何连锁不能任其存在。即理论上之连锁，亦不能承认。此种连锁，徒使中国在满洲恢复其旧日之状况。固不问连锁之性质如何，世界国家之认识中国，无过于日本者。中国之诺言，日本亦已试验。且中国及苏联之在满洲，常对日本施行攻击政策。中国一切提议，日本均准备研究，惟中国须知其对满洲应根本放弃。'满洲国'一日存在，则日本一日认为无与中国谈判满洲问题之必要。日本承认'满洲国'，并不违反九国条约，因'满洲国'并非该约之签字国。假如日本吞并满洲，则其情形又当别论。"

内田又谓:"'满洲国'之日本顾问,如不满意,日本将予以撤换。"

第二次谈话

内田:"予谓日本政府可以更换'满洲国'官吏,实为错误。日本不过能向'满洲国'保荐较良之新官吏耳。"

调查团以日本军队之法律上地位,询问内田。内田答称:"予不深知,须问陆军省。"

意委员马柯迪伯爵:"数世纪以前,满洲人固曾侵入中国。然至今日,满人卒为中国人所同化。"

内田答:"诚然。但满洲毕竟存在。"

李顿:"贵国所称之满洲,究何所指?其疆界如何?"

内田:"敝国所称之满洲,包括东四省及内蒙古。其疆界如何,目下不能精确说明。《凡尔赛条约》对于波兰边界问题,已有榜样。"

李顿:"然则门户开放主义将如何?"

内田:"日本在满洲自然维持此原则。"

李顿:"日本应根据国联会原则,和平解决其与中国之争端。"

内田:"国联之所为,亦不过使中国了然于国联及任何列强之援助均不可恃,而必须放弃其对满洲之梦想。而对其他一切争执问题,则与日本和平妥协。"

麦考益:"日本宣言愿担任维持远东和平之责任,然日本前后与俄国及中国两次作战,维持和平之道固如是乎?时至今日,日本又以为欲尽和平之责,不可不用武力。信如是,则不若听国联会,以和平方法维持和平,转较妥善也。"

内田:"日本对国联会极为信仰。但无论如何,日本不能以其所负责任委诸国联。而满洲问题,尤非承认'满洲国'不能解决,此乃确定不易者。"

内田答李顿问:"当中国当局离开满洲之后,主持满洲者,即请日本接管该处之中国铁路。"

李顿:"日本在满洲之权利及利益,以一九零五年及一九一五年条约为根据,然则此项条约将如何?"又谓:"贵国对于此事,是否欲与'满洲国'订立特别条约?"

内田答称:"此各项条约,在其与满洲有关系之范围内,应由'满洲国'承认之。"

李顿:"但此项条约中尚有其他条款,与中国本身相关者又将如何?中国能否认为继续有效?"

内田答:"此问题尚待研究。"

(《申报》,1932年10月3日,第九版转第十版)

319. 外部昨派科长亲送调查团报告书到沪,午后二时四十分到达,八时外部办事处发表

国联调查团报告书于上月三十日晚七时送达我外部后,即由外部澈夜工作,将原文及摘要翻译,赶印多份,分送平、津、沪、汉各地,按时发表。送沪节略,有中文本三十册、英文本廿余册,用纸护封,加封盖印,由外交部庶务科长陆企云乘飞机送来。该飞机于午十二时五十分由京起飞,至午后二时四十分到达沪龙华飞机场。当即改乘汽车,径送到外部驻沪办事处。并携有罗部长亲笔条谕,谓须至午后七时开拆,八时正式发表。同时更有送呈林主席、宋代院长及在沪意大利、巴西等国公使馆各一份,由外部沪办事处分送。昨日虽系星期,该处职员仍到职办公。八时前各报记者均赶集该处,准八时由办事处赵科长启封分发。

(《申报》,1932年10月3日,第十三版)

320. 时评:国联调查团报告书之价值(下)

调查报告之第二使命,为考虑中日争议之可能的解决办法。其第九、第十两章,即就完成此种使命之立场而敷陈者。李顿爵士等之此项敷陈,先之以解决问题之原则,继之以适当解决之条件,最后乃向国联行政院提出其建议。本文即依此程序而评骘之。

东北事件,为甲国以武力袭占乙国领土,并由甲国以武力分化乙国政治主权完整之事件。此本有显著之事实,昭示于世界,毋庸辨析而自明者。乃报告书必欲以"此案既非此国对于彼国不先利用国际联合会盟约所定和平处之

机会而遽行宣战之事件,亦非此一邻国以武力侵犯彼一邻国边界之简单案件"等词句,断言问题之复杂,更另以一节陈述满洲情况非他地所可比拟。吾人倘就报告原文,去其外交修辞而为赤裸裸之观察,则日本人所主张之特殊问题,赫然现于纸面。李顿爵士所深悉之"一切事实及其历史背景",竟将中国之领土主权问题完全掩蔽。原则之基本如此,无怪其浪费笔墨于日方解释之叙述,无怪其认恢复旧状为非解决办法,更无怪其虽明言维持伪组织之不适当,而终不得不为变相之维持,及其显明承认满洲在日本经济发展上之重要性,欲以抵货运动不再发生,求中日经济之接近,并特别注意国际利益与苏联利益。而全部原则之真正意义,始透露于吾人之前。李顿爵士等认定:(一)日本需要经济出路,而可广大可靠之市场,须在亚洲,尤其在中国,始能获得;(二)此市场中,列强重大利益亟应维持,甚至苏联利益亦不容忽视;(三)至于中国,则只须使之巩固与近代化,生活程度抬高,贸易兴奋,市场购买力增加。吾人就此三点,认清此项原则之原则,则立于中国人之地位,以空言估量报告书之价值,自知其将不免为世界明达所窃笑。复次,试观察依上述原则而来之所谓适当解决条件。报告书所列条件十项,前四项系关于各方利益者,乃于第一项"适合中日双方之利益"以外,第四项更重言以"承认日本在满洲之利益",是无异表示日本利益之可掩盖中国利益矣。五、六两项为"树立中日间之新条约关系""解决将来之有效办法",容于讨论其所建议之办法时并论之。第七项"满洲自治",则使吾人细读其解说之文句后,不得不发生一重大之疑问:满洲之须自治,原因在于其曾经被人侵占乎?抑在于各方利益之关系乎?日人所制造之伪独立运动,可用作改变中国行政组织之根据乎?大多数爱国义军之活动,其意旨可以一笔抹杀之乎?使此项自治运动而为真正大数住民所发起,吾人不欲反对。若以国际势力造成之自治,无论如何,为全中国人民所不能承认。因此,其第八条件,亦只能适合于日军之撤退。日军撤退而地方原状恢复,始可谈秩序问题与安全问题,此亦定不易之程序也。第九条件之"中日间经济协调",提出于今日,未免时机过早。其第十"以国际合作促进中国之建设",其最后之说明为以暂时的国际合作促进中国之内部建设。而其起首之说明,则有"中国政府之不稳定,既为中日友好之障碍及为其他各国所关怀,远东和平之维持,既为有关国际之事件,而上述办法,又非待中国具有强有力之中央政府时不能实现"等语。此使中国人民读之,不能不肌肤起栗,寒颤而不敢道谢矣。

调查团向国联行政院提出之建议,欲以顾问会议造成:(一)治理东三省之特殊制度;(二)中国对日屈服之三种条约。此所谓特殊制度,其性质及组织,具如报告书所述,凡读报告书者,均加以注意而有相当之明了。中国对日应订立之三种条约,其内容所应规定之日本利益,建议中亦全为之作具体的说明,不必有所赘述。吾人就此加以审察以后,所欲问者,为:(一)此种特殊制度之真正意义何在?盖如所建议之制度,不啻改变伪组织之形式,而使成为合法的存在,并于许多操纵现在东北政权之日顾问中加入若干西籍顾问。中国则宣言承认实际管理权,换得名义上之领土行政完整及若干税款之收入。依吾人观察,决非真正解决争端之道也。(二)将来东北之实际势力之为何人所握持?盖于现在日人势力下训练特别宪兵,其结果亦必为现在伪满洲军之变相,于真正特别宪兵之作用,必难获得。虽有外国教练官,亦不过现在伪组织之西顾问之类耳。(三)中国对日三种条约之订立,如所拟议,是否合于中日经济合作之意义?盖中国既以条约承认,并让予日本以广大之权利,并须负阻遏抵制日货运动之责任。而中国所得,几等于零。以此言经济合作,直等猫鼠间之合作耳。

最后,吾人于调查团全部报告,作一总评。可断言其欲以国际复杂之关系,附以日人所造成之既存事实,代替中国之收回东三省失地。所谓两国争议之审查、两国根本利益之调和,不过掩蔽庐山真面之外交修辞耳。

(《申报》,1932年10月4日,第三版)

321. 李顿报告书公布后罗文干发表宣言:报告书中有显明呈现之两点,许多重要问题现正在考虑中

〔南京〕 罗文干三日发表对于国联调查报告书之宣言云:"国联调查团报告书业经公布,此乃李顿爵士与其同事诸君,数月来为国际和平而不辞劳瘁坚苦工作之结果也。吾人犹忆去年十二月十日,国联之所以决定派遣调查团,乃欲对于因日本侵犯中国领土而引起之局面,贡献一最后根本解决之办法。当白里安氏于是日提出派遣调查团之决议案于国联行政院,以备其考虑并采纳时,曾言:'调查团职务范围在原则上极为广泛,任何问题足以影响国际关系而有扰乱中日两国间和平,或和平所赖以维系之两国间谅解之虞,经调查团认为

须加研究者,均不得除外。'故就调查团之职务而言,调查团所称得审查一切有关系之事实,并得以和平解决办法建议于国联云云,固为完全正确之解释。试将报告书略加浏览,即觉有最显明呈现之两点:一为九一八日及九一八以后之一切日本军事动作,均无正当之理由,不能认为自卫之手段;一为所谓'满洲国'者,并非真正及自然之独立运动所产生,为日本军队及日本文武官吏操纵造作之结果。报告书包含许多性质极重要之问题,现正在中国政府当局悉心考虑之中。"(三日专电)

各部会长交换意见

〔南京〕 国联调查团报告书发表后,在未经中政会□论以前,对外界均不愿发表意见。各部会长以四日行政院会议但提出讨论,特于三日晚在北极阁宋宅一度交换意见,期于讨论时能得到一具体概念,提出明日中政会之参考。(三日专电)

将提出两会议讨论

〔南京〕 国联调查团报告书发表后,决提出五日之中政会、四日之行政院会议精密讨论,以备将来有所声明。(三日专电)

胡适评国联报告书

〔北平〕 今晚路透访员谒见胡适,询以对李顿报告书之意见。胡称报告书不失为公允,尤其为第四、第六两章解决中日争案之十条原则,渠亦赞同。惟渠反对顾问会议之建议,渠意此为偏袒日人所造成局势之错误。访员问:以华人现皆反对东三省设立特别行政区,君意若何?胡答,渠意此项计划未足严拒。胡又谓此议发诸李顿勋爵(英委员)、麦考益将军(美委员)、希尼博士(德委员)三人。彼等觉中国将来之政治发展,将沿联邦自治之边线而进,渠亦以为然云。(三日路透社电)

西南:请勿依赖国联

〔香港〕 西南执部昨会议仍电请中央,勿过依赖国联,当自奋发。(三日专电)

(《申报》,1932年10月4日,第三版)

322. 全世界对报告书态度

美国表示满意：史汀生审阅内容后将有所表示，官场咸认与胡佛主义不相背驰

【国民社二日华盛顿电】 美国对于李顿调查报告之正式意见，尚须待国务卿史汀生详细研究该报告之后方能表示。史氏可望于今日自费府回京，立即开始审阅。现据接近政府者之非正式评论，以为该报告对于满洲时局有广大而超异的客观研究，料可有裨于获致中日俱能满意之解决办法。美官场中人曾详细研究该报告者，见其维持九国公约与非战公约，切实援用于满洲问题，皆觉欣慰。并谓其中保全中国领土与行政完整之建议，与美国见解协调，而其承认日本在满洲有重要特殊利益，亦为任何最后解决所不可少者。

【国民社二日华盛顿电】 今日美国务卿史汀生先召国务院远东司长霍佩克，对于李顿调查报告有所商榷。嗣两人即与国务院其他要员，共同详细研究报告内容。史氏在研究完毕前，不愿表示意见。但闻美政府高级官员认此报告，对于解决满洲问题供给一阔大而令人满意之工作基础。其将俄国在满利益一并叙入一层，更多认为目光远大，可为调查团抱有欲使满洲永久和平志愿之明证。又有若干熟悉国际情事者，则认此报告对于中日两国毫无颇袒，同样公平，且可证明调查团抱有刚强之志愿，欲令满洲在形体上、在民族上为中国所保有，但同时对于日本利益供给相当保护。总之，在美京，无有认此报告与美国政策相背驰者云。

【国民社二日华盛顿电】 美官场对于李顿报告表示满意，但一般注重实际者，则觉欲令其中建议见诸实施，尚多困难，因料日本必将反对建议中许多条目，尤其对于不驻兵之议。此间消息灵通者，对于日本愿否同意撤尽所驻军队一层，深为怀疑。又关于废除傀儡国，代以名义上服从南京之新政府，亦料日本未必能允从。此间意见以为，欲使日本赞同李顿建议之唯一希望，厥在其感觉应付满洲义勇军之棘手而已，因欲扑灭此项义勇军，需费浩繁。当在此用兵时期，在经济方面收益极微，殊不足以偿付此长期之巨额支出也。

【路透三日纽约电】 纽约各报华盛顿访员顷皆以为，美国务院虽对李顿

报告书尚未予以批评,但显然拟用美政府之势力,赞助李顿勋爵等所提出关于和平解决满案之建议。华盛顿官员视报告书审量大局,殊为公正,且为排难解纷之实在的途径。据可靠消息传负责方面之意见,美政府目下对于此事,不欲作任何行动。以为此事现由代表多数国之机关加以调查,则美国唯一适当途径乃静待国联之行动耳。《纽约时报》今日载有社说,评论报告书,称为包含丰富,鞭辟入里,持论公允。又谓报告书示明渴望中日两国从事和解,及列强彼此合作,以助中国脱离内战之祸害,而建设稳固之政府云。

【路透二日纽约电】《纽约讲坛报》称,日本不待李顿报告书之发表,遽即承认"满洲国",实铸一大错。东三省自治而不驻兵,得中国之同意与国际之好意,从策略点观之,较诸永远武力占据,招地方之反抗、中国之恶感与国际之疑忌者,实有更大之价值云。

下转第七版

日本朝野反对

东报指为错觉曲言

【日联社三日东京电】 李顿报告书发表后今晨各报,如《朝日》《报知》《日日》等,加以痛烈之批评,谓其系错觉、曲言、认识不足、非礼、愚蒙之报告书,其所说为夸大妄想之梦,又揭日本应退出国联之记事。贵族院及各政党亦发表意见,非难调查团之无理解。

【路透社三日东京电】 今日各报皆注意于李顿报告书,他事皆不遑顾及。而皆一致表示不满,惟一般语气尚和缓耳。

【电通三日东京电】 关于李顿报【告】书,《东京朝日新闻》本日著社说论之曰:"支配调查团委员之头脑者,不问事态如何,始终以撤兵论为本旨。所谓国联理论而已,陷于自己所称'蔑视实现者'之误而已。至于解决之主义与条件,提倡国际协力,尤为蔑视历史之空言。如此之解决意见,试问有何权威?"

今日阁议决定态度

【华联社三日东京电】 日本朝野自从李顿报告书发表以后,甚感愤慨。除内田外长及荒木陆相昨夜发出声明外,日政府尚未表明态度。闻定明日召开阁议,讨论办法,然后以东京政府名义发声明书。日本所不满之要点,大略如下:(一)李顿报告书不承认日军行动为自卫行动;(二)不承认伪组织之独立是出于东北民众之自由意志;(三)承认主权仍为中国,不承认日人军力所造之各种事实;(四)反对调查团提议各种解决方式。

日本漠视调查报告:拟起草意见书加以反驳,纵与国联绝缘在所不恤

【路透社三日东京电】 外务省发言人今晨声称,日政府对于李顿报告书之末数章,拟约略涉及;盖"满洲国"业经承认,无庸再详细评论也。日本之意见书,约二三星期内可以草成。

【电通社三日东京电】 有企图审判远东问题之观之调查团报告书,于昨午后九时公表。日政府当局以该报告书之内容过于失当,且有逸出调查团本来使命范围以外之点,决提出意见书,于十一月四日之国联理事会加以精细之反驳。当局已设置外务、陆军联合委员会,着手起草。据闻,日政府对意见书之方针,大抵如下:

(一)调查团之使命,如去年十二月十日国联理事会之决议,对国联总会无法律的拘束力,仅提供参考资料而已。希望国联方面不为报告书所拘束,适应现地之新事态,谋适当之解决。

(一)报告书第一章、第二章、第三章、第七章及第八章,系纪述[①]事实,大抵可无异议。惟第四章记述九一八以后之满洲事态、第五章记述上海事变、第六章记述"满洲国",为日政府所不能承认。

(一)第九章关于解决之主张与条件,及第十章之结论,认为已承认"满洲国"为独立国家之日本政府所不能加以何等考虑者,尤以不承认"满洲国"之自主的发生与长成,而于国际教官协力之下,以组织宪兵队为条件,设立非武装地带之主张,为完全越出调查团使命以外之提案。日政府绝对不能承认。

(一)日政府虽无自动诱致最恶事态以谋脱退联盟之意,然联盟方面苟继续其认识不足,则有与联盟绝缘,对远东问题照自主独往的解决策迈进之用意。此则不可不声明者。

【路透社三日东京电】 日本一般人士之意见,谓李顿报告书所载关于解决满案之建议,如在半年前提出,则必可为日本接受。但今日"新国"之独立业已告成,实无接受之可能矣。又此间官员以为,国联最上之策,厥为忍待二三

---

① 编者按:"纪述",下文又作"记述",为原文用字不统一。

年,使"满洲国"有证明其能力与安全之机会。国联在此期限满后,即可决定在中国之下自治或径自独立,二者孰佳,尤其因中政府本身亦不稳固云。

政党发表狂妄声明

【电通社三日东京电】 政友会对李顿报告书,今日铃木总裁以谈话之形式发出声明如下:"李顿报告书之中日解决纠纷案,实系空中之楼阁而已。因不依远东之实际,故实行为不可能。纵能实行,则将较导成九一八事变之事情,其形势将更为恶化。当于问题之解决,以中、日、俄三国为之已足。而设介以国联,则事情将更复杂而更混乱也。然现实的日本之死活关系与国民感情,无论世界何国,皆不能轻视者也。"

【电通三日东京电】 民政党对报告书发表声明如下:"李顿报告书表示可惊异之无理解。中国之中央政府无统治满洲之实力,为显著之事实。故满洲为马贼横行及'赤化'运动之策源地。而李顿委员会乃欲便无统治能力者复归于主权者之地位,则国内的、国际的将使满洲再化为动乱之巷而已"云云。

日本海军决心抗美

【华联社三日东京电】 日政府接到李顿报告书后,甚形狼狈。闻日海军省已决定补足海军实力,决定以五万万元日金之新预算,新造军舰及各种新兵器,准备积极抗美。日财部因海军部态度甚坚,已允另议应其要求云。

日内瓦之观察,谓能兼顾法律事实

【哈瓦斯社二日日内瓦电】 《巴黎时报》特派通讯员称,国联会负责人员以为李顿报告书于法律与事实,均能兼顾。例如说明"满洲国"非居民之自动组织,主张维持中国在满洲之主权,皆为就法律立论之点。至于事实上,则日本在满洲之权利,报告书完全承认日本权利确被破坏。报告书亦一再说明并提出一种可能解决方案,主张中日两国在一定领土范围之内密切合作。在此领土上中国有其主权,其行政为自治。而日本在此境内之特殊权利,亦须全□承认。至于满洲境内之各外国权利,则调查团结论主张维持门户开放主义。此则均就事实立言者也。

【国民社三日日内瓦电】 国联中人对于李顿报告,感想殊微。有评论调查团建议不啻放弃履行国联之义务与诺言者,以为关于盟约第十款保证各会员国领土完全完整一层,此种情形尤为显著。并恐若干小国欲免造成对于自己最危险之先例起见,将竭力反对所拟解决办法。但亦有以为,吾人不能预断日本定当违犯国联原则,故日本虽照调查团计划可在满洲获极大之势力范围,而仍不赞成将满洲如斯国际化,要亦无深异。总之,此间观察时事者咸视国联今后讨论李顿报告时,易于在日本与列强间引起一极复杂与困难之谈判云。

【路透二日日内瓦电】 众料李顿报告书所条陈之顾问会议,其范围已明白规定,故中国前所反对与日本直接谈判一点,当可销灭。至于报告书中所载之各项条陈,众意日未必不依允撤退除宪兵外之所有武装军队,亦未必依允完全变更东三省之现状,而使东三省在中国主权与行政完整中实行自治新制度。一般意思以为,此报告书乃国联主持下团体所发表之最可注意文件,叙事立言,审慎温和,文字亦雅,显有英人风格。察其词句,似处处皆为李顿手笔。但其中有数处,系后来插入者,显然可见。此报告书可视为指斥日人之作。

【国际电信社二日日内瓦电】 昨日星期日,有世界各国访员数百人聚集于国联新闻记者室中,静候李顿报告书之公布。人人均认此项报告书有极重大之关系,盖报告书中有数千言均系指责日本军国主义,并判断九一八之夜日本军人藉口自卫行动夺取沈阳之不当。报告书内要求日军退出满洲一节,可在各小国中得强有力之后援。因彼等惧日本此种行动将为人效尤,而致危及其自身他日之独立及安全也。又法总理赫礼欧所取之态度,已形成日内瓦一致之舆论。据赫氏云,法国对于中国、日本并不作左右袒,但欧洲必须在远东维持国联盟约及各种条约。此不仅国联利益攸关,即世界和平亦有大影响。

【路透三日日内瓦电】 □□各界现有以其余暇从容研究李顿报告书之机会,故今可更完全及由更广大之角度发表其意见。虽第一印象似皆表示报告书全不利于日本而维护中国方面,但目下之意见颇多歧异,此不可不承认者。例如波兰各界,谓报告书之决议,就其前提而论,微近牵强或太迂回。彼等以为,调查团所搜集之证据,固极有助于日方,而其决议则反不利于日本。报告书已示明,中国现非处于能恢复治安或改组,以复常状之地位。彼等又谓,调查团且承认恢复东三省旧日之局势为不可能,而亦有谓承认日本特殊之经济与财政利益,即证明其特殊行动之正当者。其他欧洲各方面之意见,以为报告书或可为协同解决之基础,尤其为根据以自治权给与满洲新政府之条件云。惟大多数之意见,视报告书为根据审慎、完备、客观的调查所拟定之庄重而合实际的计画,示明日本虽在经济上与安全上有正当之觊望,但除根据中国主权而外，实无从觅得解决方法云。

英报论调种种

【路透社三日伦敦电】《孟却斯德指导报》称，李顿报告书煞费苦心所拟成温和而近情理之文字，如使日本行为更可理解，则亦使日本行为更可厌恶。世人决不可容许日本之承认"满洲国"，成就其破坏报告书之主要目的。该报赞成调查团之见解，以为日本刻在东三省之成功，非日本自己之福。因造成恶感，尤其是中国之永远仇日，极不利于日本将来也。该报又谓，中国要求其条约权利，如国联盟约与非战公约之威信，竟坠落于远东，则将为世界各处所轻视矣。

【路透社三日伦敦电】今日伦敦各报皆有关于李顿报告书之批评。

《泰晤士》社论谓，李顿报告书之原则不难承认。但报告书之缮成与报告书之送达日内瓦，其间相隔若干时日，致报告书之论断，不幸似已为此相隔时期所损害矣。再，调查团之出发稍迟，而其归来则在日本承认"满洲国"以前，此亦调查团不利之点。调查团之任务，原在调查沈阳之事实。但迟至事变五个月后，调查团始抵远东。而国联与美国今所遭遇者，乃东三省成为日本保护国之变相。报告书建议一种解决法，在调查团观之，可适用于其所见之东三省状况，而对于日本之政治上与经济上特殊利益，予以完全之谅解。故其所拟之条陈，不适合于公断人之合法形式，但适合于为中日双方友人者之智慧。顾在今日环境中，此种主张能在实际上立即实现否欤，此为问题也。事有绝无可疑者，东京将不愿接受此种条陈，但李顿诸人则确知东三省反对日本之民意。今日本已陷于极大困难中，其财力未能维持继续用兵之费用。而其人民或终将表同情于李顿报告书，而以为不顾东三省民意，绝不能为日本福也。外国政府当然稍需时日以研究此报告书之意义，诚不宜作仓促之决定，且须有集合的而非单独的之外交行动。国联行政会未必能于下月以前讨论此报告书，届时将遇有一方面维持国联盟约原则，一方面顾及空前事实之难题。想国联积极筹虑之适当时机，未必能及早见之也云。

《每日电闻》谓，李顿报告书表示诚挚透澈之谋，冀决定双方曲直。报告书不赞助国联方面之斥责日本侵犯弱国权利者之宣传，虽主张东三省之脱离中国为无效，但承认日人在东省之利益。报告书所载之条陈谋解决此问题者，颇保持中日两国之尊严。不幸国际成功迥无希望，因日本自认满洲问题业已解决也。报告书之结论,以为中国必须有坚强之中央政府,此层仍为解决之大障碍。如解决须待诸中国内部建设中国际合作之结果,则有长期之等待矣。日本在东三省之行为,虽属不合,然亦中国政治有以促成之也云。

《晨邮报》注意报告书中关于建设中国强有力政府之一点,并称中国之前途恐将瓦解。现中国北有"满洲国",南有广东之变相独立,蒙古复有一苏维埃共和国之存在,南京政府之威权不能及远,故谓中华民国为中国之统治者,乃一种"礼貌之名称"而已。若日本及各国能合作,为中国改建一强有力之中央政府,自可谓为一大成功。但此种计划能否实现,殊为疑问云。

《每日译报》谓,李顿报告书认日本为有罪。调查团既如此判定,外相西门爵士恐不能继续宽容日本之行为。国联会解决中日事件之希望甚微。若日本果拒绝国联之解决办法,则国联自必采进一步之行动(该报并未指定此进一步之行动为何事),否则吾人复将从事于武力万能之支配矣。幸而此次国联获得美国之合作,于实行任何维持法律之举动,皆能得美国全力之协助云。

《每日邮报》谓,李顿报告将无何种结果。该报之反日虽不若前传之盛,但确有偏向中国之色彩。惟该报告中对于最重要之事实,即苟非一九零四年日本对俄之牺牲作战,东三省久已成为俄国地土一事,并未注意及之。至于调查团之建设提议,事实上必须经数年长时期之会议始能实现,在目前之环境下似难成立云。该报主张,外长西门不可赞助任何促成日本退出国联之行动,因日本之退出将引起各种纠纷,且日本之在东三省,实与英国之在印度、埃及之性质相同云。

《汇闻报》请首相麦唐纳在外交上重伸其势力。迄今各国对付满洲问题皆极软弱,且英国所应实行之政策,以联合美国共同行动,而为他国所可加入及为日本所须遵守者,迄未施行。此次李顿之报告,实为国联能力之试验品。今日欲谋欧陆各国之安全,应由各国采取同一战线,而最重要者莫若英美态度之一致。若麦唐纳政府仅采观望态度,不立即行动,则现政府之威信将大受影响矣。

法报持论慎重

【路透二日巴黎电】 法人对于李顿报告书之批评,多措词慎重,态度冷淡。《自由报》谓,此报告书未必能解决东三省难题,而其所拟之折衷办法,亦未必能提高国联之声望。《辩论报》谓,撰此报告书者铸一错误,既须变更现状,而又承认"满洲国"之不可免。如"新邦"之独立既成问题,则"满洲国"当局未必允参加调查团所提议之会议云。

【哈瓦斯社二日巴黎电】《晨报》撰文评论李顿报告书称："报告书中有一要点,立能引起注意。要点为何？曰：调查团在结论中建议,满洲政府组织应予更改设立一种广泛自治行政制度,务求其适合地方情形及东三省特殊状态,而与中国主权及其行政完整不相抵触。但半月以前,日本业已承认'满洲国'。今欲令其退步,不綦难乎"云云。

【哈瓦斯社二日巴黎电】《日报》记者圣蒲里士为文,论李顿报告书,略云："李顿报告书今日可使国联准备工作,而不致再惹起出而干涉之思想。且不致引火自焚,而令美国坐收其利。吾人由报告书之末端,得到一种显明之教训,即中国人与日本人之事,宜听其自行解决。盖双方均宜于自行妥协彼此之争执,若由国际参加,反足增其热烈程度。"圣蒲里士又谓,李顿报告于中日两国之间力为持平之论,但其结论云："报告书不免有矛盾处：一方既谓中国应完全自主,他方复认为应受监护,此其一；既言中日两国绝对不能融洽,又以为两国应互相妥协,此其二。总而论之,报告书中有一种证明显而易见,即恢复旧日状况为不可能耳"云云。

（《申报》,1932年10月4日,第六版转第七版）

323. 调查团报告书发表后中外意见一斑

举世注目之李顿调查团报告书既已公布,各国舆论遂亦纷纷评骘其价值。本报记者昨日分访本埠中外各界领袖人物,听取其对于国联报告书之意见。一部分深思之士,以该项报告书文字冗长,而含义亦颇费咀嚼,须假以时日细心研究,方能表示具体意见。另一部分不尚空言者,注重国人奋发自强,积极收回失地,认该报告书无裨实际。更如伍朝枢所谓,解决中日问题唯一有效之武器,莫若经济绝交。日使馆中人则仍认伪满洲国万难取销。兹汇录各方意见如次。

伍朝枢之观察

中央委员伍朝枢博士,昨对往访者谈,吾人读报告书第七章,知调查团对我国之对日经济绝交表示不满。据伍观察,调查团之所以如此者,实有两大原因。据其屡次出席国联之经验,深知国际联合会之习惯,向不敢得罪强国。李顿报告书中关于爆炸南满铁路一节,曾谓爆炸铁路"实不足以证明日军事行动之正当",又谓"是晚日方之军事行动不能视为合法自卫之办法",更确认"满洲国"为日本所造成,此皆与日本以重大之打击。于是不得不藉不满意经济绝交一点,使强横之日本心中稍稍得以舒适,此其一。经济绝交在国际立场言之,几可谓为中国所发明,在中国行之者亦较多。但在劳资方面言之,经济绝交一举,实为爱尔兰所首创。考"杯葛"之来源,实系昔日爱尔兰一人名。此人系一大地主,与工人发生纠纷时,工人遂设法抵制之,因此遂成为今日所习用之"抵制"之意。现今应用于国际之间,遂成为中国所发明之一种新武器,欧美各国对之亦颇畏惧。因此国际间对之,遂拟加以制裁,此其二。伍氏继谓,如现在之中国,连经济绝交之武器俱无,则中国势必不能竞存于世界。彼深信解决中日问题,固须以外交手腕,利用国联与国际情势,以及军队之抵抗等种种方法,然其唯一有效之武器,莫若经济绝交,且此尤足表现中华民族之团结。伍氏更称,凡一国家,其土地丧失后未有不能收回者。例如一八七一年法普战后,法国丧失阿尔萨斯、劳伦两省之地于德,经四十余年之久,法国卒于一九一九年收复其地。此外,波兰亡国历百数十年之久,今尚可整个恢复其独立自主。东北问题只视国民之努力程度何如耳。伍氏最后论及日本之实力,谓日本之军事地位在远东固可称雄,然其海陆军仍逊于欧美各国。列强兵力虽难以深入远东,但经济方面实日本之一大弱点也。英谚所谓"Heel of Achilles"者,出自古希腊之古典成语。Achilles 系一人名,出生以后其父母昕夕望其成仙。未几果有一神仙告其能追随习练者,当能如愿。旋所谓神仙者,将其子提足浸诸河中。凡河水所渍,全身竟成铜皮铁骨,刀剑不入。但不知手提之足踝,水未浸着,仍系肉质。有此弱点,结果终创于此。日本弱点,亦犹此也。中国最大力量在经济,欲保持此种力量,必须一致团结,坚持到底。弗专依赖外力之帮助,方克有济。

英人方面意见

记者访英商会会长马赛尔□□,李顿报告书今仅涉猎一过,□□□□。惟觉此报告书甚属公平,其价值有二:一为前所各执一辞之种种纷争事实,今得此报告书而澄清;一为中日两国可由此而获得谈判之基础。如中国接受此报告书而日本拒绝之，中国在国际上之地位，可更见巩固。英国政府及世界公正人士，必拥护此报告书也。

《大美晚报》评论

《大美晚报》评论报告书云：(上略)要之，调查团之报告书，不能认为满洲问题结局，其原意亦不在此。但确以干练无偏之方式，提出一满洲事件之提要。连"新国"之组织在内，并提议一可行之解决方法。并未有认真新的事物提出，是为真事。真正之问题，犹依然未曾解答也。此言固甚简单，但含义则极端复杂。此问题即日本是否将坚持离世界而孤立，以便追求一种扩张其军事、政治势力于亚洲大陆，而不问受其他任何世界约束。决议将语人以日本愿付其代价，截至现在，系愿意付者，日本是否愿意危及其代管之太平洋上德国殖民地，乃其所当答之问题之一主要部也。吾人尝得闻，日本宁与世界战，而不肯放弃满洲。此事暂时已不在讨论之列，对满洲现已无开战之问题。今日之问题，仅为日本对其所信为所得之日本操纵之满洲，是否认为可抵失去在国群中地位之所费也。

日人方面态度

日使馆中人称，对于李顿报告书，尚无正式意见发表。惟谓"满洲国"既已产生，不能使其夭亡。今日之事，惟有实行欧人治欧、美人治美及亚人治亚之原则，从新做起。中日谈判"满洲国"问题之时机已经过去，以后之谈判"满洲国"问题，不在讨论之列。中国如承认截至今日之现状，进而谈判中日将来之关系，日本固优为之云云。

(《申报》,1932年10月4日,第十三版)

324. 中央慎重研究调查团报告书，宋子文宴各部会长，汇集意见拟具对策，今日提中政会讨论

〔芜湖〕 四日行政院会议，罗文干将国联调查团报告书提出报告。经一度讨论，当以案关重要，必须慎重研究，俾于利害各点得以充分明了，遂决将该

报告书分发各部会长审阅。于晚七时由宋在北极阁私邸宴请各部会长，并汇集意见，拟定具体对策，交由宋提出五日中政会讨论。（四日专电）

〔南京〕 报告书全文之翻译，经外部三日来不断之努力，五日可全部完竣。现已与大陆印书馆订定，即日开印三四千份，限三四日内装订就绪。（四日中央社电）

〔南京〕 调查团报告书公布后，我政府现正详细考虑其内容，俾决定一致的具体之意见。政府负责人员，均不愿单独发表个人意见。据记者从各方面探悉，非正式之意见大致认报告书尚属公道，其中有若干点我方必须提出异议与修正，但大体可表同意接受。现时日本方面对报告书大肆攻击，认为太〔大〕蒙不利，不足引为解决东省问题之根据，且拟另具意见书，与调查团报告书对抗。各要人对此则并不惊异，良以调查团系国联正式派出者，国联对东省问题之解决，自必以报告书之意见为准则，日本之意见书不具法律之根据。（四日中央社电）

（《申报》，1932年10月5日，第四版）

325. 史汀生澈底研究报告书，国联未有行动前美不欲遽表意见，我国外交家在华盛顿活动，日野村中将赴美之行作罢

【路透社三日华盛顿电】 现有种种象征，李顿报告书大体使美政府人员满意。但官场不愿遽即发表批评，欲先见国联将有何动作也。史汀生终日在家透澈研究报告书，后往见胡佛总统谈一小时，旋又回家重行浏览报告书。

【国民社三日华盛顿电】 日来中国要人突然出现于华盛顿，迭与美政府要人秘密会晤。此间颇为注意，认为中政府欲利用李顿报告中有利部份之表示。前中国驻英公使施肇基刻正在此遍访美要人，并据中国使署某君言，前实业部长孔祥熙亦将来此，已在途中。又前外部次长李锦纶今亦往来各国，专事访问要人与外交家。其晤谈之目的，迄今皆秘而不宣。至于李顿报告，既经深切研究后，美国官吏及他国外交家皆觉国联若完全赞成李顿报告后，将与日本之裂痕益见深巨。并有数人认为报告中含有一种切实意见，以为国联不须切

实斥责日本。设果如此,则日本至少在暂时必将与国联断绝关系。现国务院对此报告尚未允作正式表示,各方正切盼史汀生表示态度。观察时事者多料史氏在数日内当能有所宣示也。顷闻美国商家代表数人,曾与李锦纶及此间数华人先后晤商。其所谈是否与满洲有关,虽无所闻,但美京人士则因此对于李顿报告及满洲时局,益为注意矣。

....

(《申报》,1932年10月5日,第六版)

326. 日本全力应付国联:松冈洋右赶赴日内瓦,日工商界勉政府迈进

【电通四日东京电】 李顿报告书既已发表,十一月十四日开会之国联理事会风云益急。日本特派全权代表松冈洋右所负使命非常重大,盖对此理事会及总会,将立于言论战之阵头,向世界阐明日本之立场,而大声疾呼日本之片面主张。现松冈洋右豫定偕议员小林绢治,于十五日出发东京经西伯利亚赴日内瓦。

....

【路透四日东京电】 全国工商业有名人物,对李顿报告书,一致劝勉日政府"前进"。日本商会联合会会长乡诚之助男爵谓,报告书昧于事实,又谓日本已准备应付最恶劣之事变,脱离国联亦居其中云。又日本银行总裁宣称,日本之承认"满洲国",决不因李顿报告书,亦不因国联所通过任何决议案而加取销。其他银行家亦促请政府与全国勿过于重视报告书,而依预定计画前进。

日阁议研究报告书,一片指摘声

【日联社四日东京电】 日本朝野对于李顿报告书高唱非难之声,谓其没却调查团本来之使命。政府本日之阁议,果然对于报告书爆发非难。即荒木陆相报告满洲情形后,三土铁相关于列国对于报告书之反响,有所质问。内田外相对此答谓,各国言论机关之论调已见各报登载,在当局亦目下觅集各方面之情报中,俟其完毕,即将报告。外相答辩之后,全部阁僚指摘报告书各章错

误之点,并加以论难。荒木陆相谓报告书完全立于认识不足,不过系一旅行记而已,吾人对此无介意必要,应基于既定方针迈进为要。永井拓相、冈田海相亦论难其认识不足。日本政府之对策及方针,由各阁员考虑之后,将于下次阁议重行协议。

(《申报》,1932年10月5日,第六版)

327. 报告书发表后日币公债暴跌

【华联社四日东京电】 李顿报告书发表后,日本对外汇兑及公债连日跌落。今日东京之汇市,对美跌落一弗二十五仙,卖二十三弗,买二十三弗半。神户汇市对美亦跌落一弗二十五仙,买卖闲散,外债亦跌落。

【路透三日伦敦电】 李顿报告书发表后,今日证券交易所无甚影响,惟日本公债跌落耳。

【路透社三日纽约电】 李顿报告书发表后,日币稍有售出,但交易不大,大部份来自上海。可悖方面称,报告书并未使日币前途大受影响,惟若日本募债,则日币价值或将续跌云。此说不为无据,盖美商部发出报告,谓日政府现拟发行日金二十四万万元之公债。

(《申报》,1932年10月5日,第六版)

328. 英政府对报告书暂不发表意见

【路透三日伦敦电】 李顿报告书□视之,显为甚有能耐且甚瞻详之文件。惟英国政治视察家,甚不愿供献任何详细之批评。盖以目前可供考虑者,仅为报纸上所载报告书节要;至于正式全文,尚需充分时间以研究之,然后始可发表详细批评也。且不独须考虑个人提议,亦须细察报告书全文,方可估定其适当之分量。再,英政府地位,在此事于十一月间提交国联以前,亦不准备供献批评或意见也。

日本态度有妨军缩前途——英经济学家之言

【路透三日伦敦电】 英国经济学报著名记者莱顿氏,今日在伦敦发言,谓就军缩而言,日本对李顿报告书之态度,乃全部国际形势中最严重要素。日本之态度或可对于军缩会议之前途,予以极大之损害云。

日顾问深为中国所厌恶——伦敦侨胞之见解

【路透三日伦敦电】 伦敦华人方面之见解,以为就全体言,此报告书不失政治家风度,李顿调查团已凭其良心办理此甚困难工作。至于在东三省顾问中多用日人一议,则华人以为日顾问过多,将极为中国所厌恶,而使所拟办法难以履行。

(《申报》,1932年10月5日,第六版)

329. 调查团工作志愿为和平立基础,日本拒绝接受建议早露端倪——李顿到伦敦之谈话

【哈瓦斯社三日伦敦电】 李顿爵士今日抵伦敦,对往访者宣称,渠及其同僚进行工作时所抱志愿,在为日后和平求一基础。其言曰:"吾辈甚盼国联会中其他列强,亦能照予等之态度,并以同一之精神而行动。"李氏又云,依日本意见,"满洲国"既已独立,则报告书条陈之办法,即为该国所不能承认;此种意见,渠闻之并不以为异。李氏云:"此种意见,在东京时予等即已闻之。惟日本所陈述之各种理由,如为世界所拒绝,则将发生困难耳。日本宣言'满洲国'系自动产生者,日本已与'新国'缔结条约。以故此项问题,日本不能与他国讨论。"李顿勋爵及其夫人随即前赴赫福郡别墅。

【路透三日伦敦电】 李顿到伦敦后语路透访员,凡读报告书者,定知调查团为笃爱和平之一念所感动,而不斤斤断定孰是孰非。渠希望世界政治家、国联与报纸,可追随报告书所供给之指导。日人见解以为,"满洲国"之成立与独立,已使调查团之建议无接受之可能。此种见解,渠不以为异,盖调查团在东京时,日人已以此为言矣。惟日人此种见解可否为世人所承认,殊未可知。渠今所可言者,渠希望

中日两国能凭以造成将来和平之材料,可于此报告书得之耳云。

(《申报》,1932年10月5日,第六版)

330. 日本一意孤行将自陷于不利——怀德爵士评报告书别有见地

【路透四日伦敦电】《孟却斯德指导报》访员今日因李顿报告书事,访问自一九二九年起为中政府政治顾问、刻在英伦之怀德爵士。怀氏称,李顿报告书议论中所含蓄未申者,为中国自己亟须积极改革,而日本所采途径,则破坏其国际义务义。报国[告]书之本质,谓为请日本重行考虑其政策之言论,亦无不可。今日难题中之焦点,在日本有意先行承认"满洲国",以妨碍国联任何可能的行动一举。国联与美国当前之难题,在设法向东京重申李顿之请求,即日政府应一再考虑日本现行政策,是否确为与日本自己有利之政策之问题是。依渠意见,日本不久将自觉处此孤独地位,危险实甚,不能同时激怒俄国、慢侮美国、藐视国联也。且有日臻明了者,中国民意决不许其政府承认"满洲国",而反对"满洲国"之义勇军,将继续获有来自关内军械与金钱之供给也。至于李顿报告书所谓远东和平之路,在中国内部之改良一节,亦属言之得当云。

(《申报》,1932年10月5日,第六版)

331. 日内瓦报评报告书,指出两重要点

【路透社三日日内瓦电】 日内瓦某报批评李顿报告书,谓报告书发现两件极重要事:一为九一八之事变纯属托辞,并未示明日人在满用兵具有合法自卫之性质;一为东三省人民之一致否认"新邦"。前提如此,故报告书之条陈,殊难与此相合。盖中国土地犹被占据,直接谈判难以容纳也。惟既具适当之保障,尚复有国联之参加,此报告书中固含有解决之策也云云。

(《申报》,1932年10月5日,第六版)

332. 德报借题发挥：认报告书无甚价值，抨击国联不遗余力

【国民社三日柏林电】 德国报纸对于李顿报告书皆一致抨击，认为无意识之空言，并无可藉此得解决东省问题之希望。尤其因日本在调查团签字之前，已将既成之事实呈诸世界，而此报告书中居然有德国代表希尼氏之印鉴，尤为惋惜云。

极端右派《克鲁兹报》称，该报告书为一百六十页之妙文。末谓德国代表之签字于此言多而毫无力量之国联具文，于德国国家究有多少利益，实属疑问。因德国对于维持国联威信一事，可云毫无兴趣。盖德国自身与国联之关系，恐不久即将发生极严重之问题也。

中央官吏派之《日曼尼亚报》预言，李顿报告书中建议之远东会议，日本必反对之。因日本提早承认"满洲国"，实已明白表示其绝对不愿考虑国联和解之用意也。故十一月国联行政院开会时，将遇一至难解决之问题。此问题即：国联将任日本退出乎？抑将对日本之要求一再让步乎？二者同将损其威信，不过分量微有轻重耳。

德国《普通报》声言，日本对于李顿报告书固不能表示欢迎，但实际上日本已获得最好之条件。盖日本倘不先攫取满洲，则李顿报告书不至发生，然则何来国联之媾和条件？何来经济之扩张由满而及于中国全境？又何能在东三省建设自治，而撤除其军备？何来经济利益？又何能与一险恶不宁之邻邦，发生密切政治之关系乎？德国舆论界全体俱觉美国与苏俄虽皆非国联会员，但此后之变化，胥将受其左右。再则美国显已有与苏俄成立谅解之努力，今后美国对于中日争案及其他国际问题之态度，将视此举成败为决云。

【国民社三日柏林电】 此间观察远东时事者，多信日本承认满洲伪国后，已使李顿报告失去实际价值。料西方列强现将企图获得某种妥协，俾可避免施加压力于日本。德报则对于李顿报告多淡漠视之。如《德意志报》甚致[至]称为"国联之又一骗局"，以为国联只能多做纸上工作耳。《前进报》则称，此报告为政治实体主义之模范□生物，承认弱国已受武力强大国家之蹂躏。顾其

纠正之权,仍操诸彼破坏法纪的强暴者之手也。

(《申报》,1932 年 10 月 5 日,第六版)

333. 法报拥护国联,意对报告书守缄默

【路透四日巴黎电】 今日法国诸报纸,从国联主场评论李顿报告书。《新时代报》称,调查团显然未有用法律制止冲突之权,而国联亦无术以行事。故吾人必须巩固国联,而勿辱骂国联云。《菲迦罗报》与《民友报》皆指斥国联在东三省问题中之无权力。

【哈瓦斯社三日巴黎电】 此间《时报》本日社论,极赞成李顿报告书,认为绝对公平。该报详述冲突之经过,并仔细分晰[析]其责任,然后断论云:"李顿报告书可使十一月日内瓦之讨论更为明了,而为原则上之妥协开一途径。总之报告书之结论如斯,日本之退出国联,似可为不应发生之一事"云。

【路透社三日罗马电】 意国官场不发表关于李顿报告书之批评,而意国报纸亦未著[着]只字评论此报告书。

(《申报》,1932 年 10 月 5 日,第七版)

334. 孙科发表谈话,对于调查团报告书意见:有比较满意之处及绝对失望者,仍须政府与民众努力收复失地

中央社云,国联调查团报告书节要,已于二日下午八时公布。中委孙哲生氏特于昨日下午三时半,在莫利爱路旧宅招待本埠各报社记者,评论该报告书内容。孙氏对于该报告书中各点,颇有表示失望之处。兹分志于后。

比较满意处

孙氏首谓:九一八事变之调查,该报告书记载较为清楚。例如:

(一)第四章内,指九一八事件之发生,该调查团认为是晚日方之军事行动,不能视为合法自卫之办法。

（二）日本唆使东北傀儡成立伪组织后，即在国际极力宣传，谓'满洲国'之成立，为三省民众之独立运动云云。该调查团报告书第六章，亦斥为'满洲国'系在日本军队威势下所组织，不能认为该地民众之独立运动所成立。上述两点之事实，调查报告主持较为公道，亦为吾人比较认为满意之处。

绝对失望者

报告书第十章所立解决方案，如：

（一）建议召集顾问会议及不主张恢复九一八事前状态一点，该点须加以详密之研究。盖召集所谓顾问会议及不主张恢复九一八事变前之东三省原状，似迁就暴力及已成之事实。关于不主张恢复以前之状态，我人甚属疑问。该方案此种主张，系指九一八以前中国之统治状态，抑或指张学良之军人统治状态？如指前者，则与其自述有所矛盾；如系指后者，则似应明白指出，以免日人之误解也。

（二）关于满洲之广泛自治及顾问会议之组织，其结果将使东三省与中国，或中国之于东三省成名存实亡之统治状态。盖在现况之下，日本实有巨大之势力。顾问会议之组织，日本因其关系之密切，当得多数之席次。是则将来之东三省，名义上虽为中国领土之一部份，而统治之形式则为国际共管，在事实上则为日本代管耳。

此二点，我人表示绝对失望。

仍须我努力

该报告书实有利益于日本，而我国则仅得其名。乃日本朝野于公布后，一致表示反对，足见日本早具并吞东北三省之决心。回忆甲午之役，中日双方承认高丽自立。不数年，日本即反汗，将高丽并吞。此即前车之鉴。今日本并吞东北之决心，既已暴露，若一味依赖国联，则仅得到一失望之结果。此际惟有深望政府与全国民众一心一德，收复东北失地。盖据本人所见及，东北问题国联决不能根本解决。解决办法，惟有一视吾政府与民众之努力程度，一视国际间对该案之态度耳。

抵货运动观

新声社记者复询以下列问题，承答如次：

（一）报告书主张我国停止对日经济绝交，其性质为解决东北问题之条件。实际上，日本侵略东北为因，而经济绝交为果。造因未袪，抵货运动何能消灭？

（二）调查团之任务，本有确定东北事件之责任问题，但报告书中不敢确切指出。我国如不以收回东北领土之虚名为已足，则应准备实力抵抗侵略。于外交上获得对日利害相同之与国，尤为必要。

（《申报》，1932年10月5日，第九版）

335. 各团体对国联报告书之表示

全国民众救国团体联合会筹备会通电云："各报馆转各团体、各机关暨全国同胞公鉴：国联负全世界维持国际间严正公理之使命。我国政府于去年九月二十一日，因暴日九一八沈阳事件，依国联盟约第十一条，向国联行政院要求抗议。时逾一年，始有国联调查团调查报告书之发表。综其十章结论，显为抑弱扶强。尤以国际合作，借箸代筹，蔑视吾国。于暴日侵略之事实，直认为不可避免之问题。而更以吾国民有组织之经济抵制，谓损国与国间之睦谊。所谓顾问会议、特殊制度种种，皆属异想天开，距离于法律神圣及公理主张，大非逆料。吾国上下向所冀于国联者，今何如耶？彼国联之威信扫地，已非一日。惟当此报告书未经发表以前，则哑谜所在，尚欲自解。不知国联为强权集团，盟约本世界刍狗。我不自谋，谁为谋者？我不自救，祈谁救之？以一年间拱手让人鲸吞虎咽之结果，而竟博调查团十章文字之废纸，反引起以国际支配中国不良之预券。稍有血气，能无怆痛？寇深矣，奈之何？！本会素具誓死抵抗、不屈不畏之旨，目怵险危，益难缄默。祈我全国各团体、各机关暨各界同胞，一致猛醒，对于信仰国联及倚赖国联之念，认为绝端错误。集合全力，同赴新鹄，毋再犹豫，毋再隐忍。庶几垂死之国命，或可徼倖于万一。临电战栗，伏维垂察。全国民众救国团体联合会筹备会叩。支。"

中国博爱会等十五团体，昨致国府电云："南京国民政府钧鉴：国联调查团报告书，无异国际共管。求救不如自救，求人不如求己。速与日本经济绝交，出兵讨伐叛逆。时急势迫，全国民情沸腾，临电曷胜悲痛之至！中国博爱学会、中国学生救国会、中华女权运动同盟会、上海市各工会联合办事处、上海市民联谊会、中国社会改进会等十五团体同叩。支。"

(《申报》,1932年10月5日,第九版)

336. 对于国联调查团报告书公布后应有之觉悟:提倡筑路运动,救济世界失业,准备长期抵抗,保全人类幸福

万众盼望之国联调查团报告书,业于十月三日公布其摘译。吾人读此公布摘译后,觉有三大遗憾:

(一)调查团未能尽其职责上之能事;

(二)调查团不注重日本行动之责任;

(三)调查团忽视国际间良好之关系。

查调查团所受职责上之委托,根据白里安氏附于议案之宣言,在调查团到达东北时,须调查双方曾否履行去年九月三十日议案下所发之担任。但日本在调查团到达东北时,并未依照九月三十日所发之担任,将其军队撤退至铁路附属地。然调查团在目击此种事实之后,曾不依照白里安氏之宣言,缮发临时报告,送达国联行政院,亦不于报告书叙述日本违背担任之重要。就职责言,调查团实未能尽其报告之能事。调查团报告摘译之绪言中,竟声明"对于已往行动之责任,坚持较轻",公然为日本卸除破坏盟约及违背国联议案之责任。

调查团报告摘译第十章对于行政院之建议,仅以中日两国之利益为建议之基础,而未将去年十二月十日议案中"妨碍国际关系"之情形,为重要之注意及叙述。即就全部建议言,调查团自己亦未敢决其能得圆满之结果,此种建议实为毫无价值忽视国际关系之作品。

国人既知调查团所为报告书之缺憾,应有以下觉悟:

(一)实行上海市商会会长王晓籁先生所提倡之职业救国。以职业上之能力,协助各种救国事业。

(二)提倡筑路运动。利用各地低廉人力,开发我国富藏,增加国家生产力,以谋长期抵抗。

(三)提倡国际合作。发挥我国之人力、富藏,以及人民之购买力,以救济

世界失业恐慌。

中华全国道路建设协会十二周年纪念展览游艺大会,为实行职业救国之运动。请各界一致协助,热烈参加。

(《申报本埠增刊》,1932年10月5日,第八版)

337. 时评:李登报告书发表后

李登调查报告书发表后,所引起不满意之印象,多于赞誉之印象,一部分则淡漠视之。中日两当事国对报告书之态度如何,姑且勿论。即以欧美各强国言,其政府尚取缄默态度。舆论方面,虽各以利害党派之不同,主张不无稍异,然大体皆于拥护李登报告之中,寓有不足以解决东方难局之意。法报谓调查团显然未用法律制止冲突之权。英报谓报告书所拟之条陈,不适合于公断人之合法形式。德报对报告书则极力抨击,甚至谓为国联之又一骗局。德报虽为日本问题,不免发过分之牢骚,然料国联不能纠正强暴者之行为,则亦实情也。其最表同情于报告书者为美报。惟美报则以其政府尚在研究,故亦未下确切之批评。至国联集中地之日内瓦舆论,尤为吾人所注意。而其报纸之评论报告书,则谓:"报告书能发现两重要事:一为九一八事变纯属托词,并未示明日人在满用兵具有合法自卫之性质;二为东三省人民一致否认'新邦'。惟报告书之条陈,殊未能与之相合。"以我人观察,此论最为平允。盖既认明九一八事变为日军人所造成,伪满洲国为地方人民所否认,则其结论当然应课日本以扰乱东三省之责任,限令其撤退军队。乃何以反承认其已成之事实,并保障其利益,而使东三省成为各国共管之特殊自治区?此其主张之矛盾,诚不能不令人惋惜者也。

报告书所以有此矛盾之现象,因李登等急欲成就和平。既须顾全面子,又须顾全事实;既须顾全中国领土行政之完整,又须顾全日本以武力夺得之利益。除中日而外,更须顾全苏联利益、各强国利益。即美国利益,亦隐然包含在兼顾之中。李登等欲八面圆通,以冀东亚和平之速成。而不料其结果,乃至多数表示不满。昨李登在伦敦语路透访员,谓:"凡读报告书者,定知调查团为笃爱和平之念所感动,而不斤斤断定孰是孰非。"李登等笃念和平之意,固甚可感，然李登等所负使命，正在调查中日两方之是非，使国联有所依据，以下适当之评判。今乃曰"不斤斤断定孰是孰非"，将何以间执强权者之口乎？何以消弭两方之争而□世界之公理乎？彼强权者，果稍有笃念和平之心，当早不劳诸调查员半载余之奔驰矣。李登等不顾虑及此，而仅欲迁就各方面之利益，冀各得遂其所欲，以俯就调解之范围，此则李登等最大之误点也。

且李登等亦尝为将来国联大会计乎？今既不斤斤断定是非，则必以断定是非之责，诿之将来之国联大会也。以断定是非之责，诿之国联大会，固为理所当然。但所敷陈调查所得之事实，必须预示以是非所在。乃观报告书内容，一方面既承认东三省扰乱之局为日人所造成，一方又以我国内政治不宁为促成变动之因，复牵强附会，而有改东三省为广大自治区之建议。其所以必设自治区者，原因为日本扰乱欤？抑为中国内政不宁欤？既不承认满洲已成之局面，又不承认恢复九一八前之局面，不问孰是孰非，而以此变相共管为其替代物，其理由究安在？且此变相之自治区，既承认日本强占之权利，又承认其所派之顾问，不啻为日人张目，无怪我国人已有今日共管为日本代管之□。然而日本犹器器然表示反对，则试问我中国处此无论何人皆可宰割之境地，而反能表示同情耶？我今姑不作激烈之反对论，即以第三者之目光批评李登等之报告书。将来国联若据此以谋解决东三省事件，必更掀起重大之纷争。结果恐将辜负李登等一片笃念和平之热心，空费数阅月调查之劳力，并使此苦心经营所成一百六十页之优美温和之文字，成为废纸。而中日之争，依然存在也。

（《申报》，1932年10月6日，第三版）

338. 中政会讨论李顿报告：决交外委会详加研究，俟全文译竣并提政会，推定外委会常务委员

〔南京〕五日，中政会对调查团报告书节要，由各委交换意见，并由罗文干列席报告。经各委研究结果，以案关重要，其中利害关系，非仓猝所可表决。当决定将该项节要先付外交委员会，详加研究后签注意见，再俟全文译印竣事，同时提出下周政会讨论。并议决加推叶楚伧为外委会委员，以汪精卫、宋子文、朱培德、顾孟余、罗文干五人为常务委员，由顾、罗负责召集。（五日专

电）

〔南京〕 军参院拟召集参咨议会议，研究调查团报告书简要，以便汇集整个意见，向政府建议。（五日专电）

〔南京〕 立法院外交委员会以国联调查报告业已公布，为共同研究内容起见，特函外部，索报告节要十份，分发各委，从事研究。（五日专电）

〔香港〕 胡汉民评调查团报告书，谓我人认此书为不必要。国联调查团而草此报告，不啻自毁立场，而表示其难维护正义、主持公道之能力。国联而采此以解决东北问题，不啻自行宣告国联破产。中分三点，驳该报告书。最后谓，领土完整、主权确保，非白纸黑字之条文所能胜任、国联所能负担，惟在我人坚决意志与抵抗精神。（五日专电）

（《申报》，1932年10月6日，第三版）

339. 颜代表评报告书之缺点：偏重中国国家主义发展，忽于日本开拓政策野心，颇以未能贯澈三大公约为憾

【路透社四日日内瓦电】 中国总代表颜惠庆博士，今日对报纸发表一文，欢迎李顿报告书之发表。谓调查团惜未以讨论中国国家主义发展及中国境内骚扰情形之同样方式，讨论日本开拓主义政策之发展，及日本内部情形。否则中日争议之真正原因，定可为人更明白了解。调查团之结论表明，日本加于中国之责言及日本自己辩护之词，胥无根据。观此报告书，可知日本有意无故以兵力攫取东三省，纯用阴谋，而不顾及条约义务、国联权威及世界舆论云。颜博士言及报告书所载之解决原则及其向行政院提出之建议，谓报告书偏重其所谓时局中之真相，而视此案之公道、各方面权利之条约上根据及三大国际公约所载之某种原则为次要，殊为遗憾。但渠深感调查团所采政策之高尚动机，确信中政府为睦邻与世界和平起见，定充分研究报告书第九、第十两章所载之切实提议云。

（《申报》，1932年10月6日，第六版）

340. 英报评报告书，谓日本态度不变，终将未见其有利

【路透社五日伦敦电】伦敦《泰士晤[晤士]报》谓，李顿报告书其大体已受大不列颠、日内瓦及有关系各国（除日本外）之良好的容纳。其审量复杂之国际问题，公认其为聪明、坦白而诚恳。日本责报告书偏袒中国之言，实不能须臾容忍。近今发生之任何事变，亦不能摇动报告书所根据之原则。报告书真正之价值，第一为赤裸裸暴露交争土地内之状况，其次为所载建设的与合于实际的诸条陈。日本将来必有一日觉悟：臣伏三千万与其祖宗种族毗连而居之敌对民众，实非有利之事业，而侵凌的日本今亦未见其有所得也。国联会员宜勿深究已往，而当聚精荟[会]神以求互允之解决。至于所树之原则，决不能再有迁就。要知国际外交家之苦心经营，以谋最后采纳报告书所载之建议，实为满洲人民之幸福计也云云。

（《申报》，1932年10月6日，第六版）

341. 日陆相荒木驳斥李顿报告，竟谓不能以公理解决中日案，干涉满洲将造成巴尔干第二

【路透社五日东京电】陆相荒木昨夜向报界作半官宣言称，李顿报告书实怀恶意，欲将满洲成为第二巴尔干，中国成为远东之土耳其。一般人士实太重视报告书，其实仅能视为参考材料。首八章纪经过之事实，而以渠目光所及，其中错误百出，须加驳斥。满洲问题早由日、"满"之议定书解决，如列强出而干涉，则将使满洲成一祸源，如昔日彼等之干涉巴尔干然。荒木又问满洲之治安，是否仅以宪警之力可以维持。继谓，世界他处无有能以宪警维持治安者，即以欧洲而论，已可知矣。如列强必欲试之，是使满洲成为第二上海也。如欧美希图利用李顿报告书，干预远东事务，则此种企图，必坚决拒之。尤其因国联对欧洲之问题，如法德争端与法意争端等，犹不能解决故也。

【华联社五日东京电】荒木陆相昨夜在官邸对记者发表谈话，其内容分

为十项,并声明个人之意见:(一)日本国策已决,国民下最后决心之今日,对报告书内容可以不理;(二)李顿之努力处处可见,但不可以为解决中日问题之基本案;(三)报告书是事件之经过报告,不足轻重;(四)李顿不能了解中国之国民性;(五)报告书只能当作旅行见闻记;(六)日本承认"满洲国"之今日,一切满案已经解决;(七)最善之解决法,须认容现在之事实;(八)国联已不能解决欧州[洲]问题,远东问题更不足以道;(九)若以报告书为基本解决满案,满洲将为远东之巴尔干;(十)军部之结论有三:一、满案已解决;二、重法律与公理不能维持和平;三、若以报告书为解决中日纷争基本案,国联则必自灭。

【路透社五日东京电】 反对李顿报告书某部分之批评虽未全息,但论调渐见和缓。外务省发言人今晨对外报访员声称,报告书最后两章虽可反对,但报告书含有□多建设性质之提议。草拟日本意见书豫备送交日内瓦之委员会,定将予以审慎之研究。陆军省发言人亦谓,报告书内称中国状况自华府会议后已有进步等说,殊属可笑。惟报告书描写中国状况,使人读之亦不为无益云。

日军部之国联对策:宣传退出联盟恫吓英法,辽案元凶赴日内瓦助战

【华联社五日东京电】 自李顿报告书宣布以后,日军部异常激愤,连日开会讨论对付办法。闻日军将采取如下三点办法:(一)要求国联削除报告书第九、十两章,如不削除则以退出国联恫吓;(二)要求国联另派新调查团重新调查,但须以满足日军部之要求为先决问题;(三)展缓二年审查满案,要求国联静观中日纷争,以避国联自陷僵局。为达到上列目的,一面宣传退出国联,一面制造联俄空气,恫吓英、法、意各国。

【华联社五日东京电】 日军派前关东军高级参谋石原大佐及野崎中佐赴日内瓦,帮助日代表战国联。石原一行定六日由敦贺经海参崴往日内瓦。按石原大佐与板垣大佐(现任少将)及土肥原大佐(现任少将)三人,为满洲事变之殊勋者,盖九一八事变均由此三人阴谋所造成。

外务省讨论意见书,将尽量宣传中国之不统一

【华联社五日东京电】 日外务省今日下午在有田外次官邸开意见书起草委员会,到会者有各委员及松冈洋右等。逐条分项讨论甚详,定明日再开会,

八、九两日与军部开联席会议,最后取决。闻其拟定方针为:(一)关于军事行动之部份,请军部负责辩驳;(二)轻视报告书第九、十两章;(三)重新申述"满洲国"是三千万华人之自决;(四)详细陈述承认"满洲国"之情由;(五)尽量□□中国之内争,使国联深信中国之不能统一。

本庄、荒木商议攻锦

【华联社五日东京电】 前关东司令官本庄,昨日下午往访荒木陆相,密谈约一小时。据传本庄与荒木之会商内容,是为驳斥李顿报告书,尤其是进攻锦州之问题。因币原前外长曾在国联行政院声明过不攻锦州,而本庄反令日军进攻锦州,致惹起李顿报告书明记日军行动不能认为自卫行为。日陆军省与本庄中将,目下正埋头讨论强辩方法云。

············

(《申报》,1932年10月6日,第六版)

342. 谈言:我对于"国联调查团报告书"的见解

国联调查团,我根本上就认为是国联一种延宕而敷衍的政策,不会发生任何效力的。故自调查团出发日起,至现在报告书公布日止,迟迟其行,多方考察,业已半载有余。而在此调查时期中,锦州复被沦陷,伪国亦已承认,热河又告紧张。倘再迟疑一些,不知我国全国境土,将呈何种景象哩!

现在调查团报告书,居然于不慌不忙之中完全公布了。除日本外,各国因在立场的不同,有极端抨击的,有表示赞同的,有静默不加可否的。惟国联诸小国,则大为反对。而我国之中,除政府表示大体赞成外,其余民众团体与在野名流,一概表示不满。的确,此种非骡非马、四不象的报告书,有什么满意的成分呢?

但是我的见解却不如此。我虽根本上反对国联调查团,我却根本上并不反对调查团报告书。因我预料调查团报告的成绩,必不会再有比较该报告书更良好的效能也。盖国联调查团原秉国联的意志为意志,国联主张原是欲用一种和平方法解决远东问题,而事实、道德、法律,本来不能顾到。故调查团欲于八方无碍、四面太平之中,找寻出一条生路:一方面欲顾到强国的利益,一方面欲顾到弱者的呼声,一方面又欲顾到国联的面子与列强的利益。如此"虚缩"、"绝搭"、柘[枯]窘的题目,何等难做,今日居然成此十余万言的洋洋大文,已是难得。

总之,此种局面,全是中国人自作自受,不能怪外人之不肯帮忙。试看古今中外,无论何国,一任强邻的侵凌宰割,而自国并不抵抗,并不血战,专门乞怜于他人,而求满意之结果,竖尽来劫,横尽乏艰,未闻有此先例也。

(《申报本埠增刊》,1932年10月6日,第二版)

343. 中央对李顿报告尚待继续研究,外交委会开会并无具体决定

〔南京〕 中政会外交委员会为研究调查团报告书,筹议应付外交大计,于六日下午三时在中央党部开会,到宋子文、叶楚伧、罗文干、居正、朱培德、罗家伦、顾孟余、朱家骅、陈绍宽等十余人。对报告书内容虽有讨论,并无具体决定。关于意见之提出,尚待继续研究。(六日专电)

〔南京〕 外委会对应付报告书方策,正审慎商讨中,一时尚难具体决定。将来究否向国联提出具体意见书,或训令我国国出席联大会代表[①]随机应付,尚未决定。又宋子文对人表示:"报告书全文尚未译就,故未决定对策。余对报告书意见,因事关国际听闻,在中央未决定对策前未便表示。"(六日专电)

〔南京〕 调查团报告书全文已译竣,送大陆印书馆付印五千份。九日可印竣数百份,先分送蒋、汪及中央各机关。至英文原本,已在沪付印,八日可全数印竣。(六日专电)

(《申报》,1932年10月7日,第四版)

---

① 编者按:原文如此,应为"我国出席国联大会代表"。

344. 张学良招待平新闻界谈三事：李顿报告大致堪称公平，故宫问题外间谣传无据，义勇军活动为国争生存

〔北平〕 张学良今日下午招待新闻界,谈三事:"(一)对调查团报告书,仅见大略。余为政府官吏,意见不能与政府相左。觉其文章很好,极委婉周到。倘设身处地,定感难作。虽对中国数点不能认为满意,但大体堪称公平,不能责人过刻。(二)故宫问题,政委会曾讨论该问题,结果交故宫负责人注意办理。外间谣传,均无根据,据易培基称,社会对故宫误会,极愿以事实证明,指明某处发现故宫古物,或故宫某古物失踪。余在故宫一天,决负责一天。至所卖茶叶、金器,均无关文化。(三)东北义军问题,日人一方宣传东北人均恨余,一方宣传东北义军及东北之不安静,均受余指挥,此两事极矛盾。东北人既恨我,怎肯在余指导下活动？日人对东北,不应功均归己,过皆推人。余以为东北义军及其不安原因,一、出于爱国心,二、激于义愤,三、因不能生活,四、为事实逼迫,故各有其背景。日本夺取东北,掠夺一切利益。中国人不能活,义军自然起而争生存。设日人将中国利益还给中国人,东北自然会安定。"(六日专电)

(《申报》,1932年10月7日,第四版)

345. 国联我代表团发表宣言，对李顿报告书表示遗憾，日本蔑视决议案积极进行侵略，今后事态再扩大应由日本负责

【国民社五日日内瓦电】 今日中国代表团发表宣言,对于李顿报告书表示遗憾。因李顿调查团虽对于中国之国家主义运动加以详尽之探讨,但对于日本之军国主义并无同样之研究云。该宣言对于报告书中所称日本在满洲之军事行动不能视为正当自卫之方法,日本已完全不顾国联决议案,及现在所谓"满洲国"不过日本掌握中之傀儡等言,特加注意。并谓中国对于报告书中所建议者,愿加以慎重之考虑,但此后事态之如何变化,仍须视日本今后之政策

如何云。

....

(《申报》,1932年10月7日,第七版)

346. 松冈洋右展缓赴日内瓦

【日联社六日东京电】 国联大会日代表松冈洋右,原定本月十五日离日赴日内瓦,顷变更豫定计划,待政府作成日本意见书后,携之赴欧,出发时期为二十一日。

意见书大纲已决定

【电通社六日东京电】 草拟对李顿报告书之意见书之最初委员会,昨午后在外务次官官邸开会,有田次官以下各委员出席。协议之结果,决定大体方针,即:(一)对报告书中之误谬,详记正确之事实反驳之;(一)关于日本军事行动之不当叙述,详细反驳之;(一)第九章及第十章之劝告案,全部抹杀之;(一)"满洲国"之独立,系根据"满洲国"住民自决的意志,历举事实证明之,以匡正报告书之错误;(一)宣明日本承认"满洲国"之必然理由,要求国联静观等。本日午后续开第二次会,审议具体事项。

日军部对付国联策

【华联社六日东京电】 日军部今日下午在参谋本部开委员会,讨论李顿报告书之对付策,山冈军务局长以下各委员均列席。决定大纲如次:(一)要求削除第九、十两章;(二)以承认伪组织为唯一之解决案,其余则概不接受;(三)搜罗材料,极力曝露中国内政之不统一,力倡中国为非有组织之现代国家;(四)主张抵制日货为中日纷争之原因,努力掩饰侵略政策,声明抵制日货不解决,远东之问题永无宁日;(五)强词狡辩关东军之侵略事为自卫行为;(六)努力辩白日人并无在"满洲国"掌握大权,而使用漂零[亮]话掩饰国际耳目。

....

(《申报》,1932年10月7日,第七版)

347. 德报痛斥日本，谓中国民族已非昔比，决不致对日稍示屈服

【国民社五日柏林电】 此间接得之预告，谓日本将对李顿报告书提出各种答案云云。德国报纸对于日本之政策，一致发表尖刻之非议。《天主教德意志报》发表论文，标题为"日本与全世界挑战"，对于伪满洲国则目为"日本在满洲表演极显明之趣剧"云云。《柯尼希报》所用之文字，较之《德意志报》尤为苛刻，谓日本竟图握太平洋上之霸权，而将世界其他各国逐出远东市场。其言曰："日本完全为一种纯粹国家帝国主义之榜样。日本之目标，为在北自海参崴，南至菲列滨，建立海陆军之威权，因此每年向中国侵略压迫。但中国四万万人民，终有一日起而将日本之野心消灭。即以今日而论，中国之不屈服于武力，已可见其梗概矣。"该报末谓，据各方观察所得，中国既不愿采取共产主义，但亦不对日本示降服，惟将永久坚持其积极与消极之抵抗。如此则虽日本以军队攻击南京及其他各埠，恐终非中国之敌也。因中国究为农国，较日本之工业国能持久也。

(《申报》，1932年10月7日，第七版)

348. 日前任国联事务次长新渡在美游说，缓和日美感情，颇收相当效果

【远东社六日东京电】 据东京顷接华盛顿电云，前任国联事务次长新渡部稻户①博士，数月前被日政府派赴美国游说，对美国朝野人士辩白日本在满洲之军事行动，及尽力缓和日美感情。昨日新渡部尝在华盛顿开演讲会，专为发挥其对李顿报告书之辩驳言论。论旨虽甚空洞，但颇为该邦人士所注视云。据云，新渡部自在美游说缓各感情以来，颇收效果。因其妻为美籍妇人，故对

---

① 编者按：原文误，应为"新渡户稻造"。

彼之游说,无形中实有甚大之助力云。

(《申报》,1932年10月7日,第七版)

349. 意报评报告书为国联求摆脱,认为无大力量

【路透五日那泊尔电】 意国《马狄诺报》今日评论李顿报告书,指为意义含浑之杰作。谓调查团之赴东,非谋取远东三省难题之解决策,但为国联辟一途径,以摆脱其对于莫可公断的事件之公断工作而已。调查团用一种无意味之方式,规避此种不可能之工作云。

(《申报》,1932年10月7日,第七版)

350. 英国工党主张维护国联

【路透五日伦敦电】 英国工党在勒斯特举行年会,今日通过一议案,谓鉴于李顿报告书,英政府应尽其力量,以维护国联盟约与非战公约之权威。又谓唯各国之缩减军备,而非任何国之恢复武装,方可获永远和平之担保。欧战中之战胜国,不能规避其对于其从前中欧诸国及世界之庄严责任与义务。末谓根据胡佛总统一律裁减军备三分之一之提议,而在军缩会与美国有忠实有效之合作,乃最有益于世界和平及真正经济之举云。

(《申报》,1932年10月7日,第七版)

351. 外委会各委拟报告书意见,切望汪、蒋有所表示

〔南京〕 外交委员会六日会议决定由各委员分别拟具对调查团报告书意见后,七日各委员均埋头工作,闻八日将再举行一度会议。各委员现均殷望汪院长、蒋委员长二氏之意见。行政院代院长宋子文七日特为此飞沪,征询汪氏

之意见。蒋委员长方面亦去电征询,最近可望电示云。(七日中央社电)

（《申报》,1932年10月8日,第四版）

352. 唐绍仪谈李顿报告书

〔广州〕 唐绍仪今日以西南政治委员之资格语客,谓渠极赞同胡汉民评诋李顿报告书,指为自相矛盾,等于废纸之言。中央政府在争端发生之初,不援引九国公约而依赖国联,实一大错。故渠主张放弃对国联之希望,而以全力谋九国会议之召集,因美国现亦日见注重中日争案也。继又述及某方面建议与俄联盟事,谓目下与任何外国联盟实属无益,今解决争端唯一方法,厥为内部团结一致,俾吾人可作有实力的抗拒。唐氏末谓就主权丧失而言,国际共管东三省之举,无补于中国云。(七日路透电)

（《申报》,1932年10月8日,第八版）

353. 我外交人员在美国之活动

【国民社四日华盛顿电】 今日闻中国政府派有重要人员四人,在美从事大规模之外交及宣传运动,使全世界之注意集中于李顿报告。现施肇基、孔祥熙与李锦纶业在美京,协同使署人员积极活动。第四人为余日章,初闻为教育事来美,今悉亦受政府委任协同宣传。按一九二四年华府会议时①,余君亦为代表团之一员。美官场对此四人在美不欲有所评论,但闻极为注意云。

（《申报》,1932年10月8日,第八版）

---

① 编者按:原文如此。华盛顿会议时间应为1921年11月至1922年2月。

354. 日本外陆海三省召开联席会议，讨论意见书内容

【路透社七日东京电】 日外交、陆军、海军定今夜六时起在外次官邸开三省联席会议，讨论李顿报告书反驳内容。

【华联社七日东京电】 日工业家及银行所组织之日本经济联盟，昨日下午二时在丸之内日本工业俱乐部召集会议，讨论对付李顿报告书。定十一日开总会，应军部与外交部主张，以民间团体名义决议日本之要求提出国联，为日本外交之后盾。

【电通社七日东京电】 今日上午十时在首相官邸开定例阁议，由内田外相说明外国新闻对李顿报告书之批评。报告谓大概于日本不利，其中更有回避批评者云。经各阁员交换意见后，因帝国政府之方针既已确实决定，外国新闻之批评如何不足介意云。

(《申报》，1932年10月8日，第九版)

355. 英国联协会赞助李顿报告

【哈瓦斯社六日伦敦电】 拥护国联协会执行委员会赞成李顿报告书，谓其指定之大纲，可为建立中国满洲及日本未来繁荣及睦谊之基础。执行委员会通过一决议案，请英政府采纳李顿报告书。开会时，李顿亦在场云。

【路透社七日伦敦电】 李顿勋爵、茂莱爵士、裴锡勋爵及国联协会其他会员今日通过决议案，热切欢迎美国务卿史汀生所接受之原则，即《白里安—凯洛格非战公约》虽以世界舆论集合之力量为其裁制，但须以签约国互商为合一此项舆论之连带事件是。该决议案并未引起美国政界之评论。查华盛顿国务院至今尚未正式赞同李顿报告书，亦未表示国联行政院考虑该报告书时，美国将否以代表出席。

(《申报》，1932年10月8日，第九版)

356. 宋子文昨飞沪，征询汪对报告书意见，定今日返京继续讨论

代理行政院长宋子文偕同行政院秘书长褚民谊等，昨午乘飞机由京到沪。据宋氏称，来沪系征询汪精卫先生对国联调查团报告书之意见，日内即返京，继续外交委员会之讨论云云。详情分志于后。

昨午抵沪

宋氏于前日下午出席外交委员会，详细讨论调查团报告书内容。业将各委意见汇集，于昨日上午十一时许由宋氏携带，乘塞柯斯号飞机来沪，于下午十二时二十五分抵虹桥飞机场。宋氏下机后，即乘自备汽车，于十二时四十五分回寓休息。与宋同来者，为行政院秘书长褚民谊、财部参事沈翊青、随员黄纯道及关工程师等三人。宋氏抵寓后，并邀褚民谊等在宅午餐。褚氏直留至下午二时许始辞去。

宋氏表示

宋氏返寓后，据其对各记者之表示，谓："国联调查团之报告书，正由中央各委及外交委员会审慎研究中。在中央意见未确定前，个人未便表示意见。本人今日来沪，专系访晤汪精卫先生，征询汪氏对报告书之意见。晤汪后，即当返京，继续讨论"云云。

今晨访汪

宋氏到沪后，截至昨晚，尚未与汪氏会见。盖汪氏因遵医嘱，不能接见宾客，以免劳顿。但褚民谊氏已于昨晚五时，持该报告书意见等，前往诺尔医院谒汪报告。该约半小时，至五时四十五分，始回至蒲石路汪邸。闻宋定今晨亲往医院晤汪，今日下午，即乘原机返京。

（《申报》，1932年10月8日，第十三版）

357. 美国慕尔夫人抵沪，代表德国人士慰劳十九路军

旅德美侨慕尔夫人，此次代表德国各界民众，来沪慰问吾抗日之十九路军。业于昨晨六时，搭丹麦国东亚公司第一次航行远东之邮船阿弗利加号抵沪。夫人抵埠后，寓外滩礼查饭店，即分电各报记者，前往谈话。

....

李顿报告

慕尔夫人昨并抨击国联调查团之李顿报告，谓该项报告书实一吹牛之作品。彼在欧洲时，业已聆悉其内容。欧美人士对报告书均极不满，谓其不但毫无力量，且是非未尝分明。惟国际间对于中国之外交人才，则均表示一致钦仰。德国方面之使馆，更能与德国之全体民众融洽。如使馆参赞梁龙等，彼亦与之友善。彼此次来沪，梁君并请其代候沪上之友人。欧美各国不但钦仰中国之外交人才，而对顾维钧博士之最近工作，更一致称颂为弥有价值。慕尔夫人作此语时，并谓：君可深信余言，余并可举一证明，以见欧美人士对贵国外交人员之敬爱。盖数月前，地中海方面法邮船乔治・菲列巴号肇祸。当时噩耗传来，谓折冲之国联之施肇基公使亦罹于难。欧美各界均甚震悼，乃均悬半旗志哀。旋悉事实误传，乃遂破涕为笑也。

....

（《申报》，1932年10月8日，第十三版）

358. 外委会研究报告书各问题

〔南京〕 外交委员会八日下午在外部继续开会，研究应付报告书对策，并以涉及蒙古问题，特请蒙会委长石青阳出席，共同商议。讨论达三小时之久，始散会。闻各委对报告书中各问题，正在分别研究中。关于应修正及应声明各点，尤为重要。对于报告书中认恢复九一八【以前】原状为不可能，及既认东

北为中国领土,又规定中国仍不得驻兵各点认为遗憾。又研究报告书中第二章、第七章所述中、俄、日在东省经济权益冲突问题,及第九章所述不容忽略苏俄在满洲之重大利益之结论时,各委均查阅历来中、俄、日关于东省经济权益外交上之重要公文,藉资参考。(八日专电)

(《申报》,1932年10月9日,第四版)

359. 唐绍仪电请胡佛召集九国会议

〔香港〕 外交前辈唐绍仪,顷已致电美总统胡佛,劝其召集九国公约签字国会议,共商应付日本在远东侵略之有效方法。并驳斥国联调查团在满设置自治政府建议,谓果若此,将令日人在满大权独揽云。(七日大陆报电)

(《申报》,1932年10月9日,第四版)

360. 冯玉祥稍缓拟赴大同,昨到南口凭吊战迹

〔北平〕 冯玉祥在南口站语记者:"本人在察二三天,即到大同久住。调查团报告书想出妙法,要国际共管。譬如今夏,李顿自己丢失手杖,反怪我们好百姓,泰安县长并押起轿夫;结果在青草丛寻出,殊堪痛心。对收复失地,舍用武力,别无出路。义军壮烈牺牲,极佩。寨〔塞〕外风冽,数十万同志尚单衣拼命,国人应设法援助。"

(《申报》,1932年10月9日,第四版)

361. 对李顿报告书美国尚无表示,调查团发出地图十二张供参证,英《旁观报》主张对日施经济压力

【哈瓦斯社七日伦敦电】 据华盛顿消息,美国国务院对于李顿报告书尚

未正式予以赞成。至国联行政院审查李顿报告书时，美国是否将有代表参加，国务院亦未说明。史汀生大约因总统选举在迩，故对此等问题暂守缄默。

【国民社七日日内瓦电】 国联调查团关于辽案报告，将于星期六发出地图十二张，以供报告所载各事实之参证。内有日本利益范围图，日军各时期分驻图。又有一图，专绘九一八日人所称满铁被毁处，其标题为"所称爆发点之图"。在被毁处，标有十字记号。

【路透社八日伦敦电】《英国周刊》就李顿报告书批评远东之大局，其论调可以《旁观报》之言概括之，即："'满洲国'现有地位，系以日本武力造成而维持之。世界唯一之问题，厥为最后胜利究为武力治权乎，抑法律治权乎？"惟一般意见似谓，日本为其自己利益起见，当能了解亚洲之和平，系于日本、于中国愿意时，根据李顿报告书，作对华之谈判。《旁观报》又称，日本或中国如有一不愿接受根据调查团所拟办法，谈判争议解决之请书，则国联定将认为当前最大之危难而应付之。调查团已启日本可以接受而不损及其颜面之途径，任何强迫企图，皆无益而有害。《旁观报》视李顿报告书暴露日本之行为虽甚温和，而殊鞭辟入里，可以试验世界之良知程度。如日本拒绝此报告书，则国联应宣布日本为破坏国联盟约、九国公约、凯洛格非战公约之国而施用经济压力，以迫其重行考虑其政策云。以上观念，《新政治家报》与《国家报》两周刊皆与吻合。《旁观报》又谓国际如采此种行动，定可获美国之赞助。日本之内部状况，不堪受外方坚强之压力。如果施之，豫料在极短时期内，即将促成其崩溃也。

（《申报》，1932年10月9日，第八版）

362. 日三省联席会决定国联对策：贯澈既定方针，不采姑息手段

【电通社八日东京电】 日本政府对李顿报告书草拟意见书之陆军、海军、外务三省联合协议会，昨午后六时，在外务次官官邸开会。交换意见后，主张完全一致，即以一泻千里之势，进行议事。旋决定如下之三大方针，定十二日

开第二次会。其三大方针,即①:(一)日本政府为贯澈其从来向内外声明之初志起见,决始终奋斗;(二)关于遂行帝国之方针,须保持大国之襟度,采堂堂正正之行动,不诉诸姑息手段。虽抱脱退国联亦所不辞之决意,然此系不得已而为之,不必急于断行。无论世界何国,苟置在日本之立场,根据世界和平及远东和平之理想加以熟考,必知除日本所采手段以外,别无手段可采。意见书中对此层须力加说明,要求各国民之谅解。

············

(《申报》,1932年10月9日,第八版)

363. 宋、汪昨日会晤,结果暂不宣布

国闻社云,代理行政院长宋子文前日由京飞沪晤汪,敦催返京,并征询汪对国联调查团发表报告之意见。今宋、汪二氏已于昨日会见,详情志下。

昨已晤汪

昨日宋子文于上午九时外出,先至毕勋路日本公使有吉明寓邸拜访。迨辞出,转至汪处,乃事先由汪约定,秘密地点会见。宋十时返寓,接见张学良代表李云超、财次邹琳、前十九路军旅长翁照垣。翁谈约半小时辞去。午后一时半,宋又出。先至亚尔培路褚民谊宅,旋又往晤汪氏,至五时三十分始返寓。

明日晋京

昨宋由外归寓时,记者晤及,叩以会晤汪结果。宋对来沪敦促汪氏与征询报告书意见,并不否认,仅对晤汪结果,则始终未肯露一辞。询其何日返京,则答礼拜一(即明日)早晨晋京。

褚氏话谈

行政院秘书长褚民谊,昨由京偕财长宋子文返沪。记者昨访褚氏于其寓

---

① 编者按:原文仅有(一)(二)两点方针,无(三)。

邸,发表下列之谈话。褚氏云:"宋财长今日会晤汪氏。汪氏于国联报告书,因现下告假养疴,未便发表,当场面请宋氏代为发表意见,闻宋氏尚谦逊中。至汪氏病状,本人于上周曾将其大便携往南京,请卫生署检验。结果,粪内含有肝吸虫卵。据医生谓,须作长时期休养,日来正在施打各种杀虫针药。本人定明(即今日)日即须返京。调查团报告书,特种外交委员会于宋氏回京,即可召集讨论。"

....

(《申报》,1932年10月9日,第十三版)

364. 华侨郑螺生等不满李顿报告,反对声明六点

南京华侨郑螺生、张永福、方之桢、林有壬,对国联调查团报告书,认为于国联盟约、九国公约、非战公约所维持国防和平,及维护我国领土行政主权完整之原旨,有所未合。八日通电全国,表示绝对反对下列各点:一、东三省设立自治政府;二、所谓顾问会议;三、在领判权下,推广居住及租地权于东三省全境;四、雇用权限广泛,类似总监之日本顾问;五、东三省如遇第三者攻击时,日本有权越俎,采取任何办法;六、未经合法手续,胁迫私订之二十一条件及其他非法之任何协议。又声明下列各点:一、绝对不担保基于人民自由之抵制日货运动不再发生;二、在傀儡国未灭、东三省未复以前,绝对不与日本直接交涉;三、中国政局不定,系受日本扶助土匪、军阀故意制造中国内乱之恶果;四、日本强夺满洲,系其传统帝国主义之表现,责任全在日本;五、日本军阀之野心与狠毒,正想征服世界,绝无亲善可能;六、日本在华权利,只有加倍夺取,原无丝毫损失,侵略为其固定的,绝非临时应变。末谓亡国甚于毁家,名誉重于生命。宁为岳飞、戚继光、史可法、安重根、蔡廷锴、李奉昌、尹奉吉之流芳百世,勿为秦桧、洪承畴、吴三桂、李完用、郑孝胥、谢介石、赵欣伯之遗臭万年。一面援助东北义军,一面出师讨伐伪国。输财效死,各尽所能,一德一心,同仇敌忾等语。(九日专电)

〔香港〕 粤中委拟定对调查团报告书发表通电,由邓青将电征胡同意后即发表。(九日专电)

(《申报》,1932年10月10日,第十三版)

365. 一九一八年出兵北满系协约国主动，美对报告书所载表惊异

【国民社八日华盛顿电】 美国国务院中人发现李顿报告中称美国为一九一八年协约国出兵西伯利亚之主动者后，今日表示非常惊异。报告书在叙述北满情形时声称，当各国交换公文、商榷西伯利亚及协约国利益之危机时，美国即提议干涉等语。惟美国务院中人对此仅表示惊异，不欲加以评论。有询其究竟者，则出示美政府所存档案。盖据一九一八年一月至七月间美国与欧洲各国间往来公文，足证西伯利亚出兵之举，系协约国所提议，美国初时尚不欲参加，最后始允加入云。

(《申报》，1932年10月10日，第十四版)

366. 顾维钧访法陆长，谈报告书意见

【哈瓦斯社八日巴黎电】 中国驻巴黎公使顾维钧，顷正式访问法国陆军部长彭古。顾氏虽未表明中国政府对于李顿报告书之正式意见，但对彭古言，中国官方及新闻界一般意见，对于李顿报告书并无不利云。

日意见书在起草中

【日联九日东京电】 外务、陆、海三省联席会议，于七日商议制作日政府意见书之根本方针，决定主张日本从来所声明之立场，外务省亚细亚局现由谷局长指挥全员进行起草。日意见书大约本月二十日以前可制毕，即由松冈洋右携往日内瓦提出国联。据闻其内容大体如次：(一)意见书使各国谅解日本立场，全文长数千页；(二)对于李顿报告书加以澈底的反驳；(三)李顿虽视中国为无统制之国家，意见书更列举多数事实，强化此事；(四)说明国联无能力根绝中国排日货行动；(五)说明日本军事行动为纯粹之自卫行动；(六)指出"满洲国"确由住民之自由意志成立，并举多数历史上之先例；(七)主张国

联不干涉中日问题之解决。

(《申报》,1932年10月10日,第十四版)

367. 冯玉祥等通电指摘报告书谬误

远东社云,留沪中委李烈钧、柏文蔚、程潜及冯玉祥等,昨由冯氏领衔通电全国云:"中央党部、国民政府、广州西南执行部、各省市党部、各团体、各报馆均[钧]鉴:慨自暴日入寇,当局者实行不抵抗主义,举全华民族之前途而付诸国联,迁延至今,始有调查团报告书之发表。此报告书者,不特为国联威信所攸系,抑且为我无数民众暴骸流血、忍痛经年所期待。其本身应如何公正平允,使持续经年之中日纠纷,得一充分合理之结束。乃事实竟有大谬不然者。报告书前八章,对于中日争端之审查,除于日寇暴行绝难掩饰者予以含糊说明外,其关于最重之责任问题,竟至绝无正面之解答,反以由暴日侵略而引起之中国经济绝交运动,责难我方。其混淆真象,颠倒因果,隐为日寇卸责,已昭然若见。九、十两章,对于解决中日争端之建议,一则曰满洲须成立特别宪兵下之无军备区,再则曰满洲须设立范围广泛之自治政府。夫军队所以保障国家主权之行使,满洲不能驻扎中国军队,即无异于满洲非复我有;自治政府之建立,须依于当地人民之自由意志。东北数千万民众,方浴血鏖战,以求民族与领土之完整。报告书乃谋以外来势力强设满洲之自治政府,其违反政府建立原则,分裂吾华民族,正与日寇操持满洲伪国等。此外如顾问会议之设立,日本权利之积极扩大与保障,在在均使我国处于危亡地位。此种违背正义与公理之解决方案,不啻使我国于日寇侵略之外,再受国际共管之束缚。国人如非甘为列强附庸者,对此曷能为笼统之承认?同人等谨为郑重声明:挽救国难,在于积极抵抗。唯抵抗乃能表见民族求存之决心,唯决心乃能转移国际之视听。徒尔求助国联,实为民族自杀。此同人一年来所坚持不移之信念,证诸今日事实而益确。当局今日果有挽救国难之决心,应于政策上有坚决之转变。放弃不抵抗主义及依赖国联谬想,速解人民束缚,切实与民众合作,全国动员,抗暴日而收复失地。庶国际之不利形势,得以一变,民族之垂危生命,得以保存。更有进者,当此国难日亟之秋,全国民众应不忘主人地位与责任,严密监督政府,坚决为武力抵抗而奋斗,毋使暴日之铁蹄得留于中国,毋使国际不正确之调处得以实现。民族不亡,实赖于此,幸全国同胞亟图之。临电愤绝,不□欲言。冯玉祥、李烈钧、柏文蔚、熊克武、张知本、刘芦隐、陈嘉祐、张定璠、薛笃弼、程潜、黄复生、黄季陆、孙镜亚、桂棠基、傅汝霖叩。佳。"

(《申报》,1932年10月10日,第十七版)

368. 宋子文今日入京,昨晨赴杭即晚返沪

代理行政院长宋子文,昨晨七时半偕夫

下转第十八版

人张乐昭女士,乃弟宋子良、宋子安,张学良秘书李应超,财部秘书黄纯道及卫队等,分乘汽车三辆,由沪杭公路赴杭游览。昨晚十时三十分,由杭乘专车返沪。并定今晨偕随员等,乘自备飞机入京,与中央各院部长继续讨论调查团之报告书,最后决定政府应付方针。

(《申报》,1932年10月10日,第十七版转十八版)

369. 李顿报告书全文明日发表,汪意见已由宋携京,罗拟赴汉征蒋意见

〔南京〕 国联调查团报告书全文已印制就绪,原定十二日发表,嗣因平津方面送达时间关系,改定十三日全国一律发表。汪对调查团报告书之意见,已由宋携交,惟蒋对此案意见尚未到京。外部虽接蒋电以中央意志为意志,但外交重要,必须汇集中央各要人之具体意见。闻罗文干日内或将赴汉一行,与蒋商洽,汇集汪、蒋各人之意见,归纳成一具体方案,然后再电达我国代表团,俾在国联会中表示云。报告书中文译本由京印,于十一日脱版,印五千册。西文本一千册,在沪付印。分寄平、津、沪三地各两百册,汉口由飞机运往一百册。定十三日起开始出售,外部并分送中央各执监委、府委、各院部会长暨全体立法委员、监察委员,共资研究。(十一日专电)

〔南京〕 宋子文谈:"汪病据医院发表诊断书,需三个月休养,最近恐难来京。汪对中央政务,关怀甚切,颇多垂询。本人赴沪为征询对报告书内容,颇有缜密研究,并将要点摘志意见,嘱余携京,交付外交委员会研讨。① 其中关键,自颇重要。外委会现正讨论中,并征询各方意见。俟汇集后,当有整个提议,待中央最后决定,然后宣布。"(十一日专电)

〔南京〕 某中委谈,国联调查团既认日军在东三省之军事占领非合法自卫行为,则衅自彼开,责由彼负。国联大会根据报告书,应用有效方法促日撤兵,恢复九一八以前状态。调查团既确认东北为中国领土,何须有其他组织之建议,我国似难接受。至日本对我国大肆攻击,并不足惊异。且调查团为国联指派者,当然对国联负忠实建议之责。日本对国联提出意见书,任意驳调查团之报告,在国联上更无法律根据云。(十一日专电)

〔南京〕 我国对李顿报告书意见,经中政会交外交特委会研究,外委会曾数度会商,并由各委草拟具体意见,现仍商确中。宋子文前赴沪征汪意见,十日返京,即晚邀外委会各委会商并报告赴沪经过。闻外委会将于十二日中政会提出报告,但具体意见之决定,则将需时日云。(十日中央社电)

〔南京〕 调查团报告书全文,经外部译就付印。五千份现已校勘完竣,十一日装订就绪。外部以尽先分送全体中委及各部会长,以资详细研究。并于十二日正式发表,同时出售,每册价六角。(十日中央社电)

(《申报》,1932年10月12日,第四版)

370. 顾维钧赴巴黎,明日呈递国书

〔日内瓦〕 中代表顾维钧博士今日在新闻记者招待会,说明中国对李顿报告书之地位。谓中国可以此报告书为讨论之根据,但有提出批评与考虑之权,渠希望可获荣誉的解决云。(九日路透社电)

〔日内瓦〕 我国代表团各代表及专门委员九日晚研究李顿报告书,并决定向政府贡献意见。(十日中央社电)

---

① 编者按:原文如此,表意错乱。

〔日内瓦〕 国联已邀请调查团委员李顿勋爵等出席下次大会,参加讨论中日间问题。(十日中央社电)

（《申报》,1932年10月12日,第四版）

371. 粤执部、政委指驳李顿报告

〔香港〕 执部、政会十一电国府及全国民众,指驳调查团报告书,分三大端:(一)不顾立言之矛盾,以迁就强权;(二)所谓特殊制度与国际共管无异;(三)误解总理遗教,且背民族主义。(十一日专电)

〔香港〕 在粤中委十一日在中执部开政委会、执行部联席会议,陈济棠、李扬敬、香翰屏、刘纪文、林直勉、关素人、邓青阳等出席,讨论对报告书电文。闻该电由陈融起草,修正即发。(十一日专电)

〔广州〕 西南政治会议讨论李顿报告书数日之久。今夜已发表意见,并通电各处,谓报告书中之条陈,较之"二十一条"要求,尤为恶劣。其所主张许东三省自治之解决法,不啻使日本藉国际管理之名,而专有其地。书中且多自相矛盾处。其不主张恢复九一八前之原状,实铸大错。先总理之主张中外合作,乃专就实业而言,决不信可以此解决中国政治问题。政府与全国不得再以依赖国联为务,宜速集合全国力量,作长久之武力抵抗云云。(十一日路透社电)

（《申报》,1932年10月12日,第八版）

372. 日本对国联策:意在展缓审议辽案,联俄、退盟均为外交策略

....

意见书大纲拟就

【华联社十一日东京电】 日外交部拟稿中之意见书大纲已成,今日送交

陆海军审议,定明日再开三省联席会议决定。其内容分为六章:(一)日本在满蒙所处地位;(二)中国之排日历史;(三)中国之内乱;(四)"满洲国"之独立运动;(五)排斥第三国之干涉;(六)否认李顿之提案权。共有五十页之多。详细内容另文说明。

....

(《申报》,1932年10月12日,第十版)

373. 顾公使在法发表谈话

【国民社九日日内瓦电】 中国驻法公使顾维钧,今日访问法国陆军部长彭古氏后,发表谈话谓,中国已准备接受李顿报告书,为磋商满洲问题永久适宜解决方法之张本。顾氏并称,中国在进始开行①交涉之先,当然须将一切自由权保存。顾氏复将满洲情形加以简单之叙述,称现在日本驻满之军队人数,已三倍于去年九月十八日日本突然将平安无事之区域变为混乱地带之时云。

(《申报》,1932年10月12日,第十版)

374. 日本态度不变,则中国抵货益将不懈——杨博士答伦敦人士之问

【路透社十一日伦敦电】 伦敦中国总领事杨光泩博士,今日在伦敦友会厅演说,题为"中国与新世界"。演讲既毕,杨博士请听众随意发问。当时有以国联如不能使日本接受李顿报告书,则将有何种事件发生为问者。杨博士徐称,果尔则对日恶感将更深切,而抵制将更加紧。不独商务上如是,即社交上亦然。事态将愈恶劣,或不免于两国之冲突云。

(《申报》,1932年10月13日,第七版)

---

① 编者按:应为"开始进行"。

375. 西南当局通电驳斥调查团报告书，谓调查团抛弃其所根据之公约及所认定之事实，东北问题只有凭民族力量乃可自决

〔广州〕 西南执行部、国府西南政委会通电云：

"各报馆均［钧］鉴：

自九一八事变发生，当局不图抵抗，而倚赖国联。日本则蔑视国联一再限令撤兵之决议，而积极扩展其侵略之范围。不闻国联依照盟约，执行有效之处置，而于举世共见共闻之事实，乃藉派遣调查团以迁延时日。遂使日本军阀，横行益无顾忌，对我沪淞为空前之蹂躏，对我东北袭用亡韩之故智，以造成傀儡之组织。近更悍然对此傀儡组织，加以承认，而自订立等于同并之条约，亦不闻国联有一言之纠正。我国受此深巨之创痛，而犹事隐忍者，将以待调查团工作之完竣，冀国联根据其报告，或有公正之解决。不料昨阅报载本月一日公布之调查团报告书摘要，该团提出所谓能令满意解决满案之基础原则及办法，乃不惜自抛弃其所根据之公约及所认定之事实，不顾立言之矛盾，以迁就强权。

如对于九一八事变之责任，既知日方系拟有一种精密预备之计划，中国并未进击日军、作危害日侨之企图，日方之军事行动不能视为合法自卫之办法，则日本显为破坏国联盟约、非战公约及九国公约之戎首，应受相当之制裁。非先依国联历次决议，恢复九一八以前原状，当无解决可言。乃竟谓恢复旧状并非解决办法，舍所谓该案全部之理论，而顾及非法造成之局势。对于东北政治之改革，既知东三省完全为中国之领土，无论如何，法律上事实上均不可分离，则东三省政治之如何改善，属于中国内政范围，中国政府自有其一贯之对内政策，岂容外国之干涉。乃竟主张在顾问会议之下，组织一种特殊制度之政府。以一种特殊宪兵，维持内部之治安。东三省行政长官之任命，税收之分配，中国之中央政府均无过问之权。特殊宪兵须由外人训练，税收机关，须由外人监督；东三省之中央银行，须以外人为总顾问；自治政府更须聘相当数额之外国顾问，而以日本人占重要之比例。在现时之情势，所谓顾问会议之组织亦必由

日人操纵。如此而美其名曰自治,直与国际共管而由日本代管无异,犹曰维持中国主权独立及领土之完整,其将谁欺?

该报告书所谓树立中日之新条约关系,对于日本,则主张得自由参加有助经济上之开发,推广居住及租地之权益,扩大领事裁判权之范围,至现未被日本占据之热河,亦包括在内。对于中国,则主张满洲应逐渐成为一无军备区,以条约规定,对无军备区不得侵犯,并在商约内担认禁止国内之抵制日货运动。夫国联盟约、非战公约及九国公约,尚不能制止日本之侵犯,则所谓对无军备区不得侵犯者,制止中国之驻兵防卫而已。买卖货物,纯出于人民之自由,非政府所能干涉。即有抵制运动,况对暴力之和平抵御,各国不乏其例,岂有在条约上断负禁止义务之理?往者日本对我提出之二十一条件,所要求关于满蒙之特殊权利,不及此次调查团所列举之苛酷。如此而曰适合中日双方之利益,尤为滑稽。至称解决满洲问题,须考虑第三方面苏联之利益,更不知其意义何在。当日本未便[侵]占东北以前,中国何尝有损及苏联之利益?若依调查团之建议,维持日本在东北之特殊势力,致此问题不能解决而至扩大,则将成为整个太平洋问题之一,非只为日本与所谓第三方面之问题而已。

该报告书又谓政治适当办法之最终要件,当如孙逸仙博士之主张,由国际共同合作,以完成中国之内部复兴。不知孙总理系主张由国际共同投资发展中国实业,并非所谓政治适当办法之最终要件。发展实业必须权操在我,亦并非他人所能越俎代谋。若藉是以为主张国际共管东北之掩护,不特误解总理遗教,且与民族主义显相背戾。

综观该报告书对于日本侵略中国之事实观察,非不明晰,而竟为此委曲迁就之建议,不敢作公正之主张。吾人于此,益见所谓国联所谓公约者,实无倚赖之可言。东北问题只有凭我民族之力量,乃可以自决。中国领土之完整,主权之独立,亦只有凭我民族之力量,乃可以维持。今后惟有负下坚决之意志,本牺牲之精神,以为继续之抵抗,而求失地之恢复。事机急迫,绝无徘徊瞻顾之余地,愿我政府与人民共起图之。

中国国民党执行委员会西南执行部、国民政府西南政务委员会叩。真。印。"

(十一日专电)

(《申报》,1932年10月14日,第四版)

376. 外委会对报告书征求各方意见，罗文干今日赴汉谒蒋

〔南京〕 外交委员会对报告书意见，已数度会商。但以关系重大，各方意见应广为征求，尤以汪、蒋之意见，更关重要。但汪、蒋甫阅全文，尚在详细研究，迄未表示。罗外长特定十四日晨飞汉谒蒋磋商，十五日返京，十六日飞沪谒汪磋商，俾能具体决定。（十三日中央电）

〔南京〕 记者十三日晤政府某要人，叩询政府对调查团报告书商讨之程度。据称，政府对此现仍在慎重商讨之中，尚未有具体之决定。现在各方对报告书，已有极多之批评。或则谓某条某点尚属公正，或则谓某章某节断难接受。实则此种章节条文之讨论研究，尚非吾人目前精力所应集中。吾人今日所最应注意者，则为国际之空气及日方之态度。调查团报告书，不过是向国联之一种报告而已。对于中日问题之解决，仍将由国联大会讨论。如日方能改变其向来之倔强态度，在国联监视之下，谋中日间问题之适当解决，则吾人应从大处落墨，在不丧权、不辱国的原则之下，考虑解决之办法。如日方仍强蛮横行不顾一切，则吾人一面应妥筹对付，一面尤应随时注意国际形势因此而发生之变化。如国际风云因此而趋恶化，则我国对于一切准备，此时尤应妥为筹划云。（十三日中央社电）

〔北平〕 外罗电邀蒋梦麟、周作民赴京，并邀集各地专家，着手研究国联报告书。（十三日专电）

（《申报》，1932年10月14日，第四版）

377. 外部公布李顿报告全文，中、英文本印就出售

〔南京〕 报告书中、英本全文，十三日由外部公布之。赠送驻京各领馆英文本各一册，日领馆则赠中文本一册。（十三日专电）

〔北平〕 调查团报告书全文中文译本五百份，今午到平，英文本后日可

到。除赠张学良一份外,余均由外部档案保管处出售。(十三日专电)

〔南京〕 报告书全文,中、英文本均翻印、添印就绪,外部十三日正式发表并出售。(十三日中央社电)

(《申报》,1932年10月14日,第四版)

378. 日永田少将挟军部重要训令赴沈:对付义军以收买与武力并用,北满方面避免与俄正面冲突

....

三省讨论意见书内容

【电通十三日东京电】 外、海、陆三省本日午后开联席会议,对意见书为最后之决定后,即着手起草。闻意见书本文共约四十页,二十日可以完成。

【华联社十三日东京电】 今日陆、海、外三省开联席会议,决定对李顿报告书之日政府意见书。其内容之大纲(一)以为李顿报告书之取材,立场不公平,(二)为以平和手段解决中日问题,尤其是满洲问题,是属空想。以此立场分下列六项制定意见书:(一) 满洲在历史上与中国本土两立,不能看做中国原有领土;(二) 九一八事变被看做日本之计划行为,日本绝对不能承认;(三) 以"满洲国"独立为日本之策动,日本不能赞成此种见解,主张是三千万满人之民意;(四) 中国不能看做有组织之独立国家;(五) 排日货责任在中国,不在日本之侵略政策;(六) 中国既非有组织之国家,当然不能主张领土完整之主权。

东京《万朝报》云:"此次李顿调查团,蔑视'满洲国'独立之事实,我国(日本)上下均极愤慨。特荒木陆相以报告书中之第六章第一节之一部分'满洲之独立,关系于日本之新政治运动。日本之文武官吏,不论其在现职与否,对于满洲事变之解决策,实计画组织并实行此独立运动'。此种材料之由来,系去年秋季后,军部之中坚将校,对于种种国政发生不满时,一彼实业界方面咸抱非常恐怖。于是实业界之领袖等,当调查团来日时,彼辈专谋实业家之利益,竟将攻击军部等恶劣材料,提供调查团。因此调查团即据此以为作报告书之材料,而报告书之所以不利日本,亦一端也。目下军部、外务省首脑部,认实业

团领袖辈出此不慎的卖国行为,今已在报告书中可以判明,颇为愤恨,行将发生重大国内问题"云。

....

(《申报》,1932年10月14日,第八版)

379. 俄报评报告书

【国民社十三日莫斯科电】 今日共党机关报《伊斯维斯的亚报》评论李顿报告,谓其宗旨在唤起世界舆论反对日本,以巩固美国对抗日本之地位。按此文为共党著名新闻记者雷台克所撰,尚系苏俄机关对于李顿报告第一次正式评论。据雷氏意见,报告措辞一方挑唆日本攻击苏俄,但同时再图留一途径,将来可使苏俄加入对付日本之联合阵线。又谓该报告极为莫斯科所注意,因表现日本苟为各国所屈服后,则帝国主义者将欲如何解决远东问题也。今观于报告内容,足见帝国主义国家倘能以充分压力迫日本接受,则欲使在中国重设国际银行团云。

(《申报》,1932年10月14日,第八版)

380. 西南政委会之现状:政务委员多数散离,粤军将领返省会议

广州通信。中央近为决定对日方案及共商国联报告书对策,亟求全国意志统一起见,特将国联报告书结论中所谓解决之适当条件者十项理由,由内政部长黄绍雄电知驻粤第四集团军总部参谋长张任民,请征询西南当局主张,以便决定方针。张接电后,业于本月六日,分别转达西南当局。闻唐绍仪日间将发表对外意见,其他西南政委,尚须稍待时日方有意见发表。盖西政务委会常委七人,近只得唐绍仪一人在省。致政委会情势,大有凤去楼空之感。至此常委七人,伍朝枢早已赴沪,邓泽如月前赴桂,萧佛成则已返暹逻;李宗仁又于四日下午由粤返桂,五日抵梧州,略事休息,即于六日上午七时乘飞机返南宁;陈

济棠则自六日起,向政委会告假三星期,该会据呈后,只准予给假一星期;邹鲁则因病告假许久,直至日昨因公赴港,与胡汉民商洽政事,延至七日始返省。以上六委既未到政委会办公,故只唐绍仪一人,以值日关系留省也。迨邹鲁七日返省,唐又即于七日下午趁升昌轮赴澳门,八日取道澳门返中山唐家湾。政务会近因重要人物他去,于是外间风传有某某两机关无形取消、粤将另设军事分会之说,又有某实力派将与中央一致、共赴国难之讯。但粤当局连日仍取缄默态度,是否如外间所传,尚待事实之证明。然一方既有上项之风传,一方则各将领连日纷纷由前方返省。闻将召开军事重要会议,取决应付时局各问题。查军界要人、第一军长余汉谋早已回省,第二军长香翰屏近亦到省,第三军长李扬敬亦于五日赶程回省,西北区绥靖委员李汉魂方在巡视西江各县中,亦奉召匆匆回韶关,于六日乘车回省。各将领齐集省城后,当即开军事会议,讨论应付时局各问题矣。(十月八日)

(《申报》,1932 年 10 月 14 日,第十版)

381. 宋子文昨来沪,因财政上事务须与各界接洽

中央社云,代理行政院长宋子文氏,于昨晨八时四十分偕随员黄纯道及卫士等,由京乘坐塞可斯号飞机来沪。宋夫人张乐怡女士,亲自到虹桥飞机场迎接。宋氏抵寓后,稍事休息,即偕张女士外出,至十一时许返寓。中央记者即趋询种种。据宋氏答称:"本人今日来沪,系因财政上事务,须与本埠各界会商;至我国对国联调查团报告书之意见,尚在继续讨论中,在讨论未得结果以前,不欲有所表示。"记者又询以今日报载,汪精卫氏将于最短期内出国休养,并谓已得中央同意,其护照等业已办妥云云,是否属实。据宋氏表示,谓"本人迄今未有所闻"云。

(《申报》,1932 年 10 月 14 日,第十三版)

382. 国联调查团报告书全文昨日发表，附件尚付阙如

国联调查团李顿报告书昨日发表全文，惟附件尚付阙如。该项报告书，中文本计二百二十八面，英文本二百面。上海方面到中文、英文本各二百册，由外交部印行，报馆以及各公私机关，概不赠阅。本埠人士可向枫林桥外交部驻沪办事处购买，中文本每册六角，英文本一元二角半。至该报告书附件甚多，调查团建议之细则亦属附件中。调查团参考之文件及接谈之人物，亦编有索引，均关重要，颇为留心之士所急欲详知者。惜今未一同发表，一般人因有未窥全豹之憾云。

(《申报》，1932年10月14日，第十四版)

383. 罗文干飞汉谒蒋，征询对调查团报告书意见

〔南京〕罗文干因我国政府对国联调查团报告书之内容，虽经中政会及外委会数度研究，各有意见发挥，但以关系重大，必须就商于负实际政治责任之领袖，征求其对该报告书之全部意见，俾确定整个之对策，以昭慎重。故将各方所拟具之意见书，汇集成帙，于十四午十时半，偕外部秘书林椿贤、参事朱鹤翔，乘宋子文氏之塞可斯号飞机，携带赴汉谒蒋，商承一切。外次徐谟及秘书向哲濬等，到机场欢送。罗定十五日乘原机回京，必要时或再赴沪，商求汪氏意见。闻各委对报告书意见，大致分为三点：（一）可以接受者；（二）不能接受者；（三）可为将来讨论之根据者。同时并由中央征集全国专门外交家与研究政治学者之意见，以供参考。然后根据上述三要点，归纳成为有系统之方案，提交中政会通过。即电达日内瓦国联大会中之我国代表团，向大会提出。又闻汪对国联报告书签注各点，颇为警惕，谓吾国人民对此建议，容有未尽惬意之处。惟以爱重和平之切，故不便过拂列国公证人意见，委曲求全，为相当之接受。所虑者，国联此种建议，能否促日方履行

下转第四版

耳。又闻蒋对调查团报告书,尚无意见书到京。日前曾有来电,口气中颇尊重外部主张。因之罗决赴汉,将此问题再为精密之面商。(十四日专电)

〔汉口〕 罗文干乘宋子文自备塞可斯机,十四日下午二时半抵汉,降王家墩飞机场。外部参事朱鹤翔、秘书林椿贤同来。罗等下机后,即乘汽车赴德明饭店休息。记者往访,罗因航程劳顿,派朱鹤翔代见。据谈,罗部长此来系向蒋委员长报告外交情况,并征询对报告书之意见。定十五日乘原机返京,并将赴沪谒汪院长。政府对报告书意见,须汇集各方意见后,再由会议具体决定,现在慎重商讨中。国人于此时研究报告书外,尤应留意国际情势及日人态度云。下午六时许,罗乘汽车赴怡和村谒蒋。(十四日中央社电)

(《申报》,1932年10月15日,第三版转第四版)

384. 驳斥李顿报告日意见书要点,外陆海三省已一致同意,特别注重中国抵货问题

【路透社十四日东京电】 外务省、陆军省、海军省关于日本对李顿报告书所作意见书之要点,已完全商得同意,故外务省已开始起草。草成后,将呈日皇核准,而交松冈携往日内瓦。闻意见书并不批驳报告书,仅将详细释明引起满洲事变及后来建设"满洲国"之经过事实,并将述及中国内局之不靖及抵制日货事。末乃切言日本在满洲之军事行动,当时为自卫计,别无方法云。

【路透社十四日东京电】 今日外务省发言人声称,日政府审慎研究李顿报告书后,觉报告书多属调查团中二偏见专家之工作:一为以熟悉满洲事务著闻之美人杨氏,一为该团翻译员荷人某氏,杨氏素来排日甚力。发言人又评论日本拟在日内瓦提出之意见书,谓日本不欲正式声明不满或提及人名。惟日政府觉以此偏见专家参与草拟报告书之工作,实欠公允,此节日本不得不有所说明云。意见书之性质,今日未经宣露。闻日本将特别注重排货问题,或将企图加以国际制止视同战争。意见书切言中国在日本用兵前两月,即开始抵制日货,故中国实为真正挑衅者云。

(《申报》,1932年10月15日,第八版)

385. 俄报评报告书，谓李顿既使日抗俄，又欲使俄与日冲突，列强可坐收渔利，中国终一无所得

【国民社十四日莫斯科电】 俄报《伊斯维斯的亚报》载雷台克评论李顿报告声称，苏联在远东不取帝国主义政策，亦无欲得日本土地野心，亦不欲与日本作经济竞争。该报告最大缺点之一，在未能重视各资本主义国家对于开发满洲与中国本部之竞争。至于苏俄，即如中东一路虽属帝俄时代遗产，亦始终与中国按照纯粹商务利益共同管理，迄未牵入中日争执。今李顿报告乃力图牵引苏俄卷入中日争执，及帝国主义者国际竞争漩涡。再，此报告一方企图拉拢日本与英、美、法等帝国主义者一致抗俄，另一方面则欲煽唆俄与日斗，使日俄俱疲，俾其他帝国主义者在华坐收渔人之利。至其所予中国者，不过一场好梦而已。

(《申报》，1932年10月15日，第九版)

386. 李杜、丁超佳电

吉林自卫军首领李杜、丁超九日通电云："中央党部、国民政府林主席、汪院长、蒋委员长、北平东北政务委员会军事委员分会张副司令钧鉴，各省市政府、各救国团体、华侨联合会、各报馆均[钧]鉴：日人蹂躏东北，瞬届一年，凡我同胞，莫不痛心。三省民众义勇军、自卫军，乘时而起，坚强抵抗，劳苦卓绝，未稍屈服。苦战情形，谅蒙洞鉴，士气之激昂，可见一斑矣。国联大会主持公道，远涉重洋，实地调查，是非曲直，当有公论。乃日人既用武力威胁，造成满洲伪国，竟于国联调查报告书完成回欧之际，悍然承认伪国。似此强占我领土，侵害我主权，屠戮我人民，种种阴谋，惨无人道。不但污蔑中华，其破坏公约，朦蔽列强，至此已极。此而可忍，孰不可忍？消息传来，群情愤恨，将士怒发上冲，民众痛切危亡。东北人民，素性强悍。乡野壮丁，有枪者则入伍义勇军，无枪者则练习大刀队。行见三省各地，处处抗敌，三省人民，个个效命。敌竟恃其火器精良，我仗铁血与正义及不减之精神。军民团结，一德一心，于械弹之

外,举凡民间锹铲镰锄,皆堪作杀敌利器。自古以武力侵略他人土地,断难屠尽其人民。我三省人民不死,即可保持我三省不亡。况日本现在之人心,不是明治时代之人心;我国民气,已非庚子以前之民气。将来胜负谁属,可以立判。杜等起义之前,早抱牺牲决心,今既普天同愤,更当荷戈前驰。惟冀中央早颁讨逆明令,用张讨伐。尤盼国内同志,其伸正义,力挽狂澜,以雪国耻。忍泪陈词,伏维垂鉴。李杜、丁超。佳。叩。印。"

(《申报》,1932年10月15日,第十三版)

387. 宋子文此次来沪任务,此行系与财部在沪干员商榷内部种种改革计划

中央社云,代理行政院长宋子文氏,昨日下午五时许,由外返寓。中央社记者趋往访晤,作简单之谈话如下。

问:"宋部长何日返京?"

答:"尚有一两日勾留。"

问:"闻财政部为政费拮据,将向各界商筹,确否?"

答:"备款事绝对不确。本人此次来沪,系与财部在沪各干员商榷种种内部问题。"

问:"财部各种设施或改革计划,如废两改元等,是否在停顿中?"

答:"否。各种计划,财部正在积极筹划。研究办法,未稍停顿。但在此时期,全国人民均注意外交问题,故对此种内政问题,未予关心耳。"

问:"日政府对于李顿报告书已议决意见一致。我政府对此之意见究竟如何,已商得一致意见否?"

答:"日本对该报告书十分不满,想已在报端见之。我政府之意见,现正由外交委员会缜密商议。外委会几至每日举行,而罗外长亦已于今晨(即昨晨)飞汉,征询蒋委员长之意见。本人系代理院长,亦须请示汪院长,始得商议一整个之意见。"

问:"汪院长传将出国赴法,确否?"

答:"本人不知。汪院长或将远离此间,作长期休养,想亦可能。汪院长之

病确甚重,外间妄加揣测,实系神经过敏"云云。

谈至此,记者即兴辞而出。

(《申报》,1932年10月15日,第十三版)

388. 褚民谊昨来沪谈话

中央社云。行政院秘书长褚民谊,偕同中政会秘书长唐有壬,于昨晨八时许由京抵沪。中央社记者往访褚氏于中法学校。据谈,日来报载汪精卫先生行将出国休养消息,本人尚未知悉。至汪先生对调查团报告书之意见,已由宋代院长转达于中央。罗外长定今晨(即昨晨)飞汉谒蒋委员长,亦为此事有所请示也。中央对川战,决派员前往调处,以免扩大。至是否何部长膺命入川,则尚在斟酌中云。闻褚氏定下星期一返京。

(《申报》,1932年10月15日,第十三版)

389. 谈言:某要人之言

国联调查团报告书虽非定案,尚有待于国联大会之讨论和议决;但国联大会当然以该书为根据,即有斟酌损益,决不出其范围。

总观该书内容,无非以"独吞"主义,而变为"共管"主义。惟其分配之数量,各有不同。日本则获利较多,以酬其武力侵占之手段,而我国则仅得一虚名之宗主权。此种虚名之获得,一方面为敷衍我国面子起见,又一方面亦为敷衍国联面子起见。此种报告书是否能令我国人满意,当亦不言可知。

该报告书已公布多时,而我国当局,对于该书尚无具体表示。所可异者,昨报发表某要人对报告书之研究一文,如鲠在喉,能不一吐。

有曰:"我人今日所最应注意者,则为国际间之空气及日方之态度。"噫!其梦耶?其传之非其真耶?到现在地步,尚思鹬蚌相争,以收渔人之利耶?

又曰:"吾人应从大处落目,在不丧权、不辱国之原则下,考虑解决办法。"噫!我谁欺?欺天乎?即使退千步万步言,就如报告书所云云,所办法,是否算为不丧权、不辱国乎？此种大话，说给何人听耶？

又曰："如日方仍强蛮横行，不顾一切，则吾人一面应妥筹对付，一面尤应随时注意国联。"噫！劝君堪折直须折，莫待无花空折枝。一则曰仍旧如此，方思应付，再则曰依旧不可忘记国联。此种说法，则从前并不思应付可知。若待日本再强蛮，再不顾一切，即使应付，亦已无及。

观以上所言，无一语谈到自救，无一语想法自救。惟有全身靠托国联，这真正是绝妙唯一办法。不知我国自己无出息，无办法，致有此分赃式之报告书发现。若我国有些办法，决不至此。而我国现在还要观望国联，国联亦须观望我国。是否我国大度包容到底，或者还有一些谋生之法，而估量其分赃办法，国人乎？若依旧想"投骨"之策，而使国际间发生恶感，无论其策不效，即效，其骨亦将何处去耶？

（《申报本埠增刊》，1932年10月15日，第二版）

390. 土耳其加入国联特委会，调查报告下月提出讨论，五委员均将出席备咨询

【路透十五日日内瓦电】 国联行政院请满洲事件调查员李顿勋爵等，出席于讨论调查报告书之会议。众信行政院此举，系从李顿勋爵等之志愿。盖可使之就众所欲询问之各点，加以说明也。美委员麦考益届时将列席，故美国于办理李顿报告书事，将切实参加，此乃甚重要事也。其他法、德、意三委员亦将出席。

【国民社十四日伦敦电】 李顿勋爵就无线电播音台，述在满调查经历。谓国联调查团各委员对于主要事实，皆一致同意，仅在解决方法，意见微殊。渠希望将来国联讨论此案时，亦能表现同样一致精神。而国联之精神的力量，足以避免天际之风雨云。

（《申报》，1932年10月16日，第八版）

391. 伪组织美顾问甘心为日奔走，在日内瓦作反宣传，谓满洲独立系人民自决

【国民社十五日日内瓦电】 美人白朗森·李氏，自称为"满洲国政府"顾问，来此旁听国联讨论李顿报告书。今日向各报代表述满洲现局，谓满洲三千万华人要求独立之建设有秩序之"国家"；满洲今四面为"赤祸"胁迫，"建国"尤属要图云。

(《申报》，1932年10月16日，第八版)

392. 日政友会大会铃本[木]总裁抨击报告书，主张实行亚门罗主义

【路透社十五日东京电】 政友会今日在若山举行代表大会，通过决议案数条。内有一条主张推行纯粹的亚细亚政策，以应付因日本承认"满洲国"之时局。决议案并主张定一实业新政策，以增进日本与"满洲国"间之经济关系。政友会总裁铃木对各代表演说，请日本恒根据公道行事，并预料将来之政策不致更变。铃木又抨击李顿报告书中之重大错误，谓由草率调查所致，该报告书并未供献根本解决中日问题之钥。铃木深信国联必不根据李顿报告书而讨论解决方法，谓尚和平之国联决不采取笨拙之政策，而续引起纠纷。末谓无论国联取何态度，日本之政策决不变更云。

(《申报》，1932年10月16日，第八版)

393. 各方注意之国联报告书：国难严重声中应有之现象，申社所编报告书明日出版

上海申社为新闻界名流及各大学教授所组织，专门研究国际问题及外交问题。近鉴于国联调查团报告书发表，中英文本外交部所印不多，而各方需要又甚殷切，特漏夜先赶印中文本一种，并以世界各国之舆论，汇辑数万言，附诸报告书后，以供参考。兹将该社宣言及预约与批发办法，探志于后。

申社宣言

国联调查团报告书者，即国联将据以解决我东三省问题者也。国联解决而善，则中日纠纷可以解，世界和平亦有一线希望；不善则非特中日之争益剧，或且为世界二次大战之导线。是则国联调查团之报告，关系宁不巨大？东三省之存亡，既与我国国民俱有切肤关系，则此调查报告书，又宁不人人注意之乎？抑研究此报告书者，又须观察中日朝野之态度、世界各国之舆论，而后乃能测知此报告书将来能收到何等效果，故又加以各方意见之附录。总之国难之能否打开，全视此报告书之结果，国人其毋忽。

预约拥挤

该社此次以极大之毅力、无限之牺牲，于三日间印成此关系重大之全书，良非易易。初版只印五千册，深恐出版后购者踊跃，后至者必抱向隅。故于昨日（十五）起，委托三马路《申报》馆、《新闻报》，先行发售预约，每册仅收成本大洋四角。自此项消息露布后，昨日自晨至暮，两报馆门首拥挤不堪，争先恐后，购此项预约券。计一日间销去一千九百五十四张，而购者尤以青年为多。于此可知国人已知东三省问题之严重性，而国联报告书实与我国关系太大也，今日仍由两报馆发售，于明日上午十二时半截止。下午四时，即可在原经售处取书。

外埠采购

外埠方面，该社亦审知必有无数读者引颈盼望，以一读报告书之内容为快。该社决定于明日下午出书后，必抽出一千册，立刻分寄南京、杭州、北平、

天津、汉口、香港、广州各处，委托各大书局销售。其他各埠，则欢迎批发。该社已赶印第二批，三五日后即可出版。批发一律现款，至少百册，七折计算，邮费加一，以示优待。如欲批发者，可投函上海山东路二八〇号国华广告公司转申社发行部。又零星读者可向上海申社购阅（地址同上），邮票九五计算。

中英文本

该社以外交部所译之中文本，固已忠实精审，但需要中英文合刊本互相对照者，尤甚殷切。故同时又印有中英文合刊本一种，正在校勘之中。最短期内，亦可出版，当续为露布。

（《申报》，1932年10月16日，第十五版）

394. 国联行政院代表由顾维钧继任，颜惠庆专任国联大会首席代表

〔南京〕 外部息。颜惠庆本年九月受任国联行政院我国代表，九月又受任国联大会我国首席代表，任重事繁，曾迭电政府请另派代表分任其事。且颜以此次国联行政院开会，最要者为讨论报告书，并邀李顿出席，我顾代表曾亲与调查工作，由彼代表出席，自属更为适宜，故曾迭电推重顾氏担任行政院我国代表。政府已商得顾氏同意，故即用命令发表。现颜任大会首席代表，顾任行政院代表，通力合作，可称相得益彰。（十六日专电）

（《申报》，1932年10月17日，第三版）

395. 罗文干昨由汉飞还京，翁照垣、萧吉珊同来，蒋对报告书有具体表示

〔南京〕 罗文干偕外部参事朱鹤翔、秘书林椿贤等，于十六午由汉返京。前十九路军旅长翁照垣、中监委萧吉珊，亦随机同来。罗谓："蒋委员长对调查团报告书，已有具体意见表示。其意见若何，当由政会集中讨论，俟决定后整

个向外发表。在未正式发表前,未便披露。外委会定十七开会,归纳各方对报告书意见,汇成整个方案,送呈中政会讨论通过。本人拟十七日下午或十八日上午飞沪谒汪、宋,报告在汉谒蒋经过及蒋对报告书之意旨,并请示具体意见,以求详审精密,俾将来为有力之折冲。"翁谓在京约留一二日即赴沪,至出洋期尚未定。(十六日专电)

〔南京〕 罗外长今晨由汉乘宋子文之飞机返京,谓与蒋军委长商榷李顿报告书数次,但罗不愿宣布晤谈之结果。罗原拟今日赴沪,因体觉疲乏,故改期明日。(十三日路透电)

〔汉口〕 罗文干在汉公毕,十六日乘宋子文自备机飞京。萧吉珊、翁照垣同机东下。(十六日专电)

(《申报》,1932年10月17日,第四版)

396. 日本倾注全力于国联,对调查团员列席不无惶恐,美国总统选举结果堪注目

【远东社十六日东京电】 国联以李顿报告书关系重大,特于十一月十四日开理事会审议,十二月初开国联总会,为此问题作最后之判决。当此以远东问题为中心之时,国际外交时起激烈之论战。日本以此会议实为日本国家盛衰之关键,故日外务省对此乃集外交精锐,于日内瓦创设全权部,布置一切,以期充分活动。兹将日本对此次国联理事会外交上之新阵势,揭示如下:

甲、全权代表:(一)驻法大使长冈隆一(理事会为日代表出席);(二)驻波大使佐藤尚武;(三)代议士松冈洋右(于理事会必要时亦拟参为代表)。

乙、补助员:(一)驻瑞典大使矢田七郎(前驻沪总领事);(二)日本国联事务局长泽田节藏;(三)日本国联事务次长伊藤述史。

丙、顾问:驻英大使松平恒雄。

此外尚有参加调查团为补助委员之前驻意大使吉田伊三郎,及外务省书记官盐崎观三、吉泽清次郎,亦拟于本月二十一日随同松冈洋右由东京出发,赶付[赴]日内瓦加入全权部活动云。

【远东社十六日东京电】 国联对李顿报告书将于十一月十四日开会审查,

前已决定请李顿爵士参加,现对于意、法、德、美各调查委员之个人意见,亦将列作为审议报告书之基本方针。日外务省自接此消息后,因事出意外,甚为恐慌。

【电通社十六日东京电】 十一月十四日之国联理事会,决请李顺[顿]勋爵等以下各调查委员全部出席,于议报告书之际只说明委员自身之意味。日政府于调查委员不在理事会讨论之原则下,则赞成。若(一)调查委员于理事会只限质问事项,加以答复,设意自发的对日本主张加以反驳,及(二)忘却受国联之托,为调查委员之中立的人格,反代表本国政府之意见而有越权行为等事时,日本代表将要求立刻中止发言,或将全面的否认该理事会,始终反抗云。

【日联社十六日东京电】 十一月十四日开会之国联大会,对于满洲问题决定如何命运,现今未许预断。然此事实系于国联原动力之英美两国态度之如何,故日外务省极端注意该两国将来对日行动。而此两国之中,尤其美国最堪注目。美国对日态度,将于十一月八日举行之大总统选举结束后,或有一大变化。据日外务

下转第六版

省之观察,今次大总统选举战,共和党旗色不振。苟若出现民主党政府,则从来对日积极态即可清算。假令共和党再度胜利,现任国务院长之史汀生定要辞职。盖史汀生与胡佛总统之关系不圆满,且史汀生关于军缩问题、赔款战债问题已有失败也。美国财界之舆论,反对美国之对日积极政策。美国若采静观态度,则英国决不致有单独对日之决心也。而法国之态度不变,则其他诸国之饶舌,不能推翻大势。

(《申报》,1932年10月17日,第五版转第六版)

397. 外委会昨开会讨论对报告书之意见,伍朝枢被邀参加讨论,罗外长明晨到沪谒汪

〔南京〕 罗外长返京后,以对报告书意见,有召集外委会各委再度研究之必要。适中委伍朝枢由沪来京,罗乃于正午在广东酒家欢宴伍氏及外委会各委,下午三时齐赴外交官舍,开会讨论。除在京外委会委员居正、朱家骅、陈公

博、何应钦、朱培德、陈果夫、陈绍宽、贺耀祖等均一致参加外,伍朝枢本为外委会委员,故亦被邀参加讨论。席间首由罗报告赴汉与蒋磋商经过,各委亦相继有所讨论,至六时许始散。闻各委意见已大致集中,但仍须与汪磋商,俾作最后具体之决定。故罗决于十八日晚夜车赴沪谒汪院长,伍朝枢则于七时渡江,偕其夫人乘车赴平云。(十七日中央社电)

〔南京〕 今日下午五点外交委员会到者不多,仅交换意见,尚无具体决定。外传决定三项原则,即提中政会。据预会者云,尚非事实。(十八日专电)

〔南京〕 外部于前、昨两日,迭接日内瓦我国代表团来电,请示对于报告书意见及此后之方针,且谓日内瓦方面盛传中国对报告书意气反对者多,颇有不良好之印象,似为日方宣传。罗已电复,尚在研究中,俟有结果,即当奉达。(十七日专电)

〔南京〕 陈公博谈:"十七日中央谈话会,并未议及国联报告书及汪氏出国事。外传中央将派员赴沪劝汪中止出国之说,不确。至曾委员仲鸣、陈委员璧君是否随汪同行,本人尚未得悉。"(十七日专电)

〔南京〕 伍朝枢夫妇十七日晨由沪乘车抵京。罗外长与伍交谊素笃,亲赴车站欢迎,先赴外交官舍休息,罗、伍畅谈颇久。下午六时许,伍夫妇过江乘车赴平。伍答记者问如次:

(一)余对报告书意见,在沪已略有发表,现无特殊意见,亦不向中央提意见书。

(二)此次国联大会前途如何进展,现难揣测。但英、法、美态度须注意。总之,对中日问题,一面固须观察国际形势,一面尤须用自己之力量,贯澈自己之主张,始能得圆满之结果。

(三)日方对报告书所提之意见书,仍以中国为无组织、无政府之国家为藉口,肆意攻讦。如国人再不图团结,而勇于内战,别途不堪设想。

(四)美国此次大选,如共和党获胜,对外政策必一仍其旧;如民主党胜,亦不致有多大变更。恐将以罗斯福及其外交当局之主张与态度而定。

(五)最近在沪前未晤汪,故出国事不详。

(六)北上游历,纯为旅行性质,别无其他任务。

(十七日中央社电)

〔南京〕 外交委员会今日午后四时开会,秘密讨论李顿报告书,历两小时半之久。其结果因关防严密,无从探悉。闻日内瓦中国代表团今日来电,请示

对李顿报告书中条陈应取之态度。罗外长旦夕将赴沪,征求汪精卫之意见。(十七日路透社电)

(《申报》,1932年10月18日,第四版)

398. 李宗仁对报告书意见,反对建议部份①

〔香港〕 李宗仁对报告书十四日发表意见,关于该书事实部分,表满意。惟反对建议部分,谓照其建议,东省至多从日本独占状态,变为国联共管,东省仍非我有。我国决不可急求解决,而采此不澈底办法。并谓我国无论如何不能倚赖国联,要收失地,只有靠自己力量。(十七日专电)

(《申报》,1932年10月18日,第四版)

399. 时评:对日外交之转换期

国联调查团报告书于日本之侵占东北三省也,虽未明言日本对东北军事行动为侵略行动,但谓"'九一八事变'……不能视为合法之自卫办法"。除此(第四章)及"'满洲国'之构成……厥为日本军队之在场及日本文武官吏之活动……基此理由,现在之'满洲'政权,不能认为真正及自然之独立运动所产生"(第六章)以外,于我国实多贬词,于日本之侵略实未敢干犯,且于经济关系尤多袒护。不过在九、十两章所提之解决条件与建议,又乘机实现其利益均沾之主张。以故日本在报告书发表之初,军部方面之表示尤为露骨,于直接否定"调查团对远东问题认识不足"之外,竟有如下之意见提出:

(一)"完全抹煞报告书之第九、第十两章之结论。"

(二)"满洲之独立及承认其独立,为解决满洲问题之唯一方法。"

(三)"强调(宣传)中国非完全之国家。"

(四)"中国排日分子之存在,即为日华纷争之根源。苟此事而不得解决,

---

① 编者按:下文作"部分",为原文用词写法不统一。

则联盟一切手段均无效果。"

（五）"关东【军】之军事行动,乃自卫手段之发动。"

（六）"李顿报告书于日本人个人、日本国家及日本官宪,殊属故意混同,应澈底摘发并澈底排除之。"

此种论调何等强硬,且也增兵制械,日夜不遑,而战时之预算计划,海军之到处示威,尤为遍布备战空气。苟仅观其军部之一面,几认为即下动员令矣。然而曾几何时（十日之间）,前日之紧张空气竟又突然松弛。试观其最近对调查团报告书之正式意见：

（一）"使国联正视满洲事变之所以发生,及中国不统一状态。"

（二）"强硬主张日本'九一八'军事行动为不得已之行动。"

（三）"对报告书不采辩驳态度,但取攻击与防御两种方法。"

（四）"郑重恳切纠正报告书之认识不足。"

其间虽不免增加若干外交词令,而内容之更正亦复不少。尤显明者,厥为对九、十两章不复完全抹杀。换言之,即于"利益均沾"表示相当让步也。然则日本军阀既目空一切矣,何能于旬日之间,骤变其强横态度乎？盖强邻相逼,在日本固猛拼其国家存亡以图一逞,而美国岂仅强硬表示"不承认以武力侵略获得之领土",且在加州建筑巨大之飞行场,大西洋舰队亦长留夏威夷,暂不归队。虎视耽耽［眈眈］,大有引满待发之势,所缺者国际间之助力耳。设英国而能助美者,则今日仅口头表示"不承认主义"之美国,必将更进一步图有效方法之制止也。法国前与日本似曾有秘密谅解,今亲见日本势将独占东北,所谓"门户开放,机会均等"也者,徒托口惠已耳。且于封锁苏联一事,匪特不肯履行,竟又进而引苏联以自重。德意志又复力图推翻《凡尔赛和约》,使法国在欧陆霸权根本动摇。于是法国乃不能不暂时结欢于英美,一面维持国联威信,一面强制日本加紧反俄,同时更须均沾满洲利益。彼日本者,亦难抛弃国联于不顾也。设使日本真陷于国际的孤立者,势非用兵不可。设此时果对外用兵,其内在之困难必然加甚。一则产业衰退,虽受货币澎胀①政策一时的刺激,究竟无补于实际。失业工人日积月累,数逾五十万,其能担负十万万元日金之新税乎？再则农村经济恐慌,匪特未尝因市面暂时繁荣而轻减,且米价低落,竟在实际生产费用二十一圆五十钱之下。农村负债依然无法偿还,所谓"自力更生",尤须较长时日。况复东北三省又遭中国健儿之强烈反抗,彼日本军阀虽

---

① 编者按："澎胀"今作"膨胀"。

盲目猛进,不顾国际形势之日非,但亦须计及其国民力之疲敝。是以报告书发表之初,日本军部即加以猛烈攻击,既而外察世界舆情,内观自身实力,乃不能不以强硬语调,表示可以缓和之意。

当此时也,国际间既略有转变,纵非有真实助我之诚意,苟能及时善用,未尝不可挽回当前之颓势。结联英美及对苏联复交,均为亡羊补牢之要图。而外交上有效工具,端在自身努力有为。抵货之举,既以显示我国人团结一气之决心;义勇军更系民族反抗之表征,纵未能恢复疆土,亦足以表示中国民族之不肯屈服也。我国民际此时会,于创痛之余,急应努力自救,同时更须注意国民外交,另辟更生之新途径。

(《申报》,1932年10月19日,第三版)

400. 行政院决派顾、郭出席国联特会,国联赞许李顿报告

〔南京〕 国联大会原定每年举行一次,本届大会已于十七日闭幕。中日问题因日求展期讨论,故未提出,改于十一月十四日先由国联行政院会议讨论。此次所讨论之主要议题,为调查团报告书,而调查团系国联行政院所派出。国联行政院会议既由政府派定顾维钧为代表,当由顾参加会议。俟国联行政院对报告书决定意见后,再提十一月底之国联特别大会讨论。届时由颜、顾、郭出席会议,由颜任首席代表。(十八日中央社电)

〔南京〕 国联特别大会我代表原为庆惠庆①、罗春治(驻丹麦公使)、王麟阁(驻西班牙代办)等,颜任首席。现罗、王请辞,故行政院十八日决议,改任顾维钧、郭泰祺充任,颜任首席。至国联大会代表,则由政府命颜、郭二氏充任,由颜任首席代表。(十八日中央社电)

〔南京〕 外部接日内瓦中国代表团电称,国联大会十七日闭会时,主席宣称关于远东纠纷,本会期内有一极重要事项,即李顿报告书之发表是也。该项报告纪载详晰,能使吾人对于满洲极复杂之形势,得有较前次更明了之了解。(十八日专电)

(《申报》,1932年10月19日,第四版)

---

① 编者按:原文误,应为"颜惠庆"。

401. 政府对报告书意见外委续加讨论，郑螺生等质问胡适

〔南京〕 政府对报告书意见，经罗外长与蒋委员长磋商后，已趋一致。外委会以宋子文等一行返京，十八日下午又再度讨论。各委员均参加，提出报告。十九日中政会或将提出讨论。但因仍有与汪再度磋商必要，故具体意见仍须俟行政院各部会长谒汪返京后，始能确定。（十八日专电）

〔南京〕 华侨郑螺生、方之桢、林有壬等，因胡适对调查团报告书之批评：一、关于东三省解除武装问题，表示赞成；二、东三省设立自治政府问题，表示满意；三、关于日方利益之中日条约问题，祸害显著，并未指摘；四、中日和解公断不侵犯及互助条约问题，与国联盟约、九国公约、非战公约大相径庭，并未纠正；五、中日商约问题，调查团只拟由中国政府禁遏有组织之抵制日货运动，而未限以日本对中国不得有任何侵略压迫之条件，对此点并未辩正。故特提出种种理由，对胡质问，并加以反驳。（十八日专电）

（《申报》，1932年10月19日，第四版）

402. 宋子文等到京，汪精卫出国期尚未定，报告书意见在研究中

〔南京〕 宋子文、褚民谊、黄绍雄、曾仲鸣、刘瑞恒等一行，十八日晨七时由沪抵京，九时出席行政院例会。

据宋子文谈："汪院长确因病亟须疗治，经诺尔医生介绍，赴德之热带病医院就医，行期尚未决。汪出国后，行政院职务余当然负责，各部会决无变动。对报告意见，外委会仍在审慎研究中。盖一面对国内意见，无论赞成或反对，均须加以考虑，以期集中一致；同时有若干问题，必须与日内瓦我代表磋商。故具体确定日期，现尚难言。行政院各部会长，以汪即出国，决日内赴沪一晤，磋商一切。"

又曾仲鸣谈：“汪病较前未有变化，但若不疗治，决无痊可之望。现遵医嘱出国就医，汪夫人伴往，此外尚有秘书数人随行。余仍在京服务，行期现未决。但医生则希望早行，以期速愈，返国供职。就医地点，大约为德国，惟亦未全决。就医时期，须视治疗进展程度而定。中央已给假三月，如三月内可告痊，即返国，否则稍延长。行政院职务，由宋代。各部会长日内赴沪晤汪，并非正式会议。”

又褚民谊谈：“汪出国全为就医，并无其他作用，病愈即返国。三中全会前，政府无变动。孙哲生来京否，因在沪未晤孙，故不悉。十九日召开全会体育会执委会，余留京主持。”（十八日中央社电）

（《申报》，1932年10月19日，第四版）

403. 外交委会讨论对报告书意见，大致趋向四点，尚待最后决定

〔南京〕 关于报告书之各要人意见，除汪、蒋已有节略外，闻胡汉民方面，亦由某君以私人名义电征其意。胡复已在港发表，此间当以在野方面个人主张视之。至汪、蒋意见，大致相同。连日外交委员会商讨办法，亦与汪、蒋主张无甚出入，惟尚未完全决定提案。闻连日颜、顾、郭三代表有电，报告日内瓦英、法、义、德代表口气与美国、瑞士要人意见，颇有研究之价值。连日专家讨论，大致趋于下列四点：

一、调查团建议解决东北问题案，原则上可以接受。惟关于东北历史及全国人民之希望，有须切实规定：三省为永远中国领土，方合华会领土完整之协定。过此限度，即属无法承受。

二、调查团建议仅有大纲，尚无施行办法。希望大会中规定，以仲裁方法解决该案。苟能避免中日直接折冲最善，否则由国联决定下，中日协商，亦非不可。

三、调查团报告书中，对党的内容，尚有未尽明了之处。关于排货之动机，亦当于提案中附带声辩，以袪世界误会。

四、明知日本必有提案抗辩，吾方亦当尽量表示调查团建议于吾不利之

处,或不能符吾民期待之处,以及汪、蒋两中委签注各点,制成三提案,训电三代表,向大会提出。

现闻外长须与汪在沪为最后之商榷,各部长亦须参预该会,然后决定措词,再交外交委员会指定属草人员。草毕再提中政会,然后拍发。(十九日专电)

〔南京〕 政府对报告书对策,自宋、罗商询汪、蒋意见后,经连日外委会郑重审核。结果,大体原则及方针已有决定,预定提出下星期三中政会报告。(十九日专电)

(《申报》,1932 年 10 月 20 日,第四版)

404. 伍朝枢昨抵津

〔天津〕 伍朝枢偕夫人十九晨七时抵津,寓利顺德饭店,终日外出访友。伍语记者:"北来系游历,并无何种任务。明日赴平,邀〔遨〕游十几天,即南旋。国联调查报告书不能使国人满意。国府正在研究各方意见,不久当可发表,余个人不便何表示。汪精卫有出国消息,但何日成行,则未预闻。"伍对内政外交不愿谈论,惟希望团结御侮。(十九日专电)

(《申报》,1932 年 10 月 20 日,第四版)

405. 日意见书展缓送日内瓦,在乡军人召开大会反对报告书,铃木赴欧缓和社会党反日空气

【电通社十九日东京电】 日政府对报告书之意见书,现已完毕。惟尚有一部须加整理,二十一日以前恐难翻译、印刷完好。故内田外相仅将意见书之概要,内训于廿一夜出发之松冈代表。意见书则由二十八出发之吉田驻意大使携往。

【远东社十九日东京电】 日本全国在乡军人为反对李顿报告书,并促日政府坚决实施对东北之一贯侵略政策起见,决定于本月廿九日在东京日比谷公园召开全国乡军大会,以鼓动乡军之勇气。闻在乡军人现已报名出席参加

者,已达七千余名。会名已定为"乡军爱国运动大会"。开会时,除陆、海军之巨头与国会之元勋元老、枢密院议员及各大臣外,陆军参谋总长闲院宫亲王亦拟参加。

....

(《申报》,1932年10月20日,第七版)

406. 时评:苏、日、伪之"互不侵犯条约"

调查团报告书发表以来,曾引起国际舆论之若干冲动,其中特以远东有直接关系之中日两国及北满接境之苏联为尤甚。日本际此时会,审知世界舆论对日军武力侵略东北一致非难,而国际利益均沾之空气乃弥漫世界。被[彼]日本军阀者,强横颠顿,虽至于极顶,而于国际间对此,乃不能不加以深密之注意,以自固其既得利益。就远东一般情形论之,英虽居于指导地位,但于东北关系亦甚微薄。此中关心最切、利害较重者,厥为美苏两国而已。此两国中,美国则坚持"门户开放主义",意在开拓对华市场,以征取资本主义最后之胜利。苏联则根本不同,与日本处于不两立地位,特于北满关系争执尤烈。然而审情度势,美国对远东开拓刻不容缓,而苏联则尚潜心于其第二五年计划之完成,决不对日轻启衅端。是以日本熟察苏联情势,猜透美国心理,乃一面积极备战,一面尽量对苏联表示好意。

在日人之意,以为国际间既具有若干对日防备之意味,一旦而太平洋上发生战争,日本且将陷于孤立;而东三省方面义勇军之风起云涌,纵未能收复失地,亦可启发中国民族之自信,动摇日本之统治。是故彼日阀者亟欲外结苏联,内使傀儡,图以北满作缓冲。对北满之积极军事防卫,表示暂时放松,集全力以经营南满(苟有时机且将攻取关内及热河)。夫如是,则国联不能不将就既成事实,美国亦必以苏联之犹豫而踌躇也。是即为日本唆使满洲伪国,进行与苏联订立互不侵犯条【约】之深意。

苏联外交素负盛名。在帝国时代之俄国,且能战败而不赔款割地,矧现在革命根基已固,岂能不烛知日本之隐谋耶?且也,苏联外交原具二重性格:一为苏联本国,循外交之常态,纵横捭阖于国际之间,致欧洲诸国均颠倒于赤群之下；一为第三国际（苏联有绝对的指导权），具有充分的一贯政策，对资本主义持否定态度，到处掀动革命。于是苏联乃运用此巧妙的二重性，善用各国内自身之矛盾及国际间对立关系。以前曾以此打开列强之对俄封锁政策，今后将借此以完成其国内建设。日本对之，既欲利用苏联以牵制北美合众国机会均等主义，同时更畏惧第三国际煽动日本军国中濒于崩坏之社会。是以日本乃嗾使伪国与苏联订立"互不侵犯条约"，以所谓国防第一线置之北满，彼乃得而坐收其利。外交设计之工，固在善用敌国之长，弥补其自身之短。其最近对中东路沿线用兵，拟请赤色军官参与指导，尤为对苏联要好之有效手段。

而苏联素审日本深意，更明了所谓"满洲国"也者，直为日本之傀儡，乃何以竟不辞与之交涉？此中因由，俄人自拉狄克评国际调查团报告书谓："调查团欲使世界帝国主义与日本帝国主义联成一气，以抵抗苏联。一方面挑拨日本，使其反对苏联之加紧，他方面又复故留一线出路，企图引苏联加入反日战线……"由此可知苏联对日之真意何在也。其所以不辞与伪国协商，而又提出"互不侵犯条约"须苏、日、伪三者共同协议，乃得成立。真意所在，有以下数端。

第一，日阀之欲兼并东北三省事实昭然，无可为讳。现时必欲利用一般汉奸成立所谓满洲（伪）[1]国者，特顾忌国际争端之突起耳。故苏联即乘日人此种弱点，提议苏、日、伪三者订立"互不侵犯条约"，俾打破日本大陆政策之一部，使日人不便立即实行并吞"满洲"。

第二，中东路沿线，苏联利益虽未即被侵占，但确已大受威胁。洮昂路既已剪断中东路之军事上、政治上价值，日军对俄之第一防线，将由长春一带而移至兴安岭区域，是西比利亚亦有被侵之虞矣。故苏联为自固藩篱起见，借"互不侵犯条约"，拆去日本在北满军事上防御，于西比利亚之开发实有莫大裨益。

第三，美日冲突日趋尖锐，勿待赘述。设使苏、日、（伪）公然订立"互不侵犯条约"，则无异直接助长日美冲突，使日本备战更力。挑动日美争斗，即打破日本在外交上对苏之利用政策，使日本自暴其短。

然而日本亦非愚骏，未尝不深悉苏联真意，是以仅谓"苏'满'互不侵犯"，而摆开日本自身。苏联则坚持非日本加入不可。窃恐二者相持，将成为东亚外交上最中心、最难解决问题之一。将来太平洋总清算时，亦不免以此事之结果卜之。

---

[1] 编者按：原文如此。

我国本为东北三角关系之一,苏、日皆属紧邻。东北失陷,尤具生死关联。际此苏日勾心斗角、暗算激剧,美国坚持不承认武力劫夺主义之时,确为外交上新转机。苟能乘时自救,羊尚未亡,补牢更未晚也。

(《申报》,1932年10月21日,第三版)

407. 某中委对报告书意见

〔南京〕 据中央某委员谈,自调查团报告书送达中央后,中政会外委会即开始为审慎之研讨,开会多次。初则为大体之讨论,继则对报告书中第九、第十两章各要点,作详晰之研究。此种研究讨论之基础,为与民意一致力争我国在东三省主权领土之完整,同时谋适应国际之情况。依上述之基础,对于调查团建议案及建议案所自出之原则,凡有妨害于我国主权领土之完整者,均明白表示不能接受;有认为事属内政、应出以自者,均予以合理之对案;有在无害主权领土范围以内,拟予以原则之接受;其他范围,亦均经相当之研究。但认为在国联尚未开会以前,实有临时应机、暂守沉默之必要。至于报告书第八章及其以前各章所含调查观察部分,固亦有错误,但大体尚称平允。吾人于此,除对于必要声明者外,不特不愿似日本方面之无理抨击,且亦认识其经过之苦心。但外交之成败,全求诸己,未有己不自振而能求振于人者。故我国上下于此,一方自当寻求外交胜利之途径,一方仍当积极以谋力之充实,乃克有济。(二十日中央社电)

〔北平〕 胡适谈:予前对报告书,系公开批评,故对郑螺生书,无答覆必要。至彼等谓与溥仪为好友,更属笑话。(二十日专电)

〔北平〕 吴佩孚谈报告书云,在野之人,对此原不应批评,惟有简单意见。九一八日军占据东北,一切事实极明显,当局应自负起责任,不应徒恃国联。调查团报告书中虽不无偏见,但确认东三省为我国领土,尚可算句公道话。然东北之于列强无关痛痒,吾人收复失地,除求诸本身外,别无他策。外交后盾为武力,无武力无外交。人占我领土,惟有以武力驱除之。有条件收复失地,

结果恐仍将土地主权付诸敌人。(二十日专电)

(《申报》,1932年10月21日,第三版转第四版)

408. 伍朝枢昨抵平

〔北平〕 伍朝枢今午抵平,张代表、王树常、周大文及朱庆澜、胡适等赴站欢迎。伍谈,此来系游历性质,游故宫等各名胜毕,咸赴大同,一游云冈。调查团报告书总的批评,可谓狗尾续貂。前数章关于事实部份,如裁判官之公平裁判,尚足令人满意,至建议部份,则全为外交官八面玲珑、处处周到之态度,殊难令吾人满意。总之,对日外交须自努力,不能依赖他人。如增加义军力量、经济绝交、抵货等,均待民众去作。(二十日专电)

(《申报》,1932年10月21日,第四版)

409. 美记者协会宴席上李顿之演说

【国民社十九日伦敦电】 今日此间美新闻记者协会欢宴李顿勋爵,李顿演说谓,日本之承认"满洲国",不致毁损国联调查团满案报告之价值,当草拟报告时,实际上已略闻日本行将承认"满洲国"消息。又谓在该报告发表以前,各调查委员对于主要事实,未尝有意见不同之处,仅对于表现此项事实之方法,主张略有出入而已。

(《申报》,1932年10月21日,第六版)

410. 汪精卫昨晚发表告别会,并述对报告书之意见

行政院长汪精卫定明日乘法邮船安得莱朋号赴德疗养。代理行政院长宋子文及各部长等,昨晨由京到沪会晤汪氏,行政院其余各部会长,亦将于今晨

来沪送行。汪氏昨复发表告别书,述其个人对李顿报告书之意见。兹分志详情如次。

各部长来沪

行政院各部长,除铁道部长顾孟余与海军部长陈绍宽已先行来沪外,代理行政院长宋子文、实业部长陈公博、教育部长朱家骅、铨叙部长钮永建,及褚民谊等,均于昨晨八时,由京乘夜车抵沪。除宋在真茹车站下车外,余均在北站下车。至外交部长罗文干等,定今晨来沪。

汪、宋之会晤

汪氏于昨晨九时半出诺尔医院,径至亚尔培路褚民谊宅。十时半,宋子文至褚宅晤汪,谈至十一时四十分,宋始辞出。下午四时,铁道部长顾孟余等复往晋谒。晚八时,汪氏始返诺尔医院休息。

宋子文谈话

宋子文氏于晤汪后,语本报记者云:"今日(即昨日)与汪先生晤谈,因汪出国在即,本人忝为代理行政院长,对于一切施政方针,向汪请示一切。汪定二十二日放洋赴德,入汉堡之热带病研究院疗养。汪夫人及秘书等同行,铁道部次长曾仲鸣因部务羁身,已决定不偕往。蒋、汪二氏于十二月初旬召开三中全会之提议,中央已接受,今晨(即昨晨)提出中常会,讨论详细办法及日期。关于行政院长问题,将待三中全会解决。在三中全会未开会前,仍由本人负责代理,各部会长亦决无更动。各部长除已到沪晤汪外,余将于明晨(即今晨)来沪谒汪,再作一度之晤谈"云。

陈公博表示

实业部长陈公博昨向记者表示云:"汪先生出国后,将于三个月假期中返国。行政院长一职在三中全会前决不致有何变动,将来继任人选是否孙哲生先生,尚未有所闻。中央对报告书意见已大致决定,但尚不能发表。对收复失地一层,亦确有办法。最近对此虽未见有办法,然此不足谓为已放弃收复失地之主张"云。

汪发告别书

汪氏昨晚发表告别书,述其个人对国联调查团报告书之意见,并希望国人团结一致,以救危亡。照录其全文如下:

"当九月初旬,兆铭患病增剧,请假调理,以为静养旬日,即可全愈。及十月初旬,四医生诊断书发表后,始知病势严重,且有出国疗治之必要,中央遂宽予假期,俾得从事医药。当此国事危急,恝然舍去,实乖素愿。但与其困卧床褥,因循无补,不如从医所言,暂时出国,以谋专门治疗,或得康复,以继续为国事努力也。卧病以来,时承同志垂问,久稽答覆,至歉于怀。今当暂别,谨述鄙见数事,以当面谈。兆铭自去岁十月,由广州至上海,今岁一月入京,以至于今,共赴国难之志,始终未有变易。惟政治设施,十未达一,内疚神明,非言可喻。夫政治不修明,则虽欲共赴国难,亦苦无所藉手。然政治上之张弛缓急,各同志间见解容有异同,则又不可不以共赴国难之会,驱之于一致。此两者似相矛盾,实则相成,所愿诸同志精诚不懈,而审慎从事也。中央政治会议常务委员,本为蒋、胡两同志及兆铭三人。胡同志久未赴京,兆铭今又因病旷职,致蒋同志独任其难,思之慼然于心。而兆铭抱病以来,行政院长职务得宋副院长毅然代理,俾得安心疗养,诚不胜其感谢。"

报告书感想

汪氏继又述对国联调查团报告书之感想云:

"国联调查团报告书,病中已得披阅,兹述其感想如下。

第一,中国政府此次将对日案件,提交国际联合会,立场与方法,实为最合理及最合法者。盖国联盟约,为今日世界会员各国及赞成国联盟约者所应共同遵守之惟一法律。惟世界各国能共守此约,然后世界之和平方得维持。中国政府始终不忘保持和平,故将此案件提交身负保障和平责任之国联。

第二,实行国联盟约,为国联所负之责任。自中国政府提出此案后,国联历次决议案,亦皆根据国联必须实行盟约之原则。此次调查团之派遣,在调查事实之真相及决定责任之谁属。

第三,调查团报告书,于事实之叙述及东北事件因果之观察,明白公允。对于日本蓄意破坏中国领土完整以遂其侵略政策,认为该国预定之计划一点,尤为明确,值得吾人对调查团之努力及公平判断与以赞赏。惟于此尚不能无憾者,即调查团于叙述事实后,而建议之解决方法,似觉于其自述之事实不相符合耳。

第四,由报告书立言之意旨言,调查团似明白以法律、政治及道德上之全副责任,加诸日本,且知调查团于日本过去在东三省所作为及所图谋者,认为远东一切祸乱之源,而于所谓'满洲国'者,亦明认为仅由日本武力哺育而成之傀儡组织。然调查团于此不敢责令日本担负此项事变之完全责任,乃不惜迂回曲折,以提出所谓和平的和解办法。倘使调查团此种建议而为国联所完全接受,则适足表现国联虽有公平之观察及对于正义之同情心,而其制裁力不足以副之。不仅世界和平全失保障,即国联所引为职志之消弭国际纠纷,亦无从贯澈。中国为和平前途计,对于此点,不能不唤起世界对此之深切注意。

第五,我国今应郑重考虑者,当前问题之对付方法,战争乎？和平乎？由前之道,则凡过去日本用武力攫夺而去者,亦由武力恢复之,此由武力以求公道也。由后之道,则由和平以求公道,其最要方法,在接受国联对于我之同情心,而于其制裁力之薄弱,则求所以矫正而增益之,以期得最后之胜利。惟无论如何,均须政府、人民团结一致。否则言和平则滥唱高调,无裨实际,言战争则又不能自整其一致之阵容,是益促吾国家之危亡而已。过去失败之造成,其原因殆不外乎此。今后能不蹈此覆辙,则所获多矣。

第六,团结即是力量,今日救亡之道,团结一致而已。同志与同志之间,政府与人民之间,中央与地方之间,均当视此为天经地义,而一致以赴之。至于地方与地方之间,因地盘冲突,而发生内战,则尤不容于中国。彼躬冒大不韪而甘为戎首者,适足自灭耳。

以上鄙见所及,聊述梗概,惟垂鉴之,幸甚。

二十一年十月二十日,汪兆铭谨启。"

（《申报》,1932年10月21日,第九版）

411. 松冈洋右启程赴日内瓦,挟有内田训令:中日悬案坚持由两国直接交涉,国联如施压迫纵退出亦所不辞

【电通社二十一日东京电】 出席讨论满洲事变之国联总会,将向日内瓦披沥日本之所信之松冈洋右代表,今日晚九时二十分由东京车站出发。同往者有盐泽、吉泽两书记官①及各新闻通信社特派员等,在月台上欢送者有内田外相以下外务,海、陆军,政友、民政两党之各首脑部等。松冈等一行由敦贺经海参崴,由西比利亚铁路至莫斯科,停宿一夜,在柏林宿一夜,预定于下月五日左右抵日内瓦。

【日联社二十一日东京电】 松冈洋右于临行时发表声明书,谓:"余自奉命就任国联大会代表以来,已经迭次明言,今次大会毫无日本与各国相争之问题。日本照正路行动,而以承认'满洲国'之事实,表明此信念,故现在所留存之问题,为说明不得不发生满洲事件之理由而已。欧美各国人虽难谅解东方事情,然苟以诚意,恳切说明远东情势及满蒙特殊事情,则必有彼等得正当认识之一日也。日本国民对于诸外国为和平的国民之事,历史上已有证明。故在现下时局,最关心世界和平,而为此与各国协力,固不待言"云云。

【日联社二十一日东京电】 政府本日阁议,正式决定日本对国联方针及对李顿报告书意见书后,手交松冈洋右携往日内瓦。同时内田外相接见松冈,训令日本代表团对国联之方针,其内容如次:

(一)中日问题因有国联之干涉,不能早时解决,反使事态更纠纷,而致远东和平之恶化。故日本恳切说明此项事情,希望国联静观大势。

(二)中日间之一切悬案,由中日两当事国直接交涉。

(三)日本尊重国联之权威,不采蔑视李顿报告书之态度。

(四)日本对国联最强力主张之点,为如国联对于"满洲国"独立之严然事实,实行任何术策,日本决不让步。且日本承认"满洲国"之事实及结成"日满议定书"之事实,绝对不许改变。若在国联当局采取蔑视此种事实之态度,则

---

① 编者按:"盐泽"误,与松冈同行者应为盐崎观三、吉泽清次郎两书记官。

日本不辞出于最后手段,退出国联。

(《申报》,1932年10月22日,第七版)

412. 各部会长集沪,昨晨谒汪话别

....

罗文干谈话

外交部长罗文干氏,于昨日上午到沪,对往访记者作谈话如下:"余(罗氏自称)此次来沪,因汪院长出国养疴,动身在即,特偕政府同人前来送行,并商谈外交情势。李顿报告书当然亦为讨论问题之一。"记者问政府对于李顿报告书之态度究竟若何,已否决定方针。罗氏答称:"政府对于李顿报告书之态度,汪院长已于其发表之告别书中,指陈梗概。兹所欲言者,政府对于此案应付之方法虽已议定,而运用之际,仍须随机应变,相时度势而出之。但我国有抱定之原则,将千变而不易其宗。原则维何?即余曾于本年八月二十八日向中外宣言中所申述之四项原则是。此项宣言,已为世界各国所深切注意,其中最重要之一条,即为:'解决现在时局之合理的办法,必须以不背国联盟约、非战公约及九国公约之文字与精神,与夫中国之主权,同时又确能巩固远东永久之和平者,为必要条件。'总之,步骤容因时而异,原则将始终不渝。今日可为诸君告者,即此政府所抱定之一贯的原则。至详细步骤,恕不能于此时发表也"云云。

....

(《申报》,1932年10月22日,第九版)

413. 松冈洋右赴日内瓦

【路透社二十二日东京电】 日代表松冈洋右昨晚起程经西比利亚赴日内瓦,出席于讨论李顿报告书之国联大会。十一月三十日可抵俄京,将盘桓四

日,与俄外长加拉罕晤谈苏俄承认"满洲国"事。

……………

(《申报》,1932年10月23日,第七版)

414. 松冈赴日内瓦,英报颇为重视

【路透二十四日伦敦电】 伦敦报纸今日颇重视日本总代表松冈起程赴日内瓦事,政府尤注意其濒行发表之言论。其所称反对李顿报告书以东三省主权归还中国一节,不甚为人注重。《每日汇闻报》称:"李顿报告书研究愈久,则愈觉其提议适合政治家手腕。去年日本所要求者,报告书几已全予之矣。日本欲得荣誉的解决乎? 抑欲为全世界公敌乎? 日本处此两者之间,虽军阀亦当准许松冈觅取荣誉的和平,而了结纠缠不已之争论矣"云。

(《申报》,1932年10月25日,第七版)

415. 对报告书建议,英国暂守缄默

【哈瓦斯二十四日伦敦电】 有人询问西门,下次国联会行政院开会时,英国代表是否将主张向中国政府建议,采用李顿报告书第十章所拟之国际合作办法,以维持国内秩序。西门答称,李顿报告书内容,行政院未审阅以前,英国对于报告书无论全部或其中所载之某一项建议,将采取如何态度,均不宜有所表示云。(下接路透电)继保守党梅唐诺询问,政府已实行何种步骤,以保障东三省关税即中政府恃以抵付外债者之偿付。西门称答,满洲当局已宣布愿付关税以抵外债之意,虽已以若干款项汇至上海,但尚未成立实行上述意思之办法云。

(《申报》,1932年10月26日,第七版)

416. 日方宣传李顿改变态度，抱持于日有利主张

【日联社二十五日东京电】 国联调查团李顿委员长及其他委员将列席国联大会，其对于满洲问题之意见如何，颇为各方面注目。据日当局接到报告，李顿委员长心境最近有变化，抱持于日本有利之主张，即李顿于十月十九日在伦敦外交协会声明：今日解决满洲问题唯一之方针，非在于如何使日人由满洲撤退，但应考虑如何能使日人留于满洲。李顿此言含有重大意义，对于国联之审议必有影响。

【哈瓦斯二十四日柏林电】 国联会满洲调查团团员希尼，今日在德国殖民协会全体大会讲演调查团在远东之行动，对于满洲问题之解决，宣言如下："日本承认满洲为'独立国'，在李顿调查团报告书缮就之后。故欲按调查团指示之意向解决此项问题，绝不可能。盖中国对于东三省之主权，不愿放弃也。然欲为此问题，觅一和平持久之解决办法，又非由中日两国以调查团之建议为基础，而觅求妥协不可。满洲之有今日，中日两国均与有力焉。盖其地方之发达，固赖日本之投资与其铁路之组织，然其居民则大多数皆为中国人也。故为前途计，中日两国大有合作之必要。"希尼又谓，中日争端如不解决，匪特大有害于世界经济，亦将危及远东与世界之和平云。

(《申报》，1932年10月26日，第七版)

417. 李杜、丁超通电对调查团报告书之意见

国联调查团报告书发表后，李杜、丁超二将军率师抗日，远在边境，辗转多日，始获披阅全文。对于该团建议，认为极欠公允，昨特通电各方表示反对，并提出不合法者四点。此为东北抗日将领对于国联调查团报告书发表意见第一声，极堪重视。兹照录原电如下。

"中央党部、国民政府、蒋委员长、外交部、日内瓦顾代表、北平张副司令、东北政务委员会、军事委员会、各报馆、各民众团体钧鉴：

顷读国联调查团公布报告书之第九条曰'赦免东北叛逆,暂时继续保留日官',第十条曰'举行顾问会议,包括日人在内,暂时管理东北',十一条曰"满蒙仅设宪兵,定为无军备区域"各项目,不惟有乖于事实,即与以前各项,大相抵牾。

夫满洲之属中国为不可更易之事实,及九一八夕日军暴动不能认为自卫之举动,前已言之,则是满洲之为中国领土固矣。有领土则必有政治之统辖,与夫军备之保障,亦不待言。而今则谓保留日官,设顾问会议须包括日人,以管理东北所许设特殊制度,许东北自治,尤须中国方面宣言承认。以固有之壤土,不能施行其统治权,必与他人共理之,是直不认满洲为中国所独有,而为中日所共有矣。此不合者一。

日本之军事行动,既有背于公约,限制其撤兵,所以维护公法,保持和平也。而今则谓中日双方军队同时撤退出境,中国以自己之领土,固有之军队,又将何所撤退,以失其捍国权?此不合者二。

至谓日人在东北有所谓物权者,仅就已往条约上履行者言之耳,非必谓设官分职,与中国同施其政治、军备之权限也。今则举军政各权,中日平衡操之,是与共管无异,所谓满洲属于中国者何义?此不合者三。

日人肇衅,附逆之徒每为作伥,以阻挠我军事,破坏政治,使东北三千万民众,日处于水深火热之中。而今则赦免不究,俾卖国求荣者,无所惩儆。此不合者四。

自九一八事变后,我国家政治军备之破坏,人民生命财产之损失,极大且巨。年余来所以静持隐忍者,乃俟诸国联会之裁判。夫国联会所依据者约法,所主持者公理。今观其报告书公布事实,显有特别处置,亦复失当。恐将无以伸正义于天下,且使东北三千万民众朝夕所企望于国联调查团者,其结果竟若是。所谓约法公理,乃如此耶?斯决难甘心承认,必也。复我完整国土,保我固有政权,事变以后之一切损失,尤使日方如数赔偿,以儆其无故启衅。否则我东北民众,农者抛耒耜,商者弃贸迁,荷戈披甲,拼尽三千万生灵,以与日寇周旋,非达到完全收复国土不止。谨请速向国联会提出修正,以图自救,使东北民众出水火之苦,中国领土免割裂之忧。痛慨陈词,伏乞鉴裁。

李杜、丁超叩。哿。印。"

(《申报》,1932年10月26日,第九版)

418. 英政府对日态度内部意见扞格：保守党员倾向对日亲善，工党、自由党主维持正义

据《东京时事新报》载称，联盟审议调查团报告书，为期已迫，英国政府究取如何态度，实为关系各国所注意。查该国决定政策，颇为错综。即麦唐纳首相一派之国民工党，多主张反抗日本，谓若日本仍不变满洲政策，应加以经济的压迫，以后对日禁止一切武器弹药与其他军需品之供给。而西门外相一派之自由党，主张比较和缓，惟劝日本速即放弃军事的冒险，或将加日以和平的压迫。但保守党素主张亲日，故与麦唐纳首相、西门外相之意见扞格。盖麦唐纳首相虽未公然表明态度，然其怀恨日本行动蹂躏条约之神圣一点，自今春在日内瓦与各国代表交换意见以来，迄未变更主张。不过在议会中占多数之保守党，力避与日本发生冲突，是以英国政府内部两派对日潮流，相互对峙。今吾人综合两派之趋向言之，倘西门外相辞职，将来英国政策不出下之四点：（一）英或防止日本之脱退联盟，在理事会总会席上，寻出适当处置之方。（二）遵守联盟规约、非战条约、九国条约以及联盟决议案，绝对不承认"满洲国"。换言之，支持凡由武力与违反条约所获得之特权领土决不承认之史汀生主义，但不采积极的行动。（三）抑制小国方面之策动。（四）保障日本在满经济的利益，同时保全中国在满政治的权利，形成圆桌会议云。

(《申报》，1932年10月27日，第六版)

419. 日政府训令松冈内容，吉田携报告书赴日内瓦

华联社东京通讯。日政府十月二十一日开定期阁议，决定交与松冈代表训令之内容如下：

（一）于十一月十四日召集之第六十九次理事会，辅助长冈常任理事。若有必要，亦可代理长冈理事出席理事会，当日政府意见书说明之任。

（二）至临时总会时，可不必拘泥于向来之弃权方针，且得放弃今春以来

所取态度之规约第十五条适用保留之主张，为正式代表参加于赞否采择之表决。

（三）关于"满洲国"问题，务使缔约国各代表充分认识，不拘执于如从来之技术的方面，不仅止于外交折冲，须立脚于大局的政治的见地，为多方面的交涉。关于此等手段及方法，不可有误机宜之措置。

（四）至审议李顿报告书，要依照日本意见书之主旨加以反驳，以补该报告书之不足。尤其对报告书发表后，于满洲所发生之新事实，详细说明。对各国代表要以启蒙的态度临之。

（五）满洲问题之解决，须静观事态之推移，然后下以最后的审判。其先决问题，宁在使中国本土得完成近代的主权国。对此，若肯以联盟为中心，与以国际的援助，则日本政府已有欣然协力之用意。

（六）倘欲以无统属之中国国民政府之主权，使还元于"满洲国"，则极东之平和必至逆转。故当主张"满洲国"成长，要任其民族自决。

（七）联盟倘若要求日本政府取消"满洲国"之承认时，断然加以反对，自不待言。万一联盟若要议决不承认"满洲国"时，应堂堂与以反对投票。

【华联社二十七日东京电】 日本对李顿报告书之意见书，于二十五日已得日皇批准。吉田代表定今夜九时二十五分由东京启程，经敦贺、海参威[崴]由俄转日内瓦，携带意见书交国联。

(《申报》，1932年10月28日，第七版)

420. 时评：现阶段中之日本外交

目前日本之企图，透骨言之，为如何巩固在东北所造成之地位。就其传统的大陆政策上，无非从"并吞朝鲜论"进为"鲜满一元论"，而亟欲在现阶段中完成其"鲜满一元论"之目的。现阶段中日本外交之意义，如是而已。

日本之并吞东北，已成为确切不移之事实。然而斯一炸弹之吞食，足以激起苏美以及世界之不安。故日本欲如何确保占领东北之安全，实为目前朝野处心积虑之焦点。明年总预算数字之突破历年纪录，海陆空军之积极扩充，虽财政如何窘迫，经济如何恐慌，贸易如何衰落，农村如何危险，皆可暂置脑后。

以致日本内地农村中有以草根、树皮为主要食料之饿莩，而军费之预算竟超出总预算额半数之上。如此矛盾现象之对照，足见日本已在积极准备，显欲孤注一掷。然而展念前途，日本亦殊惶虑，备战之说，或亦故壮声势而已。苟能在不必费重大牺牲以外，获得良好之结果者，日本亦何乐而不从？故日本对外之应付其手段，仍在外交。

日本外交之现阶段，可以国联调查团报告书之发表为起点。内田康哉对调查团在东京之访问，已充分显露日本之直觉；而报告书发表以后，斋藤内阁且有露骨反对之态度。未十日而日本之外交方针复生剧变，从消极的退出国联论转为积极的抵抗国联论。著名"满蒙通"之松冈洋右已衔命赴日内瓦，而所谓"内田外交之阵容"亦在积极整饬中，驻俄、德、意三国大使之更动，尤为整饬外交阵容之先声。是则日本在外交上急转直下，似已准备总动员矣。

日本外交之对象为何？曰：一切排除日本大陆政策之障碍是也。故日本外交之中心问题，实在如何铲除斯种障碍。国联调查团之报告书，尽不利于我国，亦未必十分有利于日本。美国今日虽因选举关系，暂持缄默，亦欲静待国联之态度，俾可以实现联英法以制日之政策。故目前日本之眼中钉，一为国联，一为美国，自属无疑。况美法之联合前，尝有一度之宣传。日本原欲藉联法以制国联，今法既有犹豫之暗示，日本更将处于孤立之地位。日本为冲破斯孤立之难关计，惟有在外交上另辟一新的途径。

日本外交之新途径为何？曰：速谋日俄关系之进展。斯一外交策之决定，诚如最近日本《劳动新闻》之所言，为一种"欺诈的外交"。结果可以一举而两得：一方面藉联俄之空气，以缓和国联之对日；他方面以日俄关系之亲密，隔离俄美之接近，继续维持"俄不愿战，美不敢战"之形势。于是日本在东北之地位，可以逐渐巩固。揆诸最近消息，日本外务省之动作，似已向斯新途径以前进。日、俄、伪间不侵犯条约之酝酿，冀希俄国承认伪国之要求，松冈假道西伯利亚赴欧，将顺便在俄先行谈判之宣传，在在可以证明日本在现阶段中外交之动向。甚至驻俄、德、意三国大使之更动，就我人过敏之神经而观察，亦无非欲藉欧陆争霸中之德意两国，以牵制英法。在各国对于远东外交非常沉默之时期，而日本外交反而急转直下，势甚活跃，则日本外交的新途径之确定，亦从可知矣。

将来如何，当有事实证明，我人固难臆测。惟今可以断定者，我国在任何方面观察，必为错杂的国际关系下之牺牲品。而在纵横捭阖之中收渔翁之利者,未必为日本,而为靠近北冰洋之白熊——苏俄。苏俄利用日美对抗之形势,确立举足轻重之地位,对日、对美皆可以待价而沽。今日尽可以亲日,明日仍可以联美,只须促成二期实业计划之完成,一切手段均可不顾。其外交手腕之巧妙,为任何国所不及。请拭目而待二期实业计划之完成,以觇苏俄之颜色可也。

(《申报》,1932年10月29日,第三版)

421. 反驳李顿报告日意见书内容用英文缮成,共分五章,强辩侵略行为之正当,尤特别注重排货问题

【电通二十八日东京电】 日政府对李顿报告书之意见书,昨已脱稿。本日经阁议承认,由内田外相奏请日皇裁可,交今夜出发东京之吉田携往日内瓦,提出国联事务局。此意见书系以英文草成,共约百页,分为(一)绪论、(二)九一八之事件、(三)关于中日间满洲之悬案、(四)"满洲国"、(五)结论等五章。其要点如下:

(一)九一八事变及其后日军在满洲之行动,不外严格的自卫权之行使而已。而报告书之结论,竟谓此举逸出自卫权之范围,乃系根据中国一方之材料而论断者。况是否为自卫行为,仅能由当事国政府决定,此为凯洛格所明白主张。若能阐明事变前中日间之紧张状态,无论何人亦当支持日本见解。

(二)新国家成立之初,由先进国参画援助,即在欧美,其例正多。报告书乃断为"满洲国"之建设,系在日本参谋本部指导之下,可谓诬告日本。

(三)报告书对于不能承认中国为有组织之国家之事实,过于轻视。惟此事实为远东和平之祸根,故详述近代中国之无统制状态,以纠正国联之见解。

(四)报告书关于中国排货问题,论中国政府之责任太不充分。排货乃为与中国政府一身同体之国民党所指挥命令,为对日本之非武力侵略行为。国联关于此点置诸不问,非所以保持国联规约之神圣。

(五)报告书所陈述之解决劝告案,在日本已正式承认"满洲国"之今日,不能实行。论断中国政府无统一力之调查团,反欲置"满洲国"于中国政府之下,实前后矛盾。此种劝告,惟有招致将来之纷纠与危险而已。日政府确信满

洲问题之解决，惟有承认"满洲国"及由中、日、"满"三国协调的折冲而已。

（《申报》，1932年10月29日，第七版）

422. 国联特委会决邀美俄参加

【路透二十八日日内瓦电】 今日从极可恃方面探悉，国联与十九特委会讨论李顿报告书之时间，大约将延长至少三星期，然后始召集大会。国联要人刻正考虑如何可使美俄两国参加此项讨论，在此方面已进行一种步骤。闻调查团美代表麦考益将军将于讨论时出席。但众希望美俄皆有非正式代表与会，因李顿报告书切实说明苟无此两国之合助，则解决决［绝］不能有真正效力也。

（《申报》，1932年10月29日，第七版）

423. 律师协会召集临时会议

全国律师协会以国联调查团报告书自公布以来，国际舆论尚少依据法律而为严正批判，因拟于国联开会前，一面唤起世界法律家之注意，一面向国联提示法律上之见解。兹闻该会业为此事发出开会通知，照录如下："径启者：查国联调查团报告自公布以来，国际舆论一时尚属紧张。然综合观察，大都就现状立论，殊少依法评论。即该调查书本身，其所载调查事实与所拟建议方案，站在法律立场，亦属两不相应。本会念人类正义消沉，强权申张，展望前途，良用忧虑，兹特由刘委员陆民、严委员荫武、戴委员天球、刘委员哲提议：订期十一月八日上午十时，假上海律师公会，开临时执行委员会议，公同讨论，以便在国联开会前，一面唤起世界法律家之注意，一面向国联提示法律上之见解。事关国家前途，至为重大。相应函达贵委员，至希拨冗惠临，幸勿缺席为荷"云。

（《申报》，1932年10月29日，第十四版）

424. 日意见书运华，连附属书装成三大箱，将由有吉公使转国府

【华联社二十九日东京电】 日本对李顿报告书之意见书及附属书类七十六种，装三箱加以密封，今日由长崎丸运沪，交有吉公使，再由【有】吉公使转国府。

【华联社念九日东京电】 吉田大使携带对李顿意见书，于念八日夜，由东京站出发，经西伯利亚赴日内瓦。临行在东京站对记者发表意见如下："关于满州问题，世间有种种憶［臆］测，然而其实不能乐观，亦不必悲观。国联欲处理中日纷争，固必以报告书为基础，然而无论在理事会或总会，均不能容易解决，对报告纵有种种议论，亦不能一蹴而弃之。要之，日本总要利用其有利之点，如报告书中载有满洲之复杂事情并历史的背景，足使英代表薛西尔爵士不得不改变其态度，然则理事会必不敢再如从前以日本为侵略者。至于谓日本在满洲之立场，主张政治、经济均有特殊事情，世界任何一国皆无其例，如此机上之空论，日本必不能轻轻看过。又报告书第九、第十两章，于事态刻刻变换之目前，李顿自身亦认定有变更之必要，故对此点，理事会是不能不充分考虑。至于叙述九一八事变发生与"满州［洲］国"成立之事情，我国断然不能承认。我自卫权之发动，可以详细说明，"满州［洲］国"成立是依据三千万民众之自决，自不待言，仅滞在满州［洲］六星期之调查团，当然不能正确视察。本人十四日可抵日内瓦，万一如赶不及，意见书或先用飞机输送"云。

乡军攻击李顿报告

【电通社二十九日东京电】 攻击李顿报告书为目的之在乡军人全国大会，于今日下午一时半在日比谷公园之新音乐堂开会。与会者计全国各支部各派代表一人，及第一师团管辖之支部员等约七千名，来宾为斋藤首相、荒木陆相、冈田海相，以下各大臣、诸名士等约三百名。开会之始，由会长铃木庄六大将捧读闲院宫之令旨，次有荒木陆相致训辞、内田外相演说，继由铃木会长阐明决意，谓善处内外之时局，巩固团结，向难局迈进云。二时五十分散会。

并将今日大会通过之决议,致电日内瓦及驻外帝国使臣等。

....

(《申报》,1932年10月30日,第四版)

425. 国联迁就日本,日电传议长通知长冈,行政会展期一周开会

【电通社三十一日东京电】 审议李顿报告书之国联理事会,预定十一月十四日开会。惟据昨日长冈代表致外务省之公电,理事会议长凡勒拉爱尔兰首相,曾通告长冈代表,谓:理事会本预定十四日开会,惟能以议长权限展期一周,日政府之意见书究竟几时可到日内瓦,视到达日期如何,拟将理事会开会延至二十一日,望日本迅速答复。内田外相接电后,与外务首脑部协议之结果,即电复长冈代表,谓:日政府之意见书大纲已由松冈代表携往,预定十一月九日可到日内瓦,吉田大使所携往者,不过将此大纲修正若干部分而已;理事会如急于开会,修正部分可用电报通告,故日本无要求理事会延期之必要;但议长如必待吉田大使所携意见书之文到达,始行开会,日本亦自然不加反对云。

(《申报》,1932年10月31日,第六版)

426. 日反对美俄参议报告书

【华联社三十一日东京电】 日内瓦国联行政会及临时总会开幕在即,众小国自不必说,各大国如英法等亦极欢迎俄美两国参加。但日本固欲以一手掩尽天下人耳目,不愿国联以外国家参加。苏联对日感情曾似融和,但届时能取何等态度,殊属疑问。至于美国始终不满日军在满行动,故参加入讨论李顿报告书,于日本当然不利。因此日本表示强硬态度,绝对不承认美俄之参加讨论。

(《申报》,1932年11月1日,第七版)

427. 某要人驳日方意见书

〔南京〕 记者一日访某要人，叩询其对于日本对李顿报告之观察内容之意见，尝作谈话如下："日方政府对于李顿报告书之所谓观察，据悉共分五章，其第一、第二两章，系关于九一八事件及'满洲国'问题。查调查团报告书对此两点，业已有明白之裁定。如关于九一八事件，调查团宣称'日军在是夜所采之军事行动，不能认为合法之自卫手段'；关于'满洲国'之成立，则认系由于'日本军队之在场及日本文武官吏之活动'，'不能认为由于真正的及自由的独立运动所产生'。乃日本于此仍哓哓置辩，颠倒黑白，终恐不能掩尽天下人之耳目也。"

关于日本观察第三章，攻击中国为不统一、无组织之国家一节，某要人宣称："中国今日苟尚未能臻于完全统一之地位者，半由于中国正在演进时期中所发生之现象，半由于日本操纵干涉、阴谋破坏之所致。试略举近年来最明显之事例之证之。如民国十七年日本出兵山东，以阻挠国民军为统一中国而北上之师，致造成举世皆知之济南惨案。又如同年日本官吏力阻张学良之易帜，不使其归附中央，形成中国统一之局面，至本年嗾使'满州国'独立，则日本构煽中国内乱之阴谋，已达于顶点。试再引调查团报告书中之记载以实之，则见报告书第一章中有云'南京政府正在将重要赤军渐次消灭之际，乃因他处事变不得不停止攻势，将大部分军队撤回。斯时石友三在北方变叛，同时又有沈阳九月十八日之事发生，赤军受上述情形之鼓励，复取攻势。为时不久，而前此战胜之结果，均消失无遗'。报告书此节，可以说明中国历年'戡乱'统一事业累败垂成之故矣。关于日本观察第四章中所称之中国人排日问题，本年八月二十九日，外交部罗部长曾向中外宣言，申述原则四项，其中一项有云'在日本武力侵略造成之现状下，而欲中国人民对日本人民表示最敦睦之友谊，诚属万不可能'。改进与恢复中日两国人民之关系，是在日本自为之。解铃系铃，愿日人深自猛省。日本观察第五章中称，自日本承认'满洲国'，而调查团之报告已不复适用。关于此点，李顿爵士最近在美国《旁观周报》所发表之论文，曾有正确之解答。其言曰：日本单独承认'满洲国'之事实，毫不足以减弱报告书，下〔反〕适足以增加其力量，是故出席未来国联大会之代表，不必因此项举动而自减其对于其任务之信仰。日本常称调查团报告书偏于理论而远于事实,李顿爵士有言曰:'国际联盟、非战公约及九国条约之存在,亦同为事实而不可加以蔑视。'其言可谓严峻。总之,事实最为雄辩。日本凭藉武力侵略中国,当世界正论之前,犹复不知反省,徒欲仗恃宣传,中伤中国,冀以朦蔽世界,掩饰其侵略之罪恶,适见其心劳日拙而已。"(一日中央社电)

(《申报》,1932年11月2日,第三版)

428. 日本拟出全力应付国联论战

【日联一日东京电】 国联理事会将于十一月二十一日开会,以李顿报告书为中心,审议满洲问题。日内瓦现有意见,限理事会会期为三日,即时接开大会或十九国委员会。关于本问题,大国与小国之意见似有相当距离。日政府已决定方针,始终以理事会中心主义迈进,而整顿代表团之阵容。即于理事会第一日总括的论战时,由长冈大使立于第一线;次于讨论李顿报告书各国代表论战达其极点时,则由松冈代表登舞台,关于满洲问题之实质,反驳报告书之误谬,以启列国之蒙,阐明日政府之态度。一面由松平、长冈两大使与英法代表等开始侧面的交涉,佐藤大使、秘书处次长伊藤述史等精通国联内情者与小国代表折冲,吉田大使则以代表团最高顾问之资格,对于李顿调查团贯彻其重大使命。

(《申报》,1932年11月2日,第八版)

429. 报告书发表后的日本舆论

国联调查团报告书发表了之后,日本人表面上非常激怒,对调查团(甚至于对国联)尽量攻击,由攻击而谩骂。即使稳当一点的主张,也要求撤回九、十两章,重新调查一次。就表面上看,日本全国的舆论真是一致,这个国家真有新锐的气像[象],但是我们叩之实际,加以详细的调查,就知道这件事——舆论的一致——还有多少疑问。

原来国联调查团报告书发表之前,对于报告书的内容,日本就大体已经明白,早作了准备。军部站在前头,对于属下所有的组织,如"在乡军人会""国本社""黑龙会""行地社"等等团体,叫他们一齐准备动员。到了报告书发表的时候,就由军部乱敲警钟,并指令各师团长发动当地在乡军人,指令各地报纸作所调动一致的舆论。同时,更提起它所建造的"满洲"傀儡国,用"三千万民众"的名义,发起对报告的反驳。它所谓舆论是(从东、西两《朝日新闻》以至《万朝报》和其他各种杂志,都采取相同的论调)[①]:

（一）他们都对报告书第一章表示相当的好意,因为它说到中国还不算一个近代国家,并且几乎每个人作文章都引用"可见中国内部之分裂势力,尚属强盛。此种缺乏团结力之原因,实由于大多数国民只知有家族乡土而不知有国,仅在其本国与他国外交情势非常紧张时,乃稍有感觉耳"。他们所以常引这一段的意义,是坐实他们的主张：中国并未形成近代国家,可以任随军国主义之侵略。

（二）他们以为从国联以至国联所派出来的调查团,对于过去的中国与夫满洲都缺乏实际的知识。所以报告书的理论都是些纸上空谈,并没有实际接触到问题的核心。于是给报告书一个判语,叫做"认识不足"。

（三）由这种认识不足出发,调查团认为日军的行动,特别是九一八的军事行动之超出自卫范围以外,这件事的判断是不公正的。至于认日本包藏得有领土野心,基于这种领土野心而发出军事的侵略行为,那就更是误解中之误解了。

（四）事变的爆发,在调查团认为日本超出自卫手段以外,而"满洲国"的发生,也不是自发的,而是日本军队和官吏的活动,他们更以为这是诬妄。不过对于满洲的特殊性(即对日本的特殊和经济利益)加以明晰的说明,他们还认为不错。

（五）对九、十两章解决的条件和建议,他们都认为这算是违反他们所谓的事实,这个事实就是所谓傀儡国的独立,又经日本的承认,并且派出了(武装)大使。所以他们说"报告书是空虚的理论,是一种旅行记,违背了事实"等等。于是日本政府(简直就可以说是日本军部罢)就依据它自己所制造的舆

[①] 编者按：该篇原文括号使用较多,或表强调(如下文"变更""讨论"等词)或表补充说明。

论,根据它所发动的(傀儡的)民意,对国联作出意见书。日本代表所持方针是:

"一、(日本)帝国政府之正式承认'满洲国',乃既严肃的执行其国策。无论遭遇任何事态,决不取消其承认,更不(变更)其承认之性质。故国联之议论须在我(日本)承认事实之下,以不动'满洲国(?)'①独立为前题[提]而进行(讨论)。

一、燥[躁]进之抗争,足以招致最恶之事态,故当然应避免之,并应力尽协调精神,以图圆满解决。然(日本)帝国之正当主张,如与国联主张相对立而陷于无妥协之余地时,则应表明帝国之立场,立即断然退出国联。

一、(日本)帝国政府对李顿报告书之见解,已于意见书中明细开示,尤须加以恳切的说明。即满洲事变当时无论任何国家当之,均不能在日本所取行动之外,另取他种行动。此种态度应求国联之充分谅解。"

这一点大纲,固然还不足以表明日本的舆论,但是可以表现"御制"的舆论。因为眼前日本的报纸和其他的定期刊物,都在军部侵略狂热情感支配之下,找不到什么东西是舆论。所以稍微头脑清楚一点的人,如像佐佐弘雄也觉着太过于狂热了。即是蜡山政道也觉着尽量否定中国没有国家的组织②,结果弄得"满洲国"真不能独立(即无异自己承认"满洲国"是日本制造的)。向坂逸郎以为日本最近的言论自由极其狭小,似乎没有说话的余地,没有法子多说话,不过他也看清楚了调查团报告书织进去了国际帝国主义的复杂关系。细田民树以为"李顿报告书是暗示着把中国置诸国际共管之下,特别是'满洲'要公平的分割。日本军阀虽然看(李顿报告书)不过是一册亚洲旅行记,但是究竟实际,到底是个'中国分割指南针',是列强要分割中国的开端"。诚然这节话似乎是有点儿过火,但他却窥破了帝国主义的心理。就日本方面讲,内田康哉(外相)既赌"我(日本)纵然变成焦土",亦必争取东北,则一切的舆论,一切的外交手腕,都成无用了。(十月二十四日于东京)

(《申报》,1932年11月2日,第九版)

---

① 编者按:原文如此。
② 编者按:原文表述不规范,意指尽量否定中国,指责中国没有国家的组织形态。

430. 国联展缓召集，不恤迁就日本，东京表示满意

【国民社一日日内瓦电】 国联理事会已将考虑李顿报告书之日期，展至十一月二十一日，因日本之意见书送到延缓之故。故十九特委会在十二月初之前，不致重行集议，国联特别会议大约亦须展至明年初开会也。

【路透社二日东京电】 国联理事会展缓开会考虑李顿报告书，日政府殊为欢迎。因驻土大使吉田携带日本对李顿报告之意见书，须十一月十六日始能抵日内瓦，而日本如以为有必要时，尚须修改其意见书也。

【路透社二日伦敦电】 前工党政府阁员彭森璧勋爵，将于今日午后在上议院中提述李顿报告书问题。渠将询问中国国民政府是否拟催促早日考虑李顿报告书，及英政府对于调查委员团之结论抱何态度。

(《申报》，1932年11月3日，第七版)

431. 日参赞有野谈话，否认意见书运沪，日使旬日内回国

中央社记者昨访日本驻华公使有吉明于日本驻沪总领事署，当由日使署一等参赞有野代见，纪其所谈如左。

对报告书意见

日前东京电传，日本对国联调查团报告书之意见书三大箱，已由长崎丸运沪，交驻华公使转达中政府云云。此项消息，全无根据。使署至今未曾接到所谓三大箱之意见书，日本即有意见书送华，亦断无三大箱之多。日本对报告书意见，当由日政府正式发表。调查团报告书所列各项，日方对之反对与赞成参半。换言之，有利于日本者赞成，不利于日本者反对，与中国当局对报告书之观感，正复相同。

....

(《申报》，1932年11月3日，第十五版)

432. 我方不反对国联展期开会，应付方针外委会已决定

〔南京〕 国联行政院原定十四日开会，现决改于二十一日举行。闻展期原因为候军缩会及美大选之结束，以便集中力量谋中日问题之适当解决，并非由日方之要求，故政府亦不反对。闻国联行政院开会时，对李顿报告将立时提出作初步讨论，附以审查意见，提请十九国委员会讨论后，再提国联特别大会讨论。我方对应付方针，早经外委会决定，由外部电令日内瓦我代表团，届时为国家民族作殊死战。（三日中央社电）

〔南京〕 国联行政院已定二十一日开会，讨论李顿报告。外部除早决定具体方针外，对各国态度仍刻刻注意。日内瓦我代表团与外部每日电讯频繁。闻列强态度日趋鲜明，法坚持维持国联尊严政策，英美意见亦趋一致。美大选无论胜利属共和党或民主党，其传统外交政策决不致有何变动。对中日问题最重要之一幕，即所谓"满洲国"问题，各国对美国务卿史汀生历次宣布之不承认侵略之结果一节，现已完全一致。（三日中央社电）

(《申报》，1932年11月4日，第三版)

433. 上院热烈辩论后英政府对中日案宣示态度：英在国联不欲以领袖地位自居，愿与他国联合觅取共同的政策

工党领袖开始质问

【路透二日伦敦电】 上院反对党领袖彭森璧，今日询问英政府对于李顿报告书结论之态度。彭氏以庄严词句开始满洲问题之辩论，称赞李顿调查团之报告书，承认调查时所遇之困难环境，谓事有可显然可见者，满洲问题非仅仅恢复原状所可解决，日内瓦考虑此事时，英国须在此难题之解决中予以指导，此乃甚关重要之点。

日军冒天下大不韪

国联行动不常如若干人所期望之迅速,但已获有虽非特殊,然亦甚大之胜利,以制止远东战争,而使当事者双方集议于一室。日本事态变化不已,渠有理由确信,世人对于日本军事情绪之暴[爆]发,未有热切赞助之者。渠深知各大国可联合解决满洲问题云。

应进一步抑退一步

自由党洛襄勋爵称,满洲争议中之最大问题,为吾人在其解决中应更进一步,以趋向一种国际制度之设立乎？抑退后一步,以趋向不可避免之战争乎？美京九国公约、凯洛格非战公约及史汀生宣言如适当坚决运用之,皆为应付此难题极有势力之工具。今日本战争气概日见昂起,即日本之最好友人,亦多虑日本可怖的困难,或将改变其所以成为一代头等国之稳健政策。

中国民气蓬勃方兴

同时中国敌忾之气,亦蓬勃方兴。中国少年或将离宪法之发展,而趋向报复之准备。苟满洲之祸根不除,渠料定华盛顿公约将卒被撕毁,而海上军缩终将放弃。届时所谓军缩者,所谓非战公约者,将如何乎？而英帝国在太平洋之部份,又将如何乎？渠希望政府了解此问题之严重。今之时局需要慧智,不在煽惑远东舆论,以作无考虑之行为,但在坚决主张现有条约之可谋解决耳云。

星火燎原宜早为计

工党爱伦勋爵称：一九一四年,星火燎原,遍及世界；一九三一年之星火,则未酿成同样大祸。此乃极有希望之一事。渠请政府宣布,凡不使各国尊重国际义务之任何协议,英国决不悦服云。

希望尊重国联精神

薛西尔勋爵亦请政府早日宣布英国拥护国联之决心,并声明李顿报告书如为国联行政院所核准,则英国必赞助此报告书云。

李顿勋爵申述意见：扫除异见成就可期

李顿勋爵亦出席上院，至是起而发言。首向赞助其报告书者致谢，继谓半个月内日内瓦将讨论此报告书，现未有催促提早考虑之必要，渠不期望政府现即发表切实之声明。国联非获有全体同意，不能有所作为。如各国先有成见，则决不能获取一致同意。但时局若再任其延宕，则危险殊甚。渠承认中日政府对于调查团之忠实襄助。调查团之提议，志在建议，而非一定不移。调查团有一次欲作更详细之条陈，但卒未行之，盖欲集其注意于更重要之原则问题也。渠赞同洛襄勋爵关于问题严重及应付时局应有智慧之言论。渠以为成功之最大希望，在予国联以自由之手腕。渠以为外相西门可接受此报告书，而以此为其在日内瓦之扼要点，俾使其试作的建议变为甚重要之成就云。

英在国联避作领袖，亦不愿采单独行动

陆相海尔珊勋爵代表政府发言，谓数年前渠游东京参加太平洋交谊大会，渠乃知时局之困难。今李顿报告书以明白而建设的文字，对于双方皆作持平之论，至可嘉尚。报告书办理一困难工作，欲在国联结构中成立两国间之和好关系，英国对此两国固始终希望与之友好也。国联行政院现已定期讨论，故无须促其提早考虑。外相西门在起程赴日内瓦以前，当然将有机会讨论此报告书，而与内阁妥议行政院所可采行最好途径之假定计划。但英国在日内瓦之目的，不在作使人注意其引导或发起之行动，但在联合他国共谋一致的政策。英代表之目的，尤欲劝令中日两国政府赞成列强政策。渠深知问题牵涉之严重与远大，在行政院考虑此报告书以前，英政府未便说明其对于报告书全部或对于其某种提议之行为。渠可为彭森璧勋爵告者，渠所以不能对此问题有所宣布者，因此问题过于重大，须在适当时机、适当地点处理之，不可为事前之言论所拘束也云。彭森璧勋爵作结束此番辩论之词，谓李顿勋爵顷所称外相西门所执之扼要点，应即为报告书本身一语，渠甚宽慰云。辩论至此终毕。

（《申报》，1932年11月4日，第七版）

434. 国联行政院定廿一日召集，特委会及大会均将展至明春

【哈瓦斯二日日内瓦电】 国联行政院决定十一月二十一日开会，审查李顿报告书。驻日内瓦之日本半官式通信机关本日宣称，日本政府对于国联行政院决定延缓一星期开会一层表示欢迎，因日本对于李顿报告之意见书交由吉田大使携带来欧，而吉田大使于十一月十六日以前尚不能到日内瓦，且日本前派松冈代表携带之意见书有修正之必要，行政院展期开会可使日本从事此项修正也云云。又国联会特为中日争端而组织之十九委员会，应于行政院闭会之后即行集会。预料此项集会在十二月以前，无实现之可能。如此，则国联会非常大会又将如何？以意度之，一至十二月则年关伊迩，非常大会之召集，恐在疑似之间。由此观之，李顿报告书虽不能即谓其将延至明年一月或二月始由国联特别大会讨论，然自形势上观之，亦非不可能也。

....

日意见书之增补

【电通三日东京电】 国联理事会延期一周，改为二十一日开会，与各国代表以熟读日本意见书之机会，于日本有利。惟吉田大使携往之意见书正文，又发生数处须增补修正，即急电赴日内瓦途中之吉田大使，训令应行补修之点。至增补修正者，则有十月二十八日吉田大使出发后之事实，如中国之内乱不止，政治的崩坏状态更加扩大，以及满洲发展过程大有进步。对上述二点再加阐明，以期完全。

【华联社三日东京电】 国联调查团报告书公布后，日军部大愤慨，谓李顿报告书不承认日军之军事行动是出于自卫，而且伪组织断非华人之要求，日军一切行动均被宣布破产。故日军部一面督责外交部，反对报告书；一面令全国乡军开大会，反对国联。已在神户及九州福州开会两次，今日复在东京召开全国大会，四百万人之乡军到会者仅二万人，议决下列两事：（一）反对侮视日本

之国联调查报告书;(二)极力拥护"满洲国"之独立。

....

(《申报》,1932年11月4日,第七版)

435. 处理中日案美与国联合作,特派台维斯出席行政会,郭使表示愿受合理解决

【国民社三日日内瓦电】 据此处可靠方面预料,美国与国联对于处理李顿报告书之策略,仍将继续密切合作。并闻美国特派欧洲军缩会议之观察员台维斯将兼任国联观察员,参加行政院十一月二十一日召集讨论李顿报告书之大会云。

(《申报》,1932年11月5日,第九版)

436. 李顿将向国会议员演说中国政况

【路透社五日伦敦电】 李顿勋爵将于十一月九日,向下院保守党外交事务委员会演说,是日将由该委员会中国股员会主任温特顿伯爵主席。闻国会议员之熟悉远东事务者,对于李顿报告书中所称中国政治不稳固实为一切祸乱之源一节,极为注意。预料李顿勋爵之演说将专述此点。

(《申报》,1932年11月6日,第七版)

437. 公电

【温哥华来电】 "《申报》转南京国府:本会誓为抗日救国后盾,反对瓜分中国李顿报告,反对禁制民众抗日团体。要停止一切内战,促蒋出兵东北,收复失地,恢复中俄邦交。加拿大云高华华侨拒日救国会。江。"

(《申报》,1932年11月6日,第八版)

438. 我国对国联提案原则可分两点——罗文干之谈片：注重沈案及沪案责任问题，对报告书第十章提出对案

〔南京〕 罗文干谈，我国今次向国联提案原则可分两点。第一点注重在国联调查团报告书第一章至第九章，藉以根本明白九一八东北事变与一•二八上海事变之责任问题。在肇事之责任究在日本或在中国得以澈底明白后，则其他责任以内之问题，均可根据此原则连续讨论，使国联得以作公平之处置，使中日问题之是非有所归宿。第二点，关于调查团报告书第十章，亦另有说明。因第十章系调查团对国联之建议，并非肯定的。我国自应提出对案，同时依据中国之事实问题，加以切实之说明。（七日专电）

〔南京〕 国联行政院二十一日开会讨论李顿报告，在提特别大会前，将先送十九国委员会研究。大会之期，最早须至年底或明年正月。据外交界确息，国联因见□次决议未能见诸实行，此次大会决先使各国意见集中，俾此次决议案能发生实效，不使此足以影响远东和平之纠纷常［长］此迁延。现各国对不承认所谓"满洲国"及原则上接受李顿报告意见已一致，但究用何种办法解决中日问题，尚须详细考虑，故预料此次大会将费相当时间，始能告一结束。至我国应付会议方策，外委会所决定者，系对代表团之一种训令，俾讨论李顿报告时，得根据此项训令随机应付，并非向国联会议提出意见书云。（七日中央社电）

（《申报》，1932年11月8日，第四版）

439. 首都人士注意美国选举

〔南京〕 中国官场闻美国选举消息后，谓无论何党被选，美国人民必在其外交政策中表示正义与公道。且罗斯福深悉远东事情，定能根据凯洛格非战公约及九国公约制成关于远东时局之外交政策，以维持世界和平。（九日路透社电）

〔南京〕 此间人士今日极注意美国选举结果。中国人民对于外国选举之

注意,从未有如此次之甚者。盖以国联行将开会,李顿调查团之美代表亦将参加讨论,美国在中日问题今后发展中之关系,甚关重要也。一般舆情以为,美国对外政策,尤其是远东政策,不致因政府变更而起变化。(九日路透社电)

(《申报》,1932年11月10日,第七版)

440. 获解大暗杀案要犯,曾在汪、宋寓邸投弹,唐腴庐[胪]实遭其毒手,受人收买谋害李顿,不惜造成国际纠纷

国联调查团来华调查辽案,于三月间道经上海。其时暴日侵略淞沪之战争,因我十九路军退守第二道防线,暂告停止。该团委员李顿勋爵等,以兼奉国际联盟会着就近调查沪变之使命,故而驻节外滩华懋饭店,进行调查工作。讵意此际竟有阴谋之辈,希图造成国际重大事件,嫁祸我国,不惜巨金收罗汉奸死士,组织暗杀机关,遣其党徒,亦匿迹华懋饭店之内。原拟俟该团要人出入该饭店时,将手溜[榴]弹从窗口投掷,俾达加害团员之目的。幸经我国当局与租界捕房保护周密,若辈毒计无隙可逞。

此种阴谋初未败露,直至上月二十六日,老闸捕房华总探长尤阿根、探目周桂生等,在法租界缉获对于九月二十四日有吕子清者,在昆明路被匪绑票未成,当场遭匪杀害一案负有重大关系之龙林等二十三名。侦查之下始知,该匪等实系此空前未有之暗杀案要犯,且行政院长汪精卫、宋子文二氏之法租界寓邸前,曾先后发现被人投掷炸弹,亦均由若辈所为。遂由捕房律师陈明,第一特区地方法院请俟侦查终结,再行提起公诉。业奉核准,谕将该犯等羁押候讯。

兹悉,宋子文院长去秋偕其秘书唐腴庐[胪],往北火车站乘火车赴都。将登车时,突有匪人开枪狙击,致唐君饮弹殒命,凶手当场逃逸。现经查得,亦系龙等所为。彼并于某日,纠党往市政府,意图乘隙加害于吴铁城市长。至若辈在租界内所犯之案,而经工部局向第一特院提起公诉者,则有:(一)被告龙林、唐明两人于三月二十至二十二日,在外滩华懋饭店携带手溜[榴]弹三枚、手枪两支,图杀顾维钧、宋子文、吴铁城、罗文干,犯《刑法》第二百八十四条第二项之罪;(二)龙、唐两被告于同时同地,与在逃同党五名,携带枪弹,犯《刑

法》第二百条第一项公共危险罪,及违犯民国十七年十月间国府颁布《枪炮限制条例》第一条之罪;(三)被告龙林,于去年七月二十五日在南京路余庆里五百二十一号,纠党持械,抢劫顾克明钞洋,计一万六千元;(四)被告唐明、马贻金,于十月二日纠党持械,侵入爱多亚路九百二十二号,抢劫周得文值洋二百五十八元之财物;(五)唐、马两被告,于九月二十二日以手枪向静安寺路福庆里三号崔献庭恐吓;(六)被告唐明,于三月十九日致恐吓信与何海清,图诈洋四百元;六起。

昨日午后,承办此案之尤探长,率同探目刘俊卿、探员李述桂,与西探,将被告龙林、马贻金、唐明、马荫和、田泽民、翁新吾、陈春亭、李云成、张春、陈捷三、贺荫三、万家云、刘汉卿、秦天有、项子云、徐鸿元、王云樵、苏治安、汪伯林、俞明海、李忠发、冯国祺、熊子成等二十三名,及抄获手溜［榴］弹一枚、手枪一支、子弹九粒,并解第一特院第一刑庭,由钱鸿业庭长升座提审,市公安局特派法律顾问詹纪凤律师到庭,声请移提。据詹律师称,移提被告等之理由计有两点:(一)被告龙林等,业经公安局向捕房提去侦讯,据其供认,专以暗杀政府最高官吏为目的。彼等虽都避居租界,但实施犯罪行为地是在华界。如去年在北车站谋刺宋部长未成,误杀秘书唐胦庐［胪］,及被告唐明往市政府左近守候,图刺吴市长之犯行,均在华界,依法应归出事地之官厅讯办,毫无疑义。(二)本案如由贵院讯办,原无不宜。惟贵院侦查程序,依照协定应由捕房执行,而捕房之唯一任务为保护租界安宁,对于含有扰乱政治或有背景之案件,自无深切研究之必要,其有隔膜,且非熟习,自可想见。又查各被告不过避居租界,并无固定住址,且非普通盗杀案犯可比,与租界治安绝无关系。故为便利侦查起见,应交公安局提回侦查,于法律事实更臻妥善云云。捕房律师甘镜先对市公安局要求移提一点表示同意,谓本案含有政治性质,自应由公安局提去,第二特区法院虽亦有来文要求移提,则请庭上径复该院,另向公安局移提。钱庭长遂准照公安局律师所请,谕将龙林等二十三名,交公安局来员带去归案讯办。

(《申报》,1932年11月10日,第十三版)

441. 邹鲁等决定出席三中全会，提案由陈融起草中

〔香港〕 邹鲁十日谈："粤委除因要务者外，决全体赴京，出席三全会。余与邓泽如等决往，陈济棠、胡汉民决不往。萧来电谓，赶于十二月十五日前返粤，赴京出席。各委决十二月初北上，提案正由陈融起草中，专注抗日、'剿共'及应付李顿报告书等项。"（十日专电）

〔香港〕 陈济棠、邹鲁、邓泽如、唐绍仪等，十日午在政会宴林海东，讨论外交问题甚详。（十日专电）

（《申报》，1932年11月11日，第六版）

442. 王正廷过京时谈话

〔南京〕 王正廷十一日晨自沪来京，下午召胶济路理事会开会，七时乘车赴平公干，一周后返京。据王语记者："（一）罗斯福当选，早在意料中。年来美国经济衰落，人民不满胡佛，此为大选胜负关键。罗氏对外政策，预料与胡佛时代无何变更。因民主党向主加入国联之故，将来与国联合作，必更密切。对远东问题，美抱何种态度，于继任国务卿之个人主张有大关系。传台维斯机会最多，但无论是谁，对史汀生历次宣布不承认武力侵略之结果，与尊重中国领土主权的独立完整之主张，则可确信不变。总之，中日事吾人应反求诸己，力谋党的团结及政府与人民之合作。（二）国联对中日事，此次大会势必设法解决，对报告书必不放松。但国联似无法警之法庭，虽能秉公判断，不能强制执行，故一面努力外交，一面应发挥自己力量。经济绝交与东北义军，已使日人疲于奔命，现北满方面日人无法应付，南满亦不能安居乐业，币原曾有日并满洲如吞一炸弹语，今则验矣。如吾人坚持到底，则日本对东省当面包吞进者，必当炸弹吐出矣。（三）外传国联将组国际委员会解决东北事，此说不为无因。盖东北事中日不能直接交涉，国联决议又不能执行，另组委员会乃必然之道。此说果确，中日问题恐非短期间所可解决，国人应准备长期抵抗。（四）

对俄复交,余以为可以进行。日俄缔不侵犯条约,因利害冲突乃不可能之事,不过日人之故意宣传而已。(五)三中全会,余决出席,并拟有二提案,届时提出。"(十一日中央社电)

(《申报》,1932年11月12日,第七版)

443. 英国会讨论远东问题,工党动议赞助李顿报告书结论,西门表示愿与国联及美国合作,工党议案经保守党修正后通过

【路透社十日伦敦电】 工党提出议案,请政府:(一)根据各国地位之平等,赞助立即的、普遍的、切实的军缩;(二)赞助李顿报告书之结论,以维持国联盟约之原则。今晚工党阿特里于提议此案时,责英政府对于中日争议态度软弱,谓军缩会未有进步,国人大为失望。工党视军缩与满洲问题有连带关系,盖以满洲问题乃国联能否担保不受攻击之测验也。此问题苟不解决,则国联将丧失其道德上权威,而世界将恢复其各自增军与局部联盟之旧制度。李顿调查团有功世界。依渠观之,日本之占据满洲,原来仅为军阀一种试验,如英国早在国联中有勇敢的指导,则渠信此种试验,即可销减,盖日本民众不致赞成此种运动也。李顿报告书已予国联以发挥其权威之机会,工党愿知政府欲否采用此报告书,以此为英国政策之根据云。

西门外相论李顿报告书

外相西门答称,李顿报告书至堪称赞,措词极温和而富于同情心,又不仅有真正政治家风度及真正透视意识也。报告书欲提出此案,而对于双方不失持平。此报告书不仅得五国代表之一致同意,且为五国代表所签定。而此五国中,有美国在内,此乃尤关重要者也。今国联既许听取日本之意见矣,若在未见日本意见书以前,遽有所判断,则似失平允。国联大会议长伐勒拉,曾决定国联行政院应于十一月二十一日集议,故渠主张俟听得日本对于报告书之意见后,再下判断。英政府愿仍与国联忠实合作,若作单独预先的宣布,于事无补。政府欲为国联整个的动作,虽时局现可焦虑而不美满,但政府有可为满

意之理由,因已能以极密切之合作与好感,与美国共同行动也。

……………

(《申报》,1932年11月12日,第八版)

444. 国际委会事件外委将加讨论,谢冠生征得蒋意见

〔南京〕 外交委员会特务秘书谢冠生,以外委会各项重要议案须与蒋会商,决定于十日由京飞汉,十三日回京略事休息,见外长罗文干,报告经过情形。闻谢此行任务中之最重要者,为我国对于国联主张成立国际委员会讨论中日问题一节之赞成与否,及李顿报告中第十章建议项下成立东北顾问会议之如何解释。下届外交委员会,谢氏将列席,说明蒋之主张。(十三日专电)

粤方中委推定出席全会人选

〔南京〕 据粤来京之某中委谈,留粤中委接到中央通知三中全会召集日期后,即经西南执行部开会,讨论出席人选及提案问题。闻已决定推邹鲁、林翼中、区芳浦等来京出席。萧佛成病已全愈,在三中全会前可返粤,将来亦可来京参加。至提案内容,计分三项:一、抗日;二、"剿匪";三、对国联报告书之意见。(十三日专电)

(《申报》,1932年11月14日,第三版)

445. 日本狡猾政策,所谓妥协案如是如是

……………

【日联社十三日东京电】 国联当局最近关于解决中日问题,有重要提议致日外务省,政府拟与关系机关慎重商议此事。日方对于解决中心问题,已经决定二大原则,其内容如此[次]:(一)日本大体承认李顿报告书中关于九一八以前中日关系及日本在满洲特殊性之趣旨,但严重禁止溯及过去之事实,而讨论中日两方之责任问题;(二)中国之安定对于远东及世界和平上必要故,

国联为改善将来之中日问题起见论诸有效的办法,日本将于国联大会根据于此原则进行讨论。

国际委员会空气

【电通社十三日东京电】 最近中国方面盛传,驻华列国公使提议设置国际委员会,援助解决满洲问题之中日交涉,或由李顿调查团参加中日直接交涉。日本外交当局接此信后,表示见解如下:国联行动尚未明了,而中国公使团乃正式有此具体的提案,殊为可疑。如系事实,则此案必系鉴于上海事变后,四国公使斡旋中日停战交涉之成绩而立案者。然上海事变与满洲事变性质完全不同,上海事变可以承诺列国之劝诱,满洲问题则始终维持拒绝第三国加入之原则。即李顿调查团若参加中日交涉,亦绝对不能承认。盖当"满洲国"已独立,日本已正式承认之。今日有与满洲存在事实相抵触者,始终反对。若对满洲今后之发展是否与远东和平有利之点,暂采静观之旨,则虽设置委员会亦不反对。若于压迫日本意图之下,计画的提唱①设置此委员会,决断然拒绝云。

(《申报》,1932 年 11 月 14 日,第七版)

446. 伦敦报纸对远东问题乐观:李顿报告书能使难题解决

【路透社十三日伦敦电】 《观察报》今日社论,对于远东争议解决之气象,抱乐观见解。谓李顿报告书一般人更认其得当,故此难题可望解决,吾人在任何方面之外交界中,现觉有倾向信任与乐观之趋势云。

(《申报》,1932 年 11 月 14 日,第七版)

---

① 编者按:"提唱"今作"提倡"。后同。

447. 松冈一片胡言

【国民社十三日巴黎电】 日本出席国联代表松冈洋右抵巴黎后,各国新闻记者往访者不下百余人,其目的皆在探刺日本在国联讨论李顿报告时将取之立场,乃访问结果。松冈径予各记者一缮就之谈片,重申日本在满军事行动理由,对于李顿报告,仅称内有若干部份为日本所同意,其余则殊难赞同,将在国联说明日本所认为谬误地方等语。至松冈答复各记者口头询问,殊为审慎,仅竭力宣传远东之混乱状况,且多荒谬之语。兹略述数则,以见日代表在欧宣传之一斑。如松冈答某记者云,"我辈对于远东时局,应比西方人民知之更晰"。又谓欧美各大国驻海陆军在华,业已三十二年,曾时用以保护本国利益及其侨民,其致[至]有时用以保护本国官吏。欧美各国在中国利益较为轻微,故对中国情形视为偶然,无甚重要;日本则不能认为偶然事件,视为非常重要。又谓欧美各国在华侨民,总计尚远不逮日侨之多。中国之情形已达爆发点,九一八之事变不过促成一种行动,而中国若干旧军阀造成多年根深蒂固之混乱,实为此种行动之背景。中国之仇敌,乃中国自己人民,而非外人等晤[语]。极诋毁之能事,以为掩饰彼残暴侵略地步。我人不可不亟谋所以应付之道也。此外松冈又重申,日本志在和平及拥护门户开放政策,并代伪组织宣传云。

(《申报》,1932年11月14日,第八版)

448. 日方规避讨论过去事实,某要人谓显见胆怯,我代表团势必力争

〔南京〕 国联会议已迫在眉睫,闻日本所定之对策,决严重禁止溯及过去之事实及责任问题,而专就现在之事实从事讨论。顷据外交界某要人语记者,日本图规避讨论过去之事实与责任,显见其胆怯心虚。关于九一八事变之经过与责任,李顿报告已有公正之纪述,日本虽欲逃避而不可得。中日问题,必须根据过去之事实与责任,始得公正之解决,此为一定不易之理。故对于中日

纠纷之责任问题，我代表团势在力争，因责任问题而引起之赔偿要求，我代表团亦必提出。再，日本认叛逆组织为既成之事实，殊不知此种叛逆组织，纯为日本凭借武力一手所造成，如日本军队一旦撤去，此种叛逆组织将立即消灭，故不得认为成既[既成]之事实。而九国公约、非战公约、国联盟约，方为举世所公认之事实，不容忽视。总之，日方此种横蛮无理之态度，不过与正义作最后之困斗，决难为举世所承认。（十四日中央社电）

（《申报》，1932年11月15日，第四版）

449. 美国外交政策讨论会推测美国态度，发表研究李顿报告结果

【国民社十三日华盛顿电】 美国私人组织之外交政策讨论会，今夜发表研究李顿报告结果，声称该会美国对该报告采用四种原则之可能：

（一）美国应否派代表参加国联。按国务院近已声明，美国将不加入国联，讨论李顿报告书，故该会认此问题显已解决。

（二）倘国联建议接受该报告，则美国将有何种行动。该会确信届时美国亦将单独赞成该报告建议，争执两造应受其拘束。

（三）倘日本拒绝国联建议，而国联如宣告日本违背国联盟约与九国公约及其他条约，则该会信美国亦将表示同样见解。

（四）倘事势较[转]变至需美国有所行动，以拥护其宣言时，则信美国或将与国联联合宣告不承认"满洲国"，并由国联联合禁止借款与日本及"满洲国"。

按该会系许多国际法专家及研究国际事情者所组织，与国务院无正式国约。

（《申报》，1932年11月15日，第七版）

450. 外委会讨论国际委会事件，日内即有具体决定

〔南京〕 国联主张成立国际新委员会，直接解决中日问题一事，日来已经各方证实，其进行渐趋具体化。我国对此委员会组织之赞成与否，在今、明二日中即由外交委员会讨论，作具体决定。大致在相当程度下可以接受，惟李顿报告书中第十章建议项下之东北顾问会议一事，我方已婉词拒绝，并有极充分理由说明。国联所以主张产生国际委员会之原因，有下列数点：

一、国联对于中日问题虽经数度讨论，终以日方之强词反对难达解决愿望，遂不得不另辟途径，增厚国联之力量，而使中日问题有解决之段落。

二、成立国际委员会，于国联范围之外，非国联会员之美俄二国亦能加入讨论。日本在此会议中再事反对，则美俄等国亦将不满于日而一致对付之，是日本对敌愈众，顾忌愈多。

三、此会除讨论中日问题外，并将讨论及远东之整个问题，得于国联以外共谋维持远东和平。

四、讨论中日问题时，仍以李顿报告书为根据，第二步即能提出九国公约，以钳制日本。

五、国联会员国既参加此会，国联本身之意见仍得间接提出，无异美俄等国同化于国联，而使国联力量在无形中增加。

我国对于此事，曾由中央各要人慎重考虑。目前之趋势，如国际委员会有直接解决中日问题主权，而仍以李顿报告书为讨论之根据者（即东北领土行政主权属于中国为原则），可以赞成。若此会对于中日问题仅作研究或调解性质者，则会议前途既鲜有效，此会组织徒有形式，殊非我国之愿望。以上在今、明二日之外交委员会中，即将具体决定，最短期间即电达日内瓦我国代表团，向国联行政院报告。至李顿报告书第十章建议项下之东北顾问会议，我国对此已电令日内瓦代表团措词拒绝，并加充分说明："满洲国"组织在日本指使下成立，若开顾问会议，成立地方特别政府，而参加会议之满洲代表并非真正满洲人民之代表，而为日本之变相代表，中国恕难承认；若由满洲地方人民公正的选举代表参加会议，则认有讨论之可能云。（十五日专电）

....

（《申报》，1932年11月16日，第六版）

451. 朱兆莘谈李顿报告书

〔香港〕 朱兆莘十五日发表反对报告书意见，主以武力收复东北，宁为玉碎，不作瓦全。（十五日专电）

〔广州〕 朱兆莘今日对路透访员谈话，预料日本将接受李顿报告书，因报告书第十章载有解决基础，而此基础固日本在上海发难以前所欲谋取者也。朱称，日本集中其努力，欲中政府承认其非法兼并东三省，李顿报告书中之建议，简直是对于军阀国之懦弱服从。中国除用兵力外，决不能恢复中国在东三省之统治权。李顿调查团欲以抵制日货为非法，此实大误；而对于上海战事仅作不落边际之纪述，亦属可憾云。（十五日路透社电）

（《申报》，1932年11月16日，第七版）

452. 日本之意见书最后修正完竣，十八日交国联

【电通社十五日东京电】 帝国政府对于李顿报告书之意见书，昨日经外务首脑部之会议，最后之修正当经完竣。即于今晨由外务省致电日内瓦之日本代表部，并电令于十八日将意见书全文提交德鲁蒙秘书长，二十四日下午四时分送各理事国代表。

【电通十五日东京电】 日政府对李顿报告书之意见书，十八日由日内瓦日本代表部提出国联事务局。意见书颇为冗长，日本文百三十页，英文约百余页，内容分为绪论、第一章中国、第二章满洲、第三章九一八事变及其后之军事行动、第四章"新国家"、结论等。意见书之公表日期，在日内瓦为二十日午后四时，在东京为二十一日午前〇时。

…………

（《申报》，1932年11月16日，第八版）

453. 李顿建议我国决予婉拒，外部已训令代表团

〔南京〕 外部息。李顿报告书第十章建议项下成立东北顾问会一事，业经上次外委会讨论，决定婉词拒绝。外交部在前日已训令日内瓦我国代表团，在本月廿一日国联行政会议中讨论李顿报告书时，我方即说明不能接受之理由。因东北伪组织在日本唆使下成立，并非出于东北人民之本意；真正人民意旨，在日本及满洲伪组织之武力压迫下，已不能申张。如依照李顿建议而举行顾问会议，则东北代表即是日本代表之变相。事实上除中国与日本之正式代表而外，日本复有满洲代表之权，增加于日代表之中。中国之代表决不能对未承认之正式地方政府之代表开同席会议，以演成世界各国所未有之现象。如满洲代表由满洲人民选举产生，则或有接受会议之可能。在国联行政会议开会时，我国代表团即将依照此训令进行云。（十六日专电）

〔南京〕 国联组织国际委员会解决中日纠纷。我国对此所采方针，前日外委会曾有缜密讨论，十六日中政会席上，宋子文亦有简单报告。据可靠消息，我国态度已由外委会将各方贡献之意见归纳就绪，俟宋子文返京，再召集一度会议后，即可完全确定。（十六日专电）

（《申报》，1932年11月17日，第三版）

454. 国联开会议程首先讨论李顿报告书

【国民社十五日日内瓦电】 国联秘书厅今日公布国联行政院理事会大会之议程。据议程所载，大会定于下星期一十一月二十一日开幕，首先讨论者为李顿报告书及中日间之争端，继则讨论波玻维亚①及巴拉圭间之战事，其余则为波兰境内德国小数人民问题及但泽自由城国联特派员之任命，因前任特派员格拉温那氏逝世后，该职已久在露斯汀氏代理之中也。

（《申报》，1932年11月17日，第七版）

---

① 编者按：原译名有误，应为"玻利维亚"（或旧译"玻璃维亚"）。

455. 顾维钧抵日内瓦，揭破松冈宣传作用

【路透社十五日日内瓦电】 顾维钧已抵此，言及日代表松冈近所发之言论，谓李顿报告书中所表示中国统一有力的政府之观念，现使日人不宁，故积极宣传批评中国情形。其实外侨数万现安居于中国内境，而在华日人之生命财产，虽在过去十四个月内日军蹂躏东三省及炮轰上海时，亦为中国所保护，中国并无仇外举动云。

(《申报》，1932年11月17日，第七版)

456. 日本半泽玉城氏《再告中国国民》原文译载①

日本《外交时报》近载半泽玉城氏一文，题为《再告中国国民》。文中对东北事件完全诿咎于中国，自己却脱卸净尽，且以直接交涉诱惑我国人，立意措词殊为谬妄。本报于时评栏已为文驳之，而将半泽原文译载于此，读者当知日人之诡辩技俩，实无所不用其极也。

上海事件以后，中国国民诸君，似乎已觉悟到了排日政策不可，似乎已体验到了专靠国际联盟或像美国似的第三国势力来压迫日本，事实是已完全失败；同时，更深深的自觉到了希望终局的解决，就不能不根据中日直接的交涉。过去我们对中国政府及中国国民诸君，曾经下过一个极大的劝告，这劝告之要旨是：

第一，中国应该首先撤回对联盟的满洲问题的申请书；第二，中国应该赶紧树立起一个巩固而恒久，同时担当得起能中日直接交涉重任的政府。假使中国真能够实行这两个条件，那末，我们也不惜慎重考虑一下过去中国诸君所悲鸣而认为最后面目问题的满洲宗主权问题。这个劝告，似乎也曾博得了中国舆论若干的反响，同时促起了多数识者相当的考虑。结果中国政府的现实政策，却违背了我们的劝告，不仅没有撤回对联盟的申请书，同时更新派了顾

---

① 编者按：原文无标题，编者自拟。

维钧为联盟全权代表,鼓吹起各种排日方针,继续着直接、间接的抗日政策。依然没有变化它依赖联盟的政策。

二、这个结果,时局是如何进展呢?在日本,已正式承认了"满洲国",在世界恶化了对华的认识。不仅这样,李顿报告书公表后,暴露了中国的现实,引起了世界对华舆论的反感,过去的对华同情论,今日已成昙花泡影。这些事实,难道不是中国国民诸君应该自省的吗?

然而这些既成事实,究竟是如何的展开呢?现在我们先说一下日本承认满洲的经纬罢。日本的承认"满洲国",诚然对于中国是一个困难的问题。中国的外交,诚然是因为日本承认"满洲国"而陷入于僵局,但是这个决不是日本故意要使中国困难,要使中国外交陷于僵局。这实在是一种劝告,希望中国能撤回对联盟的申请书,能宣布中日直接交涉的诚意,而不自陷于困难或僵局之中。同时,在"满洲国"承认前的日本,的确有过这样很显明的态度,在那时只要对手方能有容纳这提议的雅量(日本在联盟尝力说中日直接交涉)。然而中国政府不仅是没有容纳了我们的劝告,反而出之以逆行的态度,结果日本断然承认"满洲国"了。假使拿春秋的笔法而言,"中国以抗日政策及联盟依赖主义,终使日本承认'满洲国'焉"。

三、更为使中国国民诸君便于理解起见,再说明一下"满洲国"承认的意义罢。日本承认"满洲国"的结果,满洲既不是做了日本的领土,也不是做了日本的殖民地,而"满洲国"反而可以因为日本的承认,而具备了独立的主权,"满洲国"是获得了并不以日本之自由为自由的对等权威。因此,单就日本一国的便宜而言,与其承认"满洲国"有对等主权而增长将来的忧虑,毋宁还是与中国订立了严重的条约,确定了满洲的性质,较为有利。譬如从来的关东州,在法理上是寄托在中国主权之下的地域。但依据中日条约,日本已有了租借权,几乎是完全的统治权,像这样纸上的主权有什么呢?在确定满洲性质的时候,我们对于主权已不认为是什么重大的问题,何况乎是宗主权呢?然而中国政府不是没有考虑到这些问题吗?不是没有给与评论这问题的机会吗?这个看中国的不撤回对联盟申请书,不宣布中日直接交涉的诚意,不就是一个很好的证据吗?所以,在日本看来,不能不认为中国政府是已抛弃了满洲主权、宗主权及一切一切的发言权了。这个事实,中国国民诸君不能不记忆一下。

四、因此,在事实上,满洲是无主的地域,日本要占领也可以,要并合也未始不可以。然而日本已屡次向世界宣言,日本对于满洲是没有何种野心,当然日本是不想直接统治满洲,同时也不想满洲有赖于中国,有赖于联盟。不得已,只能容认现地之独立运动,最近已正式承认了"满洲政府"。满洲的统治,只能希望着满洲住民自己的才能。这些,都是日本政策的本旨。换言之,日本因为要避免并合满洲的嫌疑起见,不得不承认满洲的独立。这个只须看日本单就承认的问题,不惜化去了半载余的岁月,在这个期间里,给与了中国以十二分考虑的机会,给与了中国以研究最善手段的余裕。然而中国政府不原谅日本的真意,不容纳我们的劝告,终于使满洲确定了今日的地位。

所以,"满洲国"的出现,并不是日本从中国那里拿过来的,是中国自己抛弃的,因为中国自己不行使他的发言权。结果,"满洲国"才独立,日本才承认。若使这里有对于这既成事实抱异议的中国人,那末告诉你:与其怨恨日本,毋宁还是责备你自己政府不好来得适当;与其责备自己政府不好,还是□来纠弹抗日政策与联盟依赖策的失败罢。这一些是要请中国国民诸君对于"满洲国"问题反省的。

五、其次,再讲到国际联盟与中国的关系。去年以来,中国以为国际联盟是唯一救世主,以为哭诉于国际联盟,一定可以□得联盟的同情。然而今天的事情,是怎样?先检讨一下中国朝野期待着的李顿报告书罢。当然,日本对于这报告书是要加以严厉的批判,但报告书对于中国,是不是无条件的有利呢?贤明的中国国民诸君,应该省察一下。假使中国根据这□报告,根据这报告书所昭示着的国际联盟对华意识,未来的中国,将如何受着联盟支配呢?

第一,是满洲问题。虽说中国诸君绝叫着恢复失地,恳求着联盟调查团的同情,热望满洲还元,但李顿报告书已明白说:"恢复去年九月以前的状态,已经是不可能了",同时提唱着树立起一个广泛范围的"自治"制度。在这个自治政府里,以日本人占充分比额为条件以外,旁的内容虽然不很明了,但他方面,认为不考虑着日本与满洲的历史关系,什么解决方法都归无效的。同时,提唱着用有效的宪兵队维持满洲内部的秩序。从这些看来,满洲的自治,是以日本现有势力为基准的自治。它之所谓宪兵队,当然是指现在日本的满洲驻屯军。果然是这样,那末日本的独立承认与李顿报告书的满洲解决案,不过是低一重的差异而已。这里,所不同的,只仅是国际联盟之能否掌握满洲干涉之机会而已。同时,调查团对满认识的根本,是立脚在中国本部与满洲不能不分别着施政的源泉。因此中国的所谓失地恢复,调查团已下了一个"不可能"的断案。这里,中国国民诸君还期待着联盟解决满洲问题吗?

六、第二，是中国自身的问题。根据李顿报告书的预言，实在已经构作成中国国际管理的前提了。该报告书之文章，都是卓越的外交家所执笔，自然那记述是非常的巧妙而婉曲。但是根据调查团的"中国观"而论，中国政治的不安、中日关系的障害，都是远东和平之癌、世界和平之危惧。这些"不安"，都是由于中国的无巩固之中央政府，因此为求实行中国内部改造起见，必须有一时的国际协力。所谓国际协力，当然就是国际管理。在报告书里虽说没有说明瞭[了]他的方法，但很明显的，该报告书所提唱的宗旨，是说中国的内乱、政治的纷争、社会的经济的不安，必然的要影响及于与中国有关系的诸国家之不安，给与了世界和平以一重胁威，因此不能不藉国际协力，以解决了这些动乱，这里中国期待于联盟调查团的意义是暗晦了。在中国原想恃为律师的调查团，结果反成了推事而判决了中国是有罪。然则，中国是否是想向着世界暴露了自己的黑暗面，唤起了国际势力之重压，才招待着调查团而控诉日本呢？还是中国一方面想抗击着日本，一方面想甘受着欧美诸国重压的意义呢？聪明的中国国民诸君，这时候总应该冷静的玩味一下这提案了罢。

七、关于李顿报告书，在中国应该省察玩味的实在是很多。在这里最该留心的，当然是满洲自治案与中国国际管理案的□点。然则国际联盟自己的空气是怎么样呢？最近已经有了一个非常的变化。假使"联盟空气"这句话是有语□的时候，那末我们可以说，内外领导国联的英国、法国、义大利、德国，就是美国，对于满洲问题的舆论倾向，却已经是变化了。"日本侵略中国——中国是有组织的文明国"，原来国际联盟的紧张，就是从这些错误的前提上出发的。现在欧美各国已经把这个前提放弃了，完全是站在新的认识之上来观察中日问题。这个结果像李顿的报告书，欧美的政府及舆论已经了解远东的特殊性，再不拿西欧的国际常识来轻轻的下一个判断了。现在烦恼联盟大国头脑的问题，是欧洲自身的紧急问题，联盟自身的浮沉问题。换言之，在这些问题之前，满洲问题是个非常小的问题了。假使联盟内为一个满洲问题，要考虑或是失了日本，或是失了中国的时候，当然□决不至于因为中国而失掉日本吧。因此，在未来的联盟会议上，国际联盟因为中国的原故，捡火里的栗子，而破坏了联盟自身，像这样愚昧的事情，我们想是不至于的。最近各国的舆论，已经是转变为折衷的亲日的了。就是美国的史汀生，也不能不在这些舆论之前，缄守着沉默。这些事实，难道不是中国国民诸君应该猛省的第一问题吗？

八、然而中国国民诸君，现在还期待国际联盟吗？还打算叫国际联盟做中国的救世主么，把运命托付他么？假使中国果然能够依赖着国际联盟而打开国运的时候，日本的利益就是牺牲也不妨，"也决不至于可惜放手满洲"。但是，联盟的意思，已经在李顿报告书里面露了些鳞爪了。真正的意思是中国的国际管理，是白人的亚细亚征服。它们正希望着中日的纷争，而磨炼他们远东掠取的爪牙呢。这个彷佛中日战争后的三国干涉，三国干涉后的远东租借。同时，也像当年北洋系的政治家，诱引列国的势力，开了瓜分中国的端绪；现在国民党政客错误的联盟依赖策，打开了中国国际管理的端绪。这些都已经是很显明的事实了，中国的国民诸君，对时局的现状，不起义愤吗？

　　本来，欧美人对于东洋的国际政治、东洋的民族心理是不很明了，因此日本的一贯方针是不使欧美干涉东亚的问题。因此中日的纷争，应该根据中日直接交涉而解决。日本自身不仅没有提诉到国际联盟，而且有机会的时候，总隐蔽了中国的国□，打碎了各国的对华计划（例如临城事件后的中国铁道管理案），拥护中国的独立主权。像这一次把中日问题提出了国际联盟，联盟的判断是以中国国际管理为前提，这个完全是意料中的事情。因此日本对于去年的突发事件，就不想要希望联盟的判断。每当中国在联盟咆哮的时候，日本总主张中日直接交涉，总希望事态的圆满收拾。然而中国政府以国际联盟的不明了东亚事件为奇货可居，强狠的逸诉日本，强狠的招请联盟的干涉。结果，不只是招来了今日的既成事实，构成了国际管理的前提吗？同时这个问题，实在是关系于东亚全局、东亚全民族□命的问题，而决不是一满洲问题而已。因此聪明的中国国民诸君，第一须推□这□□□，第二须一扫招来灭亡国□的政府与卖国政客，一新自己的国策。（孙怀仁译）

(《申报》，1932 年 11 月 17 日，第八版)

457. 外委会讨论国际委会事件，国联决邀美俄参加，会期将在明年三月

　　〔南京〕　外交委员会十七申刻开会，到罗文干、朱家骅、朱培德、陈公博、顾孟余、石青阳、陈果夫、特务秘书谢冠生及列席委员徐谟等十余人，讨论至七时余。关于国联主张成立国际新委员会以解决中日问题一事，仍根据本月十

日、十一日两次外委会议决案，加以修正确定，即：一、国联若为积极的解决中日问题，并由美俄等国加入新委员会，以增加国联之力量起见，并依据李顿报告书东北领土及行政之权属于中国之原则讨论，则国际委员会在原则上我方可以接受；二、国际委员会讨论中日问题，除得以直接解决者外，其余如未能直接解决之问题，是否仍由国联尽继续讨论解决之义务，须国联有明切之解释；三、如为迁延中日问题之解决而成立国际委员会，并在会议中讨论问题而于最短期间无直接解决并方法者，则国际委员会前途既鲜效果，总非我国之愿望。以上诸点，不过为相当之准备，因国联此时犹未正式通告我方也。（十七日专电）

〔南京〕 国联行政院会期只余三日，关于会议之趋势及国际委员会对我利害如何，中央社记者顷向外交界要津探悉：

国联对我空气现颇良好。此次会议对中日争端决以李顿报告为讨论根据，首先听取中日两方对该报告书前八章之意见。九、十两章因系建议，不具硬性的限制性，采用与否，行政院不加决定。行政院会期，约两周，汇集各方意见即送十九国委员会研究，签具意见送特别大会。特别大会会期，约在明年正月，是否采用国际委员会制度，即由特别大会决定。但现时空气浓厚，大会有实现趋势。我外委会对此已加研究，惟因此事尚未见诸事实，故接受或拒绝现不加决定。国际委员会决邀美俄参加，此系国联另设之机关，日虽反对但无理由可阻其实现，惟设立时期大约将在明年三月四日罗斯福就任以后。就性质而论，有美俄参加，集中全世界力量对日施以威力压迫。且该会所定办法将立即见诸实行，不若国联决议案可延宕不理，此与日向用之延宕政策及不许第三者置喙之主张根本冲突，实为日所最畏忌反对者。但我国不应如此观察，利害所在，全在人民自取自决。该会设立，尚有三四个月，国人如何运用此时期，即利害之分歧。自九一八事变后，国人厉行经济绝交，日经济大受打击；益以世界经济不景气之影响，日货对欧美销售停滞，巨额军费支出，日经济已极紊乱。例如汇兑日金一元向值国币二圆四角者，现已跌至九角，且有跌至八角倾向；美金一元向值日金两元者，现值五元。日内外债无形增加一倍以上，国家预算不敷九万万元，工商业凋敝，国民经济乃趋破产之途。如我继续厉行经济绝交，则三四个月后日经济必不可收拾。再，东北义军声势日趋浩大，难民无法谋生均投义军，逆军日有反正，日对北满已无法应付，南满日侨亦不安居。如对义军接济源源不绝，则日军必疲于奔命，而引起人民对政府一致之反响。故未来之三四个月,实为国家民族生死存亡、外交胜负关头。如国民一致自谋自决,发挥自己力量,则国际委员会召集时,不待列强压迫,我已自能制裁暴日矣。(十七日中央社电)

(《申报》,1932年11月18日,第三版)

458. 国联准备讨论中日纠纷,李顿调查团出席备询,行政院先议争执起源,开会前夜李顿广播意见

【日内瓦十六日电】 国际联盟现已准备于下星期一开始处理其从未经历之重大事件,其第一件,即为行政院根据李顿报告书,考虑中日争议。兹闻李顿调查团中将有委员四人出席备询,李顿将于星期日夜间,在国联短波无线电广播其序言。日本对于李顿报告之意见书,将于星期五日分送行政院各理事。此书共九十页,定星期一日公布。闻此意见书仅对于李顿报告首先八章即历史部份有所论列,而不作解决中日争执之建议。国联秘书处以为,行政院第一步进行仅能涉及争执之起源,非至耶诞节后,未必即议及补救方法。

邀请俄美之三办法

至如何邀请俄美两国参加讨论,乃目前迫切考虑之问题。此事现有三种可能方法:(一)请俄美两国加入十九委员会,为陪员;(二)请两国加入特别咨询委员会;(三)或在国联之外组织完全独立之会议,以办理此问题。

行政院欤？特别大会欤？

众料中日两国代表对手续问题必即有争论。中代表欲诘问行政院办理此事之资格,而要求将此问题交十九委员会或大会之特别会议办理之。日代表则不承认十九委员会,而要求行政院作切实之行动。(路透社)

【路透社十七日伦敦电】 李顿勋爵定十一月十九日赴日内瓦。国联行政院开会讨论李顿报告书时,调查团委员并不真正参加此项讨论,不过李顿或可出席,以备行政院咨询。闻所询问题如属必要,将由李顿交其同事会同讨论,

而议定答词,复由李顿口头向行政院会议陈述之。

【哈瓦斯社十七日伦敦电】 据《民声日报》驻日内瓦访员所得消息,谓有一种隐示:国联会行政院在下星期以内仅讨论李顿报告书之一部份,其余各章则留待明年一月再加研究。又谓国联非常大会不致开会,至少在明年二月或三月以前不致开会。该访员并称,日本不愿行政院将李顿报告书移交非常大会讨论,英国外相西门似亦赞成此种见解云。

【东京十七日电】 据今日由日内瓦之日本代表部致外务省之公电称,德鲁蒙秘书长与国联事务局长杉村阳太郎协议结果,因李顿报告书之附属书系各专门委员于个人之责任所执笔,故决不用作理事会讨论之基础。于理事会开会之初,决由代[伐]勒拉理事会议长宣布此旨,故外务省亦不以此附属书作为公文书,不采向一般公开之手续。(电通社)

【哈瓦斯社十六日伦敦电】 自由党国际联合同志会执行委员会顷通过一动议案,要求政府运用所有势力,俾使国联会行政院采用李顿报告书。至政府对于国联会盟约及巴黎非战公约所载之原则,应行维持,亦当以忍耐而有力量之态度出之云。

(《申报》,1932年11月18日,第七版)

459. 国联将明白表示否认"满洲国"之存在,各会员国认报告书系忠实记载

〔南京〕 外交界确息。国联行政院二十一日开会讨论李顿报告书时,将首先听取中日两方对前八章之意见,尤其对第六章《满洲国》特别注意。现国联各会员国对此节之意见,除日本外已完全一致,认李顿报告中所述"满洲国"之各节,均系忠实、真确之纪载①。在行政院将全案送交十九国委员会以前,行政院将有正式之表示,明白否认所谓"满洲国"之存在。十九国委员会及特别大会开会时,亦将根据此点为讨论之基础。(十八日中央社电)

(《申报》,1932年11月19日,第四版)

---

① 编者按:原文标题作"记载",用字不统一。

460. 日政府对国联意见书发表：极尽訾毁中国之能事，所言无非日人之老调

【电通社十八日东京电】 日政府对李顿报告书之意见书其后修正点全部完毕，正本已到日内瓦日本代表部，并完毕提出国联事务局之手续，本日已由外务省发表。意见书大要如下：

绪论

李顿报告书中为日本所满足者，下列二点，即：一、承认中国分裂混乱，为无政府状态之事实；一、承认中国排斥日货，受南京政府之奖励赞助，且为用非法手段，随暴力而遂行之事实。然大体于日本不利、于中国有利的证佐之下，而下断案。此由李顿委员会派遣之初，即抱一国军队侵略异国之先入为主观念，又靠何□适当之方法以匡正之，故得如此不合法之结论。意者□委员等不懂华语，滞在期间又短，或为其原因之一。

第一章　中国

中国虽为曾被统一之国家，而有存在之事，现在则不过一广大地域之名称而已。然中国虽在不统一、无政府状态，而欧美人对其为国家而存在之观念，不能拔去。领土不可侵之原则虽为神圣，然能适用无政府之无政府状态的国家，已早非国家矣。统一中国之最后政府即袁世凯之共和政府崩溃后，中国已无政府存在，国家存在亦同时停止。华府会议承认中国有统一政府存在之协议，此为中国堕落之原因。中国不过一个之希望理想而已，绝非国家。列国承认南京政府，就其权威范围所及而承认之而已，满洲自然不在其范围之内。即李顿报告书，亦不承认满洲在南京政府指挥之下。

第二章　满洲

满洲最初即离中国本土而独立存在。自清朝成立，虽一时合并，清朝既亡，自然分离。张家二代并未受中国本土何等拘束，一九二八年张学良虽与南

京政府有多少之联络,况因张家二代之暴政,独立之机运自然于满洲之民间酿成之。

第三章　九一八事变及后之军事行动

委员会虽承认铁道爆破,然谁实为之,并未言明。又断定日本军之行动,超越自卫范围,然假令日本当时未采紧急措置,日本必从满洲被逐而去。委员之断定,偏重中国方面之说明,而不知中日间之紧急事态,系因从来中国方面继续的攻击态度进展之结果所致。委员会对于此层漠然视之,又谓轰炸锦州为不当。然日本之行动,乃系《海牙条约》所承认之正当行动。

第四章　"新国家"

报告书关于"新国家",似断定为日本军所创造,而对于日本政府及军司令部曾严命日本即个人的亦不许参加满洲政治运动之事实,则视若无睹。报告书又断定满洲住民不愿在日本支配之下,然不能作为希望恢复无政府状态及南京政府支配下之解释。若满洲住民希望张政权之恢复,何以张政权被满洲驱逐?委员会断定日本创造"满洲国",是对此层未加考察。报告书承认外国军队存在下之如斯结果,然此限于外国军队有敌意时言之。例如爱斯德尼亚革命系于美国海军援助之下行之,然亦即时承认。要之,"满洲国"为满洲人所支配,即中国人因能安定,故亦希望欢迎之。

第五章　结论

报告书中第九章、第十章,系案于以上误谬之上之结论,尤以因"满洲新国家"之成立与调查委员会之调查当时,事势一变,故其指示对于问题之解决,已无一顾之价值。根据上述理由确信,中日纷争之根本解决,须列国正确认识中国与满洲之现实而育成"满洲国",始能保持远东恒久之和平以及世界和平。

　　按日政府此项意见书之大意,不外:一、丑诋中国不成为国家;二、认满洲与中国本无关系;三、所谓"新国家"非日本所造成;四、指责国联报告之认识不足。凡此种种抹煞事实、不顾公理之狂悖谬论,日人早已尽量宣传,本报亦屡为文驳之,本无再与辩论之价值。惟今日竟以此种极无理之狂悖谬论,形之于致国联之正式公文。其痛诋我国之处,非特不稍顾及国际间之礼貌,且尽情捏饰,无异无赖骂人口吻,而绝不反顾自己之国内分[纷]扰不宁,暗杀火并之事层见迭出,宁稍贤于我国。乃竟不顾一切,肆言无忌。若此,正所谓是可忍孰不可忍,能不更令我国人发指乎?至其结论,谓欲维持远东和平,应承认满洲与中国现在之事实,则吾人敢问国联:国联果能承认可以废弃盟约与九国公约、非战公约也,则承认彼所谓现成之事实可也;如其不能,将有何理由以承认其事实耶?贤明之国联会员,其熟思之!

(《申报》,1932年11月19日,第八版)

461. 全上海学生明日开会,援助东北义军,反对李顿报告

全上海学生援助东北义勇军、反对李顿调查团报告书联合会筹备会扩大会议紧急通告云:"径启者:慨自九一八事变以来,瞬已经年。半壁河山早陷敌手,黄浦江畔又遭空前之浩劫。顾政府当道,则只空言长期抵抗,从未有实际之对策。往事不究,值兹寒风凛冽,我英勇抗日、为民族解放而战争之东北义勇军,正与敌人肉搏之际,政府当道则又置若罔闻。今者国联调查团报告书已公布世界,其内容显是瓜分中国之宣言,固早为国人所洞悉。虽是书系属建议性质,然国联不日即开会通过,则该报告书瞬将见诸实行。堂堂大国,行将任人宰割矣。处此一发千钧之际,实难坐视,听其沦亡。爰有上海学生援助东北义勇军、反对李顿报告书联合会筹备会之组织,一切进行事宜现已筹备就绪,特召集筹备扩大会议,望全上海大小中学生团体及各文化团体届时推派代表参加,共策进行是荷。届时并请本会名誉委员宋庆龄、胡愈之、吴迈、陈彬龢诸先生出席演讲。会议地点:中山路大夏大学。时期:十一月二十日上午九时。全上海学生援助东北义勇军、反对李顿调查团报告书联合会筹备会启。"

(《申报》,1932年11月19日,第十三版)

462. 日提意见书并无法律根据，我外交当局研究其内容，即将讨论对策

〔南京〕 日对李顿报告之意见，十八日已提交国联秘书处。其对我肆意诬辱与措词荒谬，可谓达于极点。该意见书全文并未正式送达我外交部，但本月一日通过日阁议。经我探悉内容，时政府某要人即已痛驳深斥。据外交当局意，调查团乃由国联行政院正式派出，并经中日同意派员参加，具有法律之根据。日提意见书并无法律根据，故无足重轻。且李顿起草报告书时，曾尽量听收中日代表之意见，日代表吉田曾尽量提□说帖，李顿以所述均非事实，未予采用。日现所提意见书，即当日为李顿所抛弃者，显见所述均属不确。政府对此是否竟予驳斥，俟接其全文后再决定。（十九日中央社电）

〔南京〕 我国代表团连日电外交当局，陈述，日内瓦方面之各国代表团除日本外，已预定在行政会议中，将一致根据李顿报告书否认"满洲国"组织云。（十九日专电）

〔南京〕 外交要人谈此次国联行政会讨论中日问题之最中心问题。闻根据李顿报告书第一章至第八章，东北领土及行政主权属于中国为原则之问题，如通过此一问题，以下"九一八"与"一·二八"日本出兵侵华之责任问题，即可迎刃而解。（十九日专电）

〔南京〕 日本对李顿报告书之意见，前日运寄到京。惟全系日文，即由外部人员于前日起从事翻译华文。至昨日下午已翻译完竣，其中内容与报载者无大出入。我外交当局将其内容研究后，将于最近外委会中讨论对策，使日方矫饰之词得以揭穿于世界各国。（十九日专电）

（《申报》，1932年11月20日，第四版）

463. 苏俄通信：世界最大水力之特聂泊大电厂开幕；莫斯科对李顿报告书之论调及视察；苏俄与罗马尼亚缔不侵犯条约问题

....

李顿报告书公布后，《莫斯科周报》曾有长篇社论抨击之，目之为"反华反俄反日"之绝妙文章，将帝国主义本身间冲突、帝国主义与苏俄间敌对熔为一炉，以美妙之措词表之。《周报》社论认此文件之作用，非特说不上解决世界纠纷、保障和平，且适使纠纷陷于水深火热，益不可为，和平前途更将狼狈。社论中指出，此报告书实于国际纠纷中开一先例，使有侵略心之国家以后得放胆从事，而弱小民族则陷入益无可告之地位。此不啻国际联盟公然承认侵略之合法，国联之保障和平、制裁侵略之假面具，已净尽揭露。李顿报告书中对于满洲为中国领土之态度，似承认而又有踌躇满腔之概，社论中尤讥诮之不遗余力。报告书内反俄之处殊为明显，但作者则以为此报告书不仅反华反俄，亦充分含有反日意味。盖国联对于华人之利益自不须顾及，对于苏俄自必敌视，但亦深不愿日人之独吞此肥肉，故其所建议之国际委员会，其用意无他，不欲让日本独吞，而欲使各帝国主义均分利益而已。故作者认此项文件固不失国联本来面目，其意义除表现帝国主义本身间冲突、对俄敌对以及压迫弱小民族外，无有其他意义可言。其作用则在于火上添油，行见和平前途益陷入危机也。

十月十三日《伊斯夫也斯蒂耶报》上揭载东方问题专家拉狄克氏论李顿报告书一文，谓日本之以强力占领满洲，实亦有其"苦衷"。彼盖自知以和平方法侵略中国，断难与欧美各帝国主义相竞争，故不得不以迅速手段为之。李顿调查团对此自不满意，故报告书中承认"满洲国"之建立纯出于日本人之手，即明显的指斥其行动也。拉氏谓满洲事件发生后，美日间之冲突已达于张脉奋兴之状，英法则竭力与日本周旋，欲用之为前锋，以与美抗。美既欲遏其志于日，自不能不与英法言好。故最近英法对美间之战债问题又复开始协议，将以此为拉拢之交换条件。而向之扶植德国之政策，乃不得不改变，以安法人之心。

惟据拉氏观察,则英法与美间之协调是否终能实现,亦尚不可知。盖其间暗礁正多,虽最近台维斯之赴伦敦,以及英国海军上将海暴氏之赴美,可证明其继续进行不懈,要难谓已有显著之结果也。

(《申报》,1932年11月20日,第九版)

464. 万木无声待雨来之日内瓦——李顿报告书之微妙所在

日内瓦通信。第十三届国际联盟大会,已于无精打采中在十月十七日闭幕矣。万目睽睽之满洲问题,竟应日本之要求,延期至四星期后讨论。甚矣,联盟之日暮途穷也!

西俗以十三为不详[祥],此届适逢中日纠纷日趋尖锐,几使联盟根本动摇,若冥冥中有数存焉。其实联盟早成欧洲之联盟,此种东亚难题,衷心非渠所愿闻。然中国既已提出,并且一力仰仗,则为维持门面,又无词可以拒却。况许多与强国为邻之弱小,眼看日本不宣而战,为欧战后开一恶例,群为不寒而栗。故捷克、西班牙诸国代表,在行政院中大声疾呼,直斥日本为戎首,且怂恿中国代表提出联盟公约第十六条加以膺惩,事□且语人曰:"吾人非援助中国,乃援助自己。"弱小苟无联盟,将不能安枕。联盟利在大事化小,小事化无,而彼等偏欲将范围扩大,形势加重,此□使维持世界和平之纸老虎,为之头痛而无可如何。

自李顿报告书发表后,世人莫不以多大兴味迎之。各国立场不同,故批评极不一致。英、德则态度暧昧,无所可否;美国则视英国为转移,希望有联合行动;义国则谓为双方敷衍之巨著,其结果仍等于零;法国则谓现状乃中国内乱所造成,未免不顾事实;俄国则谓置满洲于国际共管之下,无异对彼挑衅。自吾辈眼光观之,以第三者之实地调查,证明日本之破坏一切条约,表面上未尝不于中国有利,如谓:(一)日本所藉口之悬案并非真确;(二)九一八事件日本并非出于自卫;(三)日本一切行动乃预定之计划;(四)"满洲国"系日本所伪造,并非中国人民之意。建议中不仅主张日本撤兵,且应并南满铁道沿线之兵而尽撤之,从措词之反面寻求,已明白宣布日本罪状。盖既非自卫,即是侵略,既非东北人民之意,即破坏中国领土完整。所可憾者,既查明九一八事变

责任全在日本,而又以实际利益相诱,希望其与中国妥协。国联已早令日本撤兵,有煌[皇]

下转第十版

煌[皇]议案可稽,乃又主张中日两国在东北均不驻军,且此次调查以东北为主体,何又插入国际合作,谋中国之改造云云。凡此皆自相矛盾,不能自圆其说者。其所以曲折迂回,想出此侵略势力已成下之折衷办法,其最大关键,在以列强自己之利益为中心。故将报告书细加推阐,即发见其虑周藻密,目前慷中国之慨,以小惠给予日本,使东北门户洞开,不许一人独占,其结果必陷日本穷促于孤岛,难圆其大陆政策之梦。故建议果一一见诸施行,于中日为两败俱伤。日本志在独霸亚东,控制宇内。而此种野心,以后决不便出诸口,即从中国所得之小惠,列强亦分杯羹。中国则任人摆布,失其自由,吃眼前亏,自无可逃。吁! 可畏也矣。

欧洲近况,有附带一述之必要。德国要求军备平等,无异遗法国以一矢。故台维斯与赫里欧之行踪,最为时人所注目。四强会议乎? 三强会议乎? 洛桑乎? 海牙乎? 在予草此文的[时],尚在继续接洽中。夫法国欲保持既得权益,故利在维持盟约,德国反是。此事表面英国虽为调人,而实际可左右者,厥为美国。日本之侵占满洲,显违门户开放主义。美国之欲维持其太平洋政策之尊严,自乐得法国同样之保证。故裁兵问题能得一转圜之法,则欧洲暂得小康,可分其视线于东亚。日本在国际共同监视下,或可稍稍敛手也。

"万木无声待雨来",此为日内瓦之近况。日本代表团已由主张上海国际都市化之松冈洋右,与偕调查团赴东北之吉田伊三郎领率而来,则日本退出联盟之说,至此更足证其为虚声恫吓。同时又雇上海《远东时报》主笔美人芮氏(Brownson Rea)来此宣传,某夜招待各国记者,述及渠系"满洲"之代表,美人群嗤之以鼻。一中国记者直斥之曰:"予知君所代表者,非'满洲国',乃金钱耳。"芮氏老羞成怒,遂自灭电灯而散。日人在此间以重金结纳各国记者,助彼造谣,又以英法文刊二诋毁中国之书籍,一名 *The Present Condition of China*(《中国之近况》),一名 *Relations of Japan with Manchuria and Mongolia*(《日本与满蒙之关系》),分送书肆报摊售卖,不取值。其他类此之方法甚多,不值细述。中国代表团为恐世人为一面之词所惑,不得已亦在预备刊物数种,叙日本国情及军人跋扈之真相,证明其未必为有组织之国家,留待大会时散布。据熟谙日本情形者推测,日人决不接受李顿报告书,将取延宕手段,诱其责任于中国曰："我即接受报告书，其如对方无人可以接洽，何政府有此力量乎？"

中国代表团租格郎路（Rue Charles Gallond）十八号为办事处，颜惠庆代表亦即居内。其他代表及职员则或住旅馆，或住公寓，每日开支仅足与日本代表团之汽车费相埒耳。下月大会除颜氏仍为首席代表外，又加推顾维钧、郭泰祺二氏为代表。顾氏以曾偕调查团赴东北，已内定先出席行政院，俾随时对东北问题加以解释。此外则有副代表驻丹麦公使罗宗诒、驻荷兰公使金问泗、驻瑞士代表胡世泽、驻德使署参事梁龙诸氏，专门委员燕京大学教授徐淑希、《外交月报》主笔王大桢、铁道部技监颜德庆、外交部国际司长钱泰、亚洲司长沈觐鼎、驻英使署一等秘书夏晋麟诸氏从旁襄助。

合综多数中外人士之意见，佥谓东北问题既非短时间所酿成，即非一朝一夕所能解决。希望联盟为中国收回失地，无殊纸上谈兵。今日中国唯一出路，只在召集贤能会于首都，充实政府，负起责任，同时以全力援助义勇军与抵制日货。舍此以外，别无良策。语云：天助自助者。即使日本如无悔悟，或联盟不惮牺牲，然中国至少亦须表显今后确有操纵一切之能力。故吾人翘足以望，不在外交之胜利，而在内部之合一。与其恨外人无公道，何如自己振作及做些建设事业，以杜塞咀［诅］咒者之口。应知对内无办法，对外不会有办法也。（十月□十五日日内瓦）

（《申报》，1932年11月20日，第九版转第十版）

465. 某友邦外交家评日本意见书，罗外长亦将草宣言驳斥

国联调查团报告书对于九一八事变，查明日本之□武，并非出于自卫；对于伪组织之设立，亦证明在日本武力下所造成，并非出于东北三省之民意。日本之破坏国联盟约及一切公约，已昭示于世界。因之日方对于该报告书大肆反对，并制成意见书，公然侮辱我国，竟称我国无统一政府云云。该项荒谬绝伦之意见书，已于十八日递交国联，并由日本外务省发表摘要。中央社记者昨往访侨华多年之某友邦外交家，询以对于日本意见书之意见，承答覆颇详，分

志如次。

日本强辩欲盖弥彰

某外交家首语记者曰:"十八日东京发表对调查团报告书意见书摘要,本人已见诸报载,其措词立意殊属荒谬。日方制造意见书之目的,在避免九一八事变之责任,希图推翻报告书内对满洲事件之忠实严正纪载。一面又尽力侮辱中国为无统一政府之国家,甚至谓中国并非国家,不过为地域上之一名词云云,希图卸除破坏国际公约之责任,转移国际间观听。但国联方面早经洞悉此情,对于所谓"满洲国",已决定以李顿报告书为根据,予以否认。目下日本在国际环境已感孤立,日内瓦各国代表对于日本一手造成之"满洲国"、妨碍远东和平,均持反对态度。日方之意见书,徒见其欲盖弥彰耳"云云。

日本侮辱全华民族

某外交家继谓:"本人旅华已久,深悉中国之现状,为建设过程中之一种现象。天下决无【无】些微内乱之国家,决不能因有内乱而否认其为国家。国民政府建立南京,为世界万国公认之事实。日本意见书竟称中国无统一之政府,殊属侮辱中国整个民族。"记者又询以:日方意见书称日本轰炸锦州之行动,乃《海牙条约》所承认之正当行动云云,《海牙条约》果许武力侵略为正当行动否?某外交家答:"任何国际公约,均以公理为归依。换言之,国际公约即国际公理也。"记者谓:"日本所称《海牙条约》所承认之正当行动,果何所指?"某外交家笑答不知。

罗外长将宣言驳斥

记者又探悉,外交部长罗文干氏对于日本意见书之荒谬,决草宣言驳斥,刻已在起草中,日内即可正式发表。(中央社)

(《申报》,1932年11月20日,第十版)

索 引

A

阿斯特(阿斯德、爱斯托、爱士托、艾斯东、艾斯特、亚斯托、亚士托)
30,140,166,171,173,210,214,219,220,225,227,229,248

B

巴黎 69,138,180,191,207,209,214,218,223,234,248,252,260,309,318,321,322,331,354,357,420,432

白俄 29,33,36,43,52,126,301

白里安 191,257,260,261,299,313,334

鲍观澄 4,19,42,43

北大营 4,5,9,50,54,56,104

北戴河 5,40,46,50,52,54-59,63,64,69-71,73,75,78,81-84,87,96,149,153,154,164,167,169-174,181,183,185,186,189,190,192,197,199,201

北京饭店 13,57,62,64,73,82,87,95,103,113,125,135,143,151,170,174,178,181,187,189,190,194,197,199,212-214,218,219,225

北满 3,15,28,30-33,39,42,47,53,57,72,82,110,201,203,211,245,286,289,302,303,354,363,384,385,416,430

北宁路 44,47,50-52,64,68,70,71,90,100,103,140,152,153,167-169,176,185,194,214,226

北宁路局 44,131,227,228

北平 1-3,5,8,9,11-14,17,21-23,27,29-35,37,40,44-52,54,55,57-60,62-64,68-70,72-75,79-85,87,88,90,91,94-96,98-104,109,111-114,116-123,125,127,128,130,131,133,134,137,139-141,143,144,146,149,151-154,164-167,169-174,177-183,185-190,192,194-204,207-210,212-215,217-220,223,225-227,229,232,233,

235-237,240,243,247,259,
268,274,278,281,283,306,
307,314,342,350,362,368,
373,386,387,394

本庄繁(本庄) 1,4,9,16,24,29,
50,55,56,123,163,164,179,
196,255,340

C

蔡元 52,54,55,70,71,143,151

重光[重光葵]① 6,163

长春 2-8,11-15,17,19,21-26,
29,30,34,35,39,40,47,56,60,
63,66,73,80,106,123,140,
152,153,163,175,184,188,
250,252,255,288,289,385

长冈[长冈春一] 27,30,31,34,43,
115,150,203,264,375,396,
402,404

陈公博 87,127,147,248,377,388,
429

褚民谊 87,99,230,233,348,352,
370,381,382,388

D

大和旅馆(大和旅社、大和饭店) 8,
17,22,23,25,29,40,48,49,51,
62,67,68,76,79

大连 3,5,8,15,17,23,24,27,38,

46-51,58,68,72,73,78,82,
103,105,140,144,148,151,
155,157,163,164,168,195,
196,209,212,214,219,226,
227,232,235,237,243,255

大桥[大桥忠一] 22,39,40,42,66

德鲁蒙 15,16,249,253,423,432

抵货(抵制日货、排货、排斥日货)
36,63,120,130,133,180,206,
281,295,305,312,313,332,
333,343,353,359,361,367,
380-382,387,399,423,436,
440

丁超 11,63,124,368,369,394,395

东北军 6,378

东京 9,15,28,32,34,35,55,56,
62,64,67,69,70,74,79,96,98,
102,104,109,111,112,115,
119,133,136,138-141,145,
146,150-152,154-163,165,
166,168,173,183,184,188,
189,192,193,195,196,201,
203,204,226,232,236,237,
240-243,245,251-253,260,
267,268,270-272,274,278,
279,283,290,291,305-308,
316-318,320,326-329,338-
340,343,344,347,351,354,
358,363,367,372,375,376,

---

① 编者按:本册所编文献,原文未出其人全名者,全名以"[ ]"附于索引词条后。

383,391,392,394,396 - 399,
401,402,404,406,407,410,
411,418,419,423,432,433,441

端纳（端讷、唐那德、杜尔纳） 8,13,
23,50,64,68,85,95,99 - 101,
116,140,177,210,220,225,
227,229,235,263,267,268

F

凡勒拉（伐勒拉） 222,261 - 265,
402,417,432

非战公约（《白里安—凯洛格非战公
约》、凯洛格非战公约、凯洛克公
约、非战条约） 78,180,191 -
193,205,206,210,211,219,
224,257,294,296,297,305,
308,309,315,320,345,347,
351,353,360,361,381,392,
396,404,409,413,421,432,435

G

戈公振 3,5,8,15,23,27,52,61,
152

葛光庭 64,68,74,85,86,170,176

顾维钧（顾少川、顾代表、顾博士）
1,3 - 6,8,13,15 - 17,19,21 -
24,29 - 31,33,35,39 - 44,46,
48 - 50,52,54 - 56,58 - 65,69 -
74,76,78 - 83,85 - 88,90 - 96,
98 - 111,113,114,116,117,
119 - 121,128 - 131,133 - 137,
141,143,144,146,149,152,
154,164,169 - 174,176 - 179,
181,183,185 - 187,189,192,
195,197,199 - 201,204,207 -
210,212 - 217,221 - 224,228 -
236,238,246 - 248,268,269,
282,349,354,357,359,374,
380,394,414,425,426,440

关东军 9,16,17,55,88,125,163,
183,184,196,290,339,343

广濑［广濑寿助］ 29,42

郭泰祺（郭公使） 45,54,98,188,
271,380,440

国联大会（国际联盟大会） 5,6,13,
24,27,32,53,57,78,112,114,
115,118,122 - 124,129,130,
134,136,137,145 - 148,150,
167,178,185,187,191,192,
194 - 198,201,203,210,213,
215 - 217,219 - 223,225,228,
231,232,234,243,246,257,
262,265,266,269,270,275,
276,282,336,341,343,357,
362,366,368,370,374,376,
377,380,391,392,394,403,
417,419,438

国联调查团报告书（调查团报告书、
辽案调查团报告书、李顿调查团
报告书、李顿报告书） 3,4,6,
14,17,26 - 28,31,34,40,46,
47,50,53,57 - 59,62 - 64,67,

69-71,78-83,87,95-98, 100,103,105,109,111,112, 115,117-121,124,127,129, 132-134,136,138-141,143, 145-147,150,152,154,158, 162,164,165,167,170,172-174,177-179,181-183,185-190,192-210,212-229,231-233,235-238,240-250,252, 253,257-268,270-283,288, 289,292,293,299,300,303-308,311-413,416-419,421-441

国联理事会(国际联盟理事会) 4, 7,26,27,34,119,148,157,181, 202,236,240,262,267,307, 317,326,375,376,402,404, 407,411

国联盟约(盟约、国际盟约、国联会章、联盟规约) 28,34,78,93, 115,136,137,140,158,180, 188,191,198,200,217,219, 252,254,257,260,262,266, 267,269,274,282,293,294, 297,304,305,308,309,311, 318-320,333,334,345,351, 353,360,361,381,389,392, 396,417,421,432,435,439,440

国联秘书厅(国际联盟秘书厅) 6, 44,53,122,148,240,258,282, 424

国联行政院(国际联盟行政院) 17, 20,27,138,150,188,200,202, 207,219,257,261,263,265, 276,280,282,294,299-301, 304,305,311-313,330,333, 334,340,347,351,371,374, 380,408-411,413,417,422, 424,430-432,436

H

哈尔滨(哈埠) 3-5,9-12,15,17, 19,21,22,24-35,37-39,42, 43,48,49,60,72,73,76,89, 105,106,123-127,131,132, 142,163,190,220,227,237, 243,244,249,250,264,289,290

哈斯 5,13,22,34,43,46,50,61, 68,71,82,99,117,120,127, 133,137,140,144,152,154, 158-160,167,170,171,174, 176-180,207,208,210,212, 214,218,219,226,232,235, 236,238,241,243,244,246, 257,259,265,267,268,271, 272,274,282

海伦 126,142,254,255

海圻舰(海圻) 46

韩复榘(韩主席) 68,85,86,91,94, 127,128,135,170,177,262

汉口 9,215,221,247,278,356, 367,374,375

何士(何裴、何士、何许、河赛、赫赛尔)　8,23,64,68,95,101,116

何柱国　50-52,54,55,58,59,71,73,88,144,186

黑河　2,3,17,18,35,36,38,106,256

黑龙江(黑省)　11,17,33,35-37,67,108,175,254-256,300

胡佛　205,219,315,325,345,350,376,416

胡适　314,381,386,387

华懋饭店　223,229,230,233,241,268,414

华盛顿(华府、美京)　192-194,204,205,210,238,249,261,265,266,285,296,315,316,325,326,339,344,346,347,350,354,409,421,433

荒木[荒木贞夫]　110,119,154,160,166,195,316,326,327,338,340,363,401

J

吉林　3,7,10-12,17,19,21,24,40,41,66,67,72,73,105,108,255,288,300

吉林自卫军(自卫军)　11,30,35,368

吉田伊三郎(吉田)　1,3,8,19,33,40,42,56,59,64,68,74,79,81,82,85,87,90,92,121,122,128,130,133,143,152,159,160,177,181,183,190,199,213,214,219,226,227,236,237,282,375,383,396,397,399,401,402,404,407,411,436,439

济南　5,36,68-70,74,79,83,85,88,90,91,93,94,127,128,135,146,170-173,176,235,246,262,403

蒋介石(蒋中正、蒋委员长)　70,88,101,215,221,222,231,268,345,346,367-370,374,381,394

胶济路　64,70,80,82,85,86,91,170,176,209,416

金问泗　26,64,117,152,177,179,200,210,213,238,440

津浦路　70,91,131,172,181

锦州　11,17,50,51,54,57,72,73,133,144,200,288,290,340,434,441

九国公约(九国条约、华盛顿九国条约、华府九国条约)　158,162,166,167,172,180,183,188,204,205,210,211,223,224,248,249,251,252,254,257,294,297,300,305,307,309,315,346,350,351,353,360,361,381,392,396,404,409,413,421,422,435

九一八事变(九一八事件、满洲事变、

满洲事件、辽案) 4,6,7,16,24,27,31,38,44,50,53,56,57,72,75,104,108,125,133,137,138,146-148,150,165,166,184,191,215,221,238,243,247,269,270,277,279-281,288,294,318,324,331,332,335,339,351,358,360,363,367,371,378,379,391,395,399,401,403,406,414,419,420,423,430,434,435,437,438,440,441

驹井德三(驹井) 2,21,22,66,84,184,185,255

军部 109,110,119,131,160,184,255,278,279,306,307,318,339,340,343,347,354,359,363,378-380,388,405,406,411

K

柯资(温格斯、方格期) 178-180,182,225,227,229

克劳德(克劳待、克劳代、克劳台、克劳特、克劳台尔、克罗达尔、克兰德尔、古罗特尔) 16,42,58,82,160,172,173,210,213,220,227,235,258,261,282,309

L

蓝溥森 46-49,188

李杜 11,63,124,368,369,394,395

李绍庚 19,31,42,43

辽宁(奉天) 8,11,30,35,36,56,65-67,81,84,108,152,163,300

林出[林出贤次郎] 64,68,82,87,133,152

刘崇杰 3,8,23,52,63,64,71,74,79,82,85,88,98-101,113,116,117,120,130,144,149,152,169,171,206,221,222,224,229-234,247,277,278

刘迺蕃 50,52,70,140,152,167,169,180,226,232

庐山 98,99,101,102,228,313

庐山会议 100,102,103,105,108,113,114,117,134

陆军省 307,308,310,339,340,367

路透社(路透) 3,4,7,14-16,22,25,26,28,32,35,37-39,45,48,50-52,55-58,62-64,69,88,97,98,104,109,111-114,117,122,124,125,130,134,136,137,140,145,146,148,150,156,157,159-161,165-169,171,173,174,178-180,182,183,185,187-196,199,203,205,207,210,212,214,215,220,227,228,232,237,240-243,249,250,252,253,258,260,261,263,265,266,271-273,276,307,308,314-

317,319-321,325-329,331,335,337-339,345-347,351,357-359,367,371,372,375,378,392,393,400,407,408,412-414,417,419,423,425,431

伦敦　16,29,63,138,145,167,169,171,173,174,186,188,191,193,199,205,206,211,212,218,220,226,228,241-243,265,266,320,327-329,335,338,345,347,350,351,359,371,387,393,394,407,408,412,417,419,431,432,438

罗文干(罗部长、罗外长、外罗)　5,20,45,53,54,70,78,88,98-101,104,109,111,113,114,116-118,120,127-130,134,135,149,155,171,172,200,206,215,216,221,222,224,228-234,241,243,247,268,274,277,305,311,313,324,336,341,356,362,366,367,369,370,374-378,381,388,392,403,413,414,418,429,440,441

M

马迭尔旅馆(马迭尔、马迭儿旅馆)　19,42,43,60,126

马柯迪(马考蒂、马尔斯柯蒂、马列斯葛列提、马列斯柯迪、华娱蒂、亚尔德罗伐尼、麦礼史考蒂、麦礼史柯蒂、安德罗凡蒂、阿尔特罗凡蒂、华娱蒂)　42,79,82,85,87,89,159,160,173,210,213,220,223,227,229,233,247,269,282,310

马占山　2,28,33-39,43,59,63,72,73,81,108,123,124,126,127,131,142,143,254-256

玛多斯(马德司)　26,27,34

麦考益(麦考易、麦脵)　16,22,24,42,67,82,117,140,144,152,160,173,207,210,213,216,227,229,230,233,247,269,282,309,310,314,371,400

麦唐纳　199,321,396

满蒙　47,48,156,184,224,305,359,361,391,395,398,439

满洲里　36,203,220,237

《孟却斯特指导报》(《孟彻斯德日报》)　16,145,169,192,206,241

莫斯科(俄京)　15,30,38,189,190,364,368,391,392,437

N

南满　48,103,285,302,384,416,430

南满铁路(南满铁道、南满路)　7,9,10,14,64,107,133,163,179,180,184,272,286,287,290,

291,304,323,438

内田康哉(内田)　46-49,148,151,154,155,157-167,169,170,176,188,195,196,204,205,210,212,217,242,278,302,305,309-311,316,326,347,383,391,398,399,401,402,406

宁向南　52,55,70,71,84,170,185

纽约　125,182,191,192,205,243,261,265,266,315,316,327

《纽约时报》(《纽约太晤士报》《纽约泰晤士报》)　123-126,131,143,182,192,205,249,316

P

皮尔特(裴勒特刻、白尔特、贝尔特)　68,117,120,131,140,153,167,213,219

溥仪(废帝)　2,8,14,73,108,254,255,288,289,386

Q

齐齐哈尔(黑垣)　3-5,7,10,11,17,37-40,45,237,255,256,288,290

齐亚诺　214,216,217,229,233

钱泰　26,117,202,210,223,224,248,440

秦皇岛　52,55,58,71,88

青岛　5,26,46,57,62-64,68-70,74,75,79-83,85-87,89-93,96,109,112,133,164-173,175,176,181

R

热河　11,178,181,200,225,226,239,264,300,302-304,340,361,384

热河事件(热河事变)　177,178,187,203

S

森岛守人(森岛)　16,44,45

山东　79,80,91,129,131,136,211,285,295,374,403

山海关(榆关、天下第一关)　10,11,44,47-52,54,55,57-59,68,70,71,73,75,82,88,89,105,108,127,133,140,143,144,151-153,186,226

上海(沪)　1,5,6,9,13,15,23,31,32,36,45,49,53,54,57,60,61,63,70,72,78,79,88,89,98-102,104-106,109-111,113-118,123,137-139,141,142,144-146,149,152-155,162-166,168,169,178,179,190,199,201,204-210,212-218,220-224,226-236,238,239,241,243-248,250-252,257,259,263,265,267,268,272,274-281,283,289,306,311,

317,327,334,338,341,345,
348,349,352,355-357,360,
362,364-367,369,370,373-
378,381-383,387-389,392,
393,400,401,407,413,414,
416,419,423,425,435,439

神户 165-167,169,271,327,411

沈觐鼎 78,87,206,230,234,440

沈阳 1,3,4,7-11,15-17,22-
24,33,37,38,40,44-52,55,
56,65-67,70,72,73,84,123,
133,137,140,143,146,152,
163,209,235,237,240,243,
250,282,283,288,289,307,
319,320,333,403

施肇基（施公使） 138,139,188,
325,346,349

施肇夔 8,23,64,71,79,88,98,99,
122,149,154,183,185,236

十九国委员会（十九国特别委员会、
十九国特委会、国联特委会）
5,6,24,26,32,53,57,120,
122-124,129,134,136,139,
141,145,146,148,150,203,
237,267,371,400,404,408,
413,430,432

十九路军 89,230,349,352,374,
414

史汀生 191-193,195,205,206,
218,219,238,249,315,325,
326,347,351,376,396,408,

409,416,428

顺承王府 113,120,121,130,135,
214

松冈洋右（松冈） 203,273,326,
339,343,354,367,375,383,
391-393,396,398,402,404,
411,420,425,439

宋子文（宋部长、宋代院长） 54,
113,114,116,117,120,121,
130,131,134,135,215,216,
223,229-234,241,247,248,
250,259,263,267,268,311,
324,336,341,345,348,352,
353,356,357,365-367,369,
370,375,381,387,388,414,
415,424

T

泰安 79,80,83,90,91,93,94,128,
129,134,136,350

泰山 79,80,83,86,90,93,94,112,
121,131,230

塘沽 50,58,73,137,214,215,219,
225-227,232

天津 4,5,9,15,46,49-52,58,59,
73,88,109,112,125,133,135,
143,144,152,169,176,181,
227,244,254,278,288,374,383

铁道部（铁部） 64,75,131,194,
208,209,216,232,388,440

土肥原［土肥原贤二］ 12,13,30,

256,339

W

外交委员会（外交委会、外委会）　191,192,207,213,336,337,341,345,348,349,353,357,362,366,369,375 - 377,381 - 383,386,408,413,418,422,424,429,430,436

外务省　55,56,115,139,145,150,154,159 - 161,184,189,192,195,196,203,213,232,240,251,267,270,274,278,306 - 308,317,339,354,363,367,375,376,398,402,418,423,432,433,440

万宝山　12 - 14,24,36,180,287

汪精卫（汪兆铭、汪院长）　45,51,52,70,75,87,88,98 - 101,109,111,113,116 - 118,120,121,127,130,131,134,215,216,218,228 - 234,247,263,280,336,345,348,352,353,356,362,365 - 370,375,377,378,381 - 383,387 - 390,392,414

王广圻　30,35,51,52,54,55,64,70,71,80,83,87,94,99,100,143,144,149,152,167,172,208,225,237

伪奉山路（奉山路）　48,51,52,54,58,71,73,133,152,153,207

闻承烈　74,85,91,172,177

吴铁城（吴市长）　63,101,103,116,206,223,229,230,232 - 234,241,247,263,414,415

吴秀峰　82,95,133,144,153,179,180,209,212,218

伍朝枢　322,364,376,377,383,387

X

西伯利亚（西比利亚）　38,48,189,190,199,201,203,207,210 - 213,219,220,223,226,227,235,237,241,243,244,258,286,326,354,385,391,392,398,401

希孟　6,112,120,122,123,139,145,146,148,150,257,258,276

希尼（施尼、施利、萧尼、西勒、修勒、叔勒依）　22,42,56,74,79,82,85,87,89,93,160,173,210,213,220,227,258,260,261,282,314,330,394

熙洽　2,14,19,40

萧继荣　64,71,82,85,95,99,101,122,140,143,144,152,167,208,210,213,216,217,223,233,248

谢恩增　5,8,23,49

谢介石　2,8,12,13,30,35,39,42,56,80,136,353

徐谟　87,99,127,216,230 - 232,

234,247,277,366,429

悬案(中日悬案) 180,237,258,281,288,391,399,438

Y

严恩樞 1,3,5,23,212

盐崎[盐崎观三] 31,82,133,212,215,219,375,391

颜德庆 52,55,64,70,74,79,85,140,146,170,173,194,202,208,216,224,232,248,440

颜惠庆(颜博士、颜代表、颜公使) 13,14,30,53,57,112,139,148,150,183,202,257,258,261,263-265,276,337,374,380,440

杨景斌(杨春若) 3,5,23,116

一·二八事变(上海事变、上海事件、沪案) 1,6,53,100,115,141,281,289,317,413,419,425,436

义勇军 6,7,11,20,28,66,73,89,107,108,129,130,151,153,175,220,241,250,258,315,329,342,368,380,384,435,440

游弥坚 50,58,64,73,80,83,85,88,98,99,101,122

有吉明(有吉) 206,239,274,352,401,407

于学忠 113,143,151,172,217,225,226

Z

臧式毅 9,24,55,67

曾仲鸣 113,121,127,130,131,134,377,381,382,388

斋藤[斋藤实] 57,78,84,119,154,158,159,184,195,261,398,401

张鸿烈 44,46,68,69,74,75,79,83,85,86,88-91,94,135,167,170,172,176,177

张祥麟 5,26,31,100,101,105,110,111,116,223

张学良(张主任、张绥靖主任) 11,17,36,44,45,49-52,57,58,61,68-70,73,81,83,88,94,99,101,104,109,113,114,117,118,120,121,123,127,128,130,131,134,135,143,151,168,170-172,177,178,182,209,210,213-215,218-220,223,225-227,229,233,241,263,268,285,286,307,332,342,352,356,363,403,433

赵欣伯 24,25,55,255,353

郑礼庆 64,68,140,152,177,181

郑孝胥 2,12,73,255,353

中东铁路(中东路) 7,10-12,25,31,37,38,78,286,296,304,385

中日直接交涉(直接交涉) 162,215,220,237,239,240,272-275,353,391,416,419,425,

426,429

中央社　1,12,39,45,54,75,111,
141,147,183,215,232,234,
235,248,275,278,306,325,
331,346,357,358,362,363,
365,367,369,370,377,380,
382,386,404,407,408,413,
417,421,430－432,436,440,
441

中政会　314,324,325,336,341,
357,366,370,375,377,381,
383,386,424

朱光沐　52,54,58,68,70,71,217,
225

朱鹤翔　63,171,366,367,374

朱家骅　87,127,341,376,388,429

自卫权　204,205,272,294,306,
308,399,401

宗主权　202,266,271,370,425,426

图书在版编目(CIP)数据

《申报》报道与评论. 中 / 宋书强，史鑫鑫，菅先锋编. — 南京：南京大学出版社，2019.12
（李顿调查团档案文献集 / 张生主编）
ISBN 978-7-305-07954-2

Ⅰ. ①申… Ⅱ. ①宋… ②史… ③菅… Ⅲ. ①中国历史－史料－民国 Ⅳ. ①K258.06

中国版本图书馆 CIP 数据核字(2019)第 208183 号

项目统筹	杨金荣
装帧设计	清　早
印制监督	郭　欣

出版发行　南京大学出版社
社　　址　南京市汉口路 22 号　　邮　编　210093
出版人　金鑫荣

丛 书 名　李顿调查团档案文献集
丛书主编　张　生
书　　名　《申报》报道与评论（中）
编　　者　宋书强　史鑫鑫　菅先锋
责任编辑　黄隽翀
助理编辑　郑晓宾

照　　排　南京南琳图文制作有限公司
印　　刷　南京爱德印刷有限公司
开　　本　718×1000　1/16　印张 30.75　字数 503 千
版　　次　2019 年 12 月第 1 版　2019 年 12 月第 1 次印刷
ISBN 978-7-305-07954-2
定　　价　150.00 元

网址：http://www.njupco.com
官方微博：http://weibo.com/njupco
官方微信号：njupress
销售咨询热线：(025) 83594756

* 版权所有，侵权必究
* 凡购买南大版图书，如有印装质量问题，请与所购
　图书销售部门联系调换

ISBN 978-7-305-07954-2

定价:150.00元